# PRINCIPIOS DE MACROECONOMÍA

# PRINCIPIOS DE MACROECONOMÍA

**Francisco MOCHON MORCILLO**

**Catedrático de Análisis Económico**

Facultad de Ciencias Económicas

Universidad Nacional de Educación a Distancia

**MADRID • BOGOTÁ • BUENOS AIRES • CARACAS • GUATEMALA • LISBOA • MÉXICO**
**NUEVA YORK • PANAMÁ • SAN JUAN • SANTIAGO • SÃO PAULO**
AUCKLAND • HAMBURGO • LONDRES • MILÁN • MONTREAL • NUEVA DELHI • PARÍS
SAN FRANCISCO • SIDNEY • SINGAPUR • ST. LOUIS • TOKIO • TORONTO

Principios de Macroeconomía.


McGRAW-HILL/INTERAMERICANA DE ESPAÑA, S. A. U.
Edificio Valrealty, 1.ª planta
Basauri, 17
28023 Aravaca (Madrid)

ISBN: : 84-481-5590-4
Depósito legal: M-26941-2006

Editor: José Ignacio Fernández
Tecn.: editorial: Amelia Nieva
Diseño de cubierta: CD Form, S. L.

Compuesto en CD Form, S. L.

IMPRESO EN ESPAÑA - PRINTED IN SPAIN

*A mi hija Paloma*

# SOBRE EL AUTOR

***Francisco Mochón Morcillo*** *es catedrático de Análisis Económico en la Facultad de Ciencias Económicas y Empresariales de la Universidad Nacional de Educación a Distancia. Es doctor en Economía por la Universidad de Bloomington, Indiana (EE.UU.), y por la Universidad Autónoma de Madrid. Tiene una amplia experiencia docente e investigadora y ha publicado numerosos trabajos de investigación. De sus obras cabe destacar las siguientes:*

Inflación y paro, *Pirámide, 1982*; El análisis de la coyuntura. Una metodología en (*en colaboración*), *Pirámide, 1980*; Vigencia de las ideas keynesianas (*en colaboración*), *Universidad de Málaga, 1990*; Las grandes empresas españolas y la creación de valor (*en colaboración*), *Ariel, 1999*; Introducción a la econometría (*en colaboración*), *Prentice Hall, 1997.*

*En 1987 inició una fructífera colaboración con* ***McGraw-Hill****, que se ha concretado, entre otras, en las siguientes obras*: Economía. Teoría y Política (5.ª ed.) (*2005*); Aprender de los Mejores (*en colaboración*) (*2005*); Diccionario de términos financieros y de inversión, (*en colaboración*) (3.ª ed.) (*2005*); Economía (*1998*); Macroeconomía intermedia (*en colaboración*) (*1999*), *Introducción a la Macroeconomía* (3.ª ed.) (*2005*).

*Tiene, asimismo, una amplia experiencia profesional, habiendo sido asesor económico del Ministerio de Economía y Hacienda, Director General de Política financiera en el gobierno autonómico andaluz y Director General de Finanzas y Control Presupuestario (CFO) del grupo Telefónica. En la actualidad es miembro del Consejo de administración de diversas empresas.*

# CONTENIDO RESUMIDO

# CONTENIDO

# PRÓLOGO

La visión de la Macroeconomía que he pretendido plasmar en esta primera edición de *Principios de Macroeconomía* está plenamente actualizada. Ha sido especialmente en la enseñanza de la macro donde han tenido lugar las innovaciones más profundas y donde el enfoque resulta novedoso, y a nivel introductorio se ha tratado de incorporarse a este manual.

En este libro se ha prestado una especial atención a hacer su contenido lo más amigable posible acercándolo vía ejemplos a la vida real. Este esfuerzo se ha procurado hacer compatible con el mayor rigor posible en la explicación de los conceptos, en el orden y sistemática de la exposición y en la presentación y desarrollo de las teorías.

Esta obra se corresponde con el bloque de Macroeconomía del texto, *Principios de Economía,* 3ª ed., McGraw-Hill 2005.

## ESTRUCTURA Y OBJETIVOS

El libro se ha estructurado siguiendo un orden lógico. Antes de usar los términos y conceptos, éstos se definen. Por otro lado, los conceptos fundamentales se introducen a lo largo del texto de forma progresiva, esto es, los más simples, primero, y los que son elaboración de conceptos básicos, después. Asimismo, los conceptos básicos se recogen en los parráfos en negrita.

Por otro lado, los argumentos fundamentales de cada capítulo se recogen en el **Resumen** que aparece al final del mismo, junto con una lista de conceptos nuevos (**Conceptos básicos**). Para ayudar al lector a afianzar los conceptos desarrollados, además del resumen se presentan una serie de **Cuestiones para la autoevaluación**.

Debe señalarse igualmente que dentro de cada capítulo se incluyen diversas **Notas complementarias** referidas a hechos de la economía real o a temas de desarrollo específico. Éstas se han concebido como un complemento al discurso principal contenido en los distintos temas y su objetivo es doble: acercar al lector a la realidad y ayudarle a fijar ciertos conceptos. Las notas a pie de página por lo general se han reservado para presentar desarrollos algebraicos o aclaraciones puntuales además de como referencias bibliográficas. Además se ha incluido una serie de cuadros y figuras, con información sobre hechos relevantes de la economía real.

Aunque dentro del discurso principal de cada tema, cuando se tratan determinados conceptos, se establecen las oportunas referencias cruzadas, las interconexiones entre capítulos se explicitan en las respectivas **Introducciones**. Éstas, además de hacer la presentación del contenido del capítulo, ayudan a situarlo en el contexto general del libro. Asimismo, las introducciones pretenden motivar al lector acercando los temas a los problemas de la vida real.

Por lo que respecta a los gráficos y cuadros, cabe señalar que incorporan unos pies y leyendas que repiten y sistematizan las ideas fundamentales expuestas en el texto.

En el apartado de agradecimientos es frecuente que se recoja el reconocimiento a la familia por haber soportado las «ausencias» del autor durante los años dedicados a la elaboración del trabajo. Mi gratitud a mi mujer y a mis hijas es justificada y obligada.

Por último, quisiera expresar mi agradecimiento al equipo de McGraw-Hill/Interamericana y, en particular, a Ana Navarro, por sus consejos en cuanto a la estructuración del manual y por su valioso apoyo en la fase de edición.

Una mención especial merece CD Form por su eficiente trabajo de convertir en algo estructurado los originales que le he facilitado.

# NOTA BIBLIOGRÁFICA

Generalmente, en los libros de introducción se suele ser bastante parco en la inclusión de notas bibliográficas, pues lo que se pretende es comunicar ideas con la máxima sencillez y no dar una muestra de erudición. En este caso también se ha seguido la citada norma, y de la bibliografía consultada, en la presente nota bibliográfica sólo se incluyen aquellas obras de las que se han tomado ideas o conceptos.


**ABEL, ANDREW B.,** y **BEN S. BERNANKE,** *Macroeconomics*, 3.ª ed., Addison-Wesley Reading, Mass, 1998.

**AUERBACH, ALAN,** y **LAURENCE KOTLIKOTT,** *Macroeconomics: An Integrated Approach*, South-Western. Cincinnatti, Ohio, 1995.

**BLANCO, J. M.,** y **AZNAR, J.,** *Economía. Teoría y práctica*, 3.ªed., McGraw-Hill, 2004.

**GÁMEZ, C.,** y **MOCHÓN, F.,** *Macroeconomía*, McGraw-Hill, 1995.

**MANKIW, M. G.,** *Principios de Economía*, 3.ª ed., McGraw-Hill, 2004.

**MOCHÓN, F.,** *Principios de Economía*, 3.ª ed., McGraw-Hill, 2005.

**MOCHÓN, F.,** *Introducción a la Macroeconomía*, 3.ª ed., McGraw-Hill, 2005.

**SAMUELSON, P.,** y **NORDHAUS, W.,** *Economía*, 17.ª ed., McGraw-Hill, 2002.

**STIGLITZ, J. E.,** *Economía*, Ariel economía, 1993.

CAPÍTULO 1

# CONCEPTOS BÁSICOS DE MACROECONOMÍA

## INTRODUCCIÓN

La Macroeconomía tiene un indudable interés para todos los individuos, ya que las cuestiones macroeconómicas fundamentales tratan en definitiva de incidir en el bienestar de la sociedad en la que todos estamos inmersos.

Las estadísticas que integran la Contabilidad Nacional son como faros que ayudan a las autoridades económicas a conducir la economía por las sendas que le permitan alcanzar los objetivos deseados. De todas las macrovariables de la Contabilidad Nacional hay una de uso muy frecuente y que a todos nos resulta familiar: el Producto Interior Bruto (PIB). El PIB es la suma del valor de todos los bienes y servicios finales producidos en el país en un año. Como el producto interior se refiere a la producción dentro del país, e incluye los productos finales, esto es, la suma de los valores añadidos en cada escalón de la cadena productiva deducidos los consumos intermedios a fin de evitar la doble contabilización; y como es bruto, no se deducen las amortizaciones.

En este capítulo vamos a ofrecer una visión general de los grandes temas de la Macroeconomía, así como una descripción de las variables económicas más relevantes. Así mismo, se presenta el modelo monoeconómico más simple: el de la oferta y demanda agregadas.

## 1.1 La macroeconomía: variables clave y objetivos

La Macroeconomía presenta una visión simplificada de la realidad para así poder explicar la conducta de los agentes y la evolución de las variables. Para ello se elaboran modelos que pretenden ilustrar el funcionamiento de la economía en su conjunto, lo que requiere introducir supuestos simplificadores. Así, si bien la **Microeconomía** estudia la producción y los precios de mercados específicos, como el de los automóviles o el petróleo, en **Macroeconomía** se agregan los distintos bienes y mercados hasta reducirlos a un solo bien genérico y que representa el conjunto de todos los bienes y servicios que se producen y se intercambian en una economía. Este bien tiene una única curva de demanda, la demanda agregada, y una única curva de oferta, la oferta agregada.

La Macroeconomía estudia las variables económicas agregadas, como la producción de la economía en su conjunto, denominada producción agregada, o el precio promedio de todos los bienes, denominado nivel de precios.

> La **Macroeconomía** se ocupa del estudio del funcionamiento de la Economía en su conjunto. Su propósito es obtener una visión simplificada de la Economía, pero que al mismo tiempo permita conocer y actuar sobre el nivel de la actividad económica de un país determinado o de un conjunto de países.

La Macroeconomía, para analizar el funcionamiento de la economía, se centra en el estudio de una serie de variables clave que le permiten establecer objetivos concretos y diseñar la *política macroeconómica*.

> La **política macroeconómica** está integrada por el conjunto de medidas gubernamentales destinadas a influir sobre la marcha de la economía en su conjunto. Los objetivos claves de la política económica suelen ser la producción, el empleo y la estabilidad de los precios.

### Del corto al largo plazo: el crecimiento económico

El factor tiempo tiene una importancia relevante en el análisis macroeconómico. En primer lugar, porque ciertos problemas deben enfocarse de una forma distinta según que estemos en el corto o en el largo plazo. Como veremos más adelante, los instrumentos que deben utilizarse para tratar de paliar los efectos del ciclo económico, como puede ser sacar a la economía de una depresión, no deben ser los mismos que para lograr un crecimiento sostenido a largo plazo.

Asimismo debe destacarse el distinto comportamiento de las variables a corto y a largo plazo. Así, en el muy corto plazo y si una economía está sumida en una gran depresión, una estrategia adecuada puede consistir en estimular el consumo a costa de reducir el ahorro. Téngase en cuenta que en el contexto del modelo keynesiano, especialmente adecuado en el muy corto plazo, alteraciones en el tipo de interés determinan variaciones en la inversión y consiguientemente en el ahorro. Este tipo de relación entre el ahorro y la inversión no es válida en el largo plazo.

A largo plazo, sin embargo, la tasa de ahorro es clave para generar inversión e incrementar el stock de capital de la economía y lograr un mayor crecimiento. En otras palabras, para lograr que una economía crezca hay que ahorrar, aunque puede ser que muy circunstancialmente una economía concreta esté sumida en una «trampa de la liquidez» y su reactivación a corto plazo aconseje reducir el ahorro. (Véase Epígrafe 4.3).

## 1.1.2 Los objetivos de la macroecomía

El funcionamiento de una economía en base al cumplimiento de una serie de objetivos, de los cuales los tres más relevantes son: 1) el crecimiento de la producción; 2) el empleo, y 3) la estabilidad del nivel de precios.

### 1) El crecimiento de la producción

Contar con una abundante cantidad de bienes y servicios es algo que todos los países desean. El indicador más amplio de la producción total de una economía es el producto interior bruto (PIB), que mide el valor de mercado de todos los bienes y servicios finales que produce un país durante un año.

Aunque la evolución del PIB presenta fluctuaciones a lo largo del tiempo, lo normal en las economías avanzadas es que éstas tengan lugar en torno a una tendencia creciente. Este crecimiento sostenido a largo plazo del PIB real y la consiguiente mejora de los niveles de vida se conoce como **crecimiento económico** (véase Capítulo 9).

El máximo nivel de PIB que puede mantenerse con una tecnología y un volumen de población dados sin acelerar la inflación es el **PIB potencial**. Se considera equivalente al nivel de producción correspondiente a la menor tasa sostenible de desempleo o tasa de **desempleo natural**.

> El **PIB potencial** es el máximo nivel de producción que puede alcanzar la economía manteniendo estables los precios.

El producto potencial depende de la capacidad productiva de la economía, que está determinada a su vez por los factores productivos existentes y por la tecnología disponible. El PIB potencial suele presentar un crecimiento moderado y sostenido a lo largo del tiempo, debido a los aumentos en la productividad del trabajo y del capital y a los cambios de la tecnología. El PIB efectivo, sin embargo, experimenta continuas y a veces bruscas fluctuaciones cíclicas, debido en buena medida a alteraciones en los patrones de gasto. Sobre la evolución del PIB efectivo se puede incidir de forma bastante rápida mediante alteraciones en la cantidad de dinero (**política monetaria**) o en el gasto público o en los impuestos (**política fiscal**). Estas medidas de política económica, sin embargo, influyen muy lentamente en las tendencias de la producción potencial.

### 2) El empleo

Probablemente la variable macroeconómica que más directamente sienten los individuos sea el empleo. Cuando se finaliza el período de formación, todos los individuos desean encontrar rápidamente un buen empleo: con un salario elevado, unas buenas condiciones de trabajo, seguridad en el puesto de trabajo y atractivas compensaciones extrasalariales. Si estas condiciones se cumplen para la mayoría de las personas en condiciones de trabajar, la economía tendrá un elevado nivel de empleo.

La otra cara de la moneda es el desempleo. Generalmente se mide mediante la **tasa de desempleo**, esto es, el porcentaje de la población activa que está desempleada. La población activa está formada por todas las personas ocupadas y desempleadas que están buscando trabajo.

$$\text{Tasa de desempleo} = \frac{\text{Número de parados}}{\text{Población activa}} \cdot 100$$

Al igual que la diferencia entre el PIB efectivo y el PIB potencial es un indicador de la actividad económica, la tasa de desempleo tiende a reflejar la situación del ciclo económico: cuando la producción está creciendo, la demanda de trabajo aumenta y la tasa de desempleo se reduce.

### 3) La estabilidad del nivel de precios

Lograr una baja inflación o un nivel general de precios estable es un objetivo macroeconómico clave, pues los fuertes crecimientos de precios distorsionan las decisiones económicas de las empresas y de los individuos y, por tanto, impiden una asignación eficiente de los recursos.

El indicador más frecuente del índice general de precios es el **índice de precios de consumo (IPC)**, que mide el coste de una cesta fija de bienes generalmente adquiridos por el consumidor medio. Las variaciones del nivel de precios se conocen como tasa de inflación, que refleja la tasa de crecimiento o el descenso del nivel de precios de un año respecto a otro[1], (véase Epígrafe 1.5).

El dilema que se plantea con la inflación radica en que si bien cuando ésta es elevada sus efectos son muy perjudiciales, las medidas que hay que tomar para reducir la inflación generalmente conllevan contraer la actividad económica y aumentar el desempleo. Por ello, es frecuente que las autoridades económicas procuren buscar un cierto compromiso entre inflación y desempleo (véase Capítulo 6).

### Otros objetivos de la política macroeconómica

Además de los tres objetivos comentados, los responsables de la política económica suelen prestar una atención muy especial a la evolución del *déficit público,* del *déficit exterior* y del *tipo de cambio*.

### El déficit público

El déficit público, medido como la diferencia entre el gasto público y los ingresos públicos, es un indicador del grado de equilibrio o desequilibrio de la actuación del sector público. Según cual sea la cuantía del déficit público, así serán las necesidades de financiación de las Administraciones Públicas. Cuando este déficit es elevado, también lo serán las necesidades financieras del sector público, lo que presionará el alza a los tipos de interés e incidirá negativamente sobre la inversión privada. Por tanto, el déficit público es otra variable que preocupa a los responsables de la política económica (véase Capítulo 2).

### El desequilibrio exterior

El desequilibrio en las transacciones con el resto del mundo es otra variable clave de la política macroeconómica. Las relaciones de un país con el resto del mundo se recogen en la balanza de pagos. Ésta, al ser un documento contable, siempre está en equilibrio, por ello lo que interesa es el saldo de determinados grupos de transacciones. Así, un déficit en el **saldo de la balanza por cuenta corriente**, es decir, cuando las importaciones son mayores que las exportaciones (véase Capítulo 5), implica que el país en cuestión está absorbiendo más recursos de los que produce y el déficit debe compensarse por el préstamo recibido del resto del mundo.

[1] La tasa de inflación del año 2006 en términos del *IPC* se expresa como sigue:

$$\text{Tasa de inflación} = \frac{IPC_{2006} - IPC_{2005}}{IPC_{2005}} \times 100$$

### El tipo de cambio

El **tipo de cambio** expresa el precio en unidades monetarias nacionales de una unidad de una moneda extranjera.

Desde que en 1999 España entró a formar parte del grupo de países de la UE que pusieron en marcha la moneda única, el tipo de cambio es el euro y éste fluctúa libremente frente al resto de las monedas (véase Capítulo 5).

### Conflictos entre objetivos

Un problema frecuente a la hora de llevar a cabo las políticas macroeconómicas son los conflictos o disyuntivas entre los distintos objetivos. De estos dilemas el más conocido y frecuentemente y el más difícil de resolver es *la disyuntiva entre el desempleo y la inflación*. Un elevado desempleo y una elevada inflación producen perjuicios económicos y malestar político. El problema radica en que cuando la producción aumenta a un fuerte ritmo y el desempleo se reduce, la situación tiende a hacer que se eleven los precios y los salarios. Por otro lado, si debido al fuerte crecimiento de la actividad económica las autoridades se ven forzadas a tomar medidas contractivas que frenen las tensiones inflacionistas, el desempleo tenderá a aumentar (véase Capítulo 6).

> La **disyuntiva** o intercambio a corto plazo entre la inflación y el desempleo se sintetiza en curva de Phillips.

Otro dilema se plantea en la instrumentación de la política económica a largo plazo. El aumento de la tasa de crecimiento de la producción a largo plazo suele requerir un aumento de la inversión en capital y conocimientos; y para incrementar la inversión es necesario ahorrar y reducir el consumo actual de bienes tales como vestido, actividades recreativas o viajes.

## 1.1.3 Los instrumentos de la política macroeconómica

A la vista de los objetivos comentados, los responsables de la política macroeconómica lógicamente estarán interesados en alcanzar un fuerte y sostenido crecimiento de la producción, en reducir la tasa de desempleo lo máximo posible y en mantener el nivel general de precios estable. El problema es qué deben hacer las autoridades para alcanzar dichos objetivos y cuáles son los **instrumentos** que pueden utilizar.

Un **instrumento de política económica** es una variable controlada por las autoridades económicas que puede influir en uno o en unos objetivos. Para analizar las características de los instrumentos vamos a englobarlos en dos grandes categorías: la **política monetaria** y la **política**

**fiscal**. Asimismo formularemos una serie de comentarios sobre otras políticas que suelen utilizar las autoridades económicas tales como la política de oferta o la política comercial.

## La política monetaria

Los gobiernos suelen recurrir a la **política monetaria** para tratar de estabilizar la actividad económica y evitar o al menos paliar los inconvenientes derivados de los ciclos económicos. Para ello controlan la evolución de la cantidad de dinero, el crédito y en general el funcionamiento del sistema financiero.

Mediante el control de la cantidad de dinero el banco central puede influir en los tipos de interés, en la inversión (y por tanto el PIB), en el nivel general de precios, en los tipos de cambio (y consiguientemente, en las exportaciones netas; véase Capítulo 5), en los precios de las acciones y en los precios de las viviendas.

Así, si la economía está experimentando una fuerte presión alcista sobre los precios, y se lleva a cabo una política monetaria restrictiva, la reducción de la oferta monetaria hará que suban los tipos de interés, se reduzca la inversión y disminuyan el PIB y la inflación. Por el contrario, si la actividad económica ha entrado en una recesión, el banco puede aumentar la oferta monetaria y reducir los tipos de interés para reactivar la economía.

**La política monetaria, a través del control de la oferta monetaria por parte del banco central y su capacidad de incidir sobre el tipo de interés y las condiciones crediticias, afecta al gasto de los sectores de la economía que son sensibles a los tipos de interés como la inversión empresarial, el consumo y las exportaciones netas. De esta forma, la política monetaria influye tanto en el PIB efectivo como en el potencial, así como en los precios.**

## La política fiscal

La **política fiscal** se refiere a la utilización del gasto público y de los impuestos para ayudar a determinar la distribución de los recursos entre los bienes privados y los colectivos. Incide sobre las rentas y el consumo de los individuos y ofrece incentivos a la inversión y otras decisiones económicas.

> La **política fiscal** se refiere a las decisiones del Gobierno sobre el nivel del gasto público y los impuestos.

El gasto público incluye dos tipos de gasto: las **compras del Estado**, esto es, el gasto en bienes y servicios, como por ejemplo la construcción de carreteras, la compra de ferrocarriles, el pago a los funcionarios, etc., y las **transferencias del Estado**. Éstas aumentan las rentas de determinados grupos de individuos como los jubilados o los parados. Al determinar la cuantía y composición del gasto público se determinan las dimensiones relativas del sector público y del sector privado, esto es, qué parte del PIB se consume colectivamente y no privadamente. El gasto público es uno de los componentes que integran el nivel global de gasto de la economía y uno de los determinantes del nivel del PIB.

Los **impuestos** son el otro instrumento de la política fiscal. Los impuestos inciden en la economía de dos formas. En primer lugar, reduciendo las rentas de los individuos, lo que influye tanto en la cantidad que gastan en bienes y servicios como en la cantidad de ahorro privado. De esta forma los impuestos, al condicionar el consumo y el ahorro privados, influyen en la producción y en la inversión tanto a corto como a largo plazo. En segundo lugar, los impuestos inciden sobre los precios de los bienes y de los factores de producción y, por tanto, afectan a los incentivos y a la conducta de los individuos. Así, los impuestos sobre la renta de las personas físicas influyen sobre los incentivos para trabajar y para ahorrar. Lo mismo puede decirse en el caso de las empresas: los impuestos sobre los beneficios de las sociedades inciden en los incentivos de éstas para invertir en nuevos bienes de capital. Esto explica que los gobiernos interesados en propiciar el crecimiento económico concedan a las empresas deducciones fiscales por inversión.

## Otras políticas macroeconómicas

Todos los países están cada día más inmersos en la economía mundial y están ligados con el resto de los países a través del comercio y de los flujos financieros. Los responsables de la política económica vigilan la evolución de sus ventas de bienes y servicios al resto del mundo, esto es, las exportaciones, y de las compras o importaciones. Una variable especialmente relevante es el saldo o diferencia entre el valor de las exportaciones y el valor de las importaciones.

El comercio internacional propicia la eficiencia y, por tanto, estimula el crecimiento económico. En los últimos años, la disminución de los costes en sectores como el de las telecomunicaciones y de los transportes ha estimulado el comercio internacional, proceso que los países han acogido favorablemente porque se considera como un instrumento para mejorar el nivel de vida.

Las autoridades económicas se ocupan del sector exterior mediante la **política comercial** y la **gestión financiera internacional**. La política comercial, a través de los aranceles, contingentes y otros mecanismos, trata de estimular las exportaciones netas. En la gestión financiera internacional una variable clave es el tipo de cambio. Generalmente los países adoptan como parte de su política monetaria diferentes sistemas para regular sus mercados de divisas. Las políticas de tipos de cambio son muy distintas: algunos países optan por dejar que los tipos de cambio se determinen por la oferta y la demanda en el mercado de divisas, como el caso de los países integrados en zona euro, mientras que otros establecen un **tipo de cambio** fijo frente a otras monedas (Capítulo 5).

Los responsables de la política económica también se preocupan por las condiciones de oferta de la economía. Este tipo de iniciativas se integran en lo que se denomina **políticas de oferta** (véanse Capítulos 6 y 7). Su objetivo es propiciar los incentivos al trabajo y a la producción, así como la incorporación de mejoras tecnológicas que eleven la eficiencia y la productividad del trabajo. Los resultados de las políticas de oferta se concretan en reducciones de la tasa de paro, disminuciones de los precios y aumentos en la productividad media del trabajo y en el PIB potencial.

> Las **políticas de oferta** propician los incentivos al trabajo y a la producción, así como la incorporación de mejoras tecnológicas.

## 1.2 El producto interior bruto (PIB)

El enfoque macroeconómico exige la definición y medición de ciertos agregados que permiten obtener una visión global de la economía. Las transacciones entre los diferentes agentes económicos se registran en la Contabilidad Nacional. Ésta define y relaciona los agregados económicos y mide el valor de los mismos. Mediante la serie de cuentas que integran la **Contabilidad Nacional**.

> La **Contabilidad Nacional** mide la actividad de una economía a lo largo de un período, generalmente un año, registrando las transacciones realizadas entre los diferentes agentes que forman parte de dicha economía.

De los distintos agregados que recoge la Contabilidad Nacional, el más significativo es el **Producto Interior Bruto (PIB)**, pues mide *el valor monetario total de los bienes y servicios finales producidos para el mercado durante un año dado, dentro de las fronteras de un país.*

Para analizar la definición del **PIB** vamos a centrarnos en cada una de las partes que la integran.

### *El valor monetario total…*

Toda economía produce miles de bienes y servicios distintos y cada uno se mide en una unidad distinta. Dado que no se pueden sumar «peras con manzanas» y que, sin embar tenemos que combinar todos los productos en una única cifra, lo que se hace es sumar el **valor monetario** de cada bien o servicio, esto es, el número de unidades monetarias, euros, por el que se vende cada bien o servicio.

> Al expresar todos los bienes y servicios en términos de su **valor monetario**, esto es, en euros se pueden agregar en una única unidad, el PIB.

### *… de los bienes y servicios finales…*

Cuando se mide el PIB, no se cuentan todos los bienes y servicios producidos en el país, sino únicamente los que se venden a los usuarios finales.

En el Cuadro 1.1 se recogen de forma simplificada las etapas de la producción de 30 barras de pan, desde que el agricultor produce el trigo hasta que compramos el pan en la panadería, pasando por el molino donde se obtiene la harina y el horno donde se produce el pan y se distribuye a las panaderías. ¿Deberíamos sumar el valor de las ventas en cada una de las etapas, e incluir 5 + 15 + 25 + 36 = 81 en el PIB cada vez que se producen 30 barras de pan? No, pues todas las etapas consideradas permiten obtener un bien que al final vale 36 euros. De hecho los 36 euros que se pagan ya incluyen el valor de todas las demás etapas del proceso productivo.

En el ejemplo del Cuadro 1.1 los bienes vendidos por el agricultor, el molinero y el fabricante de pan (mayorista) son **bienes intermedios**, bienes que se utilizan en el proceso de producción de otro bien. Pero la panadería minorista vende un **bien final**, pues el pan lo compra un *usuario final.* Si para calcular el PIB se sumara por separado la producción de los bienes intermedios, los estaríamos contando más de una vez, puesto que ya están incluidos en el valor del bien final.

**Cuadro 1.1 - Los productos intermedios y finales**

| Etapas de la producción | Valor de las ventas (euros) |
|---|---|
| **Bienes intermedios:** | |
| (1.ª) Trigo | 5 |
| (2.ª) Harina | 15 |
| (3.ª) Pan al por mayor | 25 |
| **Bien final:** | |
| (4.ª) Pan al por menor | 36 |

**Para evitar contar más de una vez los productos intermedios, cuando se mide el PIB sólo se suma el valor de los bienes y servicios finales. El valor de los productos intermedios está incluido automáticamente en el valor de los productos finales para los que se han utilizado.**

Cuando se habla de un bien final y de un bien intermedio es fácil distinguir uno de otro pero con los servicios no ocurre lo mismo. Los **servicios**, como, por ejemplo, un corte de pelo, asistir al cine o una consulta médica, se usan en el mismo momento que se producen y por lo tanto son servicios finales y forman parte del PIB. Sin embargo, los servicios que unas empresas prestan a otras, por ejemplo, el servicio de limpieza que una empresa presta a un hotel, es un servicio intermedio del servicio final, alojamiento que presta el hotel a sus clientes.

### *... producidos...*

En la medición del PIB sólo se incluyen los bienes y servicios **producidos** en el año en cuestión. Así, las compras de terrenos o activos financieros como acciones o bonos no se incluyen en el PIB, pues no son «bienes y servicios producidos». La tierra y los recursos naturales que hay en ella no se producen en absoluto. Las acciones y los bonos representan un derecho de propiedad o a recibir pagos en el futuro pero no son, en sí, bienes o servicios. Tampoco se incluyen en el PIB las compras de bienes de segunda mano como los coches o las viviendas, ya que se trata de bienes que fueron producidos, pero no en el período actual.

### *... para el mercado...*

El PIB no incluye todos los bienes y servicios producidos en la economía, sino **sólo los que se producen para el mercado**, esto es, con la intención de ser vendidos. Por ejemplo, cuando lava su propio coche, o limpia su propia casa, ha producido unos servicios finales pero no se cuentan en el PIB porque lo hace para usted mismo, y no para vender el servicio en el mercado. Pero si le lavan el coche en un garaje o contrata a alguien para que limpie su casa, entonces el servicio final sí se incluye en el PIB, pues pasa a ser una transacción de mercado.

### *... durante un año dado...*

El PIB es una **variable flujo** que mide un proceso que se desarrolla a lo largo de un período de tiempo. Como vimos en el Epígrafe 1.1, el valor de toda variable flujo depende del período de tiempo que se utilice para medirla. Por ejemplo, si a un trabajador se le pregunta cuál es su sueldo, su respuesta no será la misma si la pregunta hace referencia al mes o al año. Lo mismo ocurre con el PIB. Por tradición, el período sobre el que se mide el PIB es un año.

> Una **variable flujo** refleja un proceso que se desarrolla a lo largo del tiempo.

Otro tipo de variables macroeconómicas son las **variables *stock***, que son medidas de cosas que existen en un momento dado del tiempo. La población española, el número de viviendas de un país, el valor actual de la riqueza, todas son variables *stock*, porque son valores medidos en un determinado momento. Ante este tipo de variables, nunca se tiene que añadir la frase a la semana, al mes o al año, puesto que no hay período relacionado con las variables. Por ejemplo, no tiene sentido preguntar el número de habitantes que hay en España al mes. Por el contrario, la pregunta sería, ¿cuál es el número de personas que hay en España ahora?

> Una **variable stock** refleja una determinada cantidad en un momento del tiempo.

### *... dentro de las fronteras del país*

El PIB español mide la producción dentro de las fronteras de España, independientemente de que haya sido producida, o no, por españoles. Esto significa que se incluye la producción fabricada con recursos propiedad de extranjeros y por extranjeros que residen en España, y se excluye la producción realizada por españoles en otros países. Por ejemplo, cuando un equipo de fútbol español hace una gira en EEUU, el valor de los servicios se incluye en el PIB estadounidense pero no en el español. Por el contrario, los servicios de un jugador de baloncesto estadounidense que juega en un equipo español forman parte del PIB español y no del de Estados Unidos.

## 1.3 El PIB por el método del gasto

El Instituto Nacional de Estadística (INE) es la institución encargada de recoger, agregar y analizar la producción total de la economía española, y el cálculo del PIB lo hace de distintas maneras. El método o planteamiento más importante es el del gasto.

Al calcular el PIB por el **método del gasto**, la producción se divide en cuatro categorías en función de qué grupo de la economía la compra. Las cuatro categorías son las siguientes:

1. **Consumo de bienes y servicios (*C*)**, comprados por las familias.
2. **Inversión privada en bienes y servicios (*I*)**, comprados por las empresas.
3. **Gasto público (*G*)**, bienes y servicios comprados por el sector público.
4. **Exportaciones netas (*XN*)**, bienes y servicios comprados por los extranjeros, menos las importaciones.

Esta relación es exhaustiva: cualquier comprador de la producción española pertenece a uno de estos cuatro sectores, de forma que al sumar las compras de los cuatro sectores se obtiene el PIB.

El **PIB**, por el **método del gasto**, es igual a la suma de todos los gastos en bienes y servicios realizados por cada tipo de usuario final; las familias, las empresas, el sector público y el sector exterior. Por ello, al sumar las compras de las cuatro categorías se obtiene el PIB.

> Para medir el **PIB** siguiendo el **método del gasto** se suma el valor de los bienes y servicios adquiridos por cada tipo de usuario final.
>
> $$PIB = C + I + G + XN$$

### 1.3.1 El consumo privado [C ]

El **consumo** es el gasto en bienes y servicios realizado por las familias e incluye tanto los bienes perecederos como los duraderos. Es el elemento más importante del PIB, pues representa aproximadamente tres cuartas partes de la producción total.

El consumo comprende el gasto en bienes perecederos y en bienes de consumo duradero por su importe total y no incorpora el flujo de servicios prestados por estos bienes a lo largo de su vida útil.

> El **consumo** es la parte del PIB adquirida por las familias como usuarios finales.

Prácticamente todo lo que compran las familias durante un año (alimentos, ropa, gasolina, etc.) forma parte del gasto en consumo incluido en el PIB. Sin embargo, hay dos clases de cosas que compran las familias durante el año y que no son parte del consumo porque no son producidos en el año y por tanto no forman parte del PIB. Tal como antes se señaló, se trata de los bienes usados (como los coches de segunda mano o los libros usados) y los activos (como las acciones, los bonos o los inmuebles).

Como excepciones a la definición general del consumo cabe destacar: 1) el valor total de todos los alimentos que las familias de los agricultores producen y consumen (carne, productos lácteos, hortalizas, huevos, frutas y verduras) y 2) el valor total del servicio que aportan las viviendas propiedad de las familias que viven en ellas. El INE estima e incorpora en el PIB el autoconsumo de las familias de agricultores, pues lo considera como si tuvieran que pagarlo en el mercado. También estima el alquiler que pagarían los dueños de sus casas si tuvieran que alquilárselas a otras personas y lo incluye en la medición del PIB. Otra excepción es que la compra de nuevas viviendas por parte de las familias no se cuenta como consumo. Toda la construcción de nuevas viviendas se considera inversión.

### 1.3.2. Inversión privada [I]

El edificio de un hotel, la casa donde vivimos, el equipo de aire acondicionado de las oficinas, son todos *bienes de capital*, esto es, bienes que ofrecerán servicios útiles en los años venideros. La suma del valor de todos estos bienes de capital de un país es el ***stock* de capital**. Lógicamente se trata de una variable *stock*: el valor de los bienes de capital que existe en un determinado momento del tiempo[2].

> El ***stock* de capital** es el valor de todos los bienes que proporcionan servicios valiosos en el futuro.

A partir del concepto del *stock* de capital se puede ofrecer una primera visión de la inversión. En este sentido, una burda definición de la **inversión privada** es la formación de capital, esto es, el incremento del *stock* de capital de un país durante un año. La inversión es una variable flujo: es el proceso de formación de capital que tiene lugar durante un cierto período de tiempo.

En términos de la Contabilidad Nacional se distinguen dos categorías de inversión privada: la *Formación Bruta de Capital Fijo (FBCF)* y la variación de existencias. La primera categoría, la FBCF, está formada por la inversión en:

- *Planta y equipo*, es decir, almacenes, fábricas, edificios industriales y de servicios, maquinaria y equipos para la producción, vehículos, etc.
- *Construcción residencial*, que comprende la construcción de viviendas para uso residencial, estén ocupadas o no.

Por otro lado, la variación de existencias está constituida por la variación neta (incrementos menos disminuciones) de materias primas, productos semielaborados que no se han incorporado al proceso de producción y de los productos finales que no se han vendido en el mercado.

> La **inversión privada** es la suma de:
> 1) Planta y equipo comprados por las empresas,
> 2) La construcción de nuevas viviendas para uso residencial y 3) La variación de existencias.

Vamos a analizar cada uno de los elementos que integran la inversión.

1) **Compras empresariales de planta y equipo.** Las fábricas y los equipos no son bienes intermedios, pues no se

2 La inversión es la producción de bienes de capital duradero. Sin embargo, coloquialmente invertir se suele asimilar con emplear dinero para comprar acciones en bolsa o para abrir una cuenta de ahorro. En economía este segundo concepto se corresponde con **inversión financiera**.

Si yo retiro 1.00 euros de mi cuenta de ahorro y compro algunas acciones, eso no es lo que los macroeconomistas llaman inversión. Lo único que hago es cambiar un activo financiero por otro. Sólo se realiza inversión cuando se produce un bien de capital físico.

agotan cuando se produce el PIB del año actual. Las fábricas y los equipos duran muchos años y sólo una pequeña parte se usa para fabricar la producción del año actual. Se considera, pues, que las fábricas y equipos que se acaban de producir son bienes finales, y que las empresas que los adquieren son los usuarios finales de estos bienes. Por ejemplo, si una cadena hotelera compra un edificio nuevo para instalar un hotel que se cree que va a durar 40 años, en un año determinado sólo se usará una cuarentava parte y sólo esa parte quedará reflejada en el valor de la producción del hotel, tal como se explicitará cuando se analicen los conceptos de inversión neta. Pero dado que todo el hotel se ha edificado durante un año, en este año se incluye su valor total como parte de la inversión en el PIB.

Las compras de fábricas, edificios y equipos constituye la mayor parte de la inversión privada.

2) **Construcción residencial**. Aunque la mayoría de las nuevas viviendas van a ser adquiridas por familias y podrían considerarse como un gasto en consumo, se consideran un gasto en inversión. Ello se debe a que las viviendas residenciales constituyen una parte importante del *stock* de capital de un país, pues seguirán proporcionando servicios como tales en el futuro. Por tanto, si queremos que la medición del gasto en inversión privada se corresponda con el incremento del *stock* de capital del país, se deberá incluir esta importante categoría de la formación de capital en la inversión.

3) **Variación de existencias.** *Las existencias son los bienes que han sido producidos pero que todavía no se han vendido.* Incluyen los bienes en las estanterías de las tiendas y en los almacenes de las fábricas, los bienes que están en proceso de producción en las fábricas y las materias primas que se van a utilizar. Al calcular el PIB, la variación de las existencias de las empresas se incluye como parte de la inversión, pues cuando los bienes se producen, pero no se venden durante el año, terminan entre los bienes inventariados por las empresas. Si no se incluyeran estas variaciones de las existencias, no estaríamos teniendo en cuenta una parte importante de la producción actual. Señálese que el PIB está diseñado para medir la producción total y no sólo la parte de la producción que se vende durante el año.

> Las **existencias** son los bienes que han sido producidos, pero que aún no se han vendido. En el PIB se incluye la variación de existencias.

Supóngase que la industria informática en un año fabrica ordenadores personales por valor de 100 millones de euros, y que se venden ordenadores por valor de 80 millones de euros. En este caso, los ordenadores por valor de los restantes 20 millones de euros que no se han vendido se añadirían a las existencias de las empresas. Si sólo se incluyera en el PIB el gasto en consumo (80 millones de euros) se estaría subestimando la producción de ordenadores. El cálculo correcto requeriría incluir no sólo los ordenadores vendidos por valor de 80 millones de euros (el consumo), sino también la variación de existencias por valor de 20 millones de euros (inversión privada). La contribución total de la industria informática al PIB del año en cuestión es de 100 millones de euros; 80 millones de euros en consumo y 20 millones de euros en inversión.

Si durante el año tuviera lugar una disminución de las existencias, el procedimiento a seguir sería el mismo, si bien ahora se añadiría una cifra negativa. Por ejemplo, si en el caso anterior la industria produjese en el año en cuestión los mismos ordenadores (100 millones de euros) pero las ventas fuesen de 120 millones, habrá ordenadores por valor de 20 millones de euros que habrán salido de las existencias de las empresas. En este caso, la estimación de 120 millones de euros de ordenadores sería una estimación excesiva de la producción anual de ordenadores, pero al restar 20 millones se corrige el error. Al final, la aportación anual de la industria informática al PIB habrá sido de 100 millones de euros; 120 millones de euros (consumo) – 20 millones (inversión privada).

Las **variaciones de existencias se incluyen en la inversión** porque los bienes que no se han vendido forman parte del *stock* de capital del país. Ofrecerán servicios en el futuro, una vez que se vendan y se utilicen; un aumento de las existencias representa una formación de capital en el año en cuestión y una reducción de las existencias supone una disminución del *stock* de capital del país.

> La **variación de existencias** se incluye en la inversión: un aumento de las existencias representa una formación de capital y una reducción supone una disminución del *stock* de capital.

Las variaciones de existencias son, generalmente, el elemento más pequeño y más volátil de la inversión privada. La volatilidad de la variación de existencias se debe a que si bien una parte de la inversión en inventarios es voluntaria y planificada por las empresas, una gran parte no es intencionada. Así, es frecuente que durante las recesiones las empresas suelen ser incapaces de vender todos los bienes que han producido y que tenían planificado vender. El resultado será un aumento no deseado de las existencias. Por el contrario, durante las expansiones de la actividad económica ocurre lo contrario: las empresas descubren que venden más de lo que han producido y tiene lugar una reducción no planeada de las existencias.

La **inversión**, por tanto, incluye el gasto en bienes no destinados a consumo inmediato, o sea, el gasto que realizan fundamentalmente las empresas en **bienes de capital**, es decir, en los medios de producción ya producidos que se emplean en los procesos productivos y que se utilizarán como *input* en períodos siguientes (los bienes intermedios se utilizan como *input* en el mismo período).Debe señalarse que en la Contabilidad Nacional las viviendas son tratadas como bienes de capital aunque de hecho son bienes de consumo duradero.

*Los bienes de capital pueden clasificarse en* **capital en existencias** *y* **capital fijo. El capital en existencias comprende las materias primas no incorporadas al proceso productivo, los bienes en proceso de producción y los productos terminados en almacén. El capital fijo, por su parte, se define como los medios de producción cuya vida útil se mantiene a lo largo de varios períodos tales como la maquinaria o los edificios.**

### La inversión privada y el *stock* de capital

Al iniciar el estudio de la inversión privada se advirtió que ésta sólo se corresponde a grandes rasgos con el incremento del *stock* de capital. Las variaciones del *stock* de capital de un país son más complejas de lo que se puede reflejar únicamente con la inversión privada.

En primer lugar, porque la inversión privada excluye varias categorías de producción no empresarial que se deben sumar al *stock* de capital del país. En concreto la inversión privada no incluye: 1) *La inversión del sector público*. Una parte importante del *stock* de capital del país no es propiedad de las empresas, sino del sector público. Las autopistas, los aeropuertos, los hospitales públicos, las infraestructuras de saneamientos o los equipamientos de la policía y el ejército son ejemplos de capital propiedad del sector público. 2) *Los bienes de consumo duradero.* Los bienes de consumo duradero como son los automóviles, los muebles, los electrodomésticos y los ordenadores personales de uso doméstico son ejemplos de bienes de capital, puesto que seguirán ofreciendo sus servicios durante muchos años. 3) *El capital humano*. La formación, la cualificación y el conocimiento de las personas seguirá ofreciendo servicios valiosos durante mucho tiempo en el futuro, tal como ocurre con los equipos de una fábrica o una nueva vivienda. Para cuantificar el crecimiento del *stock* de capital habría que incluir las habilidades adicionales y la formación adquirida por la mano de obra durante el año.

En segundo lugar, la inversión empresarial no tiene en cuenta la **depreciación**, es decir, el capital que se ha usado durante el año. Precisamente la inclusión de la depreciación del *stock* de capital público y privado permite calcular la **inversión neta**, que se define como la **inversión bruta** menos la depreciación.

La **inversión neta** ($IN$) es igual a la **inversión bruta** ($IB$) menos la **depreciación** ($D$).
$IN = IB - D$

## 1.3.3 Gasto público [G]

El **gasto público (*G*)** comprende el consumo del sector público y las adquisiciones de inversión. La inversión del sector público hace referencia a las compras de bienes de capital realizadas por los distintos estamentos que integran el sector público. El resto de las compras se considera consumo público: gasto en bienes y servicios que se utilizan durante el año. Esto incluye los salarios de los empleados del sector público, funcionarios o no, y las materias primas utilizadas por los distintos organismos públicos.

El gasto público incluye: 1) las compras de los distintos niveles de la Administración pública, central, autonómica y local, 2) los bienes (como automóviles, material de oficina, edificios, etc.), y servicios, como los que prestan los legisladores o la policía.

Cuando una televisión pública adquiere bienes y servicios finales para su consumo, actúa como consumidor y se contabiliza en el PIB. Cuando adquiere bienes de capital actúa como empresa, y el gasto forma parte del componente del PIB a precios de mercado.

No todo el dinero que gasta el sector público se incluye en el PIB. Ello se debe a que se excluyen los pagos de **transferencias (*TR*)**, que son los pagos que el sector público realiza a las economías domésticas sin contraprestación de servicios, básicamente pensiones y subsidios de desempleo netos de contribuciones de trabajadores y empresarios, y los intereses de la deuda pública.

Estas transferencias no se incluyen en el PIB, pues se trata de una simple redistribución de renta y no de una compra de bienes y servicios. Téngase en cuenta además que no todo gasto es una compra y que en el PIB sólo se incluyen las compras.

Las transferencias son **gastos sin contrapartida**, esto es, sin la contraprestación a las actuaciones que lleva a cabo el Estado para apoyar a determinadas economías domésticas y empresas. Las transferencias se incluyen en los presupuestos generales del Estado, pues son un gasto; pero dado que no son una compra los bienes y servicios no se incluyen en el gasto público ni en el PIB.

El **gasto público** (*G*) es el realizado por el sector público en bienes y servicios, y comprende todos los gastos del sector público destinados a pagar la nómina de sus empleados más los costes de los bienes (carreteras, ferrocarriles, etcétera) y servicios (de consultoría, financieros, sanitarios, etcétera) que compra al sector privado. Este gasto público de consumo e inversión es igual a la aportación del sector público al PIB.

### 1.3.4 Exportaciones netas [XN ]

Los extranjeros compran bienes y servicios españoles. Estas exportaciones forman parte de la producción española de bienes y servicios, por lo que se incluyen en el PIB. Por otro lado, los españoles compran bienes y servicios que han sido producidos fuera de España. Teniendo en cuenta este hecho, resulta que cuando se suman las compras finales de las familias, las empresas y el sector público, podemos contabilizar en exceso la producción española porque incluimos bienes y servicios producidos en el extranjero que no forman parte de la producción de España. Para corregir este exceso debemos deducir todas las importaciones de España durante el año, lo que nos deja sólo con lo que se ha producido en España. De hecho, la Contabilidad Nacional cuando ofrece información sobre la demanda agregada distingue entre **demanda interna** y **demanda externa**.

En otras palabras, para obtener una medición precisa del PIB debemos añadir la parte de la producción española adquirida por los extranjeros: las exportaciones totales ($X$). Pero para corregir la inclusión de bienes producidos en el exterior debemos restar las compras de los españoles de bienes producidos fuera de España: las importaciones totales ($M$). De esta forma, se obtienen las **exportaciones netas ($XN = X - M$)**.

Las **exportaciones netas ($XN$)** son la diferencia entre las exportaciones y las importaciones de bienes y servicios, esto es, las importaciones se tienen en cuenta como sumando negativo en el cálculo del PIB.

Cuando una empresa vende productos a un país extranjero, tanto si son bienes intermedios como finales, se consideran bienes finales, puesto que, a pesar de ser bienes de producción, su transformación posterior no repercute en la economía del país de origen.

Así pues de lo señalado se desprende que el cálculo del **PIB por el método del gasto** se realiza sumando el valor de los bienes y servicios adquiridos por cada uno de los distintos usuarios finales.

La suma de todos los gastos en bienes y servicios llevados a cabo por los diferentes agentes económicos, es decir, los consumidores ($C$), las empresas ($I$), el sector público ($G$) y el sector exterior ($XN = X - M$), es el **PIB a precios de mercado ($PIB_{pm}$)**.

$$PIB_{pm} = C + I + G + XN$$

Esta macromagnitud también se conoce como **demanda agregada**, pues representa el gasto total llevado a cabo por los diferentes agentes económicos.

## 1.4 Otros planteamientos para calcular el PIB

Además del planteamiento del gasto hay otras formas de calcular el PIB, una es la del valor añadido y otra la de los costes de los factores.

### 1.4.1 El PIB por el método del valor añadido

Un método alternativo para calcular el PIB al coste de los factores parte del concepto de **valor añadido** y de la distinción entre bienes intermedios y bienes finales. Según este método, el PIB se obtiene sumando el coste de producción de los bienes y servicios finales o, lo que es lo mismo, el valor añadido que generan todas las actividades productivas que se realizan en un país.

**El valor añadido es la diferencia entre el precio de venta de un bien, sin tener en cuenta los impuestos indirectos, y el coste de los bienes intermedios adquiridos para su producción.**

Para una empresa, el **valor añadido** es el ingreso que recibe por las ventas menos el coste de los bienes intermedios que compra.

Para ilustrar este método consideremos, de nuevo, el proceso de producción y distribución de pan (Cuadro 1.1). En él hay cuatro etapas, desarrolladas cada una por distintas empresas.

Cuadro 1.2 - El PIB y el valor añadido

| Empresa (etapa de la producción) | Coste factores (productos intermedios) € | Precio de venta € | Valor añadido € |
|---|---|---|---|
| Agrícola | 0 | 5 | 5 – 0 = 5 |
| Harinera | 5 | 15 | 15 – 5 = 10 |
| Panadera | 15 | 25 | 25 – 15 = 10 |
| Distribuidora | 25 | 36 | 36 – 25 = 11 |
| | | | Total = 36 |

**Esquema 1.1 - El flujo circular de la actividad macroeconómica**

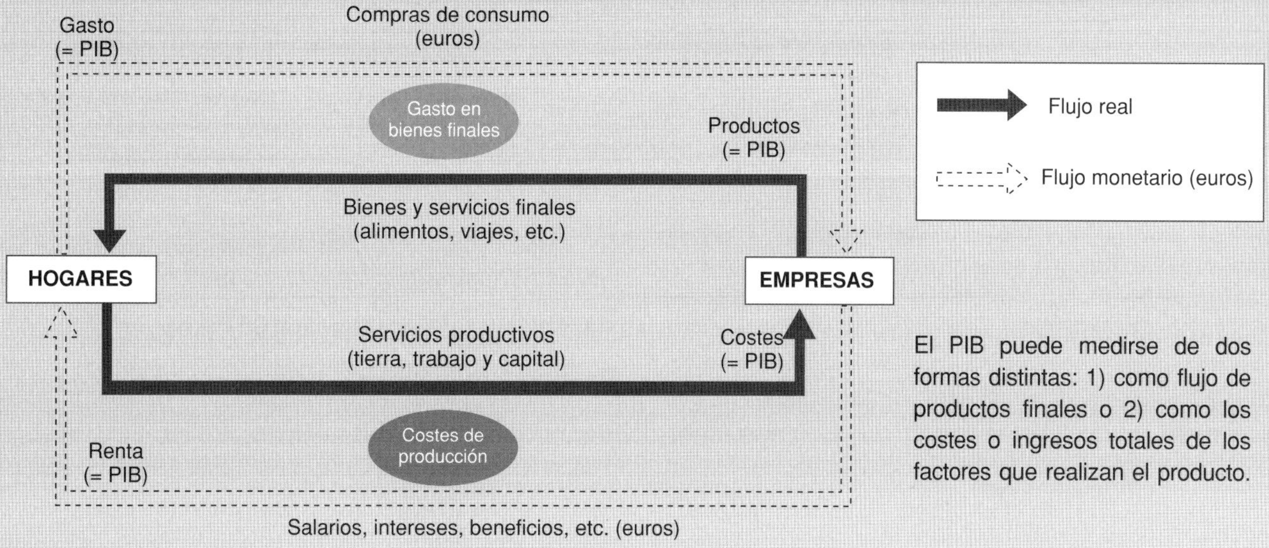


En el Cuadro 1.2 se recoge el precio de coste de los productos intermedios, el precio de venta y el valor añadido en cada etapa. El PIB es el valor añadido total.

### 1.4.2 El PIB por el método de los costes

Para obtener el **PIB por el método del ingreso, renta o costes** de los factores hay que sumar los ingresos o rentas percibidas por las economías domésticas como contraprestación por aportar sus factores o recursos al proceso productivo.

> Según **el método del coste de factores**, el cálculo del PIB se realiza sumando el coste de los factores de todas las empresas de la economía.

Desde este enfoque el PIB debe ser igual al coste total de los factores que han pagado todas las empresas en la economía. Según el método del coste de los factores, el PIB se puede medir sumando todos los costes de los factores desembolsados por todas las empresas de la economía. Análogamente, se puede calcular sumando todos los ingresos (sueldos y salarios, alquileres, intereses y beneficios) que han obtenido todas las familias en la economía.

Este método evidencia una importante realidad de la macroeconomía, que:

***El PIB (la producción total de una economía) es igual a la renta generada en esa economía.***

El hecho de que la producción sea igual a las rentas se deduce directamente del método del coste de los factores del PIB. Explica por qué los expertos en macroeconomía utilizan los términos «producción» y «renta» como si fueran sinónimos: son lo mismo. Si aumenta la producción, la

**Esquema 1.2 - Los componentes del PIB. Según el enfoque del gasto y el de los costes o rentas**

| Enfoque del producto o gasto | Enfoque de los costes o rentas |
|---|---|
| Consumo (*C*) | Sueldos, salarios y otras rentas del trabajo |
| + | + |
| Inversión bruta privada (*IB*) | Intereses, alquileres y otras rentas de la propiedad |
| + | + |
| Gasto público (*G*) | Impuestos indirectos |
| + | + |
| Exportaciones netas (*NX*) | Depreciación o amortización |
| | + |
| | Beneficios |

renta aumenta en la misma cuantía; si la producción cae, la renta cae en la misma cuantía.

### Equivalencia de los dos enfoques

Si pretendemos medir *el PIB como un flujo de productos finales*, esto es, según el enfoque del gasto, debemos considerar lo que los hogares consumen al año en bienes y servicios finales. Para valorar los diferentes bienes y servicios utilizamos los precios de mercado.

Si alternativamente deseamos calcular *el PIB según el enfoque de los ingresos o los costes*, debemos considerar todos los costes de las empresas, esto es, los salarios que se pagan a los trabajadores, las rentas o alquileres pagados a los propietarios de los edificios y de la tierra, los beneficios que se pagan al capital, etc. Lógicamente lo que son costes para las empresas a la vez son los ingresos que perciben los hogares. El flujo anual de estos ingresos o renta permite obtener el PIB, que también expresa los costes de producción de los bienes finales de la economía.

El PIB calculado como flujo de bienes y servicios finales (mitad superior del Esquema 1.1) o como flujo de costes (mitad inferior del Esquema 1.1) es exactamente igual.

La equivalencia de los dos enfoques puede ilustrarse a partir del análisis de una empresa que hace desarrollos informáticos para Internet. Supongamos que en la empresa sólo trabajan los socios propietarios y lo hacen en su tiempo de ocio, de forma que únicamente tienen como gasto el alquiler del local, 1.000 euros al mes. Si venden como media un desarrollo al mes y lo hacen a un precio de 3.000 euros, su PIB mensual es de 3.000 euros. Sus ingresos son de 3.000 euros y sus costes de 1.000, de forma que sus ingresos, en salarios y beneficios, son de 2.000 euros. Así, el PIB es de 3.000 euros como flujo de productos (un desarrollo informático) y también de 3.000 euros como un coste o ingreso (1.000 euros de alquiler y 2.000 euros de salarios «extra» o beneficios).

> El **carácter residual** de los beneficios (o del excedente de explotación en terminología de la Contabilidad Nacional) permite que el enfoque del flujo de productos y el enfoque del flujo de los ingresos o costes den exactamente el mismo PIB total.

Los dos enfoques son idénticos, pues el beneficio, es decir, lo que queda de la venta del producto una vez pagados los costes, se incluye en el enfoque de los ingresos o costes. El **beneficio es el residuo** que se ajusta automáticamente para que los costes o ingresos coincidan con el valor de los bienes (Esquema 1.2).

**El cálculo del PIB: métodos alternativos:**

| | | |
|---|---|---|
| **Método del gasto: PIB** | = | $C + I + G + XN$ |
| **Método del valor añadido: PIB** | = | **Suma del valor añadido por todas las empresas** |
| **Método del coste de los factores: PIB** | = | **Suma del coste de los factores adquiridos por todas las empresas = Sueldos y salarios + Intereses + Alquileres + Beneficios = = Renta total de familias** |

## 1.4.3 La relación entre el PIB a precios de mercado y el PIB al coste de los factores

La relación entre el PIB a precios de mercado ($PIB_{pm}$) y el PIB al coste de los factores ($PIB_{cf}$) se establece considerando los impuestos indirectos y las subvenciones de explotación (Esquema 1.3). Para pasar del $PIB_{cf}$ al $PIB_{pm}$ hay que sumar los impuestos indirectos y deducir las **subvenciones de explotación**.

> Las **subvenciones de explotación ($S_b$)** son transferencias del sector público a las empresas y, por tanto, reducen el coste real de la producción.

Teniendo en cuenta los impuestos indirectos y las subvenciones, el PIB a precios de mercado, obtenido a partir del PIB al coste de los factores, se expresa como sigue:

$$PIB_{pm} = PIB_{cf} + T_i - S_b$$

Esquema 1.3 - Relación entre el PIB a precio de mercado y el PIB al coste de los factores productivos

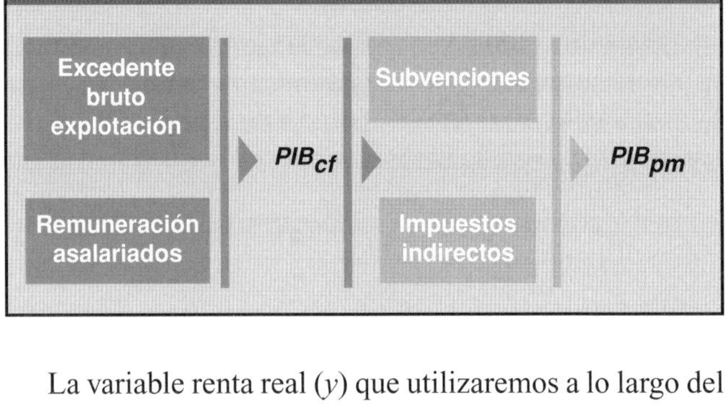


La variable renta real ($y$) que utilizaremos a lo largo del texto coincide con el $PIB_{pm}$ medido en términos reales. Por tanto:

$$PIB_{pm} \equiv C + IB + G + X - M \equiv y \qquad [1.1]$$

donde toda la expresión anterior está medida en términos reales.

Desde el punto de vista de los ingresos o costes, el PIB medido a precios de mercado según la Contabilidad Nacional española es igual a la suma de los salarios y otras rentas, los beneficios o excedentes netos de explotación, la depreciación o consumo de capital fijo y los impuestos indirectos ligados a la producción menos las subvenciones a la explotación:

$$PIB_{pm} \equiv RA + ENE + D + T_i - S_b$$

donde *RA* es la remuneración de los asalariados, *ENE* el excedente neto de explotación, es decir, la parte de los ingresos que no se destinan a la remuneración de los asalariados ni al consumo de capital, en otras palabras, es la retribución al factor iniciativa empresarial, y *D* es la depreciación del capital fijo. En términos del Esquema 1.2, esta definición del PIB es la recogida en su lado derecho.

## 1.5 El PIB real y el PIB nominal: los índices de precios y la inflación

El *PIB en euros corrientes* se mide con los precios existentes cuando se realiza la producción, mientras que el *PIB a precios constantes* se mide con los precios existentes en un año base específico.

Dado que los precios de los distintos bienes varían en diferentes proporciones se debe tratar de establecer la variación «general» de los mismos. Para ello se recurre a los *índices de precios*.

Los **índices de precios** se utilizan para «deflactar» —es decir, para eliminar el efecto de la variación de los precios en los valores corrientes de las macromagnitudes— o, en otras palabras, para pasar de magnitudes corrientes a magnitudes reales en términos constantes.

> Los **índices de precios** son unas medias ponderadas de los precios de cada período en los que cada bien o servicio se valora de acuerdo con su «peso» o importancia en el producto total.

### 1.5.1 El Índice de Precios de Consumo (IPC)

Conocer el crecimiento de los precios de los bienes individualmente considerados, como la gasolina, el transporte público o el cine es fácil, no hay más que comparar los precios en dos momentos del tiempo. Sin embargo, medir cómo aumentan los precios «en general» durante un período determinado no es una tarea fácil, ya que los bienes y servicios que se compran y venden son muy variados y los crecimientos que experimentan suelen ser notablemente distintos, y precisamente esta información es la que a todos nos interesa.

> El **índice de precios de consumo** es una medida de los precios agregados y se calcula como una media ponderada de los bienes de consumo finales.
> El gasto de la familia media en cada uno de los bienes constituye la ponderación utilizada.

Para poder ofrecer información sobre la evolución de los precios en general debemos llevar a cabo un proceso de agregación que vamos a ilustrar mediante un ejemplo. Supongamos que sólo se consumen cuatro tipos de bienes (alimentos, transporte, vivienda y vestido, ocio y otros), que precisamente son las cuatro categorías que tienen una mayor ponderación para el cálculo del IPC español. En el Cuadro 1.3 se recoge la evolución de los precios durante tres años, definida como la diferencia entre el precio el 31 de diciembre del año anterior y el precio el 31 de diciembre de ese mismo año. Como puede observarse, los crecimientos experimentados por los distintos precios son muy diferentes e incluso alguno decrece. Asimismo, el porcentaje del gasto en cada uno de los tipos de bienes respecto al total del gasto de la familia media tipo es diferente (Cuadro 1.4).

**Cuadro 1.3 - Nivel de precios (a 31 de diciembre de cada año)**

| | 2004 | 2005 | 2006 |
|---|---|---|---|
| Alimentos | 8 | 7 | 12 |
| Transporte | 5 | 6 | 7 |
| Vivienda | 800 | 900 | 1.000 |
| Vestido, ocio y resto | 9 | 11 | 15 |

**Cuadro 1.4 - Porcentaje de la familia media en cada tipo de bien**

**Año 2004**

| Bien o servicio | Porcentaje del gasto en 2004 |
|---|---|
| Alimentos | 20 |
| Transporte | 15 |
| Vivienda | 10 |
| Vestido, ocio y resto | 55 |
| **Total** | **100** |

Dadas estas circunstancias, para calcular el crecimiento de los precios «en general» durante los tres años considerados en el Cuadro 1.3 se utiliza como medida agregada una media ponderada de los precios que otorgue mayor peso a los precios de los productos en los que el consumidor realiza un gasto mayor, pues lo que se pretende calcular es un Índice de Precios de Consumo (IPC). Este índice engloba únicamente los precios de los bienes y servicios de consumo final que compran las

## Nota Complementaria 1.1 - Índice de llegada de inmigrantes

### Elaboración de un índice de llegada de inmigrantes

Por lo general, un número índice de cualquier cantidad se calcula de la siguiente manera:

$$\frac{\text{Valor en el período actual}}{\text{Valor en el período base}} \cdot 100$$

Vamos a ver cómo son los números índice con un ejemplo sencillo. Suponga que queremos calcular cómo ha evolucionado el número de inmigrantes que llegan a una localidad. Para ello, podríamos construir un índice. El primer paso consiste en elegir un *período base*: un período que vamos a utilizar como referencia. Vamos a elegir el año 2000 como período base, y vamos a suponer que ese año llegaron a la localidad 10.433 inmigrantes. El índice de llegadas de inmigrantes en cualquier año se calcularía como:

$$\frac{\text{Número de llegadas de inmigrantes ese año}}{10.433} \cdot 100$$

En 2000, el año base, el índice tendrá el valor:

$$\frac{10.433}{10.433} \cdot 100 = 100$$

Así pues, un índice siempre es igual a 100 en el año base.

Ahora vamos a calcular el valor del índice en otro año. Si en 2004 llegaron 14.534 inmigrantes, el índice para ese año tendría el valor de:

$$\frac{14.534}{10.433} \cdot 100 = 139{,}3$$

Los índices simplifican la información para que podamos ver cómo están cambiando las cosas de un solo vistazo. El índice de llegadas de inmigrantes a una localidad, por ejemplo, nos dice que el número de llegadas en 2004 fue el 139,9 por ciento del 2000. O más sencillamente, que las entradas de inmigrantes entre 2000 y 2004 crecieron un 39,9 por ciento.

---

familias. Por tanto no considera los precios de los bienes de capital ni los bienes intermedios. Por su carácter de índice (véase Nota Complementaria 1.1), toma el valor de 100 en un período del tiempo arbitrario, que se toma como base y punto de referencia para los demás períodos. En el caso que estamos considerando el año 2004 es el que se toma como año base.

Tradicionalmente el IPC se ha calculado aplicando un *Índice de Laspeyres*[3] convencional. El procedimiento de cálculo seguido es el siguiente:

1) Se mide el precio de cada bien o servicio en todos los años en los que se va a calcular el IPC (Cuadro 1.3)

2) Se elige un año como base y se calcula, para ese año, el porcentaje del gasto de la familia media en cada uno de los bienes. Estos porcentajes se utilizarán en el resto de los períodos como ponderaciones para calcular el IPC (Cuadro 1.4).

3) Se calcula el IPC como una media ponderada de los cocientes para cada producto, entre el precio en el año en cuestión y el precio en el año base.

A partir de los datos de los Cuadros 1.3 y 1.4 se pueden calcular los Índices de Precios de Consumo de los tres años considerados tal como sigue:

$$IPC_{2004} = 20\frac{8}{8} + 15\frac{5}{5} + 10\frac{800}{800} + 55\frac{9}{9} = 100$$

$$IPC_{2005} = 20\frac{7}{8} + 15\frac{6}{5} + 10\frac{900}{800} + 55\frac{11}{9} = 113{,}97$$

$$IPC_{2006} = 20\frac{12}{8} + 15\frac{7}{5} + 10\frac{1.000}{800} + 55\frac{15}{9} = 155{,}17$$

El año 2004 se ha tomado como año base, de forma que el Índice de Precios de Consumo toma un valor de

---

3 El cálculo del IPC como índice de Laspeyres convencional se realiza utilizando la siguiente fórmula:

$$IPC = g^0_1\frac{P^t_1}{P^0_1} + g^0_2\frac{P^t_2}{P^0_2} + g^0_3\frac{P^t_3}{P^0_3} + \dots + g^0_n\frac{P^t_n}{P^0_n} = \sum_{t=1}^{n} g^0_i\frac{P^t_i}{P^0_i}$$

Siendo:

IPC = Valor índice de precios de consumo en el año $t$.

$P^t_i$ = Precio del bien $i$ en el año $t$.

$n$ = Número de bienes que entran en una cesta de la compra que se define para calcular el IPC.

$g^0_i$ = Porcentaje de gasto de familia «media» en el bien $i$ durante el año cero. Este año es el que se toma como base.

$\sum_{t=1}^{n}$ = Suma desde el elemento 1 hasta el $n$.

Las ponderaciones $g$ se refieren al gasto de familia «media» en cada uno de los bienes. La suma de todos los $g^0_i$ se mantienen constantes durante los periodos considerados.

100. De estos datos se desprende que los precios, medidos a través del IPC, crecieron un 13,97 por ciento entre 2005 y 2004 y que dicho crecimiento fue del 55,17 por ciento el año 2006. Dado que durante los dos años los precios han crecido se dice que ha habido inflación.

De lo señalado se desprende que el IPC, y en términos generales un índice de precios, puede interpretarse de dos maneras: como una media de los precios actuales de los bienes y servicios, calculados en términos relativos respecto del año base y ponderados mediante unos coeficientes que indican la proporción del gasto efectuado en cada bien, o como el coste de comprar en el año actual un conjunto de bienes que, adquiridos en el año base, representaban un gasto de 100. Teniendo en cuenta que un índice de precios no puede comprender todos los bienes existentes en una economía, debe elegirse un conjunto que se considere representativo del total.

### 1.5.2 El IPC y la inflación

Una forma normal de medir la inflación es mediante el IPC.

> El **IPC** representa el coste de una cesta de bienes y servicios consumida por una economía doméstica representativa.

El Cuadro 1.5 muestra el IPC de varios años y la tasa de inflación medida sobre este índice. Para calcular, a partir del IPC, la tasa de inflación entre dos años determinados, esto es, la tasa de crecimiento de los precios, se calcula la variación porcentual experimentada por este índice en ese período. Así, la tasa de inflación en 2004 se calcula como sigue:

$$\text{Inflación en 2004} = \frac{IPC_{2004} - IPC_{2003}}{IPC_{2003}} \cdot 100 = \frac{149,6 - 145,2}{145,2} \cdot 100 = 3,0$$

> La **inflación**, medida por el IPC, es la tasa de variación porcentual que experimenta este índice en el período de tiempo considerado.

**Cuadro 1.5 - Índice de precios de consumo IPC y la inflación de 1999-2004**

| | IPC | Tasa de inflación |
|---|---|---|
| 1999 | 126,7 | 2,3 |
| 2000 | 131,9 | 4,1 |
| 2001 | 135,5 | 2,7 |
| 2002 | 141,0 | 4,0 |
| 2003 | 145,2 | 2,9 |
| 2004 | 149,6 | 3,0 |

El IPC resulta adecuado para conocer la evolución de los precios de los bienes y servicios que generalmente adquieren los consumidores. Refleja de forma apropiada cómo se ha encarecido la vida, pues indica el dinero que hace falta para mantener el mismo nivel de vida.

### 1.5.3 Otra forma de medir el nivel general de precios: el deflactor del Producto Interior Bruto (PIB)

El **PIB nominal** se calcula agregando los valores de los bienes medios según los precios de cada año. El **PIB real** se obtiene valorando los bienes según los precios de un año que se tomaba como base. Las diferencias que se pueden observar entre PIB nominal y el PIB real se deben a las variaciones de los precios entre el año base y el año corriente. Precisamente el cociente entre estas dos magnitudes es una medida de nivel general de precios, que se conoce como **Deflactor del PIB**:

**Nota Complementaria 1.2 - El deflactor del PIB y el IPC**

La medición de cualquier variable económica es el resultado del producto de unas unidades físicas y de su precio respectivo. Los deflactores o índices de precios permiten diferenciar algo tan importante como el componente *real* y el de precios en los *valores* nominales.

El índice de precios al consumo (IPC) es una de las estadísticas más populares y de mayor seguimiento por parte del público. Cada incremento equivale a un recorte, de igual magnitud, del poder de compra de la unidad monetaria. El IPC es el uso relativamente extendido para indiciar determinadas rentas como los salarios, pensiones, alquileres, etcétera, con el fin de preservar su poder adquisitivo.

El deflactor del PIB cubre un espectro mucho más amplio al recoger todos los componentes que lo integran en cada una de las ópticas de cálculo. Desde la vertiente de la demanda el deflactor toma explícitamente en cuenta la evolución de los precios de consumo de los hogares y del sector público de los precios en el conjunto de la economía, el que más factores incorpora y cuyo análisis más información aporta.

$$\text{Deflactor del PIB (año } t) = \frac{\text{PIB nominal (año } t)}{\text{PIB real (año } t)} \cdot 100$$

El Deflactor del PIB es un índice de precios que toma el valor 100 en el año base, y será tanto más elevado en el año *t* cuanto mayor haya sido el incremento de precios en el año 0 (año base) y el año *t*.

En el Cuadro 1.6, en la columna (2), figura el PIB de la economía española en euros corrientes, esto es, en euros de cada año. La columna (3) contiene un índice de precios, en particular el denominado «**deflactor**» del PIB, pues se utiliza para «**deflactar**» **el producto nacional**, es decir, para separar el efecto de los precios y obtener un conjunto de valores que permitan conocer la evolución real del producto nacional. En concreto, dividiendo los valores de la columna (2) por los de la columna (3) y mutiplicando por 100, obtendremos el producto nacional en términos reales o en euros constantes, columna (1).

> El **Deflactor del PIB** es un índice de precios que se obtiene dividiendo para cada año el PIB nominal entre el PIB real.

El **PIB nominal** (*Py*) representa el valor monetario total de los bienes y servicios finales producidos en un año dado, con los precios de mercado de cada año. Para eliminar las variaciones de los precios se calcula el PIB en precios constantes o **PIB real (*y*)**, dividiendo el PIB nominal por el «deflactor» del PIB[4]:

$$\text{PIB real} = \frac{\text{PIB nominal}}{\text{deflactor del PIB}} = \frac{Py}{P} = y$$

Así, el deflactor del PIB de 2005 se calcula como sigue:

$$\text{Deflactor del PIB}_{2005} = \frac{\text{PIB nominal}_{2005}}{\text{PIB real}_{2004}} \cdot 100 \frac{839.619}{600.209} \cdot 100 = 139{,}9$$

El deflactor del PIB es el índice más apropiado para indicar la evolución de todos los precios de los bienes y servicios de la economía.

**Cuadro 1.6 - El PIB español a precios constantes y a precios corrientes: el deflactor del PIB**

| | PIB real Precios constantes (1) | PIB nominal Precios corrientes (2) | PIB Deflactor (3) | Inflación (4) |
|---|---|---|---|---|
| 2000 | 528.825.000 | 609.735.000 | 115,3 | 3,5 |
| 2001 | 543.954.000 | 653.289.000 | 120,1 | 4,1 |
| 2002 | 554.747.000 | 696.208.000 | 125,5 | 4,2 |
| 2003 | 568.513.000 | 743.046.000 | 130,7 | 4,5 |
| 2004 | 583.294.000 | 789.858.000 | 135,4 | 3,6 |
| 2005 | 600.209.000 | 839.619.000 | 139,9 | 3,3 |

En el Cuadro 1.6 aparece recogida para los años 2000-2005 la tasa de inflación. A partir del deflactor del PIB, la tasa de inflación se calcula como la variación porcentual anual.

$$\text{Tasa de inflación 2005} = \frac{\text{Deflactor}_{2005} - \text{Deflactor}_{2004}}{\text{Deflactor}_{2004}} \cdot 100 =$$

$$= \frac{139{,}9 - 135{,}4}{135{,}4} \cdot 100 = 3{,}3$$

El deflactor del PIB utiliza como ponderaciones del índice de precios la participación de los diferentes bienes en el valor de la producción del año corriente. El IPC, sin embargo, utiliza como ponderaciones la participación de los diferentes bienes en el presupuesto de la unidad familiar representativa correspondiente al año base. Asimismo, el IPC y el deflactor se diferencian en que el deflactor incluye todos los bienes producidos, mientras que el IPC mide el coste de los bienes consumidos, es decir, los incluidos en la «cesta de la compra» de la economía doméstica representativa.

## 1.6 Del PIB a la renta disponible

Vamos a profundizar en la idea de que la producción total de una economía es igual a las ventas y a deducir el concepto de renta nacional.

### 1.6.1 El Producto Interior Bruto y el Producto Nacional

*El **producto «interior»** representa el valor de los bienes producidos en un país. El **producto «nacional»** mide el valor de la producción obtenida por los factores nacionales situados en el país o en el extranjero.*

4 Un deflactor es un índice de precios con el que se convierte una cantidad «nominal» en otra «real», esto es, la magnitud nominal se «deflacta» separando la variación debida al crecimiento de los precios de la atribuida al aumento de los factores reales. Dado que el PIB es una magnitud básica de la actividad económica, su deflactor es el índice de precios de mayor cobertura, y es el que más se acerca al concepto de índice general de precios.

El **Producto Nacional Bruto (PNB)** hace referencia al valor de la producción obtenida por los factores productivos nacionales situados en el país o en el extranjero y se define como la suma del producto interior bruto *(PIB) más las rentas de los residentes nacionales obtenidas por ellos en el extranjero (RRN) menos las rentas de los residentes extranjeros obtenidas por ellos en territorio nacional (RRE). Por tanto:*

$$PNB = PIB + RRN - RRE \quad [1.2]$$

**El Producto Nacional Bruto (PNB) es el valor monetario de todos los bienes y servicios finales que se producen durante un período de tiempo, utilizando factores de producción nacionales, independientemente de si dichos factores están localizados dentro o fuera de las fronteras del país de que se trate.**

Así pues, la diferencia entre el PIB y el PNB es el flujo de rentas con el exterior (RRN-RRE). El PNB es la producción que se obtiene con trabajo o capital propiedad de los residentes de un país, mientras que el PIB es el producto total que se obtiene con trabajo y capital situado dentro del país.

Los bienes y servicios producidos por empresas españolas situadas en otros países forman parte del PNB, pero no del PIB, mientras que los bienes y servicios producidos por empresas extranjeras que se encuentran en España no forman parte del cómputo del PNB, pero sí del PIB.

### El Producto Nacional Bruto y el Producto Nacional Neto

En la definición del PNB se incluye la inversión bruta, que es la inversión neta más la *depreciación*, por lo que un indicador más preciso del producto nacional sólo incluiría en la producción total la inversión neta. Haciendo un símil con la población, queda claro lo importante que es tener en cuenta la depreciación. Así, si quisiéramos medir el aumento de la población, no podríamos calcular simplemente el número de nacimientos (inversión bruta), pues eso exageraría la variación neta de la población. Para conocer el crecimiento de la población, hay que restar el número de fallecidos (depreciación de capital). Paralelamente, si deseamos calcular el producto nacional neto (PNN), debemos restarle al PNB la depreciación o amortización (*D*):

$$PNN = PNB - D$$

El **PNN** es igual al **producto final total**, incluyendo la inversión neta, producido por aquellos factores pertenecientes al país, esto es, que tienen la nacionalidad a efectos económicos, dentro o fuera de las fronteras nacionales, durante un año.

## 1.6.2 La Renta Nacional

La **Renta Nacional (RN)** hace referencia a las rentas totales que reciben el trabajo, el capital y la tierra, y en esencia se calcula restando la depreciación y los impuestos indirectos del PIB. La renta nacional incluye, por tanto, los salarios, las rentas procedentes de los alquileres y otras propiedades, los intereses y los beneficios de las sociedades.

La **renta nacional** es la suma de las remuneraciones pagadas a los factores de producción nacionales (sueldos, salarios, alquileres, intereses y beneficios) durante un período de tiempo.

Para obtener la Renta Nacional Neta (RNN) como suma de las retribuciones a todos los factores de la producción de la economía basta con expresar el PNN al coste de los factores:

$$RNN \equiv PNN_{cf} \equiv PNB_{cf} - D$$

Sustituyendo en la anterior identidad el $PNB_{cf}$ por su valor, según la expresión [1.2] resulta:

$$RNN \equiv PIB_{cf} + RNN - RRE - D$$

## 1.6.3 La renta personal y la renta disponible

Tanto los responsables de la política económica como todos los individuos en general están interesados en conocer de cuántos euros al año disponen los hogares para hacer frente a sus gastos.

La variable que trata de responder a esta pregunta es la *renta personal disponible.* Para calcularla, hay que determinar las rentas de mercado y las transferencias que reciben los hogares, y restarle los impuestos sobre las personas.

La **renta personal** es igual a la parte de la renta nacional que, efectivamente, es obtenida por las personas. Se halla restando de la renta nacional los beneficios no distribuidos por las empresas, los impuestos sobre los beneficios y las cotizaciones empresariales a la Seguridad Social, y sumándole las transferencias que las personas reciben del Estado.

Vamos a definir el concepto de renta personal (*RP*) como la renta nacional neta (*RNN*), menos los beneficios no distribuidos por las empresas ($B_{nd}$), menos los impuestos sobre los beneficios ($T_b$), menos las cotizaciones a la Seguridad Social (*CSS*), más las transferencias del Estado a las economías domésticas (*TR*).

$$RP \equiv RNN - B_{nd} - T_b - CSS + TR \quad [1.3]$$

Para acercarnos al concepto de **renta disponible** por los hogares para hacer frente a sus gastos, debemos tener en cuenta los impuestos directos. En este sentido, la renta personal disponible (*RPD*) se define como la diferencia entre la renta personal y los impuestos directos ($T_d$).

$$RPD \equiv RP - T_d \equiv RD \quad [1.4]$$

La renta disponible es la que realmente llega a las manos del público para que disponga consumir o ahorrar deducidos todos los impuestos. A la renta disponible llegamos a partir de la renta nacional restándole todos los impuestos directos sobre los hogares y sobre las sociedades, así como el ahorro neto de las empresas, esto es, los beneficios no distribuidos, y agregándole las transferencias que reciben los hogares del Estado.

> La **renta personal disponible** (renta disponible) es la parte de la renta personal efectivamente disponible para el gasto o el ahorro. Se obtiene restando de la renta personal los impuestos directos pagados por las personas.

La renta disponible es lo que el público puede distribuir entre gastos de consumo (*C*) y ahorro personal (*S*). Por ello, la renta disponible puede expresarse como sigue:

$$RPD = C + S$$

## 1.7 El modelo de la oferta y demanda agregadas

En cualquier economía, la producción, el empleo, los precios y el crecimiento económico pueden experimentar grandes oscilaciones bajo la influencia tanto de la política económica como de las perturbaciones externas. Desde una perspectiva macroeconómica, cabe preguntarse por los mecanismos que explican estas fluctuaciones. Así, resulta interesante conocer cómo los cambios en la cantidad de dinero, en los impuestos o las variaciones de los precios de las materias primas se transmiten a la producción y a los precios al por menor. Así mismo, sería interesante saber qué medidas pueden tomar los gobiernos para mejorar los resultados de la economía.

En los Esquemas 1.4 y 1.5 se ofrece una visión general de la macroeconomía: por un lado se recogen las principales variables a través de las cuales se concretan los resultados de la situación de la economía, y por otro figuran las fuerzas o determinantes macroeconómicos.

Las **variables objetivo** o resultados básicos son los que presentamos en el Esquema 1.5, es decir: el crecimiento del producto nacional, el nivel de precios, el desempleo, el déficit público medido como la diferencia entre los ingresos públicos y los gastos públicos, el desequilibrio exterior y el tipo de cambio.

Este grupo de variables, especialmente las tres primeras, sintetizan el funcionamiento de la economía y, en consecuencia, definen el bienestar económico. Los habitantes de un determinado país miden su **bienestar económico** en función del volumen de producción obtenido, de su crecimiento, del número de puestos de trabajo creados y de la estabilidad de los precios. Lógicamente, toda economía también pretenderá mantener un cierto equilibrio en sus finanzas públicas y en sus relaciones comerciales y financieras con el resto del mundo. Por estas razones, puede afirmarse que los resultados de la economía se evalúan en función de la evolución seguida por las variables contenidas en el Esquema 1.5.

> Las **variables objetivo** (crecimiento del producto nacional, empleo, inflación...) definen el bienestar económico.

En este esquema también se recoge una visión global de las distintas **fuerzas que determinan** o afectan a los resultados macroeconómicos. Estos determinantes se enmarcan en tres categorías:

- Las *fuerzas internas del mercado*: el crecimiento de la población, la inversión, el gasto, la innovación tecnológica.
- Las *perturbaciones externas*: las guerras, las condiciones climáticas, los desastres naturales, las perturbaciones del comercio.
- Las *acciones de política económica*: los cambios en los impuestos, el gasto público, la cantidad de dinero, el control del tipo de cambio...

### 1.7.1 La demanda agregada

La actividad económica global viene definida por una serie de variables que determinan el nivel de precios y el nivel de producción y el empleo. Estas variables se pueden agrupar en dos grandes categorías: unas que afectan a la

Esquema 1.4 - La macroeconomía en acción

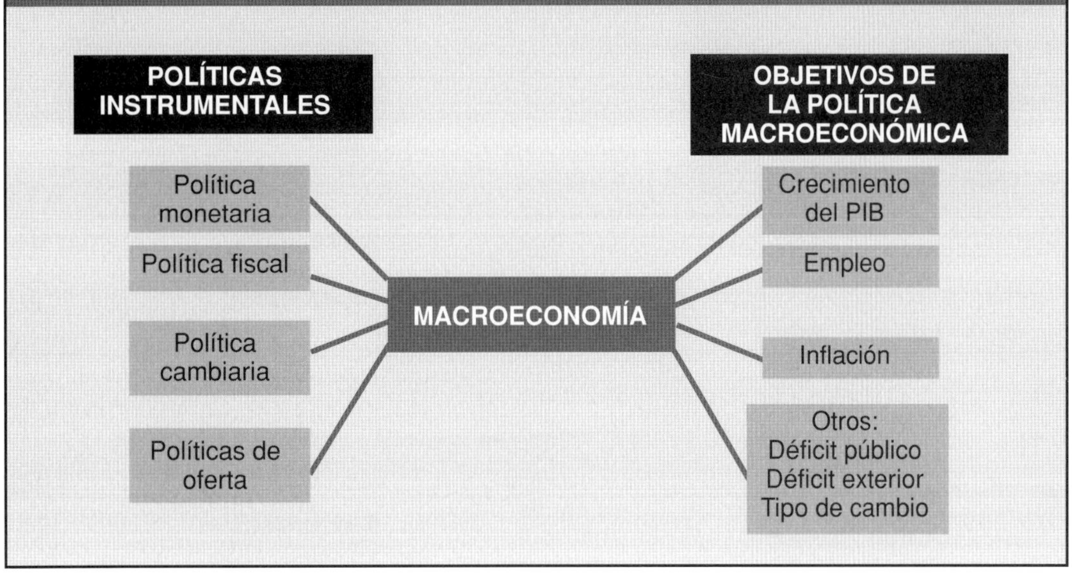


Esquema 1.5 - El funcionamiento de la economía

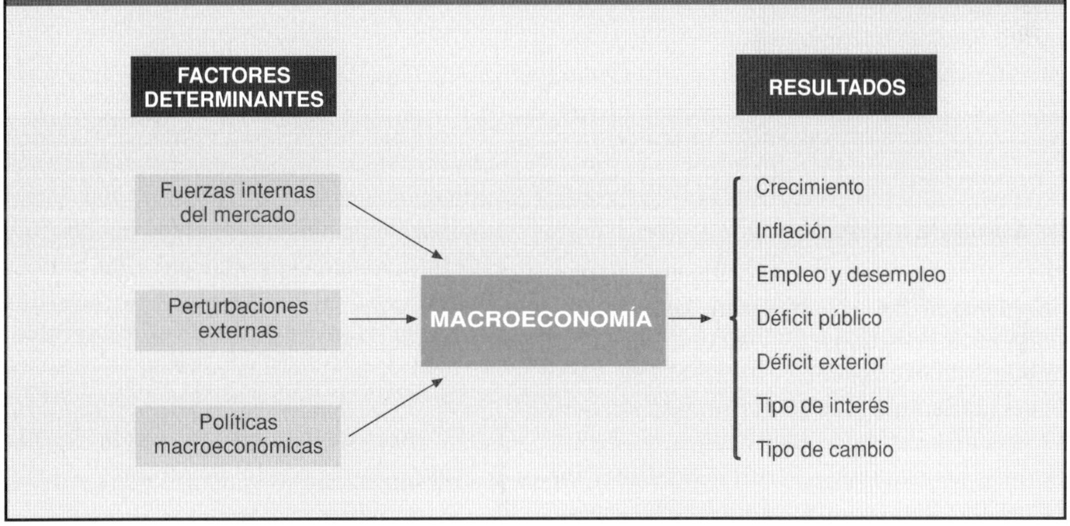


demanda agregada y otras que inciden sobre la oferta agregada (Esquema 1.6).

Como se señala en el Esquema 1.6, hay dos tipos de variables que inciden en la demanda agregada: unas directamente, las *variables no financieras*, como son el consumo, la inversión, el gasto público y las exportaciones netas, y otras indirectamente, las *variables financieras*, como el dinero y otros activos financieros, ya que, por ejemplo, alteraciones en la cantidad de dinero incidirán en el tipo de interés y consecuentemente en el deseo de gasto de los individuos (véase Capítulo 4).

Los componentes de la **demanda agregada** incluyen los bienes de consumo que compran los consumidores, tales como los alimentos, el vestido, los automóviles; los bienes de capital como las fábricas, el equipo y la maquinaria que compran las empresas; los bienes que compra el Estado, como los trenes, los ordenadores y los muebles; y las exportaciones netas, esto es, las exportaciones menos las importaciones. El volumen total de compras depende de los precios a los que se ofertan los bienes, de factores exógenos como las guerras, el clima, los fenómenos naturales, y de las políticas macroeconómicas del Gobierno.

La **demanda agregada** se refiere a la cantidad total que están dispuestos a gastar los diferentes sectores de la economía durante un período de tiempo.
Los componentes de la demanda agregada son el consumo ($C$), la inversión ($I$), el gasto público ($G$) y las exportaciones netas ($NX$).

Esquema 1.6 - Las interrelaciones macroeconómicas: la demanda y la oferta agregadas

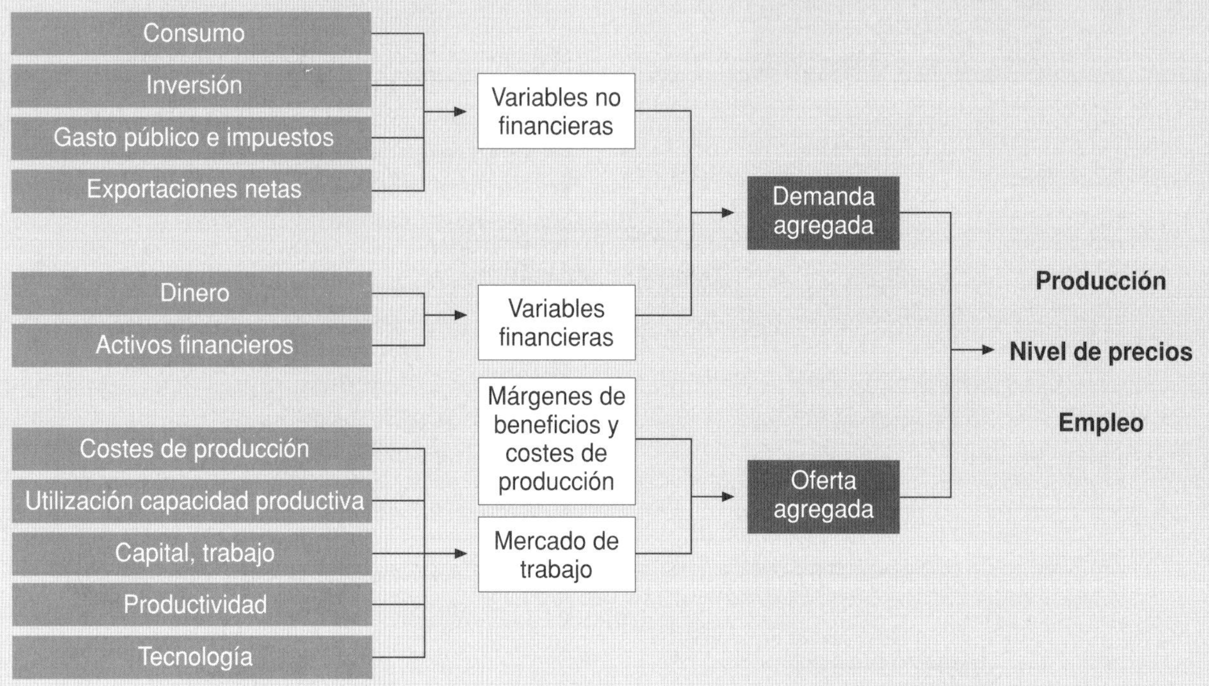


## La curva de demanda agregada

En la Figura 1.1 se recoge la curva de demanda agregada (*DA*) de la economía. En el eje de ordenadas se representa el nivel general de precios (*P*) y en el de abscisas la producción total de la economía, esto es, el *PIB* real. **La curva de demanda agregada (*DA*)** representa lo que comprarían todos los agentes de la economía, es decir, los consumidores, las empresas, el sector público y el sector exterior, a los diferentes niveles agregados de precios, manteniéndose constantes los demás factores que afectan a la demanda agregada. La curva de demanda agregada tiene pendiente negativa, pues al bajar los precios la cantidad demandada por los agentes será mayor.

> La **curva de demanda agregada** muestra la relación entre el nivel general de precios y el gasto agregado de la economía.

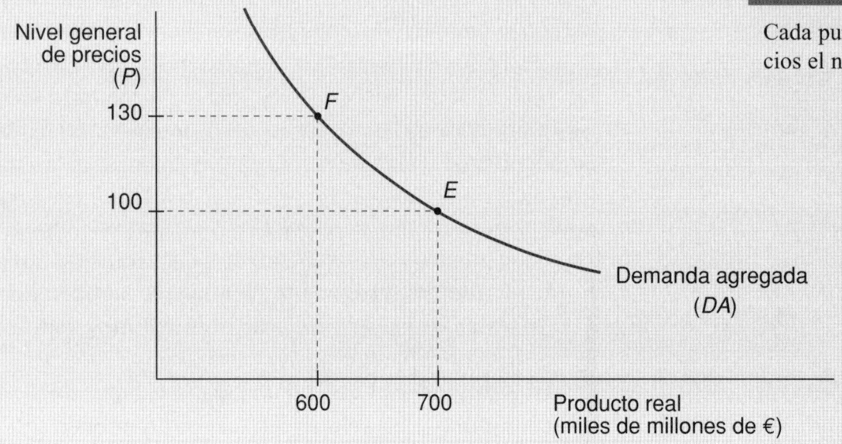


Figura 1.1 - La curva de la demanda agregada

Cada punto de la curva indica para cada nivel de precios el nivel de producción-gasto de equilibrio.

## 1.7.2 La oferta agregada

La oferta agregada (véase Esquema 1.6) está relacionada con factores tales como los márgenes de beneficios y los costes de producción, la utilización de la capacidad productiva, la cantidad y calidad de los factores productivos empleados, la productividad y la tecnología. En cierto modo, este conjunto de factores pueden agruparse en dos bloques; uno formado por los márgenes de beneficios y los costes de producción, y otro, por los mercados de factores, fundamentalmente el mercado de trabajo. En cualquier caso la cantidad de bienes y servicios ofrecidos o producidos por las empresas está estrechamente relacionada con los precios.

### Los costes y el nivel general de precios

La oferta agregada analiza las variaciones de la producción que afectan al nivel de precios. Para estudiar el efecto de las variaciones de la producción sobre el nivel de precios es necesario analizar la relación entre el nivel general de precios y los costes.

El nivel general de precios de la economía tiene su base en el comportamiento de fijación de precios de millones de empresas individuales. Aunque en un año concreto algunas empresas elevarán sus precios, y otras los reducirán, podemos suponer que todas las empresas se ven afectadas por el mismo tipo de acontecimientos macroeconómicos, lo que provocará que los precios aumenten o disminuyan en toda la economía. Estos cambios del nivel general de precios son lo que nos interesa en macroeconomía.

En este sentido, lo relevante es que **el nivel general de precios aumenta a corto plazo cuando se produce un incremento generalizado de los costes unitarios** en la economía.

Desde la perspectiva de la oferta agregada, el interés se centra en analizar el efecto de las variaciones en la producción total en los costes y, por tanto, sobre el nivel general de precios. *¿Por qué una variación en la producción debe afectar a los costes unitarios y al nivel general de precios?* En primer lugar, porque a medida que aumenta la producción las empresas tendrán que contratar a más trabajadores (algunos de ellos sin experiencia) y utilizar más equipos y maquinaria, menos adecuados para su actividad. Consecuentemente se incrementará el número de factores productivos utilizados por unidad de producto. Por ejemplo, si ante el éxito obtenido, el gerente de una empresa decide ampliar sus instalaciones, es probable que éstas no reúnan las mismas condiciones que las instalaciones originales. Por tanto, incluso si los precios de los factores permanecen constantes, los costes unitarios aumentarán al incrementarse la producción.

En segundo lugar, los precios de los factores productivos distintos al trabajo aumentarán. Esto será especialmente cierto en el caso de los factores productivos como la tierra y los recursos naturales, que a corto plazo están disponibles en cantidades limitadas. Piénsese en una zona comercial que se ha puesto recientemente de moda. El precio del suelo se incrementará rápidamente conforme la actividad crece en la zona. El resultado será que los precios de los bienes finales ofertados por las empresas que actúan en la zona se incrementarán. En tercer lugar, los salarios nominales aumentarán. Al incrementarse la producción se reducirá el número de trabajadores en paro que buscan un puesto de trabajo, de forma que la competencia de las empresas por trabajadores cada vez más escasos hará que los salarios nominales aumenten. Al aumentar los salarios nominales los costes unitarios se incrementarán y el **nivel general de precios subirá**.

> Un **incremento de la producción real** provoca un incremento de los costes unitarios y consecuentemente un aumento del nivel general de precios.

### La derivación de la curva de oferta agregada

Supongamos que, en un sistema de coordenadas en el que en el eje de ordenadas figura el nivel general de precios y en el de abscisas la cantidad de producción total, una economía parte del punto *E* (Figura 1.2). En esa posición la producción es de 700 miles de millones de euros y el nivel general de precios 100. Si suponemos que la producción aumenta hasta 730 miles de millones de euros, el incremento de los costes unitarios, por las razones apuntadas, hará que el nivel general de precios se incremente hasta 125, punto *C* en la Figura 1.2. Si la producción se redujese hasta 600 miles de millones de euros, el nivel general de precios disminuiría, pasando a 80, punto *D* (Figura 1.2). Por tanto, cada vez que se altera el nivel de producción se producirá, a corto plazo, un nuevo nivel general de precios, lo que se corresponde con un nuevo punto en el gráfico. La unión de todos estos puntos genera la curva de *OA* de la economía.

La **curva de *OA*** nos dice el nivel general de precios a corto plazo para cada nivel de producción. Al igual que la curva de oferta de mercado, la curva de *OA* tiene pendiente positiva

> La **curva de oferta agregada (*OA*)** indica el nivel general de precios coherente con los costes unitarios de las empresas y sus márgenes porcentuales para cualquier nivel de producción a corto plazo.

En relación a la forma de la curva de oferta agregada, cabe señalar que, conforme la producción se acerca al nivel de **plena utilización de la capacidad productiva o**

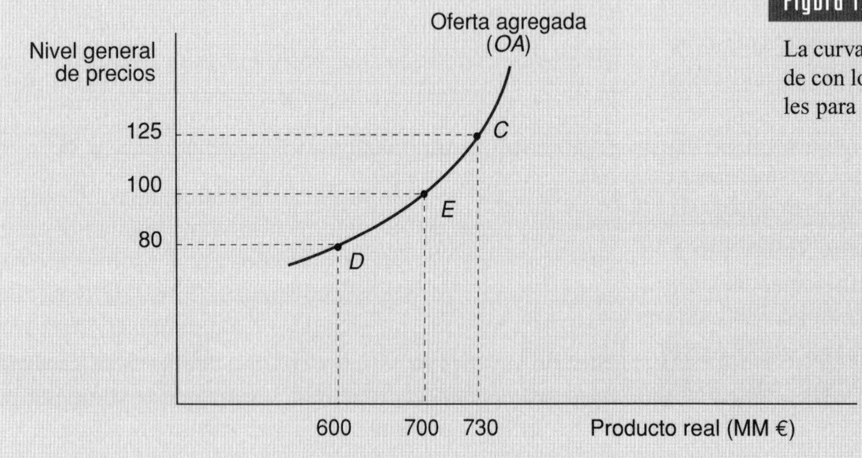


**Figura 1.2 - La curva de oferta agregada (OA)**

La curva de *OA* indica el nivel general de precios acorde con los costes unitarios y los márgenes empresariales para cualquier nivel de producción.

**renta potencial ($y_p$)**, es de esperar que la pendiente de la curva de oferta agregada se haga más pronunciada, ya que en estas circunstancias sería muy difícil incrementar la producción sin ocasionar incrementos muy significativos en los costes (Figura 1.3).

> El **producto potencial** o **renta de pleno empleo** es la que se alcanzaría cuando todos los recursos productivos están empleados.

## 1.7.3 El equilibrio macroeconómico

En términos gráficos, el **equilibrio macroeconómico**, esto es, el PIB real y el nivel general de precios que satisfacen a los demandantes y a los vendedores, se encuentra en el punto de intersección de las curvas de oferta y demanda agregadas, que es el punto *E* (Figura 1.3). En este punto se alcanza un nivel general de precios en el que las empresas están dispuestas a producir y a vender lo que los consumidores y otros demandantes están dispuestos a comprar. Únicamente en el punto *E* se alcanza el equilibrio.

> El **equilibrio macroeconómico** es aquella combinación del PIB real y del nivel general de precios que es coherente con los costes unitarios de las empresas y el gasto y la producción están en equilibrio.

Para evidenciar que sólo el punto *E* representa la situación de equilibrio de la economía, hagamos un razonamiento en dos etapas. En primer lugar, la economía tiene que encontrarse en algún punto sobre la curva de *DA*. De lo contrario, el PIB no estará en su valor de equilibrio. Por ejemplo, si la economía se encontrara en el punto *B*, que se encuentra a la derecha de la curva de *DA*, el PIB real sería superior a su valor de equilibrio. Según la curva de *DA*, para un nivel de precios de $P_1$, la producción de equilibrio sería $y_1$. Así pues, en el punto *B*, el PIB real sería superior a su valor de equilibrio, de forma que el punto *B* no puede ser la situación de equilibrio de la economía.

En segundo lugar, el equilibrio a corto plazo exige que la economía esté sobre su curva de *OA*. En caso contrario,

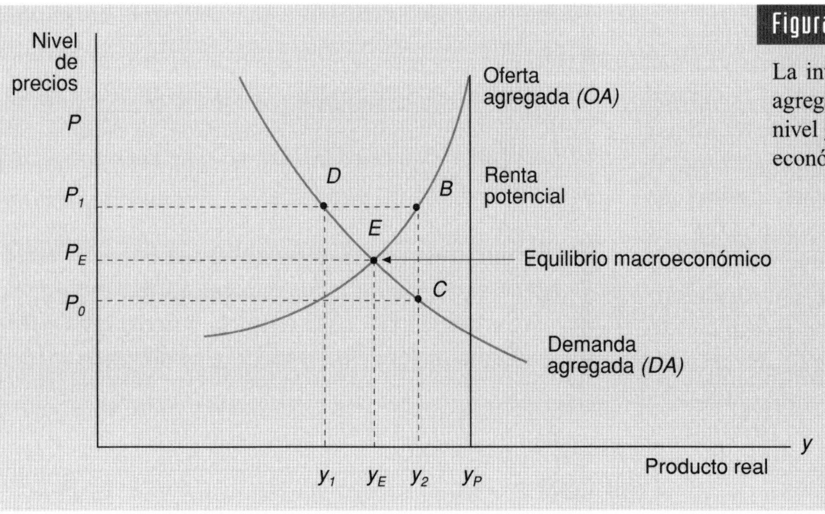


**Figura 1.3 - La oferta y la demanda agregadas**

La intersección de las curvas de oferta y demanda agregadas determinan el PIB real del equilibrio y el nivel general de precios, esto es, el equilibrio macroeconómico.

las empresas no estarían cobrando los precios que determinan sus costes unitarios. Por ejemplo, el punto *C* está por debajo de la curva de *OA*. Pero la curva de *OA* nos dice que si la producción es $y_2$, determinada en función de los costes unitarios, el nivel general de precios debería ser igual a $P_1$ y no menor. En otras palabras, el punto *C* es demasiado bajo para que se produzca el equilibrio.

Razonando de forma similar resulta que, a no ser que la economía se encuentre sobre las dos curvas, no se habrá alcanzado la situación de equilibrio de la economía y eso sólo ocurre en el punto *E*.

# RESUMEN

- La **Microeconomía** se ocupa del estudio de cómo los hogares y las empresas toman sus decisiones e interactúan entre sí en los mercados.
- La **Macroeconomía** se ocupa del estudio del funcionamiento de la Economía en su conjunto. Su propósito es obtener una visión simplificada de la Economía, pero que al mismo tiempo permita conocer y actuar sobre el nivel de la actividad económica de un país determinado o de un conjunto de países.
- **Tasa de desempleo** o de paro es el cociente entre el número de personas desempleadas y el de activos (ocupados o buscando empleo), expresado como porcentaje.
- La inflación es el crecimiento generalizado y continuo de los precios de los bienes y servicios de una economía.
- El PIB es el valor total de todos los bienes y servicios finales generados en un país. Es igual a la suma de los valores monetarios del consumo, la inversión bruta, las compras de bienes y servicios por parte del Estado y las exportaciones netas de un país durante un año determinado.
- El PIB puede medirse de dos formas distintas: 1) como flujo de productos finales o 2) como los costes o ingresos totales de los factores que realizan el producto.
- Los **bienes finales** son aquellos que son comprados durante el año por sus usuarios últimos y que no se utilizan como factores intermedios.
- El **valor añadido** es el valor de las ventas de una empresa menos el valor de las materias primas y otros bienes intermedios que utiliza para producir los bienes que vende.
- El PIB en euros corrientes se medirá a los precios existentes cuando se realiza la producción, mientras que el PIB a precios constantes se medirá a los precios existentes en un año base específico.
- **Inversión neta** es igual a la inversión bruta menos la depreciación: $IN = IB - D$.
- PIB ≡ *Consumo (C) + Inversión bruta privada (IB) + Gasto público (G) + Exportaciones netas (NX).*
- El **PNN es igual al producto final total**, incluyendo la inversión neta, producido por aquellos factores pertenecientes al país, esto es, que tienen la nacionalidad a efectos económicos, dentro o fuera de las fronteras nacionales durante un año.
- La **renta personal** es igual a la parte de la renta nacional que efectivamente es obtenida por las personas. Se obtiene restando de la renta nacional los beneficios no distribuidos por las empresas, los impuestos sobre los beneficios y las cotizaciones empresariales a la Seguridad Social, y sumándole las transferencias que las personas reciben del Estado.
- La **renta personal disponible** (renta disponible) es la parte de la renta personal efectivamente disponible para el gasto o el ahorro. Se obtiene restando de la renta personal los impuestos directos pagados por las personas.
- La **curva de demanda agregada** muestra relación entre el nivel general de precios y el gasto agregado de la economía.
- La **curva de oferta agregada** recoge la relación existente entre el nivel de precios y la cantidad total que las empresas están dispuestas a ofrecer.
- Un **equilibrio macroeconómico** es una combinación de la cantidad y el precio globales con los que ni los compradores ni los vendedores desean alterar sus compras, ventas o precios.

## CONCEPTOS BÁSICOS

- Microeconomía.
- Macroeconomía.
- Política macroeconómica.
- Ciclos económicos.
- Crecimiento económico.
- Función de producción agregada.
- Deflactor del PIB.
- PIB potencial.
- Tasa de desempleo.
- Índice de precios de consumo (IPC).
- Inflación.
- Déficit público.
- Demanda agregada.
- Oferta agregada.
- Equilibrio macroeconómico.
- Perturbación de oferta.
- Política de rentas.
- Producto interior y Producto nacional.
- Producto Nacional Bruto y Neto.
- Contabilidad nacional.
- Producto nacional o renta nacional.
- Producto Interior Bruto (PIB).
- Flujo circular de la renta.
- Doble contabilización.
- Valor añadido.
- Bienes intermedios y bienes finales.
- Índice de precios.
- Magnitudes reales y nominales
- Inversión bruta e inversión neta.
- Amortización y depreciación.
- Precios de mercado y coste de los factores.
- Renta personal y renta disponible.

## CUESTIONES PARA LA AUTOEVALUACIÓN

1. ¿Cuál es la diferencia fundamental entre la Macroeconomía y la Microeconomía?
2. Señale los tipos de variables macroeconómicas que existen y ponga algún ejemplo de cada tipo.
3. ¿Cuál es la diferencia entre el PIB potencial y el PIB real?
4. Resuma los principales dilemas a los que se enfrentan los responsables de la política económica de un país.
5. ¿Cómo contribuyó el sector exterior al despegue de la economía española a partir de los años sesenta?
6. ¿Qué causas contribuyeron a las perturbaciones de oferta de la economía española en los años setenta?
7. ¿Por qué existen dos formas de medir el PIB?
8. ¿Cuál es la diferencia entre los bienes finales y los bienes intermedios?
9. ¿Por qué deflactamos los datos del PIB?
10. Defina el concepto de inversión y realice una clasificación de los tipos de inversión.
11. ¿Qué son las transferencias?
12. Señale las diferencias existentes entre el $PIB_{pm}$ y el $PIB_{cf}$.
13. ¿Qué se entiende por depreciación? ¿Cómo se refleja en la valoración del Producto Nacional?
14. Deduzca la renta personal disponible a partir del $PIB_{pm}$.

## EJERCICIOS Y APLICACIONES

1. Señale cuáles de los temas siguientes tienen un contenido macroeconómico:

   a) El precio del petróleo.

   b) El descenso del paro.

   c) El crecimiento en la producción de teléfonos móviles.

   d) La bajada en la cotización del euro respecto al dólar.

   e) La subida en el tipo de interés.

2. Señale cuáles de las siguientes variables considera del tipo flujo:

   a) El descenso del desempleo.

   b) La población activa.

   c) La cantidad de divisas del Banco de España.

   d) El número de coches vendidos.

   e) El número de turistas que nos visita en un año.

3. Si dos países cuentan con una dotación similar de factor trabajo y de stock de capital, ¿deben de tener un nivel similar de producto? Razone su respuesta.

4. El propietario de un palacete en una ciudad alquila sus salones de reuniones a un grupo de empresas para todo el año y recibe un dinero a cambio. ¿Se debe tener en cuenta ese dinero a la hora de hallar la renta nacional?

5. El servicio de «catering» que presta una empresa a un restaurante de un hotel, ¿debe incluirse en el PIB?

6. Suponga que compra un libro de economía de segunda mano por 25 euros en una tienda y que ésta lo había adquirido a un estudiante por 15 euros. ¿En cuánto contribuirá esta transacción al PIB?

7. La renta generada por una empresa de nacionalidad española ubicada en la Alemania:

   a) Es una partida que se incluye dentro del PIB español.

   b) Es una partida que se incluye dentro del PNB español.

   c) Es una partida que se incluye tanto dentro del PIB como dentro del PNB españoles.

   d) Es una partida que no se incluye dentro del PIB ni del PNB españoles.

CAPÍTULO 2

# EL MODELO KEYNESIANO Y LA POLÍTICA FISCAL

## INTRODUCCIÓN

Con este capítulo se inicia el estudio de la economía en el corto plazo, entendiendo por tal un período inferior a dos años y se corresponde con el modelo keynesiano.

Los conceptos básicos que vamos a considerar en este capítulo son el de equilibrio de la renta, el multiplicador y la política fiscal. Partiendo de una situación de equilibrio de la renta que no tiene por qué coincidir con una situación de pleno empleo, se analiza el efecto de un incremento autónomo, digamos de la inversión o del gasto público. De esta forma se introduce el concepto de multiplicador. Asimismo estudiaremos la política fiscal.

## 2.1 El consumo y el ahorro

El **modelo keynesiano,** también conocido como el modelo del multiplicador, se centra en el estudio de la economía en el muy corto plazo. Se estudia el comportamiento de las variables en el muy corto plazo.

> Dados los supuestos de partida, el **modelo keynesiano** estricto sólo es válido en el corto plazo, cuando hay rigideces en las variables y recursos desempleados, es decir, cuando el nivel de producción es inferior al potencial y, por tanto, los precios permanecen estables.

Para comprender la relación entre renta disponible, consumo y ahorro debemos introducir algunos conceptos nuevos que nos permitan saber cuántos euros adicionales de consumo y de ahorro genera cada euro adicional de renta. En concreto nos referimos a la **función de consumo**, que relaciona el consumo y la renta, y a la **función de ahorro**, que relaciona el ahorro y la renta.

### 2.1.1 La función de consumo

Las economías domésticas compran bienes y servicios, y esto lo hacen en función de la renta disponible. La parte de la renta disponible que no se consume se destina al ahorro, de forma que, cuando las economías domésticas deciden lo que desean consumir, simultáneamente están determinando lo que desean ahorrar.

Vamos a recurrir a un ejemplo numérico y a su representación gráfica para analizar la relación entre la renta, el consumo y el ahorro para la familia representativa (Cuadro 2.1). A la relación funcional existente entre el consumo y la renta disponible se denomina **función de consumo** y se representa gráficamente en la Figura 2.1.

> La relación entre el consumo y la renta recogida en la Figura 2.1a se denomina **función de consumo**.

En el eje de ordenadas se representa el consumo y la renta disponible en el eje de abscisas. De hecho, dados los supuestos introducidos, los conceptos de renta disponible, renta o PIB son equivalentes. Dado que ambos ejes tienen la misma escala, en cualquier punto de la recta de 45° la distancia al eje de abscisas (el consumo) es exactamente igual a la distancia al eje de ordenadas (la renta disponible). De esta forma, la recta de 45° nos dice si el gasto de consumo es mayor (punto *A*), igual (punto *B*) o menor que la renta disponible (*C*) (Cuadro 2.1 y Figura 2.1a). El punto *B* de intersección de la curva de consumo con la recta de 45° representa el nivel de renta disponible para el cual el consumo es igual a la renta y no se ahorra. Este punto

**Cuadro 2.1 - La relación entre la renta disponible, el consumo y el ahorro. (En euros)**

| | Renta disponible y PIB | Consumo | Ahorro |
|---|---|---|---|
| A | 600 | 880 | –280 |
| B | 2.000 | 2.000 | 0 |
| C | 3.000 | 2.800 | 200 |
| D | 3.800 | 3.440 | 360 |

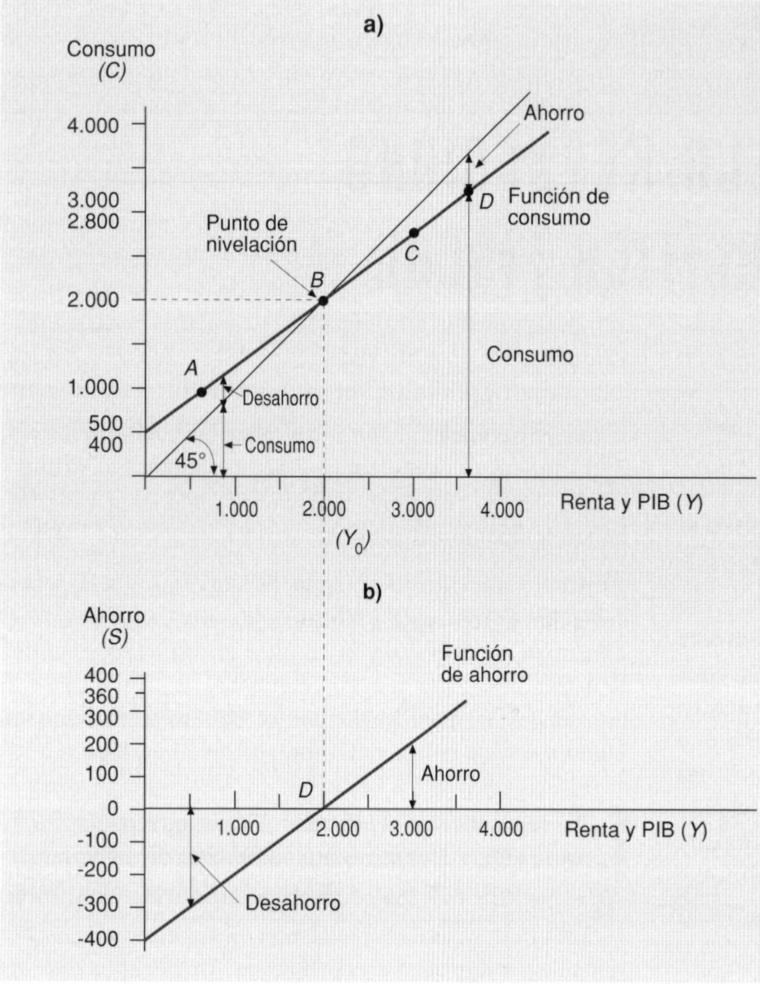


**Figura 2.1 - Las funciones de consumo y de ahorro**

Las funciones de consumo y ahorro representadas en esta figura se corresponden con los valores de los Cuadros 2.1 y 2.2.

Para niveles de renta inferiores a 2.000, las familias consumen más de lo que reciben e incurren en un desahorro o ahorro negativo.

Cuando la renta es 2.000, el ahorro es cero y para niveles de renta superiores a 2.000, el consumo es menor que la renta y el ahorro es positivo.

se suele denominar **punto de nivelación**. A la izquierda del punto *B* el consumo es mayor que la renta disponible: la diferencia es el «**desahorro**» y se mide por la distancia vertical entre la función de consumo y la recta de 45°. A la derecha del punto *B* el consumo es menor que la renta: lo que no se gasta necesariamente se ahorra. El **ahorro** se mide por la distancia vertical existente entre la función de consumo y la recta de 45°.

**El concepto de la función de consumo fue introducido por Keynes y se basa en la hipótesis de que existe una relación empírica estable entre el consumo y la renta. En cualquier punto de la recta de 45º, el consumo es exactamente igual a la renta y la familia media no ahorra. Cuando la función de consumo está por encima de la recta de 45º la familia tiene un ahorro positivo, mientras que si está por debajo la familia desahorra. La cantidad de ahorro o desahorro se mide por la distancia vertical entre la función de consumo y la recta de 45º.**

### 2.1.2 La función de ahorro

Dado que cada euro de renta disponible se ahorra o se consume (Cuadro 2.1), el análisis que vamos a realizar del ahorro es en todo paralelo al del consumo. La función de ahorro muestra la relación entre el nivel de ahorro y la renta y es la otra cara de la moneda de la función de consumo.

En términos gráficos la función de ahorro aparece en la Figura 2.1b). En el eje de abscisas aparece la renta disponible pero en el eje de ordenadas aparece el ahorro neto; que toma valores positivos o negativos. La Figura 2.1b) se obtiene de la Figura 2.1a); es la distancia vertical existente entre la recta de 45° y la función de consumo. Así pues, la función de consumo, al indicar el nivel de consumo para cada posible nivel de renta, muestra también y de forma simultánea el nivel de ahorro.

Los valores de ahorro correspondientes a los distintos niveles de renta se calculan teniendo en cuenta que la suma del consumo y el ahorro es igual a la renta.

$$\text{Renta} = \text{Consumo} + \text{Ahorro}$$

A partir de esta ecuación, despejando el ahorro, tendremos que:

$$\text{Ahorro} = \text{Renta} - \text{Consumo}$$

Así, para un nivel de renta igual a 600, y dado un consumo de 880, el nivel de ahorro negativo o desahorro será 280 (Cuadro 2.1). Si el nivel de renta es 2.000 y el de consumo también 2.000, el ahorro será cero. Para niveles de renta superiores a 2.000, el ahorro alcanza valores positivos que vienen expresados por la diferencia entre la renta y el consumo.

Según la Figura 2.1b), resulta que para los puntos a la izquierda de *B*, esto es, para niveles de renta inferiores a 2.000, las familias están gastando más de lo que reciben de renta y, por tanto, incurrirán en un desahorro neto, que puede medirse mediante la distancia vertical entre la función de ahorro y el eje de abscisas. Así pues, para niveles de renta inferiores a $Y_0$, por estar la función de consumo por encima de la de 45°, la ordenada —es decir, el consumo— es mayor que la abscisa (*Y*), esto es, la renta y el ahorro es negativo (desahorro). Lo contrario ocurre para niveles de renta superiores a $Y_0$, el consumo es menor que la renta y el ahorro es positivo.

Una justificación de esta situación la podemos establecer apelando al comportamiento de ciertos colectivos. Las familias de bajos ingresos, aunque tienen una capacidad de consumo limitada, suelen gastar más de lo que reciben, por lo que se ven obligadas a endeudarse o a gastar de sus ahorros. Un grupo típico dentro de este colectivo es el formado por los pensionistas, que tienen una tendencia a gastar por encima de sus ingresos normales, utilizando para ello los activos que han acumulado durante su vida de trabajo. Por otro lado, los grupos sociales con ingresos más elevados no suelen consumir la totalidad de la renta que reciben, por lo que dedican una parte de ella al ahorro.

## La propensión marginal y la propensión media a consumir

La **propensión marginal a consumir (*PMC*)** recoge la respuesta del consumo a las variaciones de la renta.

> La **propensión marginal a consumir (*PMC*)** es la cantidad adicional que consumen los individuos cuando reciben un euro adicional de renta disponible.

La *PMC* indica por tanto, el consumo adicional derivado de un euro adicional de renta disponible. Keynes supuso que el consumo aumenta cuando se incrementa la renta, pero en una proporción menor a como lo hace ésta. Este comportamiento se puede justificar señalando que conforme se incrementa la renta los individuos destinan una mayor porción de ésta al ahorro. Bajo esta hipótesis se han construido los Cuadros 2.1 y 2.2 y la Figura 2.1

Como puede observarse en el Cuadro 2.2, para cada incremento de la renta tiene lugar un aumento en el consumo, pero éste es menor que el de la renta. Precisamente la relación entre la variación del consumo y la variación de la renta, expresada mediante la **propensión marginal a consumir** (*PMC*), determina cómo varía el consumo cuando la renta aumenta o disminuye ligeramente[1].

De la propia definición de la propensión marginal a consumir (*PMC*), como cociente entre la variación de la cantidad consumida y la variación de la renta, se deduce que la pendiente de la función de consumo (que mide la variación que experimenta el consumo por cada variación de la renta disponible en una unidad) es la propensión marginal a consumir. Como se desprende de la Figura 2.1 y del Cuadro 2.2, en el caso que se está considerando la función de consumo es un línea recta de forma que su pendiente, y por tanto la *PMC,* es constante e igual a 0,80.

### La propensión media a consumir

A partir del Cuadro 2.2, también podemos introducir otro concepto, la **propensión media a consumir *(PMeC)*** definida para cada nivel determinado de la renta como la relación entre el consumo total y la rental total[2].

Respecto a la propensión media a consumir, Keynes mantenía que era decreciente, de forma que, como porcentaje de la renta, la cantidad dedicada al consumo debería disminuir al aumentar la renta.

Unos años después de publicarse la *Teoría General de Keynes*, los estudios empíricos mostraron que la propensión media al consumo sólo es decreciente con la renta a corto plazo, mientras que permanece aproximadamente constante a largo plazo. Este hecho se puede explicar, entre otras razones, por la aparición de nuevos bienes y servicios de consumo y la complementariedad entre ellos, y por el crecimiento de la riqueza de las familias. Gráficamente, que la *PMeC* sea constante implica que la función de consumo gráficamente pase por el origen de las coordenadas (Figura 2.1).

[1] Una de las hipótesis keynesianas básicas sostiene que un aumento en la renta genera un aumento en el consumo menor, esto es, que la *PMC* es siempre positiva y menor que la unidad ($0<PMC<1$).

Analíticamente la definición de la propensión marginal a consumir se expresa como sigue:

$$\text{Propensión marginal a consumir } (PMC) = \frac{\text{Variación de la cantidad consumida}}{\text{Variación de la renta}} = \frac{\Delta C}{\Delta Y}$$

[2] Analíticamente:

$$\text{Propensión media a consumir } (PMeC) = \frac{\text{Cantidad consumida}}{\text{Renta total}}$$

$$(PMeC) = \frac{C}{Y}$$

**Cuadro 2.2 - Renta, consumo y propensiones a consumir y a ahorrar [*]**

| Producción o renta (**) (1) | Consumo (**) (2) | Propensión marginal a consumir (3) | Ahorro (**) (4) | Propensión marginal a ahorrar (5) |
|---|---|---|---|---|
| $Y$ | $C$ | $PMC = \frac{\Delta C}{\Delta Y}$ | $S$ | $PMS = \frac{\Delta S}{\Delta Y}$ |
| 600 | 880 | | –280 | |
| 2.000 | 2.000 | $\frac{2.000 - 800}{2.000 - 600} = 0{,}8$ | 0 | $\frac{0 + 280}{2.000 - 600} = 0{,}2$ |
| 3.000 | 2.800 | $\frac{2.800 - 2.000}{3.000 - 2.000} = 0{,}8$ | 200 | $\frac{200 - 0}{3.000 - 2.000} = 0{,}2$ |
| 3.800 | 3.440 | $\frac{3.440 - 2.800}{3.800 - 3.000} = 0{,}8$ | 360 | $\frac{360 - 200}{3.800 - 3.000} = 0{,}2$ |

(*) La función de consumo utilizada es: $C = 400 + 0{,}8Y$, siendo 400 el consumo autónomo y 0,8 la propensión marginal a consumir. Dado que la renta o se consume o se ahorra ($Y=C+S$), la función de ahorro resulta ser: $S = -400 + 0{,}2\ Y$ La representación gráfica de estas funciones aparece en la Figura 2.1.

(**) Magnitudes expresadas en unidades monetarias.

### La propensión marginal y la propensión media a ahorrar

A partir de la tabla de ahorro podremos obtener la **propensión marginal a ahorrar (PMS)**, de forma similar a como hicimos en el caso del consumo (Cuadro 2.2).

La *PMS* se mide por el cociente entre la variación correspondiente del ahorro y la variación de la renta [3]. En términos gráficos la *PMS* es la pendiente de la función de ahorro.

La suma de la *PMC* y la *PMS* es la unidad, ya que la renta o se consume o se ahorra. Esto es, para cualquier nivel de renta la *PMC* y la *PMS* siempre tienen que sumar exactamente 1, pues en todo momento se ha de cumplir $PMS \equiv 1 - PMC$. Este hecho se constata en el Cuadro 2.2.

Al igual que hicimos en el caso del consumo, la **propensión media al ahorro (*PMeS*)** se define como el resultado de dividir al ahorro total por la renta total, para un nivel de renta cualquiera .

[3] Analíticamente:

$$\text{Propensión marginal a ahorrar} = \frac{\text{Variación de la cantidad ahorrada}}{\text{Variación de la renta}}$$

$$PMS = \frac{\Delta S}{\Delta Y}$$

Asimismo y a partir de la función de ahorro antes deducida, $S = -C_0 + (1 - \alpha)\ Y$ resulta:

$$PMS = \lim_{\Delta Y \to 0} \frac{\Delta S}{\Delta Y} = \frac{dS}{dY} = 1 - \alpha$$

## 2.1.3 El consumo agregado

Una vez analizados los patrones de comportamiento de las familias representativas en términos de consumo y renta, vamos a estudiar el comportamiento del consumo a nivel agregado, esto es, para todo un país.

La evolución del **consumo agregado** o **nacional** es importante para comprender tanto las fluctuaciones de la actividad económica a corto plazo como el crecimiento a largo plazo. Como vimos en el capítulo anterior, el consumo es cuantitativamente el componente más importante del gasto agregado. Por ello, cualquier alteración brusca de los niveles de consumo incidirá en la producción y en el empleo, a través de su incidencia en la demanda agregada. Este mecanismo fue esbozado en el Capítulo 1 al presentar el modelo de oferta y demanda agregadas, pero se analizará con más detalle en los capítulos dedicados a estudiar la macroeconomía keynesiana (Capítulos 2 a 5).

Como se señaló en el Epígrafe 2.1 la importancia del consumo también radica en lo que no se consume, es decir, en lo que se ahorra. Lo no consumido se dispone para invertirlo en nuevos bienes de capital y el capital es el factor clave del crecimiento económico a largo plazo. Aunque en este capítulo, en un enfoque típicamente keynesiano, nos centramos en el corto plazo, el comportamiento del consumo y del ahorro es clave para comprender los ciclos económicos y el crecimiento económico.

Los datos muestran la existencia de una relación estrecha entre el consumo y la renta personal disponible o más concretamente que el nivel de renta disponible es el factor más importante para determinar el consumo de un país.

Como se ha señalado esta relación entre el consumo agregado de las economías y la renta fue introducida en el pensamiento económico por J. M. Keynes con el nombre de **función de consumo**.

> La **función de consumo** muestra la relación entre el consumo y la renta y nos dice el nivel de gasto de consumo planeado o deseado ($C$) correspondiente a cada nivel de renta personal disponible ($Y_d$).

Si se acepta la hipótesis keynesiana de que existe una relación empírica estable entre el consumo y la renta, el nivel de consumo se puede explicar, en forma determinada y previsible, por el nivel de renta[4].

El concepto de renta no debe entenderse en el sentido estricto de renta corriente, sino en uno más amplio en el que se puedan incluir también las rentas pasadas, de forma que cabe hablar de **renta media** o **«permanente»**.

> La **renta permanente** es el nivel de renta que percibiría un hogar cuando se eliminan las influencias temporales o transitorias, como puede ser una gran sequía, una crisis acusada o unos beneficios totalmente imprevistos. Según la teoría de la renta permanente, el consumo responde principalmente a esta renta tendencial o permanente más que a la renta disponible de cada año.

Para explicar que el consumo depende de las tendencias de la renta a largo plazo también se ha desarrollado la **hipótesis del ciclo vital**. Según esta teoría, los individuos suelen ahorrar durante los años que son laboralmente activos para uniformar su consumo a lo largo de toda su vida y de esta forma poder contar con una renta suficiente durante su jubilación.

Otro factor determinante del consumo es la riqueza. Precisamente el denominado **efecto-riqueza** *hace referencia a que un mayor nivel de riqueza provoca un consumo mayor*. Por lo general, la riqueza no suele variar de forma acusada de un año para otro de forma que el efecto riqueza no suele ocasionar grandes variaciones en el consumo. Sin embargo, cuando tiene lugar una drástica alteración de la riqueza, como ocurrió con el *crack* de la Bolsa previo a la Gran Depresión de 1929, entonces el impacto sobre el consumo sí es importante. Asimismo, el auge bursátil de los últimos años de la década de los noventa y que fue especialmente intenso en EE.UU. aumentó notablemente la riqueza de los individuos. Precisamente algunos analistas señalan que uno de los factores del crecimiento de la economía estadounidense en dichas fechas se vio impulsado por el efecto-riqueza derivado de un auge bursátil sin precedentes en la historia reciente.

**Del análisis realizado de la teoría de la renta permanente (la renta tendencial, una vez eliminadas las influencias transitorias) y de la hipótesis del ciclo vital (los individuos ahorran para uniformar su consumo a lo largo de toda su vida) se infiere que el consumo depende de las tendencias de la renta disponible a largo plazo más que de la renta disponible de cada año. Así mismo, se ha señalado que el consumo también está condicionado por la riqueza acumulada.**

## 2.2 El modelo keynesiano del multiplicador

El **modelo del multiplicador** explica cómo se determina la producción a corto plazo. El término «multiplicador» se debe a que cada variación que experimentan los gastos exógenos, como por ejemplo la inversión, en un euro provoca una variación del PIB superior a un euro, esto es, una variación multiplicada. El modelo keynesiano del multiplicador ofrece una justificación de por qué en una economía las perturbaciones que afectan a la inversión, a las exportaciones netas y a la política de impuestos y de gasto público pueden influir en la producción y en el empleo. Los supuestos básicos del modelo del multiplicador son que los precios y los salarios son fijos y que hay recursos desempleados. Así mismo se elimina la política monetaria y se supone que los mercados financieros no reaccionan a los cambios de la economía, ya que estamos en el corto plazo.

### 2.2.1 El equilibrio en el mercado de bienes en una economía sin sector público y cerrada

Tratemos ahora de analizar cómo en una economía simplificada, sin sector público ni sector exterior, podemos determinar el nivel de equilibrio de la renta. Esta situación de equilibrio puede que coincida con la renta nacional que se obtendría empleando a plena capacidad todos los recursos, pero normalmente no ocurrirá esto.

#### Los supuestos simplificadores

Además de suponer que estamos en una economía muy simplificada, sin sector público ni sector exterior, para llevar a cabo el análisis de determinación del equlibrio de la renta, vamos a introducir los supuestos simplificadores siguientes.

---

4 Analíticamente, la función de consumo puede expresarse como sigue:

$$\text{Consumo planeado} = f\,(\text{renta personal disponible})$$

$$C = f\,(Y_d)$$

Por un lado, supondremos que no existe depreciación, que se distribuyen todos los beneficios entre las economías domésticas y que no se pagan intereses sobre la deuda pública ni transferencias. *Bajo estos supuestos*, pues, las empresas se limitan a producir bienes y servicios y a entregar los ingresos a las economías domésticas en forma de salarios o beneficios, de manera que la *renta personal disponible equivale al producto nacional*.

Por otro lado, vamos a suponer que los precios de la economía están dados y son constantes, de forma que las empresas ofrecen cualquier cantidad que se les demande de bienes y servicios a los precios vigentes. En otras palabras, se supone que las empresas pueden contratar a tantos trabajadores como deseen al salario vigente y que tienen suficiente capacidad instalada (maquinaria, equipo y administración) para incrementar la producción sin que se incrementen los costes. Al poderse incrementar la producción sin que se alteren los precios, resulta que la demanda agregada determina el nivel de producción.

Por último, *supondremos que la inversión actúa como una variable autónoma*, esto es, que su nivel está determinado fuera del modelo. Cuando se supone que los gastos de inversión de las empresas están dados, cualesquiera que sean los niveles de la renta, la representación gráfica de la función de inversión en función de la renta será la recogida en la Figura 2.2a), es decir, una línea recta paralela al eje de abscisas.

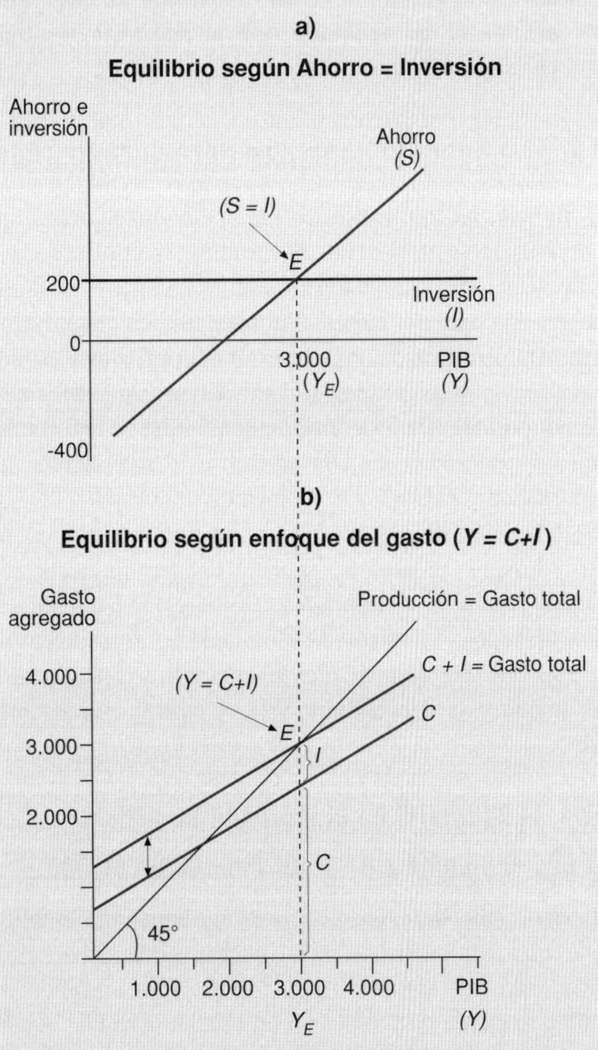


**Figura 2.2 - Determinación de la renta de equilibrio**

En términos gráficos, la renta de equilibrio se determina mediante la intersección de las funciones de ahorro y de inversión (Figura a) y en el punto de corte de la función de gasto y la recta de 45° a lo largo de la cual el gasto total es igual a la producción (Figura b). Cualquier punto situado en esta recta representa una distancia vertical exactamente igual a la distancia horizontal.

## 2.2.2 La determinación del equilibrio por el consumo y la inversión

Si nos centramos en el análisis del **gasto total agregado**, el equilibrio se alcanzará cuando la suma del gasto de consumo deseado por las familias y el gasto de inversión deseado por las empresas sea igual al producto o renta nacional.

> El **gasto total agregado** es la cantidad que planean gastar en bienes y servicios nacionales todas las unidades de gasto de la economía, que en nuestro modelo simplificado sólo son las familias vía consumo y las empresas a través de la inversión.

La curva de gasto total de la economía (Figura 2.2) se obtiene a partir del consumo de la Figura 2.1a), sumándole, en cada nivel de renta, la demanda de bienes de inversión (Cuadro 2.3). En términos gráficos, esta suma equivale a que, para cada nivel de renta, la función de consumo, la línea *C*, se desplace verticalmente en la cantidad fija dada por la inversión. La curva resultante muestra el gasto total planeado (*C*+*I*) correspondiente a cada nivel de renta (Figura 2.2). Esta forma de representar gráficamente el **modelo keynesiano** se conoce en la literatura económica como la **cruz keynesiana**.

Para determinar gráficamente el nivel de equilibrio de la renta representamos en un sistema de coordenadas el gasto total planeado, en el eje de ordenadas, y la renta o producto nacional, en el eje de abscisas (Figura 2.2). Junto al gasto total trazamos una recta de 45° cuya propiedad consiste en que en cualquiera de sus puntos el valor de la variable del eje de ordenadas, en nuestro caso, el gasto planeado es igual al valor de la variable del eje de abscisas: la renta o producción.

En el punto *E*, por encontrarse en la recta de 45°, el valor de la renta (variable del eje de abscisas) es igual al

**Cuadro 2.3 - Determinación de la renta o producción de equilibrio [*] en el modelo del multiplicador**

| Producción PIB o renta | Consumo planeado | Inversión planeada | Gasto total planeado (**) | Diferencia entre la producción y el gasto total planeado | Variación no deseada de existencias | Tendencia resultante en la producción |
|---|---|---|---|---|---|---|
| *Y* | *C* | *I* | *C + I* | *Y* – (*C* + *I*) | | |
| 600 | 880 | 200 | 1.080 | – 480 | Disminuyen | Expansión |
| 2.000 | 2.000 | 200 | 2.200 | – 200 | Disminuyen | Expansión |
| 3.000 | 2.800 | 200 | 3.000 | 0 | No varían | Equilibrio |
| 3.800 | 3.440 | 200 | 3.640 | 160 | Aumentan | Contracción |
| 4.500 | 4.000 | 200 | 4.200 | 300 | Aumentan | Contracción |

(*) Todas las magnitudes se expresan en unidades monetarias, en concreto en millones de euros.

(**) La función de gasto total utilizada es: $C + I = 400 + 0{,}8Y + 200 = 600 - 0{,}8Y$, siendo 400 el consumo autónomo, 0,8 la propensión marginal a consumir y 200 la inversión.

gasto planeado (variable del eje de ordenadas). El punto *E* de equilibrio es el único en el que el PIB o renta es igual al gasto total planeado, es decir, a la inversión más el gasto de consumo.

El ajuste hacia el nivel de **producción de equilibrio** se lleva a cabo mediante las respuestas de las empresas a las variaciones no deseadas o no planeadas de las existencias. Así, cuando el gasto total es mayor que el producto total, es decir, para todos los puntos situados a la izquierda de *E*, y, por tanto, niveles de renta inferiores a 3.000 (Cuadro 2.3), las existencias se reducen. Obsérvese en el cuadro cómo, por ejemplo, cuando la producción es 600 y el gasto total 1.080, las existencias experimentan una disminución no planeada de 480, lo que incentivará a que las empresas incrementen la producción.

Por el contrario, para los puntos situados a la derecha de *E*, como, por ejemplo, cuando la producción es 3.800, el gasto total es inferior a la producción, en concreto 3.640, de forma que las existencias experimentan un incremento no deseado de 160. Las empresas, ante la posibilidad de continuar sin vender lo que producen, decidirán reducir la producción.

> El **equilibrio** sólo tendrá lugar cuando el gasto agregado planeado sea exactamente el suficiente para absorber la cantidad ofrecida, es decir, la producción total. En esta situación, las empresas comprobarán que sus existencias se mantienen en los niveles deseados y no tendrán, por tanto, incentivos para alterar su producción.

## 2.3 El multiplicador

Vamos a analizar los efectos sobre la producción de equilibrio de una variación del gasto exógeno en la inversión.

Supongamos que las empresas, ante unas expectativas de venta favorables, deciden incrementar la inversión. Como seguidamente vamos a demostrar, el aumento de la demanda de inversión hará que se incremente la producción. El problema consiste en determinar en cuánto aumentará. Cuando se incrementa la demanda de bienes, las empresas aumentan la producción y el empleo, lo que lleva a que las economías domésticas dispongan de una renta mayor que les permitirá, a su vez, incrementar la demanda de consumo. En respuesta a este incremento de la demanda, las empresas volverán a aumentar la producción, de forma que se pone en marcha un proceso que determina que el aumento de la producción sea superior al incremento inicial de la demanda. Para analizar la cuantía de este incremento, así como el final del proceso esbozado, vamos a estudiar lo que en economía se conoce como el **multiplicador de la inversión**.

> El **multiplicador** es el número por el cual debe multiplicarse la variación de la inversión para averiguar el cambio resultante de la producción total.

### La dinámica del multiplicador

Supongamos, por sencillez, que una empresa decide incrementar su planta productiva y para ello efectúa una inversión de un millón de euros. El millón de euros se dedicará a pagar a los trabajadores de la construcción y a los propietarios de las compañías en forma de salarios y beneficios que aumentarán en total sus ingresos en un millón de euros. Pero ni los trabajadores de la construcción ni los propietarios mantendrán todo el dinero que se les abona en el banco, sino que gastarán parte de él. Si se comportan como consumidores típicos, su gasto será el resultado de multiplicar el millón de euros por la *PMC (Propención Marginal al Consumo*. Si suponemos que la *PMC* = 0,8, se gastarán 800.000 euros en nuevos bienes y servicios de consumo (véase Cuadro 2.4).

**Cuadro 2.4 - Las fases del multiplicador de la inversión (*)**

| (1) Número de fases | (2) Gasto en cada fase | (3) Gasto acumulado |
|---|---|---|
| 1.ª | 1.000.000 = 1.000.000 | 1.000.000 |
| 2.ª | (0,8) · 1.000.000 = 800.000 | 1.800.000 |
| 3.ª | $(0,8)^2$ · 1.000.000 = 640.000 | 2.440.000 |
| 4.ª | $(0,8)^3$ · 1.000.000 = 512.000 | 2.952.000 |
| $n \rightarrow \infty$ | 0 | 5.000.000 |

(*) Todas las magnitudes se expresan en unidades monetarias.

Pero el proceso no se detiene ahí, ya que aquellos que ofrecen estos bienes y servicios recibirán unos nuevos ingresos por valor de esos 800.000 euros, de los cuales ellos también gastarán un 80 por 100 (pues *PMC* = 0,8). Esto supone 640.000 euros (el 80 por 100 de 800.000) de gasto adicional en bienes y servicios de consumo, lo que hace que el millón original ya haya generado un gasto de 2.400.000 euros. Por supuesto, el proceso aún no se ha agotado, sino que los oferentes de esos bienes y servicios recibirán unos nuevos ingresos por valor de 640.000 euros, de los cuales consumirán un 80 por 100, es decir, 512.000 euros, y así sucesivamente.

Ante el proceso esbozado debemos preguntarnos si tiene fin y, si es así, cuándo llegará. El proceso acabará precisamente cuando la renta se haya incrementado en la cantidad de 5 millones, es decir, la cantidad resultante de multiplicar el millón de euros gastado inicialmente por el multiplicador. Así, el millón de euros de **gasto original** de inversión pone en marcha toda una cadena de **gasto de consumo secundario**, que si bien es interminable, es decreciente y acaba generando una cantidad finita de gasto.

Un análisis de la cadena de gasto del multiplicador se recoge en el Cuadro 2.4. La primera fase recoge el gasto de la inversión inicial, la segunda el 80 por 100 del gasto inicial y el resto de la tabla se elabora de forma similar. En la columna (2), cada una de las partidas es el 80 por 100 de la previa. En la columna (3) se va acumulando el gasto total provocado por el aumento inicial en la inversión. Como puede observarse, en las primeras fases el impacto se siente más fuertemente; de hecho, en las cuatro primeras se deja sentir el 60 por 100 del efecto total del multiplicador.

### Determinación algebraica del multiplicador

Para determinar algebraicamente el valor del multiplicador expresemos la suma del gasto incurrido en cada fase, es decir, la suma de los términos de la columna (2) del Cuadro 2.4, como sigue:

$$1.000.000 + (0,8)\ 1.000.000 + (0,8)^2\ 1.000.000 + $$
$$+ (0,8)^3\ 1.000.000 + \ldots =$$
$$= [1 + 0,8 + (0,8)^2 + (0,8)^3 + \ldots]\ 1.000.000 =$$
$$= \left[\frac{1}{1-0,8}\right] 1.000.000 = 5 \cdot 1.000.000 = 5.000.000$$

donde, como puede observarse, lo único que hemos hecho ha sido sacar como factor común el gasto inicial. Los términos que aparecen dentro del corchete constituyen una progresión geométrica infinita cuya razón es menor que la unidad e igual a la *PMC*, y cuya suma es el multiplicador (*k*) del gasto inicial en inversión.

De esta forma, la variación de la producción como consecuencia del aumento inicial del gasto en inversión resulta ser igual a:

$$\begin{matrix}\text{Variación} \\ \text{de la} \\ \text{producción}\end{matrix} = \left[\frac{1}{1-PMC}\right] \cdot \left[\begin{matrix}\text{Variación} \\ \text{de la} \\ \text{inversión}\end{matrix}\right] =$$

$$= \left[\begin{matrix}\text{Multiplicador} \\ (k)\end{matrix}\right] \cdot \left[\begin{matrix}\text{Variación} \\ \text{de la} \\ \text{inversión}\end{matrix}\right] \qquad [3.3]$$

Así pues, el multiplicador simple es igual a 1/(1 – *PMC*), lo que equivale a la inversa o recíproca de la propensión marginal a ahorrar [5]:

Esto es:

$$\frac{1}{1-PMC} = \frac{1}{PMS} = k$$

La expresión del multiplicador evidencia que éste aumenta conforme lo hace la propensión marginal a con-

[5] Téngase en cuenta que: *PMS* = *1 – PMC*.

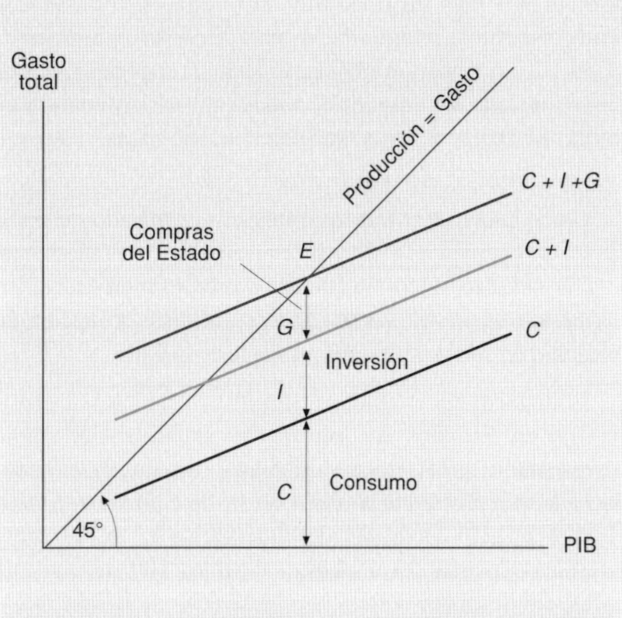


Figura 2.3 - El efecto sobre el PIB de equilibrio

Si al gasto de consumo e inversión se añaden las compras del Estado (*G*), obtenemos la curva *C*+*I*+*G*. El nivel de equilibrio del PIB se encuentra en el punto *E*, en el que esta curva corta a la recta 45°.

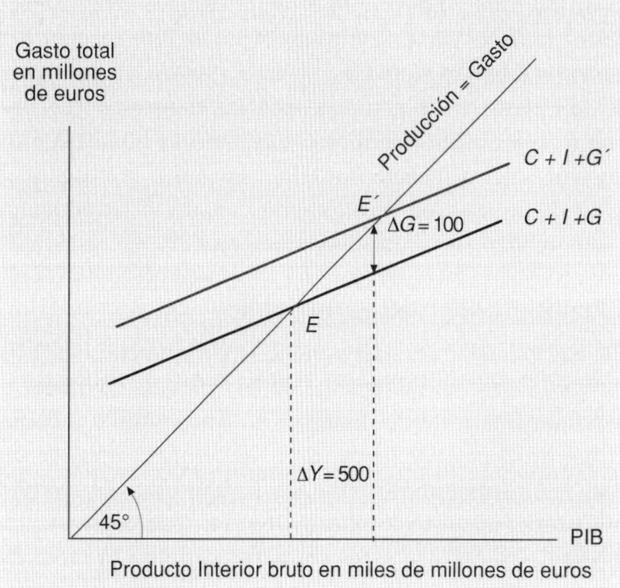


Figura 2.4 - El multiplicador del gasto público

Si el Estado eleva el gasto público en 100 millones de euros, este incremento desplaza la curva *C*+*I*+*G* hacia arriba en esa cantidad hasta *C*+*I*+*G*´. El nuevo PIB de equilibrio habrá experimentado un incremento de 500 millones de euros, pues *PMC* = 0,8.

sumir [6], o lo que es lo mismo, conforme se reduce la propensión marginal a ahorrar.

> El **tamaño del multiplicador** depende del tamaño de la *PMC*, esto es, de la pendiente de la función de consumo. Mientras más inclinada sea la función mayor será el multiplicador.

## 2.4 La política fiscal en el contexto del modelo keynesiano

La **política fiscal** está integrada por los impuestos y los gastos del Estado. De hecho, el denominado enfoque keynesiano de la política macroeconómica se suele asociar con la utilización activa de la intervención del Estado para tratar de moderar las fluctuaciones cíclicas.

En términos del modelo que venimos considerando esto supone introducir dos nuevas variables: el gasto público (*G*) y los impuestos (*T*).

[6] Dado que $0 < PMC < 1$, podemos afirmar que

$$\left[\frac{1}{1-PMC}\right]$$

es mayor que la unidad, de modo que un aumento de la inversión genera un aumento más que proporcional de la renta.

> La **política fiscal**, integrada por los programas de impuestos y gastos públicos, es el estudio de la utilización activa de la intervención del Estado para incidir en la actividad económica y tratar de moderar los ciclos económicos.

### 2.4.1 El efecto del gasto público (G) sobre la renta de equilibrio

Cuando se incorpora el gasto público la nueva curva de gasto agregado estará integrada por *C*+*I*+ *G*. Debe destacarse que *G* representa las compras de bienes y servicios por parte del Estado y que no tiene en cuenta los gastos en transferencias, como las pensiones o el seguro de desempleo. Hecha esta salvedad, el nuevo PIB está formado por los tres componentes antes citados, *C*+*I*+*G*. En la Figura 2.3 se recoge el efecto de *G*, ésta es similar a la figura 2.2b, si bien ahora se ha añadido una variable nueva, *G*. La distancia vertical entre la recta *C*+*I* y la *C*+*I*+*G* es la cantidad de compras de bienes y servicios por parte del Estado. Esta forma de representar el impacto macroeconómico de *G* se debe a que el gasto, digamos en ordenadores realizado por el sector público (*G*) es el mismo que el gasto en ordenadores realizado por una empresa (*I*) y que el gasto público que conlleva la compra de un vehículo para la policía (*G*) genera el mismo efecto sobre el empleo que el gasto de consumo privado en un automóvil (*C*).

El nivel de equilibrio de la renta en una economía del sector público viene determinado por la intersección del gasto total con la recta de 45º. En el punto *E* de la Figura 2.3, el gasto total planeado por los consumidores, las empresas y el sector público es exactamente igual a la producción total planeada. Por ello, el punto *E* representa el nivel de producción de equilibrio cuando se introduce el gasto público en el modelo keynesiano

## El multiplicador del gasto público

El multiplicador del gasto público es el aumento del PIB provocado por un incremento de las compras en bienes y servicios por parte del Estado. De forma similar a como vimos en el caso de la inversión, la compra inicial de un bien o un servicio por parte del Estado pone en marcha una cadena de gasto secundario. Si el Estado construye un hospital, los constructores se gastan parte de su renta en bienes de consumo, lo que genera, a su vez, más renta, parte de la cual se vuelve a gastar y el proceso continúa. En el caso que estamos considerando, un euro adicional de gasto público, *G*, produce el mismo efecto sobre el PIB que un euro adicional de inversión, *I*. En ambos casos el multiplicador será $1/(1 - PMC)$. En la Figura 2.4 se representa el efecto de un aumento en *G*. La curva de gasto total $C+I+G$ se desplaza hacia arriba en la cantidad del aumento del gasto público hasta $C+I+G'$. El aumento de *G* eleva el nivel del PIB produciendo un aumento que es un múltiplo del aumento de las compras del Estado.

El nuevo nivel de PIB de equilibrio se halla en el punto *E´* de la recta de 45º. Si el gasto público aumentase en 100 millones de euros y dado que la *PMC* es 0,8 el nuevo nivel de producción se vería incrementado en 500 millones de euros (100 x (1/ 1-0,8) = 100 x 5 = 500 ). En otras palabras, si la *PMC* es 0,8 el multiplicador del gasto público es 5, el mismo que en el caso de la inversión. Por tanto, el multiplicador del gasto público es el mismo que en el caso de la inversión. De hecho ambos se denominan multiplicadores del gasto.

**El gasto público influye significativamente en la determinación de la producción y del empleo. Si aumenta el gasto público *G*, la producción aumenta en la cantidad en que aumenta *G* multiplicada por el multiplicador del gasto.**

## Los impuestos y la renta de equilibrio

Antes de iniciar el estudio del impacto macroeconómico de los impuestos debe señalarse que al introducir la existencia de impuestos no se puede suponer, como se ha hecho hasta ahora, que la renta disponible equivale al producto interior bruto. En este sentido, continuamos suponiendo que no hay sector exterior ni transferencias ni depreciación, pero ahora el PIB (*Y*) es igual a la renta disponible ($Y_d$) más los impuestos, o lo que es lo mismo, la renta disponible es igual a la renta menos los impuestos ($Y_d = Y - T$). Para simplificar el análisis supongamos inicialmente que los impuestos totales no varían cuando se altera la renta u otras variables económicas, esto es, supongamos que se trata de **impuestos de cuantía fija.**

Como suponemos que los impuestos recaudados se mantienen constantes, el PIB y la $Y_d$ siempre diferirán en una misma cantidad, de forma que una vez tenidos en cuenta los impuestos, es posible continuar representando la función de consumo en función del PIB en lugar de la $Y_d$.

El impacto del establecimiento de un impuesto de cuantía fija en términos del modelo del multiplicador puede representarse gráficamente mediante un desplazamiento hacia la derecha y hacia abajo de la función de consumo (Figura 2.5). El grado del desplazamiento es exactamente igual a la cuantía del impuesto, digamos 100 millones de euros. Un desplazamiento hacia la derecha de la función de consumo también significa un desplazamiento descendente, pero éste es menor que el desplazamiento hacia la derecha. La razón de esta discrepancia es que el desplazamiento descendente, esto es, la disminución del consumo, es igual al desplazamiento hacia la derecha (el aumento de los impuestos) multiplicado por la *PMC* y ésta es inferior a la unidad (en el ejemplo que venimos considerando es 0,8). De esta forma si el aumento de los impuestos es 100 millones de euros y la *PMC* es 0,8 el desplazamiento descendente será de 80 millones de euros (100 x 0,8 = 80 ).

> Un **impuesto de cuantía fija** causa un desplazamiento hacia abajo de la función de consumo y, por tanto, del gasto agregado en una cuantía igual al aumento del impuesto multiplicado por la propensión marginal al consumo.

La intensidad del desplazamiento de la función de consumo dependerá de la cuantía del aumento de los impuestos y de la propensión marginal al consumo.

Téngase en cuenta que, cuando tiene lugar un aumento de un impuesto de cuantía fija (o se establece uno por primera vez) la renta de equilibrio se reduce en el resultado de multiplicar la disminución inicial del consumo por el multiplicador. Dado que la disminución inicial de la demanda de consumo, como hemos señalado, viene dada por el producto (*PMC*) · (Aumento de los impuestos), resulta que el efecto de una subida del impuesto sobre la producción se puede expresar mediante la fórmula:

$$\left(\begin{array}{l}\text{Disminución de} \\ \text{la renta por aumento} = \text{Multiplicador} \cdot \text{PMC} \cdot \Delta \text{ impuestos} \\ \text{de impuestos}\end{array}\right)$$

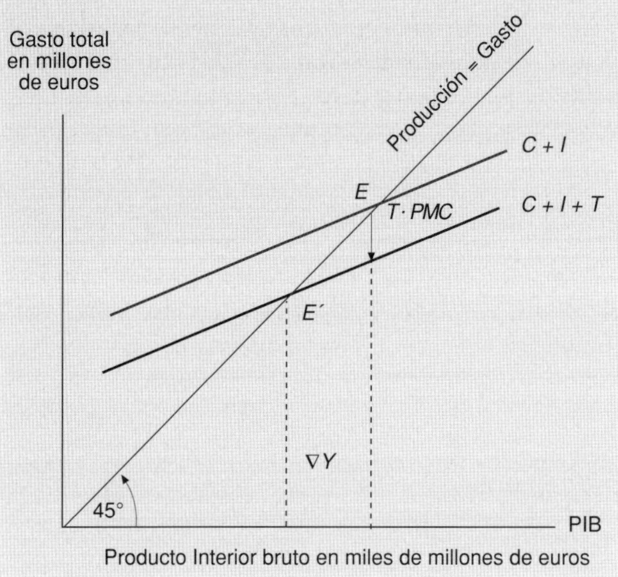


**Figura 2.5 - Impuesto de cuantía fija**

**El efecto del establecimiento de un impuesto de cuantía fija:** Un impuesto de cuantía fija (T) produce un desplazamiento hacia abajo de la función de demanda agregada igual a PMC.T.

Un incremento de los impuestos es, pues, una medida restrictiva de política económica, ya que incide negativamente sobre el gasto agregado y sobre la producción. Por el contrario, un reducción de los impuestos constituye una medida reactivadora, pues aumentará la renta disponible y provocará un desplazamiento hacia arriba de la función de consumo, del gasto total y un aumento de la renta de equilibrio.

En definitiva, la posibilidad de cambiar *los impuestos constituye un instrumento de control del gasto agregado «casi» tan poderoso como un cambio en los gastos del sector público*. Decimos «casi», pues una variación de una unidad monetaria en el gasto público tiene un efecto un poco mayor sobre la demanda agregada que una variación de una unidad monetaria en los impuestos, dado que, tal como hemos señalado, los impuestos hay que multiplicarlos por la *PMC* para determinar el impacto de una alteración en los mismos, y ésta es menor que la unidad.

> Las **variaciones de los impuestos** son un poderoso instrumento para influir en la producción. Pero el multiplicador de los impuestos es menor que el del gasto en un factor igual a la *PMC*.

### Los impuestos proporcionales y la renta de equilibrio

En la vida real casi no existen impuestos de cuantía fija. La mayoría de los impuestos están relacionados con el nivel de renta, de forma que cuando ésta aumenta los impuestos se incrementan y viceversa.

Cuando los impuestos son proporcionales producen ingresos que suponen un determinado porcentaje de la renta. De modo genérico decimos que los impuestos son proporcionales cuando, con un tipo impositivo $t$, los impuestos totales son $t \cdot Y$, de forma que la renta disponible resulta ser $Y - tY = (1 - t)\, Y$

Así pues, una vez establecido un impuesto proporcional, un euro de renta nacional ocasiona un aumento de la renta disponible de $(1 - t)$ euros, de los cuales se consume sólo la fracción determinada por la proporción marginal a consumir. Como consecuencia, la nueva propensión marginal a consumir obtenida a partir de la renta nacional es:

$$PMC' = PMC\,(1 - t)$$

En términos gráficos (Figura 2.6), los efectos de la variación de un impuesto proporcional se concretan, en el caso de un aumento del tipo impositivo, en un desplazamiento hacia abajo no paralelo de la función de consumo, pues la *PMC* ha disminuido. Al aumentar los ingresos tributarios con el producto nacional resultará que, conforme crece éste, mayor será la disminución en el consumo respecto al nivel de consumo anterior al cambio fiscal producido. Así tendremos que en una economía con impuestos proporcionales la función de consumo será más plana que en una economía donde no hay impuestos. Cuanto mayor sea el tipo impositivo, más plana será la función de consumo y, consecuentemente, menor el multiplicador. Ello se debe a que se ha reducido la pendiente de la función de consumo

## 2.5 El presupuesto público y la política fiscal

Las decisiones del Gobierno en materia de gasto público e impuestos se plasman en el **presupuesto del sector público** (abreviadamente, *presupuesto público*). Es, pues, una descripción de sus planes de gasto y financiación.

> El **presupuesto público** refleja los bienes y servicios que el Estado comprará durante el ejercicio en cuestión, las transferencias que realizará y los ingresos fiscales que obtendrá para hacer frente a los distintos gastos.

Cuando los ingresos del Estado son superiores a sus gastos se habla de *superávit presupuestario.* Por lo general, sin embargo, los ingresos públicos no son suficientes para cubrir todos los gastos del Estado, por lo que lo normal es encontrar el presupuesto público en situación de *déficit*.

El déficit presupuestario aparece cuando existe una diferencia positiva entre el gasto del Estado y sus ingresos

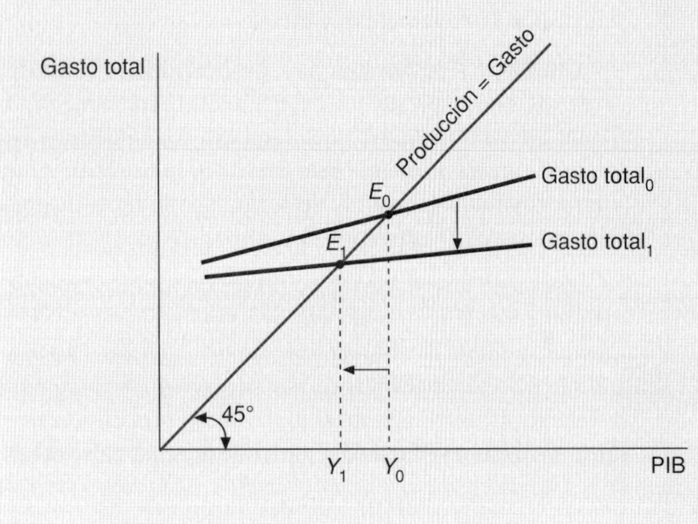


**Figura 2.6 - Los impuestos proporcionales y el gasto agregado**

La incidencia de un impuesto proporcional sobre la curva de gasto total ($E$) hace que ésta resulte ser más plana. En términos gráficos, la nueva curva de gasto total se obtiene girando en el sentido de las agujas del reloj la curva original, pues la $PMC$ se reduce ($PMC' = PMC\ (1 - t)$).

y supone, por tanto, que el Estado gasta más de lo que ingresa. Esquemáticamente:

Déficit presupuestario = Gastos públicos –
– Ingresos públicos =
= Compras de bienes y servicios – Impuestos netos

## El déficit público y su financiación

Cuando los ingresos públicos son inferiores a los gastos, el presupuesto incurrirá en **déficit**. ¿En qué grado es conveniente que esto suceda? Dos posturas teóricas responden de manera diferente a esta cuestión: la de los economistas keynesianos y la de los clásicos, que, como se ha señalado, se corresponden con dos concepciones muy distintas sobre la política fiscal.

La polémica se debe a los problemas derivados de la financiación del **déficit público** y a que las rigideces institucionales limitan la política fiscal como instrumento para estabilizar la actividad económica.

Para los **economistas clásicos**, la economía tiene mecanismos autocorrectores que hacen innecesaria la política fiscal. Por ello, defienden que el gasto público se limite lo máximo posible y que el **presupuesto se mantenga equilibrado anualmente**.

Para **Keynes** y sus seguidores, la economía no sigue una senda estable hacia el **pleno empleo**, pues los ajustes no tienen lugar de la manera prevista por los economistas clásicos. Teniendo en cuenta estas circunstancias, y ante una recesión motivada por una demanda agregada insuficiente, el sector público debe **intervenir**, manipulando los gastos y los impuestos. Los keynesianos coinciden con los monetaristas en que el presupuesto debe equilibrarse, pero no anualmente, sino a lo largo de todo el ciclo. Así, aceptan que durante las recesiones se incurra en déficit temporales, que posteriormente serán compensados por superávit en las fases alcistas del ciclo.

> El **concepto de pleno empleo** de los recursos productivos, compatible con un cierto nivel de paro (el denominado paro friccional), derivado del normal funcionamiento del mercado de trabajo, aparece como un objetivo en el esquema keynesiano.

## Las fluctuaciones cíclicas y el déficit público

Cuando la economía se encuentra en la fase recesiva del ciclo económico, disminuye la recaudación de impuestos, por la caída de la actividad, y aumenta el gasto público, al incrementarse las prestaciones por desempleo. Esto genera una tendencia a que aparezcan déficit públicos.

Durante las expansiones ocurre lo contrario: al disminuir el desempleo y al aumentar los niveles de renta y producción, las transferencias públicas disminuyen y aumentan los ingresos impositivos, resultando en una disminución del déficit presupuestario (o en un aumento del superávit).

> Durante las recesiones las transferencias públicas aumentan y disminuyen los ingresos impositivos haciendo que el déficit presupuestario se incremente (o que disminuya el superávit).

Dado que el ciclo tiene efectos sistemáticos sobre el gasto y los ingresos, es conveniente dividir el déficit en dos componentes: el déficit cíclico y el déficit estructural. El **déficit cíclico** es la parte del déficit que se puede atribuir al estado actual, esto es, al momento del ciclo en que se encuentra la economía. Habrá un déficit cíclico cuando la producción esté por debajo del PIB potencial, y un superávit cíclico cuando la producción efectiva supere a la producción potencial. Cuando la economía se sitúe en el nivel de pleno empleo el déficit cíclico será igual a cero.

> El **déficit cíclico** es la parte del déficit presupuestario que varía con el ciclo económico: durante las recesiones habrá déficit y en las expansiones superávit.

El **déficit estructural** es la parte del déficit que no tiene su origen en las fluctuaciones cíclicas sino en un desajuste entre la estructura de ingresos y gastos públicos. Por ello, cuando una economía sale de una recesión, el componente cíclico del déficit desaparece, pero el déficit estructural permanecerá.

> El **déficit estructural** es la parte del déficit presupuestario que es independiente del ciclo económico; se debe a desajustes estructurales entre los ingresos y los gastos públicos.

La distinción entre el déficit cíclico y el déficit estructural supone reconocer la influencia de las fluctuaciones cíclicas en el presupuesto del sector público. La realidad es que la relación es doble, pues el presupuesto también afecta a las fluctuaciones cíclicas. Los cambios presupuestarios que se producen automáticamente durante las expansiones y las recesiones, es decir, los cambios del déficit o superávit cíclico, ayudan a suavizar las fluctuaciones cíclicas, pues actúan como estabilizadores automáticos.

## La política fiscal y los estabilizadores automáticos

La visión de la política fiscal como instrumento estabilizador de la actividad económica puede hacer pensar que ésta sólo ayuda a controlar la economía si los responsables de la política económica vigilan cuidadosamente las tendencias y logran prever los acontecimientos, tomando las medidas oportunas.

Aunque cabe hablar de una **política fiscal activa o discrecional**, que se concreta en la toma de medidas explícitas sobre los gastos y los ingresos públicos con objeto de tratar de estabilizar la economía, el sistema impositivo tiene unos **efectos automáticos** que es conveniente analizar.

> La **política fiscal** se ocupa de decisiones sobre los ingresos y los gastos públicos y sobre el déficit o superávit presupuestario, en términos de sus efectos sobre la renta nacional, el empleo total y el nivel general de precios.

Recuérdese que cuando los impuestos son proporcionales la recaudación se altera de forma automática (y con un efecto contrapuesto), a medida que varía el producto nacional. El aumento de los impuestos a medida que se incrementa el producto nacional reducirá la fuerza de la expansión, y lo contrario ocurrirá si tiene lugar una recesión. Por tanto, los impuestos proporcionales cumplen la misión de un **estabilizador automático** de la actividad económica.

> Un **estabilizador automático** es cualquier hecho del sistema económico que mecánicamente tienda a reducir la fuerza de las recesiones y/o de las expansiones de la demanda, sin que sean necesarias medidas discrecionales de política económica.

### Nota Complementaria 2.1 - Los déficit públicos y la deuda pública

El déficit y el superávit públicos son variables flujo que miden la diferencia entre el gasto público y los ingresos impositivos durante un determinado período, normalmente un año. La deuda pública, por el contrario, es una variable *stock* que mide la cantidad total que adeuda el Estado en un determinado momento del tiempo. En concreto, la **deuda pública** se puede definir como el valor total de bonos emitidos por el gobierno en manos del público. Como veremos en el Capítulo 3, *un bono es una promesa de pagar una determinada cantidad de dinero en una fecha futura*. Los bonos los pueden emitir las empresas privadas o el Estado.

La deuda pública aumenta cuando tienen lugar déficit públicos que incrementan las tenencias de bonos emitidos por el Estado en manos del público. Por el contrario, los superávit públicos que reducen las tenencias de bonos en manos del público reducen la deuda pública.

El incremento o la disminución de la deuda pública no sólo indica la existencia de déficit o superávit públicos, sino también el aumento o la reducción de los pagos en concepto de intereses que debe el sector público a los que tienen los bonos del Estado. Cuanto mayor sea la deuda pública, mayores serán los intereses anuales que tiene que pagar el Estado por la deuda pública.

> La **deuda pública** es el valor total de bonos o títulos de deuda emitidos por el Estado en manos del público.

Si los impuestos aumentan con el producto nacional, mientras que parte de los gastos públicos, especialmente los gastos de transferencia, se mueven en sentido contrario, tendremos que el presupuesto del sector público tenderá hacia el déficit durante las recesiones y al superávit durante las expansiones. Al actuar expansivamente durante las recesiones y contractivamente durante las expansiones, el presupuesto del sector público contribuye a reducir la amplitud de las oscilaciones del gasto agregado y proporciona una estabilidad incorporada en el propio funcionamiento de la economía.

## La política fiscal y el efecto desplazamiento

En ocasiones el aumento del gasto público origina lo que se conoce como efecto desplazamiento.

Existen dos condiciones generales para que pueda producirse el efecto «desplazamiento». En primer lugar, el gasto público puede expulsar a la inversión privada debido a las limitaciones de los recursos. Si la economía se encuentra en una situación de pleno empleo, es decir, cuando se ha alcanzado la producción potencial, un aumento del gasto público desplazará a la inversión privada. En segundo lugar, el efecto «desplazamiento» puede producirse cuando los tipos de interés suben de forma notable debido al crecimiento de la deuda pública y reducen la inversión privada sensible a los tipos de interés.

El **efecto expulsión o desplazamiento** tiene lugar cuando el gasto público o los déficit presupuestarios o la deuda pública reducen la cantidad de inversión de las empresas.

## RESUMEN

- Dados los supuestos de partida, el **modelo keynesiano** estricto sólo es válido en el corto plazo, cuando hay rigideces en las variables y recursos desempleados, es decir, cuando el nivel de producción es inferior al potencial y, por tanto, los precios permanecen estables.
- La evidencia empírica muestra que el nivel de renta disponible es el factor más importante para determinar el consumo de un país.
- La **función de consumo** muestra la relación entre el consumo y la renta y nos dice el nivel de gasto de consumo planeado o deseado (*C*) correspondiente a cada nivel de renta personal disponible ($Y_d$).
- La **renta permanente** es el nivel de renta que percibiría un hogar cuando se eliminan las influencias temporales o transitorias, como puede ser una gran sequía, una crisis acusada o unos beneficios totalmente imprevistos. Según la teoría de la renta permanente, el consumo responde principalmente a esta renta tendencial o permanente más que a la renta disponible de cada año.
- La **propensión marginal a consumir (*PMC*)** es la proporción de un euro en que aumenta el consumo cuando aumenta la renta en un euro.
- La **propensión marginal al ahorro (*PMS*)** es la proporción que se ahorra de un euro adicional de renta.
- La **demanda de inversión** viene dada por los aumentos deseados o planeados por las empresas de capital físico (fábricas y máquinas) y de existencias.
- El **equilibrio** sólo tendrá lugar cuando el gasto agregado planeado sea exactamente el suficiente para absorber la cantidad ofrecida, es decir, la producción total. En esta situación, las empresas comprobarán que sus existencias se mantienen en los niveles deseados y no tendrán, por tanto, incentivos para alterar su producción.
- El **PIB o renta de equilibrio** se alcanza en la intersección de las curvas de ahorro y de inversión. Es el único punto en el que la inversión deseada o planeada por las empresas es igual al ahorro deseado por los hogares.
- El **tamaño del multiplicador** depende del tamaño de la *PMC*, esto es, de la pendiente de la función de consumo. Mientras más inclinada sea la función, mayor será el multiplicador.
- Si aumenta el **gasto público (*G*)**, la producción aumenta en la cantidad en que aumenta *G* por el multiplicador del gasto.
- Las **variaciones de los impuestos** son un poderoso instrumento para influir en la producción. Pero el multiplicador de los impuestos es menor que el del gasto en un factor igual a la *PMC*.
- El **presupuesto público** refleja los bienes y servicios que el Estado comprará durante el ejercicio en cuestión, las transferencias que realizará y los ingresos fiscales que obtendrá para hacer frente a los distintos gastos.
- Déficit presupuestario = Gastos públicos – Ingresos públicos =
  = Compras de bienes y servicios – Impuestos netos
- La **política fiscal** se ocupa de decisiones sobre los ingresos y los gastos públicos y sobre el déficit o superávit presupuestario, en términos de sus efectos sobre la renta nacional, el empleo total y el nivel general de precios.

## CONCEPTOS BÁSICOS

- Función de consumo.
- Renta permanente.
- Efecto riqueza.
- Propensión marginal a consumir y a ahorrar.
- Propensión media a consumir y a ahorrar.
- Función de ahorro.
- Demanda de inversión.
- El multiplicador.
- Presupuesto público.
- Déficit público.
- Estabilizador automático.
- Efecto expulsión o desplazamiento.
- Deuda pública.

## CUESTIONES PARA LA AUTOEVALUACIÓN

1. Resuma las condiciones o supuestos de partida que hacen operativo al modelo keynesiano.
2. ¿Cuál es la diferencia entre la renta personal y la renta permanente? ¿Qué tipo de renta es la que influye más en la función de consumo?
3. ¿Cuál es la relación entre las propensiones a consumir y a ahorrar?
4. ¿Por qué el comportamiento del consumo en una economía decimos que es bastante estable y por el contrario el de la inversión no?
5. ¿Cuál es la relación entre la inversión y las fluctuaciones de la actividad económica?
6. ¿Por qué la representación gráfica de la función de inversión es una línea paralela al eje de abscisas?
7. ¿Por qué el efecto del multiplicador depende del valor de la *PMC*?
8. ¿Es igual el multiplicador de la inversión que el multiplicador del gasto público?
9. Dada una *PMC* fija, ¿qué tipo de impuestos reducen menos la renta de equilibrio, los fijos o los proporcionales?
10. ¿Cómo actúa el efecto «desplazamiento»?

## EJERCICIOS Y APLICACIONES

1. ¿Por qué una discrepancia entre la producción y el gasto planeado provoca una variación de la producción?
2. Si cuando a una persona le toca el premio gordo de la lotería cambia sus hábitos de consumo, ¿cómo explicaría este comportamiento en relación con el concepto de renta-permanente?
3. ¿Puede la *PMC* tomar valores superiores a 1? ¿Y la *PMeC*? Explique su respuesta.
4. Un aumento de los tipos de interés ¿cómo afecta a la demanda de inversión?
5. Si el Gobierno realiza una expansión del gasto público de 100.000.000 de euros, ¿cuánto aumenta la renta si la *PMC* es de 0,8 y el tipo impositivo es el 20 por 100 y no existe sector exterior?

# CAPÍTULO 3

# FUNCIONES DEL DINERO

## INTRODUCCIÓN

Tan familiarizados estamos con el uso del dinero que no pensamos en lo que tiene de raro que todos nos afanemos por ganar unos billetes que no tienen valor intrínseco. De hecho, el dinero es útil cuando nos deshacemos de él. Así, pensemos en una persona que va a una boutique a comprar un traje. Ésta obtiene un objeto de valor y para pagar entrega unos cuantos billetes emitidos por el Banco de España o bien paga mediante un cheque con cargo a unos depósitos que tiene en el banco. La dependienta de la boutique le entrega un objeto de valor a cambio de unos billetes que no tienen valor intrínseco o incluso a cambio de un cheque en el que se recoge el nombre del banco y el número de la cuenta corriente de la persona que firma el cheque. Esto se hace así porque los responsables de la boutique confían que en el futuro una tercera persona aceptará el dinero o cheque a cambio de alguna cosa que ellos deseen. Así pues, para los dueños de la boutique, el dinero-líquido o el cheque representa una posibilidad de adquirir bienes y servicios en el futuro y por eso lo aceptan. El dinero es, pues, algo que facilita los intercambios y evita los inconvenientes ligados al trueque, esto es, al intercambio de unos bienes por otros.

Este capítulo es el primero de los dos temas dedicados a analizar el dinero y su incidencia sobre la actividad económica. En este primero se presenta el concepto de dinero, sus funciones y los distintos motivos por los que los individuos demandan dinero. Asimismo se presenta el concepto de dinero bancario y la forma en que los bancos crean depósitos y por tanto dinero bancario.

## 3.1 El dinero: origen y tipos de dinero

Una *economía de trueque* es aquella en la que no existe ningún medio de cambio comúnmente aceptado. Los bienes se intercambian directamente por otros bienes. El intercambio directo, sin dinero, resulta muy difícil. Sin la intermediación del dinero se frenan las posibilidades no sólo de especialización y progreso de una economía, sino también de distribuir los bienes y los servicios existentes de acuerdo con las necesidades y los deseos de los individuos.

### 3.1.1 El papel del dinero a lo largo de la historia

En sociedades primitivas y poco organizadas los bienes que hacían la función de dinero generalmente tenían valor en sí mismos o **valor intrínseco**, es decir, incluso aunque no se utilizaran como dinero, y constituían lo que se ha denominado *dinero mercancía*.

> El **dinero mercancía** es un bien que tiene el mismo valor como unidad monetaria que como mercancía.

**El dinero mercancía**

La mercancía elegida como dinero debe reunir las cualidades siguientes:

- **Duradera**. La gente no aceptará como dinero algo que sea altamente perecedero y se deteriore en poco tiempo.
- **Transportable**. Si la gente ha de transportar grandes cantidades de dinero, la mercancía utilizada debe tener un valor elevado respecto a su peso, de forma que se pueda trasladar con facilidad.
- **Divisible**. El bien elegido debe poderse subdividir en pequeñas partes con facilidad sin pérdida de valor, de forma que se puedan realizar pagos pequeños.
- **Homogénea**. Esta propiedad implica que cualquier unidad del bien en cuestión debe ser exactamente igual a las demás, ya que, si no, los intercambios serían muy difíciles.

- **De oferta limitada**. Cualquier mercancía que no tenga una oferta limitada no tendrá un valor económico.

El oro y la plata han sido con frecuencia las mercancías elegidas para hacer las veces de dinero.

### El dinero fiduciario

Dadas las características que debe tener la mercancía que se pretende usar como dinero, puede comprobarse que prácticamente todas las reúne el papel. En el papel es posible imprimir el número que deseemos, podemos hacerlo tan divisible como queramos. Asimismo, podemos almacenarlo con facilidad y es cómodo de transportar. El papel, sin embargo, no parece que pueda utilizarse como dinero, pues su valor intrínseco es prácticamente nulo. Pero si su valor es refrendado por quien lo emite, las cosas cambian, pues en este caso el valor del papel es lo que en él figure impreso. En este caso estamos ante lo que se denomina **dinero fiduciario** o **dinero signo**. Estrictamente hablando el dinero signo es el papel que figura impreso. En las economías modernas el dinero fiduciario significa simplemente que se establece como dinero por decreto gubernamental

> El **dinero signo** o **dinero fiduciario** es un bien que tiene un valor muy escaso como mercancía, pero que mantiene su valor como medio de cambio porque la gente tiene fe en que el emisor responderá de los pedazos de papel o de las monedas acuñadas y cuidará de que la cantidad emitida sea limitada.

### Los orfebres: el dinero metálico y el dinero papel

El *dinero papel de pleno contenido* son certificados de papel que estaban respaldados por depósitos de oro o plata de igual valor al de los certificados emitidos.

Este tipo de dinero tuvo su origen en la actividad desarrollada por los orfebres en la Edad Media. Éstos disponían de cajas de seguridad en las que guardaban sus existencias y que progresivamente fueron ofreciendo al público, en un servicio de custodia de metales preciosos y demás objetos de valor. El servicio se basaba en la confianza que merecía el orfebre, que simplemente extendía un recibo prometiendo devolver al depositante sus pertenencias a su requerimiento. La cantidad confiada al orfebre para su custodia se llamaba **depósito**.

Cuando efectuaban una transacción importante, los titulares de los depósitos podían retirar mediante entrega de un recibo los bienes depositados o bien transferir directamente un recibo con cargo a los bienes depositados. Con el transcurso del tiempo, estos recibos fueron emitiéndose al portador y las compras y ventas fueron saldándose mediante la simple entrega de un papel, que certificaba la deuda privada, reconocida por un orfebre, prometiendo éste entregar al portador una cantidad determinada de oro cuando así lo solicitara. Este dinero papel era plenamente convertible en oro.

> El **dinero papel de pleno contenido** eran los certificados de papel que estaban respaldados por depósitos de oro de igual valor al de los certificados emitidos. Cuando una economía utiliza oro como dinero, o dinero papel que es convertible en oro a la vista, se dice que la economía se rige por un **patrón oro**.

### El dinero papel «nominalmente» convertible en oro

Los orfebres comenzaron a reconocer deudas emitiendo dinero papel, teóricamente convertible en oro, por un valor superior al oro que realmente poseían. De esta forma, los orfebres, al emitir dinero papel por volúmenes, sólo parcialmente cubiertos por sus reservas de oro, se convirtieron en banqueros y crearon el *dinero papel nominalmente convertible en oro*. Si en dichas circunstancias se hubiesen querido hacer efectivas simultáneamente todas las deudas reconocidas en los recibos por ellos certificados, no se hubieran podido atender.

## 3.1.2 El dinero en el sistema financiero actual

En el sistema financiero actual, el dinero papel no tiene ningún respaldo en términos de metales preciosos, y lo mismo ocurre con el dinero en forma de monedas. El valor del dinero papel actual descansa en la confianza de cada individuo de que será aceptado como medio de pago por los demás y en que se establece como dinero por decreto gubernamental, de forma que sabemos que es legal y que sirve para pagar deudas públicas y privadas. El público lo acepta, pues sabe que todos los demás individuos estarán dispuestos a tomarlo a cambio de cosas que sí tienen valor intrínseco. Si esta confianza desapareciese, el billete sería de poca utilidad aunque tuviera el respaldo gubernamental.

En cualquier caso son frecuentes las situaciones que no pueden explicarse de acuerdo con una concepción legalista de la naturaleza del dinero. Así, a menudo se utilizan determinadas monedas, normalmente monedas «fuertes», como el dólar, el yen japonés, el marco alemán o el franco suizo, fuera de los territorios en que ejercen su soberanía los Estados emisores, simplemente por su utilidad como medio de pago internacional.

Se utilizan simplemente por la confianza en que los demás individuos lo aceptarán cuando nosotros se lo entreguemos como medio de pago al efectuar nuestras compras. En este sentido, dinero es todo lo que se acepta normalmente como medio de cambio.

**• El dinero bancario**

Un depósito bancario es un dinero pagaré o deuda de un banco, ya que éste tiene que entregar al depositante dinero con cargo al depósito y actuando éste como límite siempre que se lo solicite. Es un medio de cambio, ya que la gente está dispuesta a aceptar cheques como pago.

> El **dinero bancario** es una deuda de un banco, el cual tiene que entregar al depositante una cantidad de dinero siempre que la solicite. Funciona como medio de cambio.

**• Los cheques y tarjetas de crédito y el dinero bancario**

Si, por ejemplo, un individuo entrega un cheque de 10.000 euros como pago por la compra de un traje, esta transacción no implica ningún tipo de intercambio de billetes o monedas. Lo que normalmente ocurrirá será que el cheque se notificará al banco del firmante del mismo, en cuya cuenta se cargarán 10.000 euros. En la cuenta del comerciante, por el contrario, se producirá un abono de 10.000 euros. Si las cuentas están en bancos distintos, el proceso será idéntico, pues sólo se requerirá que los bancos compensen sus saldos respectivos.

Así pues, un cheque no crea dinero, sino simplemente es una forma de movilizar o trasladar el dinero. Y las tarjetas de crédito ¿son dinero? Las tarjetas de crédito se excluyen de todas las medidas de la cantidad de dinero bancario porque no son un método de pago. Cuando, por ejemplo, pagamos un traje con una tarjeta de crédito, el banco que la emite paga a la tienda la cantidad debida. Más tarde tenemos que devolver la deuda al banco. El saldo de la cuenta corriente sí forma parte de la cantidad de dinero bancario.

> El **dinero legal** es el dinero signo emitido por una institución que monopoliza su emisión y adopta la forma de moneda metálica o billetes. El **dinero bancario** son los depósitos de los bancos que son aceptados generalmente como medios de pago.

### 3.1.3 El dinero en las economías modernas: la cantidad de dinero

La **cantidad de dinero** incide en muchas variables económicas, por lo cual resulta interesante precisar qué es la cantidad de dinero y qué partidas incluye. El activo más evidente que habría que incluir es el **efectivo**, es decir, los billetes y las monedas que estén en manos del público. Por otro lado, la mayoría de los comercios aceptan cheques personales que podemos emitir con cargo a los **depósitos bancarios**. Por lo tanto, los depósitos que tenemos en los bancos pueden utilizarse para comprar y deben incluirse al medir la cantidad de dinero.

Una definición pragmática establece que el *dinero* es la suma del efectivo (las monedas y billetes) más los saldos de las cuentas corrientes, es decir, los **depósitos** de los bancos. El **efectivo**, esto es, las monedas y los billetes, es el **dinero legal** emitido por el Banco de España, mientras que los depósitos bancarios constituyen el **dinero bancario**.

> El **dinero** está formado por el dinero legal (efectivo = monedas + billetes) más el dinero bancario o depósitos.

Cuando se habla de depósitos hay que distinguir al menos entre:

- Los **depósitos a la vista** son las denominadas cuentas corrientes y gozan de una disponibilidad inmediata para el titular.
- Los **depósitos de ahorro** normalmente están instrumentados en libreta y admiten prácticamente las mismas operaciones que los depósitos a la vista, si bien tienen una disponibilidad algo menor.
- Los **depósitos a plazo** son los fondos entregados a un plazo fijo y que no se pueden retirar antes del tiempo pactado sin una penalización.

Del dinero bancario, los depósitos a la vista son los que tienen un mayor grado de **liquidez**, pues se convier-

**Esquema 3.1 - Principales tipos de dinero**

**Dinero mercancía**
- Su valor intrínseco coincide con su valor representativo o facial

**Dinero fiduciario**
- Su valor intrínseco es inferior a su valor representativo
  - Dinero legal (Monedas y billetes)
  - Dinero bancario (Depósitos en los bancos que sirven para realizar pagos)

ten de forma inmediata y sin pérdida de valor en dinero líquido. En cualquier caso, el efectivo en manos del público es la forma de dinero más líquida; es el dinero en sentido estricto.

La **liquidez** de un activo está relacionada con la facilidad y la certidumbre con la que puede ser convertido en dinero líquido sin pérdidas.

## 3.2 Oferta monetaria: los agregados monetarios

La **oferta monetaria** o *cantidad de dinero* en circulación de una economía es el valor del medio de pago generalmente aceptado en la economía.

La **cantidad de dinero u oferta monetaria** se define como la suma del efectivo en manos del público (billetes y monedas), es decir, la cantidad de dinero que poseen los individuos y las empresas, más los depósitos en los bancos.

### Agregados monetarios

Según establece el Banco Central Europeo (véase Capítulo 4), los **agregados monetarios** son variables que cuantifican el dinero existente en una economía y que los bancos centrales suelen definir para efectuar análisis y tomar decisiones de política monetaria.

El Eurosistema (véase Capítulo 4) ha definido tres agregados monetarios para la zona del euro, cuyo cálculo realiza a partir del balance consolidado de las instituciones financieras monetarias y de los pasivos monetarios de la Administración Central, que son (Cuadro 3.1):

$M_1$: Está compuesto por billetes y monedas en circulación (**efectivo en circulación**) y por **depósitos a la vista**.

$M_2$: Está compuesto por los pasivos incluidos en $M_1$ más los **depósitos a plazo** de hasta dos años y los **depósitos disponibles** con preaviso de hasta tres meses.

$M_3$: Comprende los pasivos incluidos en $M_2$ más las **cesiones temporales**, las **participaciones en fondos del mercado monetario** e instrumentos del mercado monetario y los **valores de renta fija** de hasta dos años, emitidos por las instituciones monetarias.

El agregado monetario $M_3$ es el más estable, por ello, ha sido el elegido por el Eurosistema, dentro de su estrategia de política monetaria, para definir un valor de referencia para el crecimiento del dinero.

### La base monetaria

El *efectivo en manos del sistema crediticio* constituye las *reservas bancarias*, y la suma de éstas con el efectivo en manos del público forma la base monetaria del sistema o dinero de alta potencia (véase Epígrafe 3.2).

## 3.3 La demanda de dinero

Demandamos dinero fundamentalmente porque nos sirve indirectamente de lubricante para el comercio y el intercambio, si bien también lo utilizaremos como depósito de valor.

### 3.3.1 Las funciones del dinero

El dinero desempeña principalmente tres funciones:

- Medio de cambio.
- Unidad de cuenta.
- Depósito de valor.

**Cuadro 3.1 - Agregados monetarios**

| | | |
|---|---|---|
| (1) | Efectivo en manos del público | |
| (2) | Efectivo en manos del sistema crediticio | |
| (3) | Depósitos en el Banco Central* | |
| (4) | Base monetaria | |
| (5) | Depósitos a la vista | |
| (6) | $M_1$ | 6 = 1 + 5 |
| (7) | Depósitos a plazo y disponibles con preaviso | |
| (8) | $M_2$ | 8 = 6 + 7 |
| (9) | Cesiones temporales, participaciones en fondos del mercado monetario y valores de renta fija | |
| (10) | Otros componentes de $M_3$ | |
| (11) | $M_3$ | 11 = 8 + 9 + 10 |

* La suma del efectivo en manos del sistema crediticio y los depósitos en el Banco Central constituyen las reservas bancarias.

1. El dinero es un **medio de cambio** generalmente aceptado por la colectividad para la realización de transacciones y la cancelación de deudas. El dinero facilita el intercambio porque elimina el trueque y, por tanto, la necesidad de que exista una doble coincidencia de deseos: con dinero no es necesario que un vendedor, digamos de videojuegos, encuentre un comprador, que además de desear comprar un videojuego a su vez venda algo que le interese al vendedor de videojuegos, digamos un libro de informática. Con el uso del dinero se reducen los costes asociados a toda transacción. De las distintas funciones del dinero ésta es la más importante.
2. El dinero se usa también como **unidad de cuenta**, entendiendo por tal aquella en la que se fijan los precios y se llevan las cuentas. Se utiliza como unidad porque sirve de medida de valor, esto es, para calcular cuánto valen los diferentes bienes y servicios.
3. El dinero además de como **activo plenamente líquido** es un **depósito de valor**. El dinero no sólo es un medio para realizar transacciones, sino también un activo financiero que sirve de depósito de valor, permite transportar valor a lo largo del tiempo. El dinero es una manera de mantener riqueza y, de hecho, tanto las familias como las empresas suelen conservar parte de sus patrimonios en forma de dinero, pues en comparación con otros activos como las acciones o el oro es relativamente menos arriesgado al tener liquidez plena.

### Los costes de la tenencia de dinero

Las funciones del dinero son tan importantes para el público que está dispuesto a incurrir en un coste por tener efectivo o cuentas corrientes completamente líquidas y poco rentables. El dinero permite realizar transacciones de una forma fácil y rápida y determinar inequívocamente el precio y a la vez constituye un fácil depósito de valor. Sin embargo, estos servicios no son gratuitos. El **coste de oportunidad de mantener dinero** son los intereses que debemos sacrificar para tener dinero líquido en lugar de activos o inversiones menos líquidas o más arriesgadas, pero que generarían un tipo de interés más elevado.

> El **coste de oportunidad de tener dinero** son los intereses sacrificados por tener dinero en lugar de un activo o una inversión menos líquida o más arriesgada.

En este sentido debemos recordar que el **tipo de interés** se define como la cantidad de interés pagada por unidad de tiempo expresada en porcentaje de la cantidad recibida en préstamo. En otras palabras, los individuos deben pagar por la posibilidad de pedir dinero prestado y el coste de obtener dinero en préstamo, expresado en euros anuales por cada euro prestado, es el tipo de interés[1].

El concepto de tipo de interés como coste de oportunidad de mantener dinero líquido es importante, pues el análisis que vamos a realizar de la demanda de dinero se basa en esencia en la disyuntiva que se plantea entre las ventajas de tener más dinero contra los costes en términos de intereses perdidos y los inconvenientes ligados a encontrarse sin liquidez en un determinado momento.

## 3.3.2 Los motivos por los que se demanda dinero

El público demanda dinero para hacer frente a determinados gastos y mantiene una parte de su riqueza en forma de dinero debido a su poder adquisitivo, esto es, por la cantidad de bienes que puede comprar con él. Por ello, decimos que la demanda de dinero es una **demanda de saldos reales**.

> Se considera **saldos reales** al valor de las posesiones de dinero medido en función de su poder adquisitivo.

Al público no le interesa el número de billetes y monedas que posee, sino la cantidad de bienes que con ellos

**Cuadro Economía Aplicada I**

**Evolución de los tipos de interés a largo plazo reales**

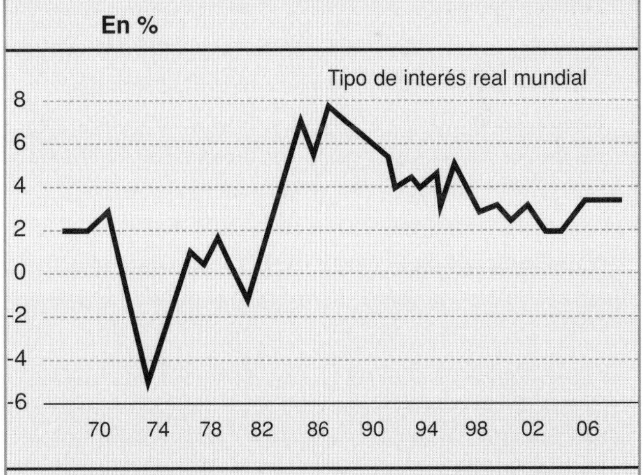


Fuente: FMI.

[1] Si una persona coloca 2.000 euros en una cuenta de ahorro en su banco (esto es, le presta al banco 2.000 euros), a un tipo de interés del 4 por 100 anual, al final del año el banco le pagará 80 euros en intereses, de forma que ahora tendrá 2.080 euros. Si hubiera decidido mantener esos euros en efectivo y no los hubiera gastado, al final del año seguiría teniendo 2.000 euros, pues el efectivo tiene un tipo de interés nulo. Así, en este caso el coste de oportunidad de haber mantenido dinero líquido son los 80 euros de interés que hubiera podido obtener en la cuenta de ahorro.

puede adquirir. Las implicaciones de esta afirmación se pueden concretar en dos puntos: 1) Que la demanda real[2] de dinero no cambia si variando el nivel de precios no se altera ninguna variable real. 2) Que la demanda real de dinero varía en proporción inversa al cambio en el nivel de precios, si con éste se alteran las variables reales.

Estas implicaciones suponen que la conducta racional de los individuos está libre de la **ilusión monetaria**[3], ya que una variación del nivel de precios, manteniéndose todas las demás variables reales constantes, no altera su conducta real, incluida la demanda de dinero. Por el contrario, diremos que una persona padece ilusión monetaria cuando su conducta real se altera cuando cambia el nivel de precios, no alterándose ninguna de las variables reales.

### Demanda para transacciones[4]

Los individuos y las empresas utilizan el dinero para realizar sus transacciones: los hogares lo necesitan para comprar bienes y servicios y las empresas para pagar las materias primas y el trabajo constituyendo lo que se conoce como **demanda para transacciones**.

La variable principal que influye sobre la demanda de dinero por el motivo de transacción es la **renta real**: cuanto mayor sea la renta del individuo mayores serán sus compras y mayor su demanda de saldos reales, es decir, el dinero que se va a utilizar como medio de cambio.

> La **demanda de dinero** se debe fundamentalmente a la necesidad de tener un medio de cambio, es decir, a la demanda para transacciones. Tenemos efectivo y cuentas corrientes para comprar bienes y pagar las facturas. Cuando se incrementa la renta y el valor monetario de los bienes que compramos y, por tanto, necesitamos más dinero para transacciones, demandamos más dinero.

Ya hemos señalado cómo varía la demanda de dinero cuando se altera la renta, pero ¿qué ocurre cuando varían los **tipos de interés**? Si suben los tipos de interés y se mantiene constante todo lo demás, la cantidad demandada de dinero disminuye (Nota Complementaria 3.1). En este sentido puede afirmarse que si bien los saldos bancarios medios de los hogares no se muestran muy sensibles a las alteraciones de los tipos de interés, en el caso de las empresas la sensibilidad es mucho mayor. Es frecuente que las empresas lleven a cabo una gestión muy afinada de su tesorería y cuando suben los tipos de interés procuran tener unos saldos de caja lo más pequeños posibles.

> La **demanda de dinero para transacciones** también es sensible al coste de oportunidad de mantener dinero. Cuando los tipos de interés de otros activos suben en relación con el de éste, los individuos y las empresas tienden a reducir sus saldos monetarios.

### Demanda como activo

El dinero, además de ser un medio de cambio, es un depósito de valor y, como tal, da origen a una demanda de dinero como activo financiero al decidir el agente mantener una cartera de activos financieros diversificada. Este motivo para demandar dinero se debe a que ante una gran incertidumbre el **dinero plenamente líquido** es el activo más seguro; por esta razón, también se llama demanda de dinero por motivo de **preferencia por la liquidez.**

> En momentos de incertidumbre el **dinero plenamente líquido** es el activo más seguro y por ello se demanda.

Los individuos, al actuar como inversores, cabe pensar que desearán tener los activos que generen los mayores rendimientos. Pero, dado que el rendimiento de la mayoría de los activos es incierto, no es aconsejable tener toda la cartera en un único activo de alto rendimiento y elevado riesgo. La incertidumbre sobre los rendimientos de los activos de alto riesgo aconseja adoptar una estrategia de diversificación de la cartera. En este sentido, el inversor representativo decidirá tener parte de su cartera en activos seguros para reducir el riesgo de experimentar pérdidas de capital que le puedan generar otros cuyos precios varíen de una manera incierta y, lógicamente, entre los activos seguros se encuentra el dinero. Precisamente la **economía financiera** estudia cómo deben invertir los inversores sus fondos para alcanzar sus objetivos de la mejor manera posible.

> El público a veces tiene **dinero como activo** o depósito de valor, si bien la economía financiera muestra que el dinero en sentido estricto no debería formar parte de una cartera bien diseñada, pues hay otros activos igualmente seguros que tienen mayores rendimientos.

---

2 La demanda real de dinero es la demanda de dinero expresada en el número de unidades de bienes que pueden comprarse con él, y es igual a la demanda nominal dividida por el nivel de precios.

3 Un trabajador actuaría bajo ilusión monetaria si solamente se fijara en la subida de los salarios nominales y no en los salarios reales. En caso contrario, es decir, si tiene en cuenta las alteraciones de los salarios reales, no actuaría bajo ilusión monetaria.

4 Hasta la aparición de la *Teoría General*, de J. M. Keynes, en 1936, los motivos «clásicos» para demandar dinero eran dos: **precaución y transacción**. La innovación de Keynes en el mercado de dinero fue incorporar un nuevo motivo de demanda de dinero, la **especulación**, siendo en su opinión el de mayor importancia. Por ello, a partir de Keynes, se pueden aducir tres motivos para demandar dinero: 1) Para realizar transacciones. 2) Como precaución. 3) Para especular. De estos tres motivos nos vamos a centrar en los dos que conceptual y empíricamente tienen más relevancia: en la demanda de transacciones y en la demanda de dinero como activo plenamente líquido o demanda especulativa de dinero o preferencia por la liquidez.

## Nota Complementaria 3.1 - La riqueza y la demanda de dinero y la demanda de bonos

Supongamos que los individuos tan sólo pueden asignar su riqueza en dos activos financieros: dinero y bonos. El dinero es un activo líquido por el que no se cobra interés, mientras que los **bonos** constituyen un activo menos líquido que paga un tipo de interés, que denotaremos por la letra «*i*». Dado que los bonos son el único activo rentable, tan sólo hay un tipo de interés que es el que pagan los bonos.

Cuando hay muchos activos, los tipos de interés difieren dependiendo del riesgo y de la liquidez, pero si no hay más que dos opciones, la riqueza real debe ser la suma de la demanda real de dinero y la demanda real de bonos.

$$\text{Riqueza real} = \text{Demanda real de dinero} + \text{Demanda real de bonos} \qquad [1]$$

De la anterior expresión se deduce que si disminuye la demanda de dinero, aumenta la demanda de bonos, esto es, los sujetos deciden comprar bonos con una parte adicional de su dinero prestándole el dinero a la entidad que emitió los bonos. Por el contrario, si aumenta la demanda de dinero, disminuye la demanda de bonos, esto es, los individuos decidirían vender una parte de sus bonos a cambio de dinero.

Si la riqueza real únicamente está integrada por dinero y bonos resulta que:

Si aumenta la demanda de dinero → disminuye la demanda de bonos

Si disminuye la demanda de dinero → aumenta la demanda de bonos

En estas condiciones si aumenta el tipo de interés, los individuos perciben que ahora resulta más caro mantener el dinero, ya que su coste de oportunidad es más elevado. Por ello, reducirán su demanda de dinero y aumentarán la demanda de bonos. Por consiguiente, si tomamos la demanda de dinero agregada de todos los individuos, ésta será decreciente con el tipo de interés. Esto es, la demanda de dinero dependerá inversamente del tipo de interés. Al aumentar el tipo de interés la demanda de dinero disminuye y viceversa. Por tanto, la **curva de demanda de dinero** será decreciente con el tipo de interés.

Dado que hemos considerado que sólo hay dinero y bonos, cuando el tipo de interés es alto, los individuos demandan poco dinero, esto es, la demanda de bonos es elevada. Por el contrario, cuando el tipo de interés es bajo, la demanda de dinero es elevada y por tanto la demanda de bonos es reducida.

Bajo este enfoque, un aumento del rendimiento esperado de otros activos, digamos del tipo de interés esperado de los bonos, reduce la demanda de dinero. Por el contrario, si el tipo de interés es bajo, el público estará más dispuesto a inmovilizar una parte de su patrimonio en forma de dinero. De hecho, si el tipo de interés es muy bajo, el público puede desear no tener bonos, pues la tenencia de bonos implica un riesgo muy elevado de que se produzca una *pérdida de capital* cuando los tipos de interés situados en un nivel anormalmente bajo se eleven[5]. En otras palabras, si los tipos actuales de interés son muy bajos, es de esperar que aumenten en el futuro y cuando esto ocurra los precios de los bonos descenderán, ocasionando a los tenedores de bonos una pérdida de capital.

Si se acepta esta posibilidad[6] la relación inversa entre el tipo de interés y la demanda de dinero generaría una curva con pendiente negativa hasta un determinado nivel mínimo del tipo de interés, el de la **trampa de la liquidez** (Capítulo 4), situación en la que el público está dispuesto a mantener cualquier cantidad de dinero que se ofrezca, lo que implica que para ese nivel del tipo de interés la curva de demanda de dinero sea horizontal.

### La demanda total de dinero

En términos gráficos, la **demanda de dinero total** aparece recogida en la Figura 3.1, para un determinado nivel de renta, y resulta de agregar las demandas generadas por los motivos analizados, ponderadas según el peso relativo de cada una de ellas.

Alteraciones en sentido inverso en la cantidad demandada de dinero. Estas variaciones originan *movimientos a lo largo de la curva*, pero no la desplazan. Aumentos en la demanda de dinero por cualquiera de los motivos mencionados *trasladan* la curva total de demanda de dinero hacia la derecha y disminuciones hacia la izquierda.

Si la demanda de dinero está expresada en términos monetarios, un aumento de la renta nominal desplaza hacia la derecha la curva global de demanda de dinero, ya que

[5] Para hacer explícita la relación entre el precio de los bonos y el tipo de interés de mercado, supongamos que se trata de un bono que genere un cupón constante *c*, que se paga por período, que el valor nominal del bono es *N*, que el tipo de interés nominal del bono es *i*, y que el precio del bono es $P_B$. De esta forma, el precio del bono vendrá dado por la siguiente expresión:

$$P_B = \frac{c}{1+i} + \frac{c}{(1+i)^2} + \ldots + \frac{c+N}{(1+i)^n}$$

de donde se infiere que el precio del bono $P_B$ y el tipo de interés están relacionados inversamente.

[6] Esta posibilidad se deriva de la teoría de Keynes sobre la demanda especulativa de dinero o preferencia por la liquidez. Según esta teoría, el principal determinante de la **demanda especulativa de dinero** son las expectativas de variaciones en el potencial generador de renta de los activos financieros no monetarios. Cuanto mayor sea el potencial generador de renta, menos será la demanda de dinero.

### Nota Complementaria 3.2 - El precio de los bonos, el tipo de interés y la demanda de dinero

Vamos a suponer que el único activo alternativo al dinero fuesen los bonos a largo plazo, es decir, un título o valor a perpetuidad que no tiene fecha de vencimiento y que nunca se amortiza. Cada bono representa el compromiso por parte del Gobierno de pagar, digamos 80 euros por año, a perpetuidad. Como sucede con otros títulos, los bonos a perpetuidad pueden ser vendidos por sus propietarios. Un comprador que desee pagar 1.000 euros por dicha perpetuidad obtendrá una tasa de interés o un rendimiento del 8 por 100. Pero si el precio baja y lo puede obtener por 800 euros, el pago de 80 euros al año daría un rendimiento del 10 por 100. Vemos cómo una reducción del precio de un título significa una elevación en el rendimiento. Por el contrario, si el precio de compra hubiese aumentado y fuese de 1.200 euros, el rendimiento descendería y sería del 6,6 por 100. En definitiva, los precios de los bonos y, en general, de los títulos y los rendimientos o tasas de interés se mueven en direcciones opuestas. Un incremento en el precio de los bonos equivale a decir que la tasa de rendimiento de los bonos ha caído. Igualmente, un descenso en el precio de los títulos implica un aumento en su tasa de rendimiento.

Si el tipo de interés es alto, se procurará mantener la menor cantidad posible de riqueza en dinero, pues su coste de oportunidad es elevado. Por el contrario, si el tipo de interés es bajo, no valdrá la pena ajustar las tenencias de dinero. En otras palabras, el comportamiento racional de las familias y de las empresas determinará que las tenencias de dinero se reduzcan a medida que el tipo de interés aumente y que se incrementen cuando el tipo de interés se reduzca.

la renta nominal influye en la demanda de dinero por transacción. Disminuciones de la renta nominal desplazan la curva hacia la izquierda.

**Figura 3.1 - Demanda global de dinero**

La demanda global de dinero en términos reales $L$ es una agregación ponderada de las demandas de dinero convencionales, y depende inversamente del tipo de interés y directamente de la renta.

## 3.4 Los bancos y la creación de dinero

El dinero bancario y muchos otros servicios financieros son suministrados por los **intermediarios financieros**, esto es, instituciones como los bancos comerciales que aceptan depósitos o fondos de los hogares y empresas, los ahorradores, y se los prestan a otros hogares y a las empresas.

> Los **intermediarios financieros** transfieren fondos de los prestamistas a los prestatarios y de esta forma crean activos financieros, como las cuentas corrientes (depósitos a la vista), esto es, el dinero bancario.

Los bancos comerciales, junto con las cajas de ahorro y otras instituciones financieras[7] (véase Apéndice a este capítulo), detentan las cuentas corrientes o depósitos que son el componente del dinero bancario de la oferta monetaria o $M_1$. Los bancos transfieren fondos de los prestamistas a los prestatarios y de esta forma crean activos financieros, como, por ejemplo, las cuentas corrientes o depósitos.

### El origen del negocio bancario

Antes se ha señalado que cuando los orfebres se percataron de que tenían una considerable cantidad de oro ociosa sin obtener de ella ningún rendimiento, pues los pagos diarios no representaban por término medio más que un pequeño porcentaje de la cantidad de oro depositada, empezaron a conceder préstamos con parte de esta cantidad inutilizada de dinero.

De esta forma se inició el sistema moderno de *reservas* de los **bancos comerciales**, por el cual guardan en sus cajas como reservas solamente una fracción de los fondos que tienen depositados.

> Los **bancos comerciales** son instituciones financieras que tienen autorización para aceptar depósitos y para conceder créditos. Sus reservas son activos disponibles inmediatamente para satisfacer los derechos de los depositantes de los bancos. El coeficiente de caja o de reservas es el cociente entre las reservas y los depósitos.

En el sistema actual, las reservas están integradas por efectivo en la caja de los bancos y los depósitos de los bancos en el banco central. Los bancos deben guardar parte de sus depósitos en efectivo y en depósitos en el banco central, por dos razones: 1) para hacer frente a la retirada de depó-

[7] A partir de ahora, a los intermediarios financieros que pueden aceptar depósitos vamos a denominarlos genéricamente bancos comerciales.

sitos por parte de sus clientes, y 2) porque las autoridades monetarias lo exigen. Estas **reservas**, a las que en la literatura económica se las suele denominar *encaje*, activos de caja o activos líquidos, tienen la particularidad de que no forman parte del *stock* de dinero de un país.

> Las **reservas** son activos que poseen los bancos en forma de efectivo o de fondos depositados en el banco central. Los bancos mantienen algunas reservas para hacer frente a las necesidades financieras diarias, pero la mayor parte tienen por objeto cumplir los requisitos legales de reservas.

La proporción de los depósitos que los bancos deben guardar en forma de activos líquidos o reservas se denomina **coeficiente de caja, de reservas** o **encaje**, y su justificación radica en tratar de garantizar la liquidez de los depósitos, es decir, su capacidad para convertirse en efectivo.

### Los bancos y la creación de dinero

Si los bancos, como cualquier otra empresa, persiguen la obtención de beneficios, tratarán de prestar los fondos que reciben de forma tal que la diferencia entre los ingresos que obtienen y los costes en que incurren sea lo mayor posible. Los ingresos los obtendrán de los activos rentables, esto es, básicamente de los intereses que cobran por los créditos y préstamos concedidos y por los valores mobiliarios que poseen. Los costes de los bancos se derivan, sobre todo, de los intereses pagados por los fondos recibidos, es decir, depósitos de clientes y préstamos del Banco de España, y de los gastos de intermediación (amortizaciones, sueldos, salarios y demás costes de gestión). La diferencia entre los ingresos y los costes da lugar a los beneficios. Un esquema de las operaciones realizadas por un banco se refleja en el balance tipo (Cuadro 3.2).

> Un **balance** es una experiencia contable de la posición financiera de una empresa en un momento determinado. El **activo** indica lo que posee y el pasivo lo que debe.

### Los bancos y la creación de dinero bancario

Vamos a explicar el proceso de creación de dinero por parte de los bancos. El *encaje, coeficiente de caja* o de *reservas* no sólo es una garantía de liquidez, sino que desempeña un papel muy importante en dicho proceso. Supongamos que el Banco de España, para hacer frente a un determinado pago, pone en circulación un billete de 1.000 euros. Suponemos que el destinatario del pago, esto es, el propietario del dinero, ingresa el billete en un banco, el banco 1. El banco inicialmente se encontrará con un nuevo depósito de 1.000 euros y

**Cuadro 3.2 - Balance de un banco comercial**

| ACTIVO (usos de los recursos) | PASIVO (fuentes de financiación) |
|---|---|
| **Reservas:** | **Depósitos:** |
| (Efectivo y depósitos en el banco central) | (A la vista, de ahorro y a plazo) |
| **Activos rentables:** | **Préstamos del banco central** |
| (Créditos y préstamos, valores públicos y privados) | (Y de intermediarios financieros bancarios) |
| **Otras cuentas** | **Fondos propios** |
| | **Otras cuentas** |

también con unas reservas adicionales de 1.000 euros (Cuadro 3.3a).

En la **posición inicial** los depósitos están respaldados por las reservas al 100 por 100. En esta situación no es posible crear dinero a partir de nuevas reservas. Un sistema de reservas al 100 por 100 produce un efecto neutral en el dinero y en la macroeconomía porque no afecta a la **oferta monetaria**.

Supongamos que el coeficiente de caja o de reservas es del 20 por 100 y que el banco lo cumple estrictamente. De esta forma, con el 80 por 100 restante (800 euros) el banco concede un préstamo a una determinada empresa y supongamos que ésta retira el dinero, pues lo empleará en efectuar unos pagos. La posición final del banco 1 es la recogida en el Cuadro 3.3b. Los que reciben el dinero trabajan con otro u otros bancos y en ellos lo depositan íntegramente.

Cuando el banco 1 ha prestado 800 euros y mantiene 200 euros de reservas (Cuadro 3.3b) hay 800 euros de depósitos en otra cuenta (en la cuenta de la persona que recibió los 800 euros) de forma que la cantidad total de dinero ahora es de 1.800 euros. Así pues, el banco 1 ha creado 800 euros de nuevo dinero y por tanto la cantidad de dinero en circulación, *M*, se ha incrementado en 800 euros.

### La puesta en marcha de la cadena de expansión

Una vez que los 800 euros abandonen el banco 1 que los creó y se depositan en otro banco se pone en marcha una cadena de expansión mediante la cual se crea dinero bancario.

Los bancos que reciben los 800 euros son los denominamos «bancos de la segunda generación». Inicialmente, los bancos de la segunda generación se encontrarán con 800 euros de depósito y también 800 euros de reservas (Cuadro 3.4a). Transcurrido un tiempo, lograrán quedarse sólo con las reservas exigidas. Esto es, los bancos de la segunda gene-

**Cuadro 3.3 - Banco I u original [*]**

| a) Banco 1 | | | | b) Banco 1 | | | |
|---|---|---|---|---|---|---|---|
| Activo (*) | | Pasivo (*) | | Activo (*) | | Pasivo (*) | |
| Reservas | 1.000 | Depósitos | 1.000 | Reservas | 200 | Depósitos | 1.000 |
| Préstamos | 1.000 | Total | 1.000 | Préstamos | 800 | | |
| | | | | Total | 1.000 | Total | 1.000 |

(*) euros.

ración actuarán como lo hizo el banco 1 y destinarán el 20 por 100 de los 800 euros a reservas, es decir, 160 euros, y los 640 restantes los prestarán. En este momento los 1.000 euros originales se han convertido en 2.440 euros; 1.800 euros (1.000 euros + 800 euros) en forma de depósitos y 640 euros en forma de líquido disponible. Una vez que estos 640 euros se presten, el que los reciba, probablemente, los depositará en otro u otros bancos, digamos los bancos de «tercera generación», de forma que el proceso continuará. Por su parte, estos bancos también retendrán en forma de reservas el 20 por 100 de los 640 euros que han recibido en forma de depósitos, y estarán dispuestos a prestar el resto. Al final desde la segunda etapa los 1.000 euros iniciales se han convertido en 2.440 euros, por tanto, la cantidad de dinero se ha incrementado en 1.440 euros.

Este **proceso expansión** continuará en la forma que acabamos de describir hasta que se preste todo el exceso de reservas. Los aumentos de la cantidad de dinero en las sucesivas etapas son cada vez menores y se irán reduciendo hasta desaparecer. En cualquier caso, lo relevante es preguntarse cuál será el efecto final sobre la cantidad de dinero (Cuadro 3.5).

### La posición de equilibrio final del sistema bancario

En términos aritméticos, el proceso seguido y el resultado final del proceso aparecen recogidos en el Cuadro 3.5. Como puede observarse, el total de los nuevos depósitos (1.000 euros + 800 euros + 640 euros + ...) es 5.000 euros.

El proceso de creación de depósitos finalizará cuando ningún banco en el sistema tenga reservas por encima del 20 por 100 requerido. En nuestro ejemplo, el sistema bancario alcanzará una posición de equilibrio cuando los 1.000 euros de reservas se empleen íntegramente como las reservas requeridas en relación con los nuevos depósitos. En otras palabras, el sistema bancario estará en equilibrio cuando el 20 por 100 de los nuevos depósitos sea exactamente igual a las nuevas reservas, esto es, a los 1.000 euros. Esta situación se alcanzará cuando los nuevos depósitos sean 5.000 euros.

> El **proceso de expansión múltiple de los depósitos bancarios** consta de dos partes: 1ª) el banco central determina la cantidad de reservas que deben mantener los bancos comerciales, y 2ª) tomando estas reservas como punto de partida, el sistema bancario las transforma en una cantidad mucho mayor de dinero bancario.

En términos del balance consolidado de todos los bancos (Cuadro 3.6), se observa que si los depósitos no fuesen 5.000 euros, no se alcanzaría el 20 por 100 correspondiente al coeficiente de caja o de reservas y, en consecuencia, no se estaría en equilibrio. Los depósitos tienen que ser tales que el 20 por 100 de éstos sean los 1.000 euros de nuevas reservas.

### El multiplicador del dinero bancario

El efecto final del proceso de creación de dinero podemos analizarlo algebraicamente. Para ello, fijémonos en la cadena de valores constituida por los depósitos y calculemos **el multiplicador del dinero bancario**.

**Cuadro 3.4 - Bancos de la segunda generación**

| a) Bancos 2.ª Generación posición inicial | | | | b) Bancos 2.ª Generación posición inicial | | | |
|---|---|---|---|---|---|---|---|
| Activo (*) | | Pasivo (*) | | Activo (*) | | Pasivo (*) | |
| Reservas | 800 | Depósitos | 800 | Reservas | 160 | Depósitos | 800 |
| Préstamos | 800 | Total | 800 | Préstamos | 640 | | |
| | | | | Total | 800 | Total | 800 |

(*) euros.

**Cuadro 3.5 - Expansión múltiple de los depósitos bancarios a través del sistema bancario***

| Posición del banco | Nuevos depósitos | Nuevos préstamos | Nuevas reservas |
|---|---|---|---|
| Banco original | 1.000 | 800 | 200 |
| Bancos 2.ª generación | 800 | 640 | 160 |
| Bancos 3.ª generación | 640 | 512 | 128 |
| Bancos 4.ª generación | 512 | 410 | 102 |
| Bancos 5.ª generación | 410 | 328 | 82 |
| • Suma de las 5 primeras generaciones de bancos | 3.362 | 2.690 | 672 |
| • Suma de las restantes generaciones de bancos | 1.638 | 1.310 | 328 |
| • **Total para el conjunto del sistema bancario** | **5.000** | **4.000** | **1.000** |

* Todas las cifras, en euros.

El **multiplicador del dinero bancario** es igual al cociente entre los nuevos depósitos y el aumento de las reservas.

Estos números forman una progresión geométrica. Cada valor es igual al 80 por 100 del precedente, pues recuérdese que las reservas eran el 20 por 100 y el resto era lo que se prestaba y posteriormente volvía al sistema bancario en forma de depósitos. Teniendo en cuenta este hecho, la serie formada por los depósitos la podemos escribir como sigue:

$$\text{Nuevos depósitos} = \\ = 1.000 \text{ euros} + 800 \text{ euros} + 640 \text{ euros} + 512 \text{ euros} + \ldots = \\ = 1.000 \text{ euros } (1 + 0{,}8 + 0{,}8^2 + 0{,}8^3 + \ldots)$$

Entre paréntesis aparece la suma de los términos de una progresión geométrica de razón 0,8, por lo que la anterior expresión puede quedar recogida de esta forma:

$$\text{Nuevos depósitos} = \\ = 1.000 \text{ euros} \left(\frac{1}{1-0{,}8}\right) = 1.000 \text{ euros} \left(\frac{1}{0{,}2}\right) = 5.000 \text{ euros}$$

La suma de los términos de la progresión geométrica formada por los depósitos constituye el **multiplicador del dinero bancario.** Este multiplicador del dinero bancario es el *cociente entre los nuevos depósitos y el incremento de las reservas*, o, como se indica a continuación, *la unidad dividida entre el coeficiente de caja o de reservas*. Así pues, el multiplicador del dinero bancario o más concretamente de la oferta monetaria, *M*, ya que ésta es igual al efectivo más el dinero bancario, se expresa como sigue:

$$\text{Multiplicador del dinero bancario} = \\ = \frac{1}{\text{Coeficiente de caja o de reservas}} = \frac{\text{Nuevos depósitos}}{\text{Incremento de reservas}} = \\ = \frac{5.000 \text{ euros}}{1.000 \text{ euros}} = 5$$

Se observa, pues, cómo, debido a la actuación de este proceso multiplicador puesto en marcha por los bancos, los 1.000 euros originales han dado lugar a 5.000 euros de depósitos o dinero bancario, pues el mínimo de reservas exigido era el 20 por 100.

La fórmula del multiplicador, como la inversa del coeficiente de caja o de reservas, tiene sentido. Si un banco tiene 1.000 euros de depósitos, un coeficiente de caja o de reservas de 1/5 (20 por 100) significa que el banco debe tener 200 euros de reservas. El multiplicador del dinero

**Cuadro 3.6 - Balance consolidado final del sistema bancario [*]**

En euros

| Activo (*) | | Pasivo (*) | |
|---|---|---|---|
| Reservas | 1.000 | Depósitos | 5.000 |
| Préstamos | 4.000 | | |
| Total | 5.000 | Total | 5.000 |

(*) La actuación conjunta de todos los bancos hace que los depósitos y, por tanto, la cantidad de dinero acabe incrementándose en un múltiplo de la inyección original de reservas.

simplemente da la vuelta a esta idea: si el sistema bancario tiene un total de 200 euros de reservas, sólo pueden tener 1.000 euros de depósitos. En otras palabras, si $w$ es el cociente entre las reservas y los depósitos de cada banco, es decir, el **coeficiente de caja o de reservas**, el cociente entre los depósitos y las reservas del sistema bancario, es decir, el multiplicador del dinero debe ser $1/w$.

La fórmula del multiplicador también nos dice que cuanto mayor es el coeficiente de caja o de reservas, menor es la cantidad de cada depósito que prestan los bancos y menor es el multiplicador del dinero. Así, si el coeficiente de caja o de reservas es l/10 (10 por 100) el multiplicador sería 10. En el caso especial en que las reservas es 1, el multiplicador 1 y los bancos no crearían dinero, pues no concederían préstamos.

Los bancos pueden expandir el volumen de depósitos bancarios mediante el proceso de **expansión múltiple de los depósitos bancarios** por medio de la concesión de nuevos créditos. La explicación del proceso radica en que los bancos mantienen como liquidez sólo un porcentaje de los depósitos.

El proceso estudiado se denomina de creación porque el dinero aparece cuando el banco concede un nuevo préstamo. Los **procesos de creación de dinero** y de **expansión del crédito** coinciden, siendo éste la contrapartida de aquél: la expansión de la cantidad de reservas a la cantidad total de dinero $M$.

# Apéndice 3.A
# EL SISTEMA FINANCIERO ESPAÑOL

Las instituciones que integran el mercado financiero español se agrupan en dos grandes categorías: **intermediarios financieros bancarios** y **no bancarios**.

## 3.A.1 Intermediarios financieros bancarios

Los **intermediarios financieros bancarios** son: el Banco de España, la banca privada, las cajas de ahorro y las cooperativas de crédito.

Estos intermediarios, que forman el sistema bancario, crean dinero al conceder préstamos por una cantidad superior a las reservas totales.

El sistema bancario modifica la oferta monetaria, es decir, la cantidad de poder adquisitivo existente para comprar bienes y servicios, y este gasto hace que aumente la demanda agregada.

> Los **intermediarios bancarios**, al crear dinero, aumentan la demanda agregada e influyen en la actividad económica.

Como se recordará, la renta fluye, a través de las empresas, de los mercados de productos a los mercados de factores, y vuelve a los consumidores en forma de renta disponible. En un principio, la parte que se destina al ahorro sale (se filtra) del flujo circular de la renta, pero posteriormente se reintegra al mismo gracias a la mediación de los bancos.

Así, el sistema bancario pone en contacto el ahorro de las economías domésticas y la demanda originada por los consumidores y las inversiones de las empresas. La clave está en que los bancos no se dedican a atesorar el dinero de sus depositarios, sino que lo canalizan hacia los que demandan fondos, a través de préstamos y créditos.

### Esquema 3.A.1 - El sistema financiero español

**Intermediarios financieros**

- **Intermediarios que crean dinero** (Sistema bancario / Sistema monetario / Sistema crediticio / Sistema financiero)
  - Banco de España
  - Banca privada
  - Cajas de ahorro
    - Cajas confederadas
    - Confederación Española de Cajas de Ahorros
  - Otras instituciones crediticias
    - Cooperativas de crédito
    - Cajas rurales
- **Otros intermediarios financieros** (Sistema financiero)
  - Instituto de Crédito Oficial
  - Mercado de valores
  - Otras instituciones financieras
  - Compañías de seguros
  - Sociedades de inversión colectiva
    - Fondos de inversión mobiliaria
    - Sociedades de inversión mobiliaria
  - Fondos de pensiones
  - Entidades financieras
    - De bienes de equipo
    - De descuento de papel
    - De bienes de consumo
  - *Leasing*
  - *Factoring*
  - Entidades gestoras de la Seguridad Social
  - Mutuas patronales
  - Entidades de seguros
  - Entidades de capitalización
  - Sociedades de tarjetas de crédito
  - Sociedades mediadoras del mercado de dinero
  - Sociedades de garantía recíproca

### El Banco de España

Como veremos en el capítulo siguiente, la actividad del **Banco de España**, como ocurre con todos los bancos centrales de los países integrados en la Unión Monetaria Europea, está condicionada por el Banco Central Europeo (BCE). El Banco de España es un caso atípico de intermediario financiero, pues no suele trabajar ni con particulares ni con empresas, sino que concede financiación al resto del mundo, al sector público y a otros intermediarios financieros. Al comprar divisas financia el **sector exterior,** ya que éstas son depósitos en moneda extranjera emitida por bancos de otros países. Al **sector público** lo financia concediendo créditos y adquiriendo deuda pública que luego venderá o recomprará, según las necesidades de la política monetaria. También otorga crédito a **otros intermediarios** financieros bancarios mediante créditos especiales.

Los pasivos financieros que emite el Banco de España para financiar estas inversiones son las monedas metálicas y los billetes de curso legal. Así mismo, admite depósitos de los intercambios financieros y del sector público.

### Banca privada

Los bancos, tal como se ha señalado, mantienen parte de sus fondos en efectivo y otros los destinan a conceder financiación al sector privado y al sector público. La financiación al sector público se instrumenta mediante la compra, obligatoria o voluntaria, de títulos públicos de renta fija a corto o largo plazo. Los bancos obtienen la financiación a partir de los depósitos del público y de la emisión de títulos de renta fija o variable.

### Las cajas de ahorro

Dada la actual tendencia a la universalización, que amplía cada vez más el abanico de operaciones que legalmente puede hacer cada tipo de intermediario financiero, las cajas de ahorro tienden a equipararse a los bancos. En cualquier caso, están especializadas en captar fondos de los pequeños ahorradores a través de depósitos de ahorro instrumentados mediante libretas. La relativa estabilidad de sus pasivos les permite conceder préstamos a largo plazo en mayor proporción que la banca.

### Las cooperativas de crédito y cajas rurales

Suelen estar creadas por cooperativas. Prestan su fondos al sector público, a otros intermediarios financieros, a los cooperativistas y al público en general. Por lo demás, su forma de operar es muy similar a la de los bancos y las cajas de ahorro.

## 3.A.2 Los intermediarios financieros no bancarios

De entre los intermediarios financieros no bancarios comentaremos las características más relevantes de los siguientes: el Instituto de Crédito Oficial, las compañías aseguradoras, los fondos de pensiones o mutualidades, las sociedades de inversión mobiliaria, los fondos de inversión, las sociedades de crédito hipotecario, las entidades de *leasing*, las entidades de *factoring*, las sociedades mediadoras en el mercado de dinero y las sociedades de garantía recíproca.

### El Instituto de Crédito Oficial (ICO)

El ICO es un organismo público que complementa a los intermediarios financieros privados y canaliza su financiación, generalmente a medio y largo plazo, a los sectores que se consideran prioritarios desde la perspectiva de la política económica del Gobierno. Obtiene los recursos mediante dotaciones presupuestarias o emitiendo títulos de renta fija.

### Las compañías aseguradoras

Las compañías aseguradoras (sociedades o mutuas) emiten como activo financiero específico pólizas de seguros, esto es, ofrecen determinadas indemnizaciones en el caso de que se produzca el evento asegurado. Estas compañías, en previsión de que ocurra el siniestro, han de constituir cuantiosas reservas que invierten en otros intermediarios financieros y en títulos de renta fija, tanto públicos como privados.

> Los clientes de las compañías de seguros pagan pólizas y obtienen cobertura económica ante diversos tipos de riesgos.

### Los fondos de pensiones o mutualidades

Los fondos de pensiones o mutualidades, tanto públicos como privados, tienen como misión complementar o suplir las pensiones que la Seguridad Social paga después de la jubilación. Para ello, los asociados hacen aportaciones periódicas durante toda su vida laboral activa. El período que debe transcurrir hasta que tienen que realizar sus prestaciones les permite invertir en activos a largo plazo.

Este tipo de entidades tiene una importancia relativa muy considerable en las economías occidentales. En el caso de la economía española, están llamadas a tener un desarrollo importante. De hecho, su crecimiento en los últimos años ha sido muy significativo.

### Las sociedades y los fondos de inversión mobiliaria

Las sociedades de inversión mobiliaria captan sus recursos mediante la emisión de acciones. Luego, invierten la suma obtenida en títulos de renta variable y de renta fija, que facilitan el acceso del pequeño ahorrador al mercado de valores.

**Cuadro Economía Aplicada A.1**
**Capitalización renta variable en Bolsa de Madrid**

**En miles de millones de euros**

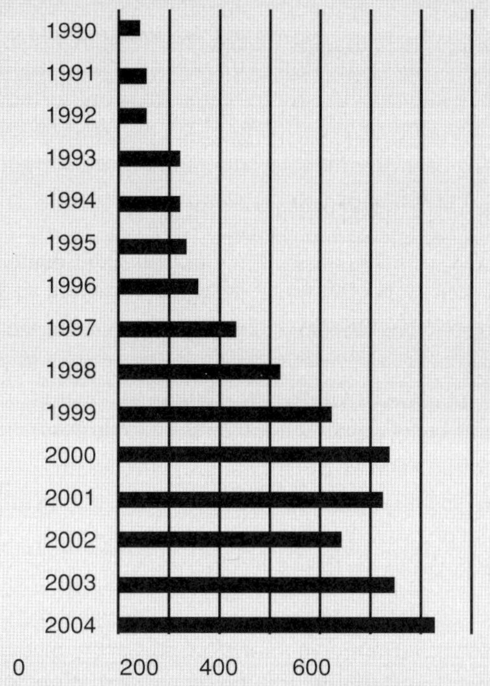


Fuente: Bolsa de Madrid.

Los fondos de inversión tienen un objeto similar al de las sociedades, pero se diferencian de éstas en que suelen revestir la forma de patrimonio sin personalidad jurídica propia. Para captar sus recursos emiten certificados de participación representativos de una parte del patrimonio, cuyo valor global fluctúa según las cotizaciones del mercado.

### Sociedades de crédito hipotecario

Estas sociedades conceden créditos hipotecarios, para lo cual obtienen sus recursos mediante depósitos a plazo o la emisión de títulos hipotecarios garantizados por su cartera de créditos (cédulas hipotecarias) o por un crédito concreto (bonos hipotecarios).

### Las entidades de leasing

Las entidades de arrendamiento financiero (*leasing*) se dedican a financiar en especie, cediendo a sus clientes bienes de equipo o inmuebles a cambio de una cuota periódica. Al término del contrato, el bien en cuestión está totalmente amortizado, por lo que, si lo desea el cliente, puede adquirirlo por una pequeña cantidad residual.

### Las entidades de factoring

Las entidades de *factoring* anticipan fondos a sus clientes a cambio de la cesión de sus deudas comerciales, cuyo cobro se gestiona y se garantiza. Se financian emitiendo títulos de renta fija y con créditos de otras instituciones.

> En España, la mayor parte de los intermediarios financieros no bancarios se encuentran vinculados, de uno u otro modo, a los intermediarios financieros bancarios. En su mayoría, son entidades dominadas, dependientes e incluso creadas directamente por bancos.

### Las sociedades mediadoras en el mercado de dinero

Estas sociedades mediadoras en el mercado de dinero están especializadas en la gestión de activos de alta liquidez, tales como pagarés del Tesoro y certificados de depósito en el Banco de España. Si se limitan a poner en contacto a compradores y vendedores, se denominan *brokers*, mientras que si compran y emiten activos financieros, se llaman *dealers*.

### Las sociedades de garantía recíproca

Las sociedades de garantía recíproca favorecen a sus asociados el acceso a la financiación, al garantizar la devolución de los créditos que éstos obtengan. Se financian esencialmente con las aportaciones de sus socios, que suelen ser pequeñas y medianas empresas. El sector público suele participar en calidad de socio protector.

## 3.A.3 El mercado de valores: la Bolsa

Otro instrumento de mediación financiera es el mercado de valores. Las empresas acuden a la Bolsa emitiendo títulos que son comprados y/o vendidos en ésta. La Bolsa es un mercado (de valores o títulos) en el que la **oferta** viene dada por las emisiones de nuevos valores y los deseos de venta de títulos ya existentes, y la **demanda** está constituida por los deseos de compra de tales valores.

En todo mercado de valores hay que distinguir entre el **mercado primario o de emisión** y el **mercado secundario o de negociación**. En el mercado primario se canaliza el ahorro hacia la inversión y se instrumenta a través de títulos y sus valores (públicos y privados). El mercado secundario tiene como finalidad potenciar el mercado primario dándole liquidez. Los que han invertido en el mercado primario pueden vender sus participaciones en el secundario sin ocasionar molestias a la actividad de las sociedades.

Por tanto, a la Bolsa acuden los ahorradores, con la intención de colocar su dinero a cambio de una determinada rentabilidad o de la posibilidad de una plusvalía, y los que, habiendo invertido ya, desean desprenderse de los valores adquiridos. Este deseo de vender puede tener varias finalidades: consolidar una plusvalía ya obtenida (cuando el precio de venta sea superior al de compra), desprenderse de una inversión poco productiva y cambiarla por otra más interesante o consolidar una pérdida ante el temor de que el precio de venta sea cada vez menor que el de compra. Aunque el objeto de la negociación es muy amplio (activos financieros, oro, metales u otros bienes), los más importantes son los activos financieros: acciones, obligaciones y efectos públicos.

En cada Bolsa se define un índice general o conjunto que, al final de cada sesión, indicará si han prevalecido los deseos de compra (aumentará el índice) o de venta (disminuirá).

Los títulos que se emiten pueden ser de **renta fija** o **renta variable**. Los de renta fija (obligaciones, bonos bancarios y deuda pública) no son sino un préstamo con promesa de devolución de la cantidad principal más una renta fija en un plazo determinado. Los valores de renta variable (acciones) carecen de la seguridad de una renta futura, pero tienen la posibilidad de un mayor rendimiento.

El papel de las expectativas de los inversores es fundamental para entender el funcionamiento de la Bolsa. La buena marcha de la economía internacional y nacional, lo que ocurra en otras Bolsas, las posibles intervenciones o actuaciones gubernamentales y la evolución de las empresas que cotizan influyen sobre los deseos de compra y venta, y generan, en su caso, efectos de autoalimentación. Importantes subidas o bajadas en los índices son fáciles de explicar a posteriori, pero rara vez son predecibles.

## La Bolsa española

En España existen cuatro Bolsas: Madrid, Barcelona, Bilbao y Valencia. Claramente, la de Madrid es la de mayor importancia en cuanto al volumen total de contratación.

La estructura de los valores negociados está constituida por los títulos de renta fija, los de renta variable y los fondos públicos. La contratación más importante en la Bolsa es la de acciones, si bien la contratación de fondos públicos ha experimentado un aumento muy significativo en los últimos años.

Una de las formas de medir la importancia que tiene la Bolsa en una economía consiste en comparar el nivel de capitalización existente en un período con el PIB.

> El nivel de **capitalización bursátil** es el valor efectivo total de los títulos cotizados en la Bolsa. Su aumento, además de las tensiones inflacionistas y el crecimiento de las cotizaciones, refleja la mayor cobertura de la Bolsa.

En este sentido, hay que tener en cuenta que el mercado bursátil español es relativamente pequeño; hay pocos valores y una avalancha de dinero puede materializarse en subidas excesivas. Además, hay muchos sectores económicos con escasa representación y la mayor parte del mercado se concentra en unos pocos sectores. El peso de los bancos es grande: sus títulos representan más de un tercio de la capitalización existente, e inciden de forma decisiva en las operaciones de las sesiones. Les siguen en importancia las compañías eléctricas y algunos servicios públicos.

**Cuadro Economía Aplicada A.II**
**PER e índice general de la Bolsa de Madrid**

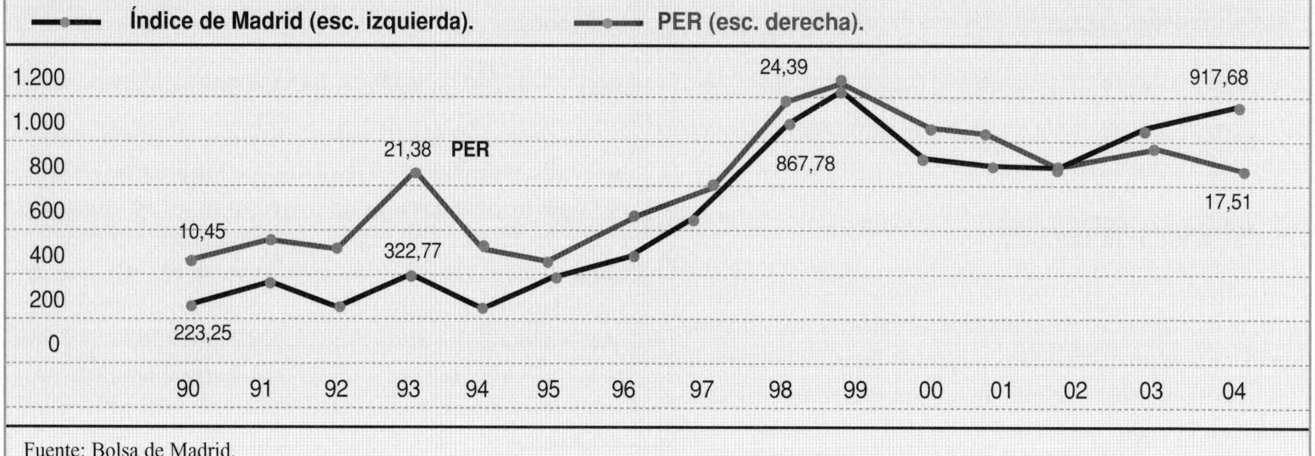


Fuente: Bolsa de Madrid.

## RESUMEN

- El **dinero mercancía** es un bien que tiene el mismo valor como unidad monetaria que como mercancía.
- El **dinero signo** es un bien que tiene un valor muy escaso como mercancía, pero que mantiene su valor como medio de cambio porque la gente tiene fe en que el emisor responderá de los pedazos de papel o de las monedas acuñadas y cuidará de que la cantidad sea limitada.
- El **dinero legal** es el dinero signo emitido por una institución que monopoliza su emisión y adopta la forma de moneda metálica o billetes. El dinero bancario son los depósitos de los bancos que son aceptados generalmente como medios de pago.
- La **cantidad de dinero u oferta monetaria** se define como la suma del efectivo en manos del público (billetes y monedas), es decir, la cantidad de dinero que poseen los individuos y las empresas más los depósitos en los bancos.
- Los **activos son líquidos** si pueden venderse rápidamente con un bajo coste y es seguro su valor monetario.
- Se considera **saldos reales** al valor de las posesiones de dinero medido en función de su poder adquisitivo.
- La demanda de dinero se debe fundamentalmente a la necesidad de tener un medio de cambio, es decir, a la demanda para transacciones. Tenemos efectivo y cuentas corrientes para comprar bienes y pagar las facturas. Cuando se incrementa la renta y el valor monetario de los bienes que compramos y, por tanto, necesitamos más dinero para transacciones, por lo que demandamos más. La demanda de dinero para transacciones también es sensible al coste de tener dinero. Cuando los tipos de interés de otros activos suben en relación con el de éste, los individuos y las empresas tienden a reducir sus saldos monetarios.
- Los **bancos comerciales** son instituciones financieras que tienen autorización para aceptar depósitos y para conceder créditos. Sus reservas son activos disponibles inmediatamente para satisfacer los derechos de los depositantes de los bancos. El coeficiente de reservas es el cociente entre las reservas y los depósitos.
- El **proceso de expansión múltiple de los depósitos bancarios** consta de dos partes: 1.ª el banco central determina la cantidad de reservas que deben mantener los bancos comerciales, y 2.ª tomando estas reservas como punto de partida, el sistema bancario las transforma en una cantidad mucho mayor de dinero bancario. El dinero en efectivo más este dinero bancario constituye la oferta monetaria.
- El **multiplicador del dinero bancario** es igual al cociente entre los nuevos depósitos y el aumento de las reservas.
- Los bancos pueden expandir el volumen de depósitos bancarios mediante el proceso de expansión múltiple de los depósitos bancarios por medio de la concesión de nuevos créditos. La explicación del proceso radica en que los bancos mantienen como reservas sólo un porcentaje de los depósitos.

## CONCEPTOS BÁSICOS

- Activos y pasivos financieros.
- Sistema financiero.
- Activos financieros primarios y activos financieros indirectos.
- Prestamistas y prestatarios.
- Mercados financieros (crediticio, de valores, monetario, de capitales, primario y secundario).
- Dinero.
- Dinero mercancía.
- Dinero fiduciario.
- Depósitos a la vista, de ahorro y a plazo.
- Dinero papel.
- Cheque.
- Oferta monetaria: $M_1$, $M_2$ y $M_3$ o disponibilidades líquidas.
- Dinero legal y dinero bancario.
- La creación del dinero bancario.
- Las reservas bancarias.
- Los intermediarios financieros: bancarios (Banco de España, banca privada, cajas de ahorros, cooperativas de crédito) y no bancarios (crédito oficial, compañías aseguradoras, fondos de pensiones, fondos de inversión, sociedades de crédito hipotecario, entidades de *leasing* o de *factoring*, sociedades mediadoras en el mercado de dinero, sociedades de garantía recíproca).

## CUESTIONES PARA LA AUTOEVALUACIÓN

1. ¿Cuál es la diferencia entre el dinero legal y el dinero bancario?
2. ¿Qué partidas monetarias comprenden los ALP?
3. ¿Cuáles son las variables que afectan a la demanda de dinero para transacciones y cómo le afectan?
4. ¿Qué es la oferta monetaria y qué factores la determinan?
5. ¿Son dinero los cheques bancarios?
6. ¿Qué intermediarios financieros crean dinero?
7. ¿Cuál es la diferencia entre el mercado primario y el secundario en el mercado de valores?

## EJERCICIOS Y APLICACIONES

1. Si los bancos tuvieran que mantener el 100 por 100 de los depósitos como reservas bancarias, ¿podrían crear dinero?
2. ¿Cuál es la diferencia entre el efectivo en manos del público y los activos líquidos en manos del público?
3. ¿Cuál es el activo de mayor liquidez?
4. ¿Cuándo decimos que los individuos actúan con «ilusión monetaria»?
5. Si aumenta el tipo de interés, ¿qué le ocurrirá a la demanda de dinero?
6. Con los datos de depósitos del Cuadro 3.6, calcule el multiplicador del dinero bancario si las reservas se redujeran al 10 por 100 de los depósitos.
7. Si compro un coche a una empresa que me lo cede a cambio de una cuota periódica durante un período de tiempo determinado, ¿con qué tipo de intermediarios financieros estoy realizando la operación?
8. Indique cuál de los siguientes agentes es un demandante de recursos financieros:

   a) Un banco.

   b) David acaba de montar un pequeño hotel, por lo que ha pedido al banco un crédito a 5 años.

   c) Marta tiene abierta una cuenta de ahorro.

   d) Todos, pues todo el mundo desea tener más dinero.
9. En situaciones de inflación el poder de compra del dinero:

   a) Aumenta.

   b) Disminuye.

   c) Permanece constante.

   d) No hay ninguna relación entre estas variables.
10. Si suben los tipos de interés y se mantiene constante todo lo demás, el coste de oportunidad de mantener el dinero líquido:

    a) Aumenta.

    b) Disminuye.

    c) Permanece constante.

    d) No son variables relacionadas.

CAPÍTULO 4

# EL BANCO CENTRAL, EL EQUILIBRIO DEL MERCADO DE DINERO Y LA POLÍTICA MONETARIA

## INTRODUCCIÓN

Las autoridades económicas, a través de los bancos centrales, controlan la cantidad de dinero y de esta forma determinan el nivel de los tipos de interés a corto plazo, e inciden en la producción y el empleo.

El objetivo fundamental del banco central es procurar la estabilidad de los precios a la vez que propiciar un crecimiento sostenido de la producción y del empelo, en un contexto financiero ordenado y eficiente.

En el caso de la economía española, el Banco de España actúa en el contexto del Banco Central Europeo y no está sometido a instrucciones del Gobierno en materia de política monetaria.

## 4.1 El Banco de España y el Banco Central Europeo (BCE)

En los países integrados en la Unión Monetaria Europea las tareas del Banco Central están condicionadas por el **Sistema Europeo de Bancos Centrales** (SEBC) y por el Banco Central Europeo (BCE). En España, el **Banco Central** es el Banco de España, que es un organismo autónomo con funciones relevantes en temas de política monetaria, y actúa como instrumento del BCE.

> El **Banco Central** de un país es la institución encargada de supervisar el sistema bancario y de regular la cantidad de dinero que hay en la economía.

Las funciones que tienen encomendadas el Banco de España son de dos tipos; unas específicas y otras como entidad integrada en el SEBC.

Las *funciones específicas* más importantes *del Banco de España* son las siguientes:

- Guardar y gestionar reservas de divisas y metales preciosos que no se hayan transferido al Banco Europeo.
- Supervisar el funcionamiento de las entidades de crédito y de los mercados financieros.
- Promover el buen funcionamiento del sistema financiero.
- Poner en circulación la moneda metálica.
- Elaborar y publicar informes y estadísticas relacionados con sus funciones.
- Ser el Banco del Estado. Realiza, entre otras, las funciones de tesorería y de servicios financieros de la deuda pública.
- Asesorar al Gobierno.

> El **Banco de España** es la autoridad monetaria y regula la actividad financiera del país. El Banco de España actúa como miembro del Sistema Europeo de Bancos Centrales.

Las *funciones* más relevantes *como miembro integrante del SEBC* son:

- Definir y ejecutar la política monetaria. Ésta se concreta en el control de la oferta monetaria y de la estabilidad de los precios.
- Realizar las operaciones de cambio de divisas.
- Promover el buen funcionamiento del sistema de pagos.
- Emitir los billetes de curso legal.

### 4.1.1 El Sistema europeo de bancos centrales (SEBC)

El Sistema europeo de bancos centrales está compuesto por el **BCE**, y por los bancos centrales de todos los Estados de la **Unión Europea**. En el Tratado de la Comunidad Europea, el euro se configura como unidad monetaria común de los Estados de la UE, una vez que lo adopten todos ellos.

El SEBC está regido por el Consejo de Gobierno y el Comité Ejecutivo del BCE; existe además un tercer órgano rector, el Consejo General en el que también participan como miembros los gobernadores de los bancos centrales de los Estados que todavía no se han incorporado a la UEM. (Esquema 4.1)

### Las funciones del SEBC

Las **funciones encomendadas al SEBC,** por su acción o por la de los bancos centrales de los países miembros, son las siguientes:

1. Definir y ejecutar la política monetaria de la zona euro.
2. Gestionar las reservas de divisas de los países miembros y realizar las operaciones de cambio de divisas (véase Capítulo 5).
3. Propiciar el buen funcionamiento del sistema de pagos garantizando la estabilidad del sistema financiero mediante una adecuada supervisión de las entidades de crédito.
4. Autorizar la emisión de billetes de curso legal en la Unión Europea. Los billetes son emitidos por el BCE o por los bancos comerciales de los países miembros. La emisión de moneda pueden realizarla los Estados miembros, pero es el BCE el que aprueba el volumen de emisión.

Al BCE corresponde garantizar que se cumplan las funciones encomendadas al SEBC y los bancos centrales de los distintos países son los encargados de poner en práctica las políticas decididas por el BCE.

El **Eurosistema** es la autoridad monetaria común de la zona del euro. Comprende el BCE y los bancos centrales nacionales de los Estados de la Unión Europea que han adoptado el euro (Esquema 4.2).

### El Banco Central Europeo (BCE) y los Bancos Centrales Nacionales

El BCE es el organismo, fundado el 1 de junio de 1998, con personalidad jurídica propia, que constituye el núcleo del Sistema Europeo de Bancos Centrales, SEBC y del Eurosistema (Esquema 4.1).

Su principal misión es garantizar que se cumplan las funciones que desempeña el Eurosistema en la zona del euro: definir y ejecutar la política monetaria, mantener y administrar las reservas internacionales oficiales de los Estados, realizar operaciones en divisas y garantizar el buen funcionamiento de los sistemas de pagos.

### Los Bancos Centrales Nacionales

La expresión Bancos Centrales Nacionales se utiliza en el Tratado de la Unión Europea (Tratado de Maastricht) para referirse a los bancos centrales de todos los Estados comunitarios, los cuales, junto con el **BCE**, forman el SEBC.

El Consejo de Gobierno del BCE, del que son miembros los gobernadores de los bancos centrales, toma las decisiones de modificación de los tipos de interés, mientras que los bancos centrales nacionales ejecutan las operaciones de política monetaria necesarias para llevarlas a cabo.

## 4.1.2 El balance tipo de un Banco central

El **balance del Banco central** de un país refleja las principales partidas que le permiten realizar las funciones recogidas en el epígrafe anterior (Cuadro 4.1).

### El activo

Las principales partidas del activo son las siguientes:

1. *Reservas de oro y otras divisas*. Durante buena parte del siglo XIX y hasta casi la mitad del presente siglo, la mayo-

**Esquema 4.1 - El Sistema Europeo de Bancos Centrales. El Banco Central Europeo y sus órganos de gobierno**

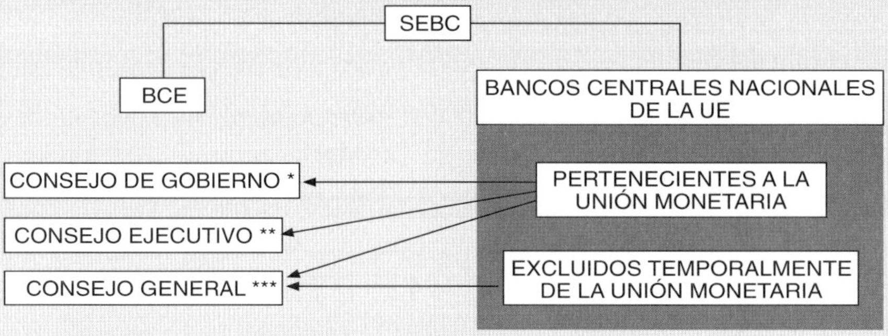


* Miembros del Comité Ejecutivo y gobernadores de los bancos centrales nacionales de los países de la UAIE.
** Presidente, vicepresidente y otros miembros entre dos y cuatro.
*** Presidente, vicepresidente y gobernadores de todos los bancos centrales de la UE.

**Esquema 4.2 - El SEBC y el Eurosistema**

**BCE**

SEBC / EUROSISTEMA

| BANCOS CENTRALES DE LA ZONA EURO | |
|---|---|
| ALEMANIA | GRECIA |
| AUSTRIA | HOLANDA |
| BÉLGICA | IRLANDA |
| ESPAÑA | ITALIA |
| FINLANDIA | LUXEMBURGO |
| FRANCIA | PORTUGAL |

| BANCOS CENTRALES DE LOS RESTANTES ESTADOS COMUNITARIOS | |
|---|---|
| CHIPRE | LETONIA |
| DINAMARCA | LITUANIA |
| ESLOVAQUIA | MALTA |
| ESLOVENIA | POLONIA |
| ESTONIA | SUECIA |
| HUNGRÍA | REINO UNIDO |
| | REPÚBLICA CHECA |

ría de los países occidentales, para ordenar sus intercambios financieros a nivel internacional, seguían el *patrón oro*. Bajo el patrón oro los bancos comerciales estaban obligados a comprar y vender oro a un precio fijo expresado en sus monedas. En otras palabras, el valor del efectivo se definía en función de una determinada cantidad de oro. Durante esta época los bancos centrales debían mantener una determinada cantidad de oro en forma de reservas para poder cumplir su obligación de cambiar billetes por oro.

En la actualidad el oro no está en circulación y, de hecho, no desempeña ningún papel monetario. En cualquier caso, los Bancos Centrales poseen una determinada cantidad de oro y, como tal, aparece reflejada en su balance. Esta partida en realidad sintetiza la posición total neta del Banco Central frente al sector exterior, estando compuesta por el *stock* de **reservas** centrales en oro y divisas extranjeras como el dólar o el yen.

> Las **reservas de oro y divisas exteriores** son las posesiones de divisas y de otros activos que tiene un país que pueden utilizarse para satisfacer las demandas de divisas.

2. *Créditos al sistema bancario.* El Banco Central puede otorgar créditos a los bancos comerciales al tipo de interés oficial de referencia[1].

3. *Títulos o activos financieros de garantía.* Como veremos en el epígrafe 4.3, uno de los instrumentos más importantes para llevar a cabo la política monetaria son las operaciones de mercado abierto realizadas con activos de garantía, emitidas por entidades públicas o privadas pero siempre son títulos de renta fija con un bajo nivel de riesgo.

## El pasivo

El pasivo del balance del Banco de España está compuesto por dos grandes apartados: el pasivo monetario y el pasivo no monetario (Cuadro 4.1).

En el pasivo monetario figuran el *efectivo en manos del público* y el efectivo en poder del sistema crediticio más los activos de caja del sistema bancario, todo lo cual conforma la **Base Monetaria (BM)**, esto es, los pasivos monetarios del Banco Central o dinero de alta potencia, que a su vez es equivalente a la suma del efectivo en manos del público ($L_m$)

**Cuadro 4.1 - Balance tipo de un Banco Central**

| Activo | Pasivo | |
|---|---|---|
| • Oro y divisas.<br>• Créditos al sistema bancario.<br>• Facilidad marginal de crédito. | • Efectivo en manos del público ($L_m$).<br>• Reservas bancarias ($RB$).<br>– Efectivo en manos del sistema crediticio.<br>– Activos de caja o reserva del sistema bancario. | **Pasivo monetario o base monetaria** |
| • Títulos o activos financieros.<br>• Otros activos. | • Capital y reservas del Banco Central.<br>• Depósitos del sector público. | **Pasivo no monetario** |

[1] Tradicionalmente este tipo de operaciones se conocían como descuento. El descuento de efectos es una operación financiera que consiste en que el tenedor del título (quien tiene derecho de cobrarlo) lo puede llevar a la entidad crediticia con la que trabaja, quien, antes del vencimiento, le entregará el importe del nominal descontando los intereses. El redescuento es otra operación financiera que consiste en que las entidades crediticias que previamente han descontado efectos a sus clientes pueden acudir al Banco Central a depositar los efectos a cambio de efectivo menos los intereses. En ambas operaciones se obtiene liquidez, es decir, se transforma un activo financiero de crédito en dinero. El tipo de interés que cobran las entidades crediticias (descuento) es mayor que el que cobra el Banco Central (redescuento).

más las *reservas bancarias (RB)*, entendidas como la suma de los activos de caja del sistema bancario más el efectivo en manos del sistema crediticio.

La **base monetaria** está constituida por los pasivos monetarios del Banco Central.

En el pasivo no monetario figuran los depósitos del sector público y el capital y reservas del Banco Central.

### Nota Complementaria 4.1 - El tipo de interés oficial o tipo de referencia

El **tipo de interés oficial de referencia** es el que cobra el Banco Central a los bancos comerciales por las operaciones temporales de cesión de activos. La importancia de este tipo de interés se concreta en tres hechos. En primer lugar, en que ayuda a controlar la cantidad de dinero que el Banco Central desea poner en circulación. Si el Banco Central desea reducir la base monetaria, aumentará el tipo de interés oficial disuadiendo a los bancos privados a tomar dinero prestado, en estas operaciones temporales de mercado abierto, ya que eleva el coste del crédito. Por el contario si el Banco Central desea incrementar la base monetaria, reducirá el tipo de interés oficial, incentivando a los bancos comerciales a tomar más dinero prestado mediante estas operaciones. En segundo lugar, en que este tipo de interés afecta al coste de una parte de la financiación de las entidades bancarias, lo que posteriormente se trasladaría sus clientes. En este sentido una elevación, tendrá cierta influencia sobre el interés que estos bancos cobrarán a sus clientes por los créditos. Y en tercer lugar, en que el tipo de interés oficial es una señal de información que el Banco Central lanza a los agentes económicos sobre las intenciones de su política monetaria. Los mercados valoran de forma destacada las decisiones de las autoridades monetarias relativas a este tipo de interés oficial, pues marca la tendencia que seguirán los tipos de interés a corto plazo en el conjunto de la economía.

## 4.2 La base monetaria, la oferta monetaria y el multiplicador del dinero

Como se infiere de lo visto en el capítulo anterior, en el proceso de creación de dinero intervienen tres agentes:

1. **El Banco Central**, que en virtud de las funciones que tiene encomendadas crea la base monetaria e incide sobre la conducta del sistema bancario.
2. **El sistema bancario**, cuyo comportamiento da lugar a un proceso expansivo a través del cual los activos de caja generados por el Banco de España se multiplican a través de un proceso de creación de dinero y crédito.
3. **El público**, es decir, particulares y empresas que deciden cómo distribuir los activos financieros que detentan.

El Banco Central calcula la **liquidez de base** o **base monetaria *(BM)*** del sistema a partir de la cual los intermediarios financieros generan dinero y crédito. En términos del balance del Banco de Central, la base monetaria son los pasivos monetarios, esto es, la suma del efectivo total, es decir, billetes y monedas en circulación, tanto en manos del público como del sistema crediticio, y de los activos de caja del sistema bancario, esto es, los depósitos del sistema bancario en el Banco Central (Cuadro 4.1). Esta magnitud coincide con la suma del efectivo en manos del público ($L_m$) más la totalidad de las reservas bancarias (*RB*), exceptuadas las reservas del propio Banco Central, que forman parte del pasivo no monetario. En el balance del Banco Central, junto a los pasivos monetarios o base monetaria, están los pasivos no monetarios, constituidos por los depósitos del sector público y el capital y las reservas del Banco Central (Cuadro 4.1).

El efectivo en manos tanto del público como del sistema crediticio y los activos de caja del sistema bancario constituyen los **usos de base** o **fuentes de absorción de la base monetaria** y figuran en el pasivo monetario del balance, y paralelamente a estos usos están las **fuentes de creación de base**, es decir, las operaciones a través de las cuales el Banco de España aumenta o disminuye la base monetaria existente.

Las **fuentes de creación de base monetaria** son los activos (reservas de divisas, créditos al sistema bancario y los títulos) que respaldan la base monetaria.

Dada la identidad contable entre activo y pasivo del balance, otra forma de presentar el concepto de base monetaria es la siguiente: total de los activos en poder del Banco Central menos sus pasivos no monetarios, que están integrados por los depósitos del sector público y el capital y reservas del Banco de España.

$$\text{Base monetaria} = \text{Efectivo en manos del público} + \text{Reservas bancarias} =$$

$$= \text{Total activos del Banco Central} - \text{Pasivos no monetarios del Banco Central} \quad [4.1]$$

A partir de la última definición de base monetaria y ordenando convenientemente distintas partidas del activo y pasivo del Banco Central, la base monetaria puede expresarse como sigue (véase Cuadro 4.1):

$$\text{Base monetaria } (BM) \equiv \text{Reservas exteriores de oro y divisas} + \text{Crédito al sitema bancario} + \text{Títulos financieros} - \text{Otras Cuentas}$$

Así pues, *toda expansión de los activos del Banco Central*, tanto si ésta se produce *vía incremento de las reservas de divisas, aumento de la liquidez del sistema bancario, o vía crédito de operaciones de mercado abierto, sin que tenga lugar una variación de los pasivos no monetarios*, conduce *a una expansión de la base monetaria*. Este incremento de la base monetaria implicará un aumento de los activos de caja del sistema bancario siempre que dicho aumento de la base no se haya traducido únicamente en una elevación del efectivo en manos del público.

> Toda expansión de los activos del Banco Central sin que tenga lugar una variación de los pasivos no monetarios conduce a una expansión de la base monetaria.

Asimismo, toda disminución de los pasivos no monetarios del Banco Central sin modificación de los activos en su poder conduce también a una expansión de la base monetaria. Supóngase que el sector público convierte parte de sus depósitos en el Banco Central en dinero legal en circulación para hacer frente a compromisos de pago; parte de este nuevo dinero legal en circulación se quedará en manos del público y parte irá también a depositarse en las cajas del sistema bancario, aumentándose en cualquier caso la base monetaria.

### 4.2.1 La base monetaria: factores autónomos y controlables

De entre los factores explicativos de la variación de la base monetaria, ni los déficit o superávit de la balanza de pagos o del presupuesto público, es decir, ni el sector exterior ni el sector público son controlables por la autoridad monetaria, por lo que suelen considerarse como «autónomos» y ante ellos el Banco de Central tiene una posición pasiva. Así, por ejemplo, las variaciones en las reservas de divisas, derivadas de los resultados de las transacciones económicas con el sector exterior, constituyen un factor autónomo o no controlable de generación de liquidez de base. El crédito al sistema bancario sí es, sin embargo, controlable por el Banco de España, e influyendo sobre él tratará de mantener la base monetaria en los niveles que considera adecuados. Si el Banco Central baja el **tipo de interés oficial o de referencia**, aumentará el volumen de créditos concedidos a los bancos comerciales, incrementándose el activo del balance del Banco Central y, por tanto, aumentando la base monetaria y con ella la oferta monetaria. En cualquier caso, el Banco Central Europeo para regular la liquidez del sistema bancario generalmente recurre a las operaciones de mercado abierto cuyo funcionamiento seguidamente estudiaremos.

> El **tipo de interés oficial o de referencia** incide sobre el volumen de créditos concedidos a los bancos comerciales y es un regulador de la base monetaria (BM).

Por tanto, las operaciones netas del Banco Central y el sistema bancario (fundamentalmente mediante las operaciones de mercado abierto con títulos financieros) son el origen de la evolución de la base monetaria del sistema que, en forma de efectivo en manos del público o reservas bancarias, constituye el pasivo monetario del Banco Central (Cuadro 4.1 y ecuación 4.1).

Lo relevante del análisis presentado sobre el papel del Banco Central en el proceso de creación de dinero es que éste crea base monetaria cuando adquiere activos y después los paga creando pasivos monetarios. En el mundo real, el método más frecuente por el que los bancos centrales alteran la base monetaria es mediante **operaciones de mercado abierto**.

#### Las operaciones de mercado abierto

*Una operación típica de mercado abierto es la compra por parte del Banco Central a un banco comercial de un título de deuda pública*, digamos de un bono por un valor determinado, por ejemplo un millón de euros. El Banco Central paga en la cuenta que el banco comercial tiene en el Banco Central anotando un abono de un millón de euros y la rúbrica del lado del pasivo «activos de caja del sistema bancario» aumenta en un millón de euros. El banco comercial ha aumentado sus reservas en un millón de euros, el cual, en un principio, permanece depositado en el Banco Central, pero que puede utilizarlo para efectuar pagos a otros bancos o convertirlo en efectivo. Pero lo relevante es, tal como habíamos señalado, que el Banco Central puede crear base monetaria simplemente comprando activos y anotándolos en su pasivo. Cuando aumenta el valor de los activos habrá que aumentar en la misma medida el pasivo del Banco Central.

> Vendiendo o comprando títulos del Estado en el **mercado abierto**, el Banco Central puede reducir o aumentar las reservas de los bancos. Estas operaciones de mercado abierto constituyen el instrumento estabilizador más importante de que dispone un Banco Central.

De forma genérica puede afirmarse que siempre que se alteren los activos (no del sector público) en el balance del Banco Central se altera en la misma dirección y cuantía la *BM*.

### 4.2.2 El multiplicador del dinero bancario

Para expresar **la oferta monetaria como un múltiplo de la base monetaria** establecemos los dos supuestos siguientes:

1. La demanda de efectivo por parte del público, $L_m$, es una proporción, $a$, de los depósitos a la vista de forma que:

$$L_m = a\,D \Rightarrow a = \frac{L_m}{D} = \frac{\text{Efectivo}}{\text{Depósito}} \qquad [4.2]$$

donde ***a***, $0 < a < 1$, es el **coeficiente efectivo/depósitos** que depende del comportamiento del público y en particular de los hábitos de pago que estarán condicionados por el coste de obtener efectivo y por la facilidad para conseguirlo. A corto plazo podemos suponer que $a$ permanece constante. Recuerde que en el capítulo anterior, al analizar el proceso de expansión múltiple del crédito para facilitar la exposición, se supuso que los individuos no se quedaban con nada de efectivo, esto es, que $a = 0$.

2. Los bancos mantienen un porcentaje de liquidez, el denominado **coeficiente de reservas** o encaje bancario (**ω**), que se define como el cociente entre las reservas bancarias ($RB$) y los depósitos a la vista ($D$)[2].

$$\omega = \frac{RB}{D} = \frac{\text{Resevas bancarias}}{\text{Depósitos}} \qquad [4.3]$$

siendo $0 < \omega < 1$.

El cociente entre las reservas y los depósitos se fija teniendo en cuenta el nivel mínimo de reservas establecido bajo ley por el Banco Central. Los bancos pueden tener, si lo desean, un exceso de reservas, y para ello comparan que el coste de tener más reservas de las exigidas compense el tener activos portadores de intereses[3], por las ventajas derivadas de hacer frente inmediatamente a las demandas de efectivo o de depósitos en el Banco Central para pagar a otros bancos. Si el rendimiento de otros activos lo identificamos con el tipo de interés, cabe esperar que el exceso de reservas disminuya cuando aumente el tipo de interés. La ventaja de tener más reservas será mayor cuanto más incierto sea el flujo neto de depósitos de forma que el exceso de reservas será mayor cuando aumenta la incertidumbre. En cualquier caso, cuando un banco se queda sin reservas puede pedir un préstamo al Banco Central o a otros bancos que tengan exceso de reservas. En el caso del Banco Central Europeo el tipo de interés que se cobraría en estas operaciones sería el utilizado en las facilidades permanentes. El coste de pedir préstamos a otros bancos es el **tipo interbancario**[4] (véase Esquema 4.3). Un descenso de los tipos aumentará los créditos a los bancos comerciales, incrementando el activo del balance del Banco Central y, por tanto, aumentará la $BM$.

*Aunque de lo señalado se desprende que el coeficiente de reservas depende del tipo de interés oficial, suponemos que permanece constante.*

Determinados estos supuestos sobre el coeficiente de depósitos y el coeficiente de reservas, vamos a recurrir a las definiciones de la base y de la oferta monetarias ya presentadas[5]:

$$\begin{matrix}\text{Oferta} & & \text{Efectivo en manos} & & \text{Depósitos} \\ \text{monetaria} & = & \text{del público} & + & \text{a la vista} \\ OM & & L_m & & D\end{matrix} \qquad [4.4]$$

$$\begin{matrix}\text{Base} & & \text{Efectivo en manos} & & \text{Reservas} \\ \text{monetaria} & = & \text{del público} & + & \text{bancarias} \\ BM & & L_m & & RB\end{matrix} \qquad [4.5]$$

Dividiendo la ecuación [4.4] por la [4.5] y multiplicando ambos miembros por la base monetaria $BM$ resulta que:

$$\boxed{OM = \frac{L_m + D}{L_m + RB}\,BM} \qquad [4.6]$$

Si el numerador y el denominador del quebrado de la ecuación [4.6] se dividen por $D$ y si haciendo uso de los dos supuestos antes introducidos se denota la proporción entre el efectivo y depósitos totales mantenida por el público, $L_m/D$, por $a$ y, mediante $\omega$, el coeficiente de reservas o coeficiente de caja, $RB/D$, resultará la

---

2 Como vimos en el capítulo anterior al analizar la expansión múltiple del crédito, sobre una base de reservas de efectivo del sistema bancario, termina cuando se alcanza un volumen de crédito de hasta $D/\omega$. Así, si los bancos mantienen un coeficiente de reservas del 20 por 100, ($\omega = 0{,}20$) se crearán depósitos y créditos hasta un máximo de cinco veces las tenencias de liquidez de los bancos.

3 En la actualidad, el exceso de reservas es muy bajo, en parte por la existencia del Fondo de Garantía de Depósitos, que reduce el riesgo de que se produzcan pánicos bancarios, y en parte porque el desarrollo de los mercados financieros y de las comunicaciones ha reducido el coste que tiene para los bancos la gestión de sus saldos.

4 El **Euribor es el tipo de interés** de oferta al que las entidades de crédito están dispuestas a prestarse fondos en euros entre sí.

La **Federación Bancaria Europea** lo publica diariamente para 15 plazos de vencimiento, que van desde una semana hasta un año. El Euribor se calcula como la media de los tipos de interés de oferta diarios de un panel de 50 de las entidades de crédito más atractivas en el mercado interbancario europeo.

El Euribor a un año es el tipo oficial de referencia más utilizado para préstamos hipotecarios en España desde el 1 de enero de 2000.

5 En esta definición de la oferta monetaria, es decir, de la cantidad de dinero que tiene el público para realizar transacciones, hemos supuesto por simplicidad que el agregado utilizado es $M_1$

Esquema 4.3 - La instrumentalización de las operaciones de mercado abierto entre el Banco Central y las entidades financieras

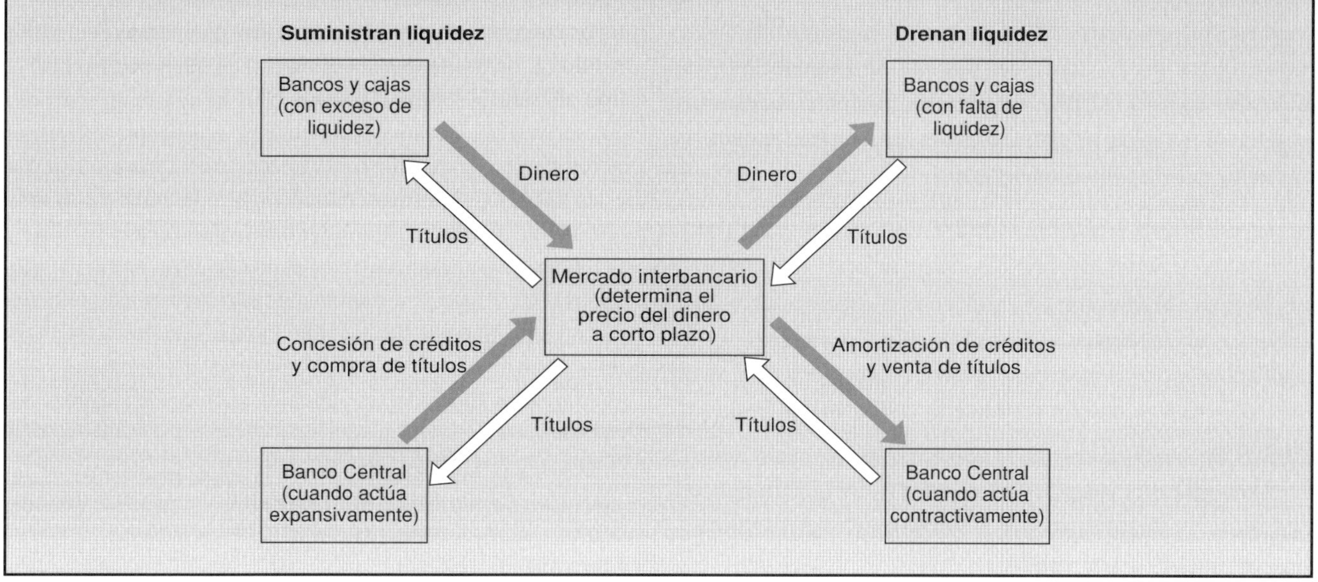


siguiente relación entre la oferta monetaria y la base monetaria:

$$OM = \frac{L_m/D + 1}{L_m/D + RB/D} BM = \frac{a+1}{a+\omega} BM = k_m BM \quad [4.7]$$

de forma que la oferta monetaria (*OM*) es igual a la base monetaria multiplicada por el dinero $k_m = \dfrac{1+a}{a+\omega}$

**La relación entre la base monetaria y la oferta monetaria** es:

$$OM = \frac{1+a}{a+\omega} BM$$

La fracción $(a+1)$ / $(a+\omega)$ es el **multiplicador monetario** y su magnitud depende inversamente del coeficiente de reservas y del coefiente efectivo/depósitos.

El multiplicador del mercado de dinero ($k_m$) mide lo que varía la oferta monetaria cuando se altera la *BM*.

El multiplicador del mercado de dinero ($k_m$) es siempre mayor que 1 y en general puede afirmarse que será tanto mayor cuanto menores sean el coeficiente de reservas y el cociente entre el efectivo y los depósitos, pues mayor será el peso de los depósitos en relación a la base monetaria. Por tanto, un aumento de la base monetaria provocará un aumento mayor de la oferta monetaria, en la proporción que viene dada por el multiplicador monetario.

El **multiplicador monetario** indica cuánto varía la cantidad de dinero por cada euro de variación en la base monetaria.

$$\text{Cantidad de dinero} = \text{Multiplicador de dinero} \times \text{Base monetaria}$$

*El Banco Central puede incidir sobre la oferta monetaria (OM) de dos formas;*

*1)* ***Alterando la base monetaria (BM).*** *Si por ejemplo quiere aumentar la oferta monetaria llevará a cabo una operación de mercado abierto comprando títulos a cambio de billetes de nueva emisión, lo que incrementará la oferta monetaria (OM).*

*2)* ***Modificando el coeficiente de reservas (ω).*** *Si el Banco Central desea incrementar la cantidad de dinero, se reducirá el coeficiente de reservas y los bancos podrían utilizar los activos ahora excedentes para conceder más créditos, incrementándose la oferta monetaria (OM).*

### 4.2.3 La relación entre la base monetaria y la oferta monetaria y el proceso de expansión múltiple del crédito

Esta relación entre la base monetaria y la oferta monetaria no es más que una generalización del proceso de expansión múltiple del dinero bancario presentado en el capítulo anterior. Para simplificar la exposición se supuso que el público no mantenía efectivo, es decir, que el coeficiente *a* de la ecuación [4.6] era igual a cero. Así, se entiende ahora mejor por qué se llama base monetaria a las deudas del Banco de España integradas por la suma del efectivo más las reservas, ya que son los elementos que ponen en

### Nota Complementaria 4.2 - Los principales mercados monetarios y financieros

**Mercado Interbancario**: es un **mercado organizado** que liquida sus operaciones a través del **Sistema de Liquidación del Banco de España (SLBE)**. Su principal función es facilitar el trasvase de fondos entre entidades bancarias, contribuyendo a la transmisión de la política monetaria.

En el mercado interbancario se pueden distinguir varios segmentos de negociación: depósitos, repos, valores y derivados.

**Mercado Monetario**: aquel en el que se obtienen, se invierten o se negocian fondos a corto plazo. Los instrumentos negociados en el mercado monetario tienen un vencimiento inferior a un año, o bien se utilizan mediante la realización de cesiones temporales.

**Mercados de Capitales**: son aquellos en los que se realizan compras y ventas de valores o activos financieros mediante operaciones a medio y largo plazo.

En los mercados de capitales se distingue entre el mercado de crédito y el mercado de valores. Asimismo, dentro de los mercados de valores se diferencian:

- El *mercado primario* o mercado de emisión de valores, en el que se intercambian activos de nueva creación. En este mercado sólo se negocian activos en el momento de su emisión o creación.
- El *mercado secundario* o mercado de negociación de valores, en el que se compran y venden activos ya emitidos. Este mercado permite el cambio de titularidad (cambio del propietario o tenedor) de los activos financieros.

**Mercados Financieros**: aquellos en los que los agentes que tienen exceso de fondos juntan a los que necesitan financiación.

**Mercados organizados**: Son mercados financieros en los que el intercambio de activos financieros está regulado por unas normas concretas, como por ejemplo, las condiciones de acceso al mercado.

marcha el proceso: el Banco Central pone la *base* sobre la que se edifica un volumen de dinero y crédito mucho mayor, dependiendo el resultado del multiplicador, es decir, de los coeficientes $a$ (efectivo/depósitos) y $w$ (reservas/depósitos).

La relación existente entre la oferta monetaria y la base monetaria establecida algebraicamente en la ecuación [4.6] del texto se recoge gráficamente en la Figura 4.1. Dado que el multiplicador monetario es mayor que la unidad, la oferta monetaria es un múltiplo de la base monetaria.

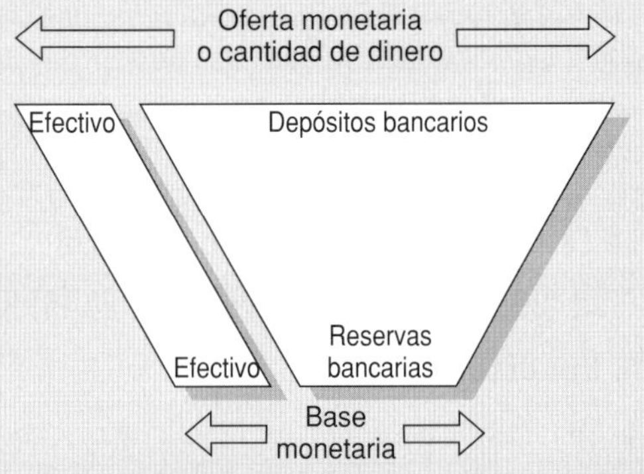


**Figura 4.1 - La oferta y la base monetaria**

La relación existente entre la oferta monetaria y la base monetaria establecida algebraicamente en la ecuación [4.6] del texto se recoge gráficamente en la presente figura. Dado que el multiplicador monetario es mayor que la unidad, la oferta monetaria es un múltiplo de la base monetaria.

La **oferta monetaria** depende, en última instancia, de la política del Banco Central. Fijando los requisitos de reservas y la tasa de descuento y, especialmente, realizando operaciones de mercado abierto, el Banco Central determina el nivel de reservas y la oferta monetaria. Los bancos y el público cooperan en este proceso. Los bancos crean dinero mediante la expansión múltiple de las reservas; el público acepta mantener dinero en instituciones depositarias.

## 4.3 El equilibrio del mercado monetario y la política monetaria

Tal como vimos en el apartado anterior, dedicado al estudio de la oferta monetaria, el Banco Central determina la oferta de dinero, esto es, de saldos nominales. Y como tal su determinación es una decisión política que no depende del tipo de interés. Por ello, la curva de oferta de dinero en términos reales $\frac{\overline{OM}}{\overline{P}}$ será en términos gráficos una recta donde $\overline{P}$ denota que por ahora suponemos que los precios están dados en el corto plazo (Figura 4.2).

Por lo que respecta a la demanda de dinero (véase Epígrafe 3.3), si consideramos constantes el nivel de precios y el nivel de renta real, se ha demostrado que la cantidad demandada de saldos reales es mayor cuanto menor es el tipo de interés, es decir, cuanto menor es el coste de oportunidad de mantener dinero. Bajo estos supuestos, la relación entre la demanda de saldos reales, esto es, la cantidad real de dinero que los individuos desean mantener y el tipo de interés viene recogida por la curva $L$ (Figura 4.2). Como puede observarse, la curva de demanda de dinero o de preferencia por la liquidez, que liga la cantidad demandada de saldos reales con la tasa de interés, tiene pendiente negativa.

El equilibrio en el **mercado de dinero** se alcanza en un punto en que la cantidad que los individuos desean demandar de saldos reales es igual a la ofrecida por el Banco Central. En términos gráficos, esto ocurre en el punto $E$ de la Figura 4.2.

El **mercado de dinero** viene determinado por el deseo del público de tener dinero (representado por la curva de demanda de dinero) y por la política monetaria del Banco Central representada por medio de una oferta monetaria fija. Su interdependencia determina el tipo de interés de mercado, $i_e$.

## ¿Qué ocurre cuando el tipo de interés no es el de equilibrio?

Si el tipo de interés fuera superior al tipo de interés de equilibrio, la demanda deseada de dinero sería inferior a la que mantienen los individuos, que está marcada por el Banco Central. Los individuos intentarán deshacerse de la cantidad de euros que no desean tener en forma de dinero prestándolos, esto es, comprando bonos (el otro activo alternativo de dinero en que mantienen su riqueza, según vimos en el capítulo anterior). Al aumentar la demanda de bonos subirá el precio de los bancos y disminuirá su rentabilidad, reduciéndose el tipo de interés[6]. Este descenso del tipo de interés se mantendrá mientras que los individuos deseen desprenderse de dinero y demanden bonos, esto es, hasta que se alcance el punto de equilibrio $E$.

Si el tipo de interés fuera inferior al de equilibrio, $i_e$, los individuos desearán demandar una cantidad de dinero superior a la que mantienen. Por ello, intentarán obtener más dinero vendiendo bonos, recuperando el dinero que habían prestado. Si la cantidad de bonos permanece constante, la venta de bonos hará que se reduzca su precio y aumente su rentabilidad; incrementándose el tipo de interés. Este aumento del tipo de interés se mantendrá mientras los individuos deseen obtener dinero y desprenderse de bonos. La subida del tipo de interés terminará cuando alcance el nivel en que la gente se encuentre conforme con el tipo de interés que tiene; esto es, cuando el tipo de interés coincida con el de equilibrio.

6 El precio de un bono, $P_b$, es igual a:

$$P_b = \frac{\text{Pago anual}}{i} \Rightarrow i = \frac{\text{Pago anual}}{P_b}$$

de forma que si aumenta el precio del bono, manteniéndose constante el pago anual, el tipo de interés se reducirá.

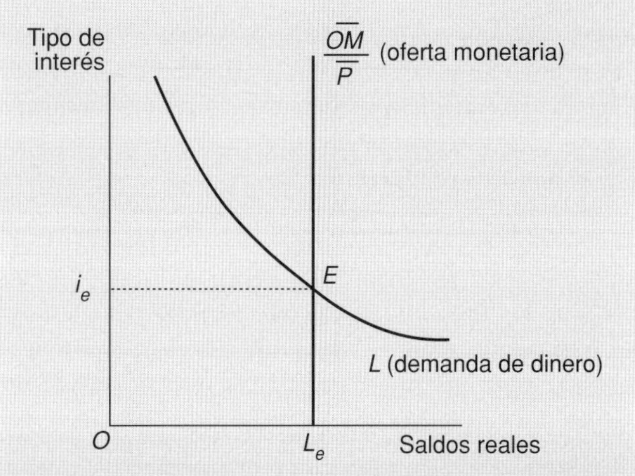


Figura 4.2 - El mercado monetario

De acuerdo con lo establecido en el texto, suponemos que la curva de demanda de dinero tiene una inclinación decreciente, mientras que la curva de oferta monetaria es vertical

## Alteraciones en la renta real y el mercado monetario

Al analizar la demanda de dinero se ha señalado que la renta real es una de las variables determinantes del nivel de demanda de saldos reales. Así, cuando aumenta la renta real, los individuos desean poseer mayores saldos reales, ya que el nivel de gasto en bienes y servicios se incrementará.

En términos gráficos (Figura 4.3a), este aumento en la demanda de saldos reales implicará un desplazamiento hacia la derecha de la curva de demanda real de dinero. De esta forma, y cualquiera que sea el tipo de interés vigente en el mercado, el incremento en la demanda de saldos reales provoca un exceso de demanda de dinero, lo que hará incrementar el tipo de interés de equilibrio desde $i_0$ hasta $i_1$.

**Desplazamientos de la demanda de dinero:** Un aumento de la producción o del nivel de precios del país desplaza la curva de demanda de dinero hacia la derecha y eleva los tipos de interés.

En el caso de que la renta real en vez de experimentar un incremento se redujese, el efecto sobre el mercado monetario, y en particular sobre el tipo de interés, se concretaría en una disminución (Figura 4.3b). El exceso de oferta de saldos reales provocado por una reducción de la demanda de dinero originaría una reducción del tipo de interés de equilibrio.

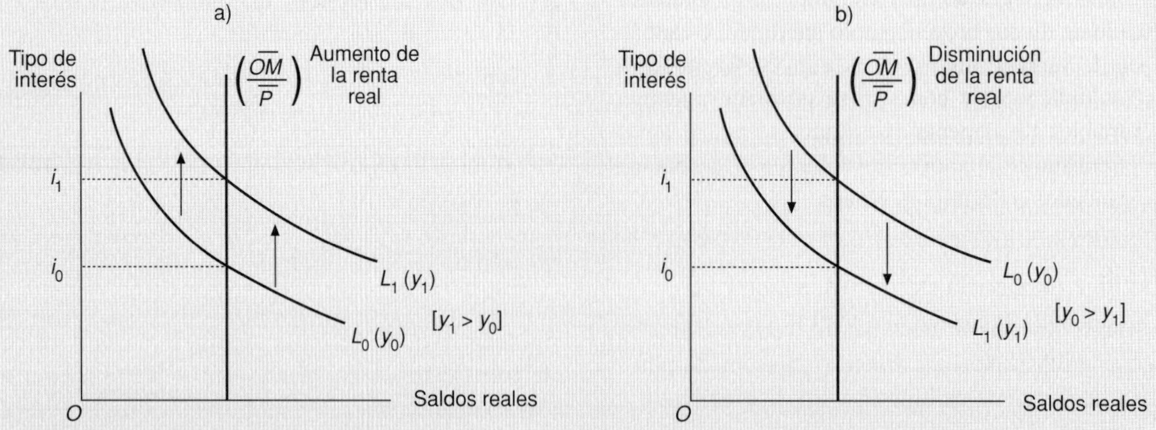


**Figura 4.3 - Alteraciones de la renta real y el mercado monetario**

Un aumento de la renta real ($y_0 < y_1$) (Figura a) incrementa la demanda de saldos reales, lo que supone un desplazamiento hacia arriba de la curva de demanda de dinero ($L$), provocando una subida del tipo de interés. Una disminución de la renta real ( $y_0 > y_1$) origina un desplazamiento hacia abajo de la curva de demanda de saldos reales dados y una reducción del tipo de interés (Figura b).

### 4.3.1 La política monetaria: instrumentos y efectos

*La **política monetaria** se refiere a las decisiones que las autoridades monetarias toman para alterar el equilibrio en el mercado de dinero, es decir, para modificar la cantidad de dinero o el tipo de interés.*

Si, dado un nivel de precios, el Banco Central sigue una **política monetaria expansiva,** esto es, compra títulos en el mercado abierto, reduce los coeficientes legales de reservas, o concede a los bancos nuevos créditos, determinará que la cantidad de dinero se incremente de forma que la función de oferta de dinero se desplazará hacia la derecha y el tipo de interés se reducirá (Figura 4.4). En concreto, un aumento de la oferta monetaria crea un exceso de oferta de dinero al que se ajusta el público tratando de comprar activos. Esto hace que suban los precios de los activos y disminuyan los rendimientos. La bajada del tipo de interés hace aumentar la inversión, como pronostica la curva de demanda de inversión. Pero la inversión es una componente de la demanda agregada, por lo que un aumento de la inversión eleva la demanda agregada, provocándose una reducción de las existencias y, como consecuencia de dicho aumento de la inversión, aumenta la producción. Por tanto, el aumento de la cantidad de dinero provoca, en primer lugar, una bajada de los tipos de interés, al ajustar el público su cartera vendiendo bonos y, seguidamente, eleva la demanda agregada y la producción de equilibrio. En este proceso es el tipo de inte-

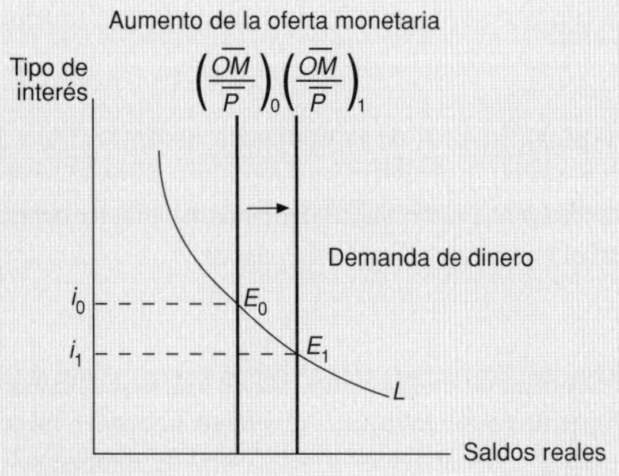


**Figura 4.4 - Política monetaria expansiva**

Los efectos de una política monetaria expansiva se concretan en un descenso en el tipo de interés y en un aumento de la cantidad de saldos reales.

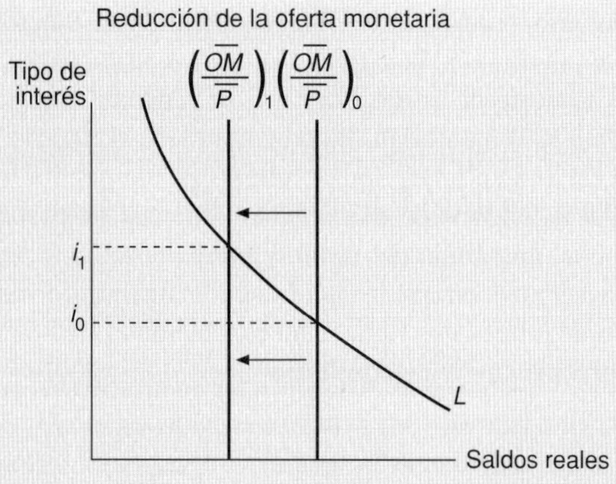


**Figura 4.5 - Política monetaria restrictiva**

Si el Banco de España lleva a cabo una política monetaria restrictiva, reduciendo la oferta de saldos reales, el tipo de interés experimenta una subida.

rés la variable bisagra que comunica el impacto recibido desde el mercado de dinero proyectándolo sobre el mercado de bienes hacia la variable inversión; y la inversión mueve la renta vía multiplicador, y con ella se terminan alterando todas las variables que dependen de alguna forma de la renta, como el consumo, el ahorro, el volumen de impuestos directos recaudados o las importaciones.

Un **política monetaria expansiva**, incrementa la oferta monetaria haciendo que el tipo de interés se reduzca.

Vemos, pues, que desde el punto de vista del Banco Central, como responsable de la política monetaria, las variables clave son dos: la cantidad de dinero y el tipo de interés (Nota Complementaria 4.3).

En el caso de que se siguiera una **política monetaria restrictiva** empleando cualquiera de los procedimientos apuntados (venta de títulos públicos, incremento de los coeficientes legales o reducción de los préstamos concedidos a los bancos), y suponiendo de nuevo que los precios permanecen constantes, la curva de oferta de dinero se desplazaría hacia la izquierda y los tipos de interés se incrementarían (Figura 4.5 y 4.6).

Una **política monetaria contractiva** desplaza la curva de oferta monetaria hacia la izquierda, elevando los tipos de interés de mercado.

### 4.3.2 El mecanismo de transmisión, la trampa de la liquidez y la política monetaria en una economía abierta

El análisis de los efectos de una alteración de la cantidad de dinero permite explicitar el denominado **mecanismo de transmisión monetaria**, esto es, la vía por la que las variaciones de la oferta monetaria se traducen en variaciones de la producción, el empleo y los precios. Para concretar, supongamos que ante la existencia de tensiones inflacionistas el Banco Central decide llevar a cabo una política monetaria contractiva (Figura 4.6). El proceso puede sintetizarse como sigue:

a) El Banco Central reduce las reservas bancarias realizando operaciones en el mercado abierto, en concreto vendiendo títulos.
b) Cada reducción de las reservas bancarias en un euro origina una contracción múltiple del dinero bancario y de la oferta monetaria.

#### Nota Complementaria 4.3 - El valor de referencia del crecimiento de la cantidad de dinero

El valor de referencia para el crecimiento monetario en la zona euro es la tasa de crecimiento interanual del agregado monetario $M_3$ en la zona del euro, que el Consejo de Gobierno del BCE considera compatible con el mantenimiento de la **estabilidad de precios a medio plazo**.

Cuando el Consejo de Gobierno analiza la conveniencia de adoptar acciones de **política monetaria** evalúa la evolución reciente de la tasa interanual de crecimiento de $M_3$ en relación al valor de referencia que ha establecido. Las desviaciones bruscas o prolongadas pueden implicar riesgos para la estabilidad monetaria a medio plazo que el Consejo valora conjuntamente con la evolución de otras variaciones reales y financieras para tomar decisiones de política monetaria.

Para alcanzar el objetivo fundamental de mantener la estabilidad de los precios el BCE le ha prestado una especial atención al crecimiento de la cantidad de dinero debido a la relación existente entre el nivel los precios y la cantidad de dinero, especialmente cuando ésta se mide utilizando agregados monetarios amplios. En este sentido, el BCE no sólo ha seguido la evolución de agregados como la $M_3$, sino que hasta fechas recientes ha venido anunciando un valor de referencia de crecimiento cuantitativo del agregado $M_3$ (el valor de referencia para la tasa de crecimiento anual de $M_3$ ha sido el 4,5%). En cualquier caso, el crecimiento de este agregado no constituye un objetivo monetario a seguir, ni el BCE intenta mantener este valor mediante el ajuste de los tipos de interés. El BCE tampoco responde directamente a variaciones en el crecimiento de $M_3$. Ya vimos que la relación entre este agregado y los precios no es estable, pues tanto el multiplicador como la velocidad de circulación del dinero y la demanda de dinero sufren variaciones, de forma que la relación entre el agregado y los precios pueden modificarse a corto plazo. El BCE analiza las desviaciones del agregado monetario respecto al valor de referencia tratando de extraer información sobre la futura evolución de los precios. Se pretende valorar las tendencias inflacionistas y la adecuación de las condiciones monetarias a la reducción de la inflación. Las medidas monetarias que se adoptan pretenden evitar los riesgos para la estabilidad de los precios.

El BCE además de seguir la evolución de la $M_3$ analiza la evolución de otras variables tales como: la producción, los precios industriales, los costes laborales, la actividad industrial, el empleo, el desempleo, la tasa de actividad, la balanza de pagos, los tipos de cambio y determinados indicadores monetarios, entre los que cabe destacar los diferenciales de tipo de interés con otros países.

c) En el mercado de dinero, una reducción de la oferta monetaria supone un desplazamiento hacia la izquierda de la línea vertical representativa de la cantidad de dinero y genera un movimiento a lo largo de una curva de demanda de dinero inalterada, elevando los tipos de interés, restringiendo el volumen de créditos.

d) La contracción monetaria reduce la inversión y otros componentes del gasto sensibles a los tipos de interés, como los bienes de consumo duradero o las exportaciones netas.

e) La disminución de la inversión y de otros gastos autónomos reduce la demanda agregada a través del conocido mecanismo del multiplicador. La disminución de la demanda agregada reduce la producción y el nivel de precios, o sea, la inflación. Precisamente y como veremos más adelante la política monetaria constituye el instrumento más eficaz para controlar el crecimiento de los precios.

Tal como antes hemos señalado, en este proceso el tipo de interés es la variable clave que traslada el impacto recibido desde el mercado de dinero hacia el mercado de bienes a través de la inversión y ésta, vía multiplicador, incide sobre la renta.

Debemos señalar que en este capítulo estudiamos los efectos a corto plazo de una política monetaria, dejando para el Capítulo 7 los efectos a largo plazo.

## La política monetaria y la trampa de la liquidez

Al analizar la demanda de dinero como activo se planteó la posibilidad de que para niveles muy bajos del tipo de interés, las expectativas de posibles subidas de tipos determinarán que el público no demandará más bonos

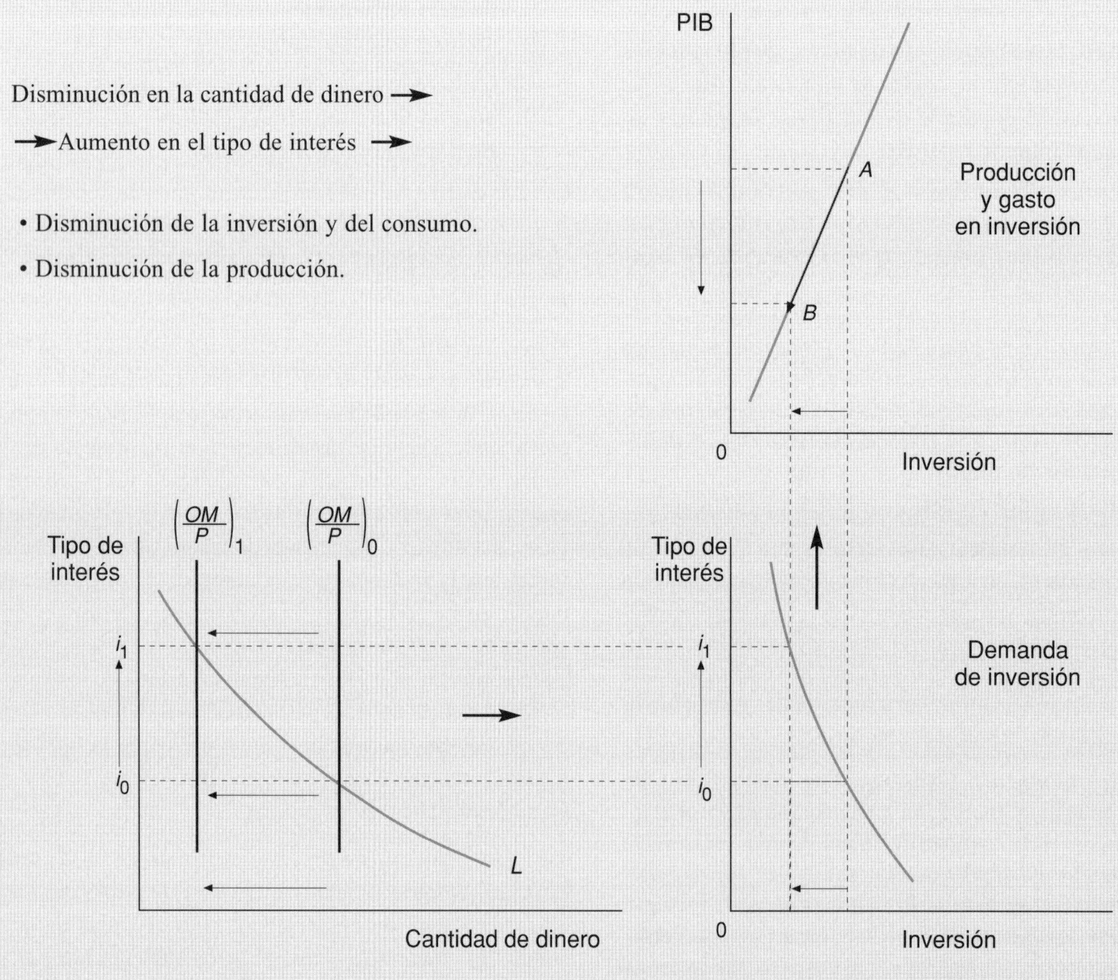


**Figura 4.6 - Una política monetaria contractiva: el mecanismo de transmisión**

Una reducción de la oferta monetaria hace que aumenten los tipos de interés. El aumento de los tipos reduce la inversión, el consumo y los gastos sensibles a los tipos de interés. La consecuencia será una disminución de la demanda agregada. La disminución de la inversión reduce la demanda agregada y el PIB de *A* a *B* como consecuencia del mecanismo de transmisión.

debido a unas posibles pérdidas de capital, haciendo que la curva de demanda de dinero resultara completamente elástica: esto es, que se incurriera en la denominada **trampa de la liquidez**. La posibilidad teórica de la trampa de la liquidez cuestiona el mecanismo de transmisión antes comentado y pone en tela de juicio la efectividad de la política monetaria.

> La **trampa de la liquidez** hace referencia a la posibilidad de que aumentos en la cantidad de dinero no reduzcan el tipo de interés.

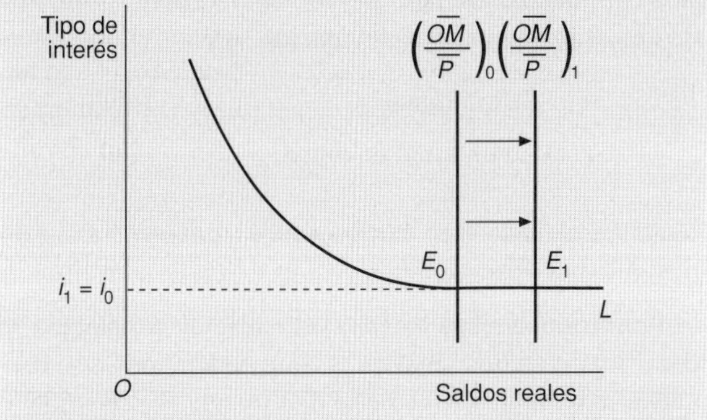


**Figura 4.7 - La trampa de la liquidez**

Si la curva de demanda tuviese un tramo completamente elástico, aumentos en la cantidad de dinero no harían descender el tipo de interés.

En este sentido, supongamos que la economía está en una profunda depresión y que la tasa de interés es muy baja. Supongamos, además, que en términos del mercado de dinero la curva de demanda adopta la forma recogida en la Figura 4.7, que tiene un tramo completamente horizontal y que la economía se encuentra en el punto $E_0$. Si en estas circunstancias las autoridades monetarias deciden aumentar la cantidad de dinero, la curva de oferta de dinero se desplazará hacia la derecha y el equilibrio se desplazará hasta el punto $E_1$. En la nueva situación de equilibrio el tipo de interés es el mismo, pues al tipo $i_1$ el público está dispuesto a mantener todo el dinero adicional como tal, en vez de asumir el riesgo de comprar más bonos. Al no comprar más activos, el precio de éstos no se alterará y, por tanto, el tipo de interés no se reducirá. El dinero adicional cae en la «trampa de la liquidez», o sea, en la sección horizontal de la curva de demanda de dinero o de la preferencia por la liquidez. En las condiciones señaladas, dado que no se reduce el tipo de interés, una política monetaria expansiva sería estéril, puesto que el impacto de la expansión de la cantidad de dinero sobre el tipo de interés es nulo.

### 4.3.3 La teoría cuantitativa y la política monetaria

De los tres motivos señalados en el texto al tratar la demanda de dinero (véase Epígrafe 3.3), los monetaristas destacan «el motivo transacción». Se argumenta que se demanda dinero fundamentalmente porque la gente desea comprar bienes y servicios en un futuro inmediato. Para poder hacer frente a estas transacciones los individuos demandan dinero, pues suele transcurrir un cierto período de tiempo entre el recibo de los ingresos y de las rentas y el pago de las cuentas o la compra de bienes y servicios.

Esta demanda de dinero para hacer frente a los pagos se incrementará al aumentar la renta de los individuos. Algo parecido es de esperar que ocurra con el dinero demandado por las empresas: las cantidades demandadas para pagar a sus empleados y proveedores dependen del volumen de sus operaciones. Si se aceptan los anteriores supuestos, resultará que a nivel agregado, esto es, para toda una economía, la demanda de dinero dependerá del volumen del producto nacional.

A mayor producción, la gente necesitará una mayor cantidad de dinero para poder adquirirlos. En este caso de no existir más cantidad de dinero la misma moneda deberá ser utilizada más veces para realizar las transacciones. Esta relación viene expresada por la **ecuación cuantitativa del dinero**.

$$\boxed{OM \cdot V = P \cdot y} \qquad [4.8]$$

Siendo:

$OM$ = La oferta monetaria o cantidad nominal de dinero en circulación.

$V$ = La velocidad de circulación del dinero.

$P$ = El nivel general de precios.

$y$ = La producción agregada real, esto es, el PIB del país.

El resultado de multiplicar el nivel general de precios por la producción agregada real es la producción agregada nominal.

$$P \cdot y = \text{PIB nominal}$$

La velocidad de circulación es el número de veces que un euro cambia de mano para comprar la producción durante un año.

$$V = \frac{P \cdot y}{OM} = \frac{\text{PIB nominal}}{\text{Cantidad nominal}}$$

Si en un país se produce (y vende) por un valor de 1.000 millones de euros (producción nominal) y la cantidad de dinero existente es de 500 millones de euros, como toda la producción se compra durante ese año con dinero, cada euro debe utilizarse, en promedio, dos veces durante ese año. La velocidad de circulación será:

$$V = \frac{\text{PIB nominal}}{\text{Cantidad nominal de dinero}} = \frac{1.000}{500} = 2$$

Así pues, cada euro cambia de mano dos veces durante un año por término medio.

Intuitivamente una elevada velocidad de circulación se identifica con situaciones en las que generalmente se desprende muy rápidamente de su dinero, una vez recibido lo gasta o lo convierte en otros activos con bastante celeridad. En este caso, por término medio, la gente guardaría poca cantidad de dinero en su poder. Por el contrario, existe una baja velocidad de circulación cuando la gente mantiene mucho tiempo el dinero una vez recibido. Así pues, la velocidad de circulación es una medida estrechamente relacionada con la demanda de dinero. Si todo lo demás se mantiene constante, una velocidad de circulación elevada significa una baja demanda de dinero, y viceversa. Por tanto, la velocidad de circulación puede tener cierta dependencia del tipo de interés.

Para el caso de la economía española, la velocidad de circulación del dinero presenta valores entre 5 y 3, con una cierta tendencia a la baja.

Los clásicos, al analizar la ecuación cuantitativa, supusieron que en la expresión 4.8 la velocidad de circulación era constante y que el crecimiento de la producción real era exógeno, pues viene determinado por el incremento de los factores productivos y por la tecnología y que a corto plazo permanecía constante, pues la economía se encontraba en el pleno empleo. En base a estos supuestos establecieron una relación directa entre cambios en la cantidad de dinero y los precios: esta relación se conoce como la **Teoría cuantitativa del dinero**, según la cual *el crecimiento de los precios está determinado por el exceso de crecimiento de la oferta monetaria nominal sobre el crecimiento de la producción real.*

Por otro lado, la ecuación [4.8] puede expresarse, en forma de crecimientos porcentuales, como:

$$\text{Crecimiento \% de } OM + \text{Crecimiento \% de } V =$$
$$= \text{Crecimiento \% de } P + \text{Crecimiento \% de } y \qquad [4.9]$$

Si introducimos la hipótesis clásica de que el crecimiento de la velocidad de circulación es nulo, la anterior expresión podemos escribirla como sigue:

$$(\text{Crecimiento \% de } P \text{ o tasa de inflación}) =$$
$$= \text{Crecimiento \% de } OM - \text{Crecimiento \% de } y) \qquad [4.10]$$

En base a esta ecuación, *los defensores de la teoría cuantitativa, entre los que cabe destacar a los monetaristas, argumentan que el crecimiento porcentual de los precios está determinado por el exceso de crecimiento de la oferta monetaria nominal sobre el crecimiento de la producción*. Así, si la producción de un país crece el 2% pero su Banco Central hace incrementarse la cantidad de dinero en un 5%, la inflación será de 5% – 2% = 3%. Los monetaristas afirman que la causa única de la inflación es el crecimiento excesivo de la cantidad de dinero, comparado con el crecimiento de la producción real. Desde esta perspectiva, resulta por tanto evidente el papel fundamental de los bancos centrales en el control de la inflación y el hecho de que la corriente de pensamiento monetarista postule una regla de crecimiento constante y moderada de la oferta monetaria nominal.

La ecuación cuantitativa también puede utilizarse para explicitar aún más la capacidad de los bancos centrales para utilizar la política monetaria para controlar el crecimiento de los primeros, esto es, las tensiones inflacionistas. Así, la expresión (4.10) puede escribirse de forma que permita determinar la tasa a la que debe crecer la cantidad de dinero, dado un crecimiento estimado de renta real y una tasa de crecimiento deseada de la inflación, que en realidad es un objetivo de la política monetaria. Recordando que la tasa de crecimiento de la velocidad de circulación se supone que es cero, podemos escribir:

$$\begin{array}{c} \text{Tasa de crecimiento} \\ \text{de la cantidad} \\ \text{nominal de dinero} \end{array} = \begin{array}{c} \text{Tasa de} \\ \text{inflación} \\ \text{deseada} \end{array} + \begin{array}{c} \text{Tasa de crecimiento} \\ \text{de la renta} \\ \text{prevista} \end{array}$$

De ese modo, si se estima que la renta real del próximo año va a crecer a una tasa del 3 por 100, y si se pretende que la tasa de inflación sea del 2 por 100, la cantidad nominal de dinero deberá crecer a una tasa del 5 por 100 (= 3 por 100 + 2 por 100).

## 4.4 La política monetaria

La implementación de la política monetaria requiere previamente la definición de unos **objetivos últimos** y de sus **instrumentos**. Los *instrumentos son los mecanismos que el Banco Central establece para incidir sobre las magnitudes monetarias y que cree que puede controlar. En el caso del Banco Central Europeo (BCE) los instrumentos son las operaciones de mercado abierto, las facilidades permanentes y el coeficiente de caja o de reservas mínimas.*

### 4.4.1 Instrumentos y objetivos

Los objetivos últimos son las metas o fines que la política monetaria pretende alcanzar. En el caso del BCE el objetivo último a medio y largo plazo es la **estabilidad**

**de los precios**. Este objetivo último se suele presentar entre otros objetivos como el logro de un alto nivel de empleo, un crecimiento sostenible, un alto grado de competitividad y una convergencia de los resultados macroeconómicos.

> El **objetivo último de la política monetaria** en el largo plazo es la estabilidad de los precios. A corto plazo las autoridades monetarias determinarán en qué medida están dispuestas a apartarse de ese objetivo si tiene lugar una fuerte caída de la actividad económica

Esto no quiere decir que la correcta implementación de una política monetaria simplemente consista en, una vez establecido un determinado objetivo de tasa de inflación, aumentar todos los años la base monetaria en una determinada proporción, bajo la hipótesis de que se conoce la relación, a largo plazo, entre dinero y precios, tal como sugiere la teoría cuantitativa del dinero. Los motivos de que esto no sea así se pueden concretar en los puntos siguientes:

La relación entre los instrumentos de la política monetaria y el objetivo último de estabilidad de los precios está sujeta a los efectos de variables no controladas: la oferta monetaria no es perfectamente controlable debido a variaciones en el multiplicador del dinero y variaciones en la demanda de dinero que inciden sobre el tipo de interés.

Precisamente el control del tipo de interés ha adquirido durante los últimos años un gran protagonismo debido a la elevada inestabilidad de la demanda de dinero. Los bancos centrales han recurrido a las denominadas reglas de tipos de interés, que consisten en que la autoridad monetaria modifica los tipos de interés en función de las desviaciones que la tasa de inflación efectiva experimenta respecto a la tasa de inflación objetivo y en función de las desviaciones entre la producción efectiva y la potencial o de pleno empleo. Si la inflación efectiva es superior al objetivo y si la producción supera a la potencial, el Banco Central elevará el tipo de interés, mientras que si la inflación objetivo es superior a la efectiva y si la producción potencial es superior a la observada, el tipo de interés se reducirá.

## 4.4.2 El Banco Central Europeo [BCE] y la política monetaria única

A partir del primero de enero de 1999, la soberanía monetaria de los once Estados miembros de la UE que han acudido a la UME ha pasado al SEBC, constituido por el BCE y por todos los bancos centrales nacionales de los países de la UE, incluidos los de los Estados miembros que no formen parte, inicialmente, de la UME (Esquema 4.1).

El *objetivo último y primordial del SEBC es mantener la estabilidad de los precios* y la política monetaria debe diseñarse para alcanzar dicho objetivo. El SEBC define la estabilidad de los precios como un crecimiento del *Índice*

**Esquema 4.4 - Instrumentos de la política monetaria**

**A) Enfoque tradicional implementado por el Banco de España, cuando la entidad era responsable**
**B) Enfoque del Banco Central Europeo**

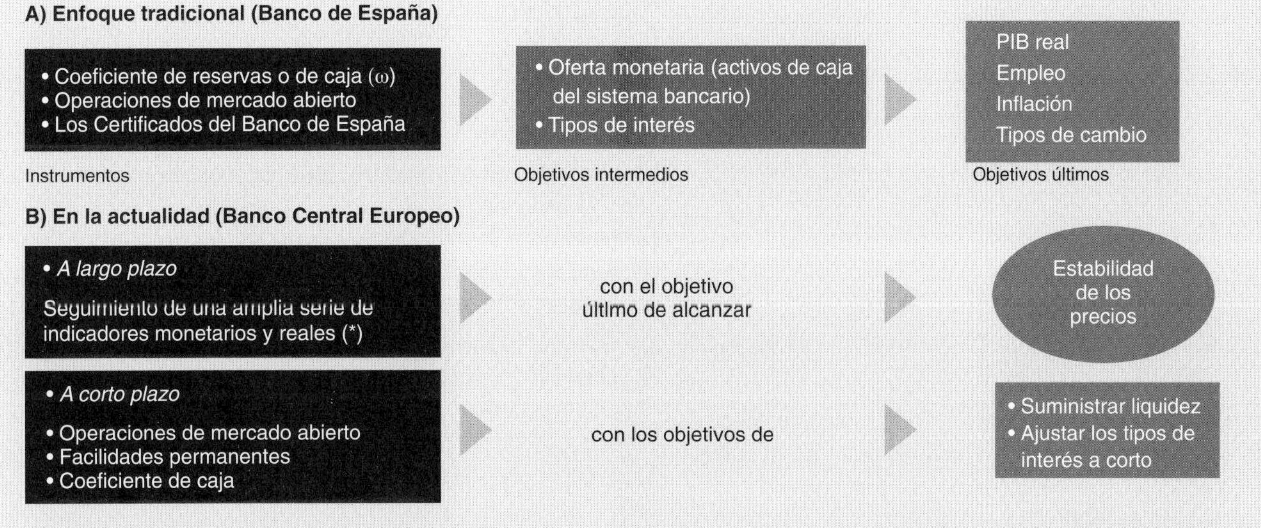


(*) Tendencias del IPC y de sus componentes, de otros índices de precios, de los salarios y costes unitarios del trabajo, de los márgenes empresariales, de la presión de la demanda, de la política fiscal, de los diferenciales de tipos de interés con otros países y la configuración de la curva de rendimientos o de tipos de interés.

*Armonizado de Precios de Consumo (IAPC)* de la zona euro inferior al 2%. pero cercano a este objetivo. Ello es para evitar caer en la deflación (descenso de precios asociado a una depresión económica).

El objetivo de estabilidad de los precios debe entenderse como algo a medio plazo, por ello la política monetaria no debe responder a perturbaciones puntuales e imprevistas, aceptando como normal una cierta volatilidad a corto plazo de la inflación.

### 4.4.3 Los instrumentos de la política monetaria única

Son los medios de que disponen los *bancos centrales nacionales* para regular la liquidez del mercado e, influyendo en las condiciones financieras, alcanzar la estabilidad de precios (Esquema 4.5).

El Eurosistema dispone de tres grupos de instrumentos:

**A) Operaciones de mercado abierto.**

**B) Facilidades permanentes.**

**C) Reservas mínimas obligatorias.**

**A) Operaciones de mercado abierto**: Son las operaciones ejecutadas en los mercados financieros a iniciativa del banco central, con objeto de inyectar o detraer liquidez del mercado. Son el principal instrumento de política monetaria.

Estas operaciones se realizan a través de varios tipos de transacciones:

1. *Operaciones simples*: Compras o ventas de activos a su vencimiento, al contado o a plazo, en las que la propiedad pasa plenamente al comprador o vendedor. Algunas de las operaciones de ajuste y de las operaciones estructurales que efectúa el Eurosistema pueden realizarse mediante operaciones simples.
2. *Operaciones de compra o venta de activos* con pacto simultáneo de reventa o recompra de los mismos activos.
3. *Concesión o toma de préstamos* con *activos de garantía.*
4. *Emisión de certificados de deuda del BCE*: Son pasivos que puede emitir el BCE para absorber liquidez del mercado. Se pueden emitir con regularidad o sin ella, al descuento y con un vencimiento inferior al año, y se utilizan en *operaciones estructurales.*
5. *Captación de depósitos a plazo fijo.*
6. *Permutas de divisas*: Operaciones simultáneas de compra o venta al contado de un importe determinado de divisas contra euros y venta o compra, respectivamente, de esas divisas a una fecha futura.

#### Características de operaciones de mercado abierto

El Eurosistema tiene cuatro categorías de operaciones de mercado abierto.

**Esquema 4.5 - Instrumentos de la política monetaria única**

| Operaciones de política monetaria | Provisión de liquidez | Drenaje de liquidez |
|---|---|---|
| **Operaciones de mercado abierto** | | |
| • Operaciones principales de financiación | • Operaciones temporales («repos») | |
| • Operaciones de financiación a más largo plazo | • Operaciones temporales («repos») | |
| • Operaciones de ajuste («fine-tuning») | • Operaciones temporales («repos»)<br>• «Sawps» de divisas<br>• Compras en firme de valores | • «Swaps» de divisas<br>• Depósitos a plazo fijo<br>• Ventas en firme de valores |
| • Operaciones estructurales | • Operaciones temporales («repos»)<br>• Compras firmes de valores | • Emisión de certificados<br>• Ventas en firme de valores |
| **Facilidades permanentes** | | |
| • Crédito | • Operaciones temporales («repos») | |
| • Depósito | | • Depósito |
| **Coeficiente de caja** | | |

Fuente: Instituto Monetario Europeo.

1. **Operaciones principales de financiación**: Son el principal instrumento de la política monetaria única para controlar los tipos de interés y la liquidez del mercado monetario. Además, constituyen la principal vía de provisión de liquidez para las entidades de crédito.

   Son operaciones de inyección de liquidez, instrumentadas mediante operaciones temporales, que lleva a cabo el Eurosistema con las entidades de crédito y ejecutan los bancos centrales nacionales, mediante subastas estándar, con periodicidad y vencimiento semanal.

   El BCE suele publicar el calendario de las subastas y todas las entidades de crédito que cumplen los criterios generales para ser consideradas entidades de contrapartida pueden presentar pujas en estas subastas. El tipo de interés mínimo de puja fijado por el BCE para casa subasta es el principal tipo de interés oficial del Eurosistema, puesto que proporciona la orientación de la política monetaria.

2. **Operaciones de financiación a plazo más largo**: Estas operaciones proporcionan liquidez a las entidades de crédito, con un mayor grado de permanencia que la obtenida mediante las operaciones principales de financiación.

   Son operaciones de inyección de liquidez, instrumentadas mediante operaciones temporales, que lleva a cabo el Eurosistema con entidades de crédito y ejecutan los bancos centrales nacionales, mediante *subastas estándar*, con periodicidad mensual y vencimiento a tres meses, siguiendo un calendario establecido previamente por el propio Eurosistema. El Consejo de Gobierno del BCE aprueba, a principios de cada año, el volumen de liquidez que, en principio, va a inyectar en cada una de estas operaciones.

3. **Operaciones de ajuste**: El objetivo de estas operaciones es atenuar rápidamente los efectos de las fluctuaciones inesperadas de la liquidez en el mercado sobre los tipos de interés.

   Pueden ser operaciones de inyección o de absorción de liquidez, que lleva a cabo el Eurosistema con las entidades de crédito y ejecutan los bancos centrales nacionales, mediante subastas rápidas, cuando se trata de inyectar liquidez, o procedimientos bilaterales, cuando se trata de absorberla. Se llevan a cabo de forma esporádica, sin periodicidad ni vencimiento normalizados, y pueden instrumentarse mediante operaciones temporales, operaciones simples, permutas de divisas o captación de depósitos a plazo fijo.

4. **Operaciones estructurales**: Su objetivo es ajustar la liquidez estructural del sector crediticio.

   Son operaciones de inyección o absorción de liquidez, instrumentadas mediante operaciones temporales, operaciones simples o emisión de certificados de deuda del BCE, que lleva a cabo el Eurosistema con las entidades de crédito y ejecutan los bancos centrales nacionales, mediante subastas estándar o mediante procedimientos bilaterales, que pueden tener periodicidad regular o no y sin vencimiento normalizado.

**B) Facilidades permanentes**: Son el instrumento de la política monetaria única que, a través de los bancos centrales nacionales, ofrece a las entidades de crédito una opción para ajustar en cualquier momento su liquidez.

Hay dos tipos de facilidades permanentes, la *facilidad marginal de crédito*, que permite a las entidades de contrapartida obtener crédito a un día, a un tipo de interés predeterminado, sin más límite que disponer de activos de garantía suficientes, y la *facilidad de depósito*, que les permite efectuar depósitos a un día, remunerados a un tipo de interés predeterminado.

Las facilidades permanentes, además de ofrecer a las entidades de crédito una opción para ajustar su liquidez, sirven para mantener los tipos del mercado a un día dentro de una banda cuyo suelo es el tipo de interés de la facilidad de depósito, y su techo, el de la facilidad marginal de crédito.

Los tipos de interés que se aplican tienen la consideración de **tipos de interés oficiales** del Eurosistema y, habitualmente, se anuncian al mismo tiempo que el tipo de interés mínimo de puja de las operaciones principales de financiación, que se decide en la primera reunión mensual que mantiene el Consejo de Gobierno del BCE.

**C) Reservas mínimas obligatorias**: Son los depósitos que las entidades de contrapartida deben mantener obligatoriamente en los bancos centrales nacionales. Son un instrumento de política monetaria que afecta a las necesidades estructurales de liquidez del mercado y permite estabilizar los tipos de interés a corto plazo.

En el Eurosistema, las reservas mínimas se calculan aplicando un coeficiente, actualmente el 2%, llamado *«coeficiente de reserva» o «coeficiente de caja»*, a los saldos, a fin de mes, de determinados pasivos de las *entidades de crédito,* generalmente a plazos inferiores a dos años, que, en conjunto, forman lo que se denomina «base de reservas». Las reservas así determinadas se deben mantener durante un período de un mes y se renumeran al tipo de interés de las *operaciones principales de financiación* del Eurosistema.

## RESUMEN

- Vendiendo o comprando títulos del Estado en el mercado abierto, el Banco Central puede reducir o aumentar las reservas de los bancos. Estas **operaciones de mercado** abierto constituyen el instrumento estabilizador más importante de que dispone un Banco Central.
- El **multiplicador monetario** indica cuánto varía la cantidad de dinero por cada euro de variación en la base monetaria.

  Cantidad de dinero =

  = Multiplicador de dinero × Base monetaria

- La **oferta monetaria** depende, en última instancia, de la política del Banco Central. Fijando los requisitos de reservas y la tasa de descuento y, especialmente, realizando operaciones de mercado abierto, el Banco Central determina el nivel de reservas y la oferta monetaria. Los bancos y el público cooperan en este proceso. Los bancos crean dinero mediante la expansión múltiple de las reservas; el público acepta mantener dinero en instituciones depositarias.
- La **política monetaria** se refiere a las decisiones que las autoridades monetarias toman para alterar el equilibrio en el mercado de dinero, es decir, para modificar la cantidad de dinero o el tipo de interés.
- El **mercado de dinero** viene determinado por el deseo del público de tener dinero (representado por la curva de demanda de dinero) y por la política monetaria del Banco Central representada por medio de una oferta monetaria fija. Su interdependencia determina el tipo de interés de mercado, *i*. Un endurecimiento de la política monetaria desplaza la curva de oferta monetaria hacia la izquierda, elevando los tipos de interés de mercado. Un aumento de la producción o del nivel de precios del país desplaza la curva de demanda de dinero hacia la derecha y eleva los tipos de interés. La suavización de la política monetaria o la disminución de la demanda de dinero produce los efectos contrarios.
- El **control de las reservas bancarias** por parte del **Banco Central** está sujeto a las perturbaciones internacionales. Sin embargo, estas perturbaciones pueden contrarrestarse si el Banco Central esteriliza los movimientos internacionales.

## CONCEPTOS BÁSICOS

- Banco Central Europeo (BCE).
- Sistema Europeo de Bancos Centrales (SEBC).
- Banco de España.
- Reservas exteriores en oro y divisas.
- Redescuento.
- Base monetaria.
- Factores autónomos y controlables de creación de base monetaria.
- Eurosistema.
- Mecanismo de transmisión.
- Operaciones en el mercado abierto.
- Coeficiente efectivo/depósitos.
- Coeficiente de recursos.
- La preferencia por la liquidez.
- Motivos por los que se demanda dinero: transacción, precaución y especulación.
- Mercado de dinero.
- Multiplicador de creación de dinero.
- Política monetaria.
- Activos líquidos en manos del público.
- Activos líquidos de los bancos o reservas bancarias.
- Tipo de intercambio.
- Trampa de la liquidez.
- Teoría cuantitativa del dinero.

## CUESTIONES PARA LA AUTOEVALUACIÓN

1. Señale las principales funciones del Banco de España mediante el análisis de las distintas partidas del balance tipo.
2. ¿En qué sentido el concepto de divisa es más amplio que el de billete de un banco extranjero?
3. Justifique la siguiente afirmación: «Toda expansión de los activos del Banco de España conduce a una expansión de la base monetaria».
4. ¿En qué circunstancia un aumento de la base monetaria no implicará un aumento de los activos líquidos del sistema bancario?
5. Explique cómo inciden sobre la base monetaria los siguientes fenómenos:
   a) un déficit de la balanza de pagos;
   b) un superávit presupuestario financiado mediante emisión de billetes;
   c) la compra por parte del Banco de España de títulos de deuda pública, y
   d) los aumentos de crédito al sistema bancario.
6. Distinga entre los factores autónomos y los controlables de creación de base monetaria. Asimismo, distinga entre los factores que contribuyen a la creación de la base monetaria y los que reflejan su absorción o colocación.
7. Deduzca la relación funcional existente entre la base monetaria y la oferta monetaria. De acuerdo con la relación obtenida, explique el proceso de expansión múltiple de los depósitos.
8. Indique las distintas razones por las que usted mantendría una parte de su riqueza en forma de dinero.
9. ¿Qué espera usted que ocurra con la cantidad demandada de dinero cuando aumenta el tipo de interés? ¿Y cuando el tipo de interés se reduce? De acuerdo con esta argumentación, ¿qué forma adoptará la representación gráfica de la función de demanda de dinero?
10. El ideal de las autoridades monetarias sería poder controlar simultáneamente la cantidad de dinero y el tipo de interés. ¿Podrán alcanzar este control simultáneo de ambas variables?

## EJERCICIOS Y APLICACIONES

1. Si aumentan las reservas del Banco de España, ¿qué le ocurre a la base monetaria?
2. ¿Cómo puede el Banco de España aumentar la liquidez del sistema bancario y qué efectos tiene sobre la base monetaria?
3. ¿La compra de bonos al sector público afecta a la base monetaria?
4. Explique la relación entre la base monetaria (BM) y la oferta monetaria (OM).
5. ¿Puede el Banco Central controlar de forma precisa la OM?
6. Indique tres medidas que puede realizar el Banco de España para llevar a cabo una política monetaria contractiva.
7. Comente los mecanismos por los que los movimientos de capitales internacionales pueden afectar a la política monetaria de los países.

# CAPÍTULO 5

# EL COMERCIO INTERNACIONAL Y EL MERCADO DE DIVISAS

## INTRODUCCIÓN

El comercio internacional permite a cada país sacar provecho de su posición favorable en la producción de ciertos bienes para la que está especialmente dotado. Las ventajas derivadas de la especialización están, pues, en el origen del comercio internacional. Esto es así tanto a nivel de cada país como de bloques de países, como es el caso de la Unión Europea, que estudiaremos en este capítulo.

Una empresa que ofrece bienes y servicios a sus clientes en otros países requerirá que se le pague en la moneda de su propio país. Así, una empresa española que venda sus productos en Estados Unidos deseará que se le pague en euros, mientras que una empresa norteamericana que venda en España pedirá que se le pague en dólares.

En consecuencia, los compradores en los mercados internacionales necesitan obtener monedas de los países a los cuales desean comprar bienes y servicios, así que un sistema desarrollado de comercio internacional sólo puede funcionar si hay un mercado donde una moneda se puede cambiar por otra. Ésta es la tarea que debe desarrollar el mercado de divisas o de cambios.

## 5.1 El comercio internacional

El comercio internacional consiste en el intercambio de bienes, servicios y capitales entre los diferentes países y permite que cada país obtenga promedio de su posición favoreciéndole en la producción de estos bienes.

> Las **razones del comercio internacional:**
> • Diferencias en las dotaciones de recursos productivos.
> • Distintas capacidades tecnológicas.
> • Ventajas comparativas en los costes de producción.
> • Diferencias en los gustos o preferencias de los consumidores.

Las diferencias en los gustos de los consumidores de unos y otros países también justifican la aparición del comercio internacional.

### 5.1.1 El comercio internacional: la ventaja comparativa y la ventaja absoluta

De los factores explicativos del comercio internacional el que tiene mayor relevancia económica y en el que nos vamos a centrar en el **principio de la ventaja comparativa**. Si bien antes presentaremos el concepto de ventaja absoluta.

**La ventaja absoluta**

Para ilustrar el principio de la ventaja absoluta, considérese el caso de dos países, Francia y España, que producen dos bienes, alimentos y manufacturas, utilizando las siguientes cantidades de trabajo:

*España:*

- 1 hora de trabajo para producir una unidad de alimentos.
- 2 horas de trabajo para producir una unidad de manufacturas.

*Francia:*

- 2 horas de trabajo para producir una unidad de alimentos.
- 1 hora de trabajo para producir una unidad de manufacturas.

Esta situación se puede resumir en un cuadro que recoge, para cada país y para cada unidad de producto, el número de horas de trabajo que se precisa emplear (Cuadro 5.1).

De la información contenida en dicho cuadro se desprende que España posee **ventaja absoluta** en la producción de alimentos (necesita menos horas de trabajo que Francia para obtener una unidad de alimento), mientras que Francia posee ventaja absoluta en la producción de manufacturas. En estas condiciones, España se especiali-

Cuadro 5.1 - Ventaja absoluta (Horas de trabajo necesarias para la producción en España y en Francia)

| Producto | España | Francia |
|---|---|---|
| 1 unidad de alimentos | 1 hora de trabajo | 2 horas de trabajo |
| 1 unidad de manufacturas | 2 horas de trabajo | 1 hora de trabajo |

zará totalmente en la producción de alimentos y Francia lo hará en la de manufacturas.

Un país posee una **ventaja absoluta** sobre otros países en la producción de un bien cuando puede producir más cantidad de dicho bien, con los mismos recursos, que sus vecinos.

Si existiese ventaja absoluta, cada país debería especializarse en la producción del bien en que posee ventaja absoluta e intercambiar los excedentes de dicho bien por los que no produzca.

## El principio de la ventaja comparativa

Fue el economista inglés David Ricardo (1772-1823) quien demostró que no sólo en el caso de que aparezca ventaja absoluta existirá especialización y comercio internacional entre dos países. Podrá ocurrir que uno de ellos no posea ventaja absoluta en la producción de ningún bien, es decir, que necesite más de todos los factores para producir todos y cada uno de los bienes. A pesar de ello, sucederá que la cantidad necesaria de factores para producir una unidad de algún bien, en relación a la necesaria para producir una unidad de algún otro, será menor que la correspondiente al país que posee ventaja absoluta. En este caso decimos que el país en el que tal cosa suceda tiene **ventaja comparativa** en la producción de aquel bien.

Un país tiene **ventaja comparativa** en la producción de un bien cuando puede producir un bien con menor coste de oportunidad que otros países. Este coste de oportunidad se mide como la cantidad de otros bienes a la que hay que renunciar para producir una unidad adicional del bien en cuestión.

El ejemplo anteriormente analizado (véase Cuatro 5.1) de dos países, dos bienes y un factor, puede adaptarse para explicar el nuevo concepto. Si los requerimientos de trabajo para producir cada bien en cada país fueran ahora los que recoge el Cuatro 5.2, España tendría ventaja absoluta en la producción de ambos bienes, pero Francia tendría ventaja comparativa en la producción de manufacturas.

Para introducir una unidad de manufacturas en España se necesita dos veces más cantidad de trabajo que para obtener una unidad de alimento, mientras que Francia necesita la misma cantidad de trabajo para producir alimento que para producir manufacturas. David Ricardo demostró que en esta situación, y a pesar de que España disfruta de ventaja absoluta en la producción de los dos bienes, ambos países pueden salir ganando con el comercio y la especialización. Veamos por qué.

Si no existe intercambio, el trabajador francés necesita emplear tres horas tanto para conseguir una unidad de alimentos como para obtener una unidad de manufacturas. Su colega español se encuentra comparativamente mejor, ya que únicamente necesita una hora para conseguir una unidad de alimentos y dos horas para obtener una unidad de manufacturas. El coste relativo del alimento en términos de manufacturas o coste de oportunidad de España es de 1/2, mientras que en Francia es igual a 1.

Cuando no hay comercio, las manufacturas resultan relativamente más baratas en Francia que en España, mientras que lo contrario ocurre con los alimentos. Al iniciarse el intercambio, los vendedores de alimentos en Francia comenzarán a importar alimentos de España, a cambio de manufacturas francesas en las que estarán interesados los vendedores de España al resultar éstas relativamente más caras en su país.

Para que este flujo comercial tenga lugar es preciso que se realice en unas condiciones que sean favorables para ambos, es decir, a una **relación real de intercambio** entre alimentos y manufacturas comprendida entre 1/2 y 1. Dicha relación deberá ser superior a 1/2 para que España encuen-

Cuadro 5.2 - Ventaja comparativa (Horas de trabajo necesarias para la producción en España y en Francia)

| Producto | España | Francia |
|---|---|---|
| 1 unidad de alimentos | 1 hora de trabajo | 3 horas de trabajo |
| 1 unidad de manufacturas | 2 horas de trabajo | 3 horas de trabajo |

tre favorable el intercambio e inferior a 1 para que también lo sea para Francia. Si los costes de transporte son despreciables, el resultado final de este proceso será que sólo existirá un coste relativo al cual se intercambiarán alimentos por manufacturas en España y en Francia.

La **relación real de intercambio** es la razón a la cual se intercambian los bienes entre dos países.

El valor que finalmente alcance dicha relación dependerá de las presiones de los demandantes sobre uno y otro producto en ambos países. En particular, si tanto en Francia como en España existe mucha demanda de manufacturas y relativamente menos de alimentos, el coste de los alimentos en términos de manufacturas tenderá a aproximarse a la relación de precios entre los dos productos en Francia antes de darse el comercio.

Debido a la existencia de la ventaja comparativa, y a pesar de que España era más eficiente en la producción de los dos bienes considerados, la apertura del comercio entre ambos países provocará un flujo de alimentos de España a Francia y de manufacturas de Francia a España. España se especializará en la producción de aquel bien en el cual tiene una mayor ventaja en comparación con Francia. A su vez, Francia se especializará en la producción del bien en cuya producción es relativamente menos ineficiente que España.

## 5.2 La política comercial: el proteccionismo económico

Los diversos tipos de intervencionismo sobre el comercio internacional, integran lo que se denomina **política comercial**. Esta se concreta en las siguientes medidas:

- Los aranceles.
- Los contingentes o cuotas.
- Las subvenciones o subsidios a la exportación.
- Medidas no arancelarias.

### Los aranceles

De las diversas medidas que integran la política comercial, la que tradicionalmente ha tenido una mayor importancia son los **aranceles**.

Precio nacional = Precio mundial (1 + arancel)

Un **arancel** es un «impuesto» que el gobierno exige a los productos extranjeros con objeto de elevar su precio de venta en el mercado interior y, así, «proteger» los productos nacionales para que no sufran la competencia de bienes más baratos.

### Los contingentes o cuotas a la importación

Si se establece un arancel, los importadores pueden adquirir cualquier cantidad de bienes extranjeros, siempre que paguen el arancel. Cuando se establece un **contingente** a la importación, el Gobierno limita la cantidad de importaciones que pueden realizarse. Así, por ejemplo, el Gobierno español puede decidir limitar las importaciones de motocicletas japonesas a 150.000 unidades anuales como máximo, dejando que el precio se fije libremente en el mercado.

Los efectos económicos de los contingentes se asemejan a los de los derivados de los aranceles en que reducen las importaciones. Al reducir la oferta extranjera disminuye la cantidad ofrecida, lo que hace que suban los precios nacionales respecto a los precios del resto del mundo.

Los **contingentes a la importación** son restricciones cuantitativas que los gobiernos imponen a la importación de determinados bienes extranjeros, es decir, se limita la cantidad que se puede importar de ciertos bienes, cualquiera que sea su precio.

**Cuadro Economía Aplicada I - Composición de las importaciones españolas**

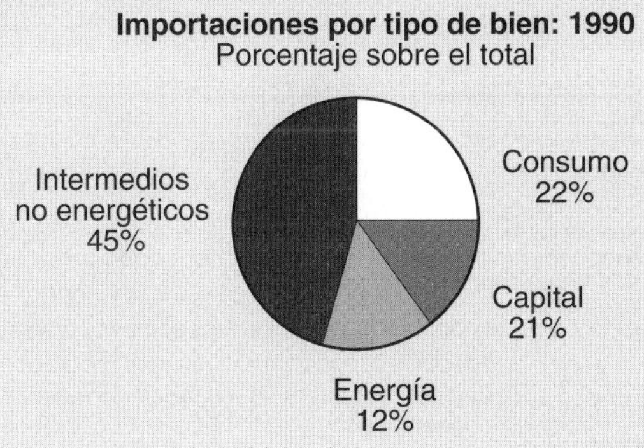

### Las subvenciones a la exportación

Otro tipo de política comercial son las **subvenciones a la exportación**. Su objetivo es fomentar las exportaciones nacionales, subvencionándolas directamente, eximiéndolas de determinados impuestos o concediéndoles líneas especiales de créditos a tipos por debajo del nivel de mercado.

> Las **subvenciones** a las exportaciones son ayudas a los fabricantes nacionales de determinados bienes para que puedan exportarlos a precios menores y más competitivos.

Las subvenciones a las exportaciones estimulan la producción nacional y el empleo, pero también tienen un coste social. Las empresas producen a un coste superior al que pagan los extranjeros por los bienes nacionales. Esto supone que el Estado concede a las empresas una subvención por la diferencia entre el coste de fabricar los bienes y lo que pagan los extranjeros. Al vender productos nacionales al extranjero a un precio inferior a lo que les cuesta a los consumidores nacionales se está generando un despilfarro.

Un tema relacionado con las subvenciones a la exportación es el **dumping**.

El origen del *dumping* es similar al que justifica la concesión de una subvención. Cuando la industria nacional ve reducir su demanda y no puede incrementarla en el mercado local, recurre a los mercados extranjeros y, para penetrar más fácilmente, lo hace a unos precios inferiores a los precios de venta del mercado nacional.

> El **dumping** tiene lugar cuando las empresas venden en el extranjero a un precio inferior al coste o precio en el mercado interior.

### Las barreras no arancelarias y otros obstáculos al libre comercio

Además de los aranceles y de los contingentes hay otras formas sutiles de poner obstáculos al libre comercio, tales como: el establecimiento de procedimientos aduaneros complejos y costosos, el recurso a normas de calidad y sanitarias muy estrictas y, en general, el uso con carácter discriminador de regulaciones administrativas integradas bajo la denominación genérica de **barreras no arancelarias**.

> Las **barreras no arancelarias** son regulaciones administrativas que discriminan en contra de los bienes extranjeros y a favor de los nacionales.

Las medidas proteccionistas más ortodoxas, es decir, los aranceles, tienen el inconveniente de contravenir el espíritu de los acuerdos firmados con los organismos económicos internacionales. Por eso, a menudo se adopta otro tipo de medidas –en forma de restricciones– que son mucho más peligrosas para el comercio mundial y bastante negativas para los países en vías de desarrollo y para la propia eficiencia de las economías que las ponen en práctica. Estas restricciones se aplican a veces de forma unilateral, alegando una desorganización del mercado, como han hecho la mayor parte de los países de la OCDE.

## 5.3 La balanza de pagos

La **balanza de pagos** es el registro sistemático de las transacciones económicas ocurridas durante un tiempo determinado entre los residentesde un país y los residentes del resto del mundo.

La balanza recoge todas las transacciones económicas internacionales. Para ello, contabiliza los **ingresos** (entradas de moneda extranjera) y los **pagos** (salida de moneda extranjera).

- En los **ingresos** se anotan las transacciones que suministran divisas al país que elabora la balanza. Por ejemplo, las exportaciones de mercancías o las importaciones o entradas de capital.
- En los **pagos** se registran las transacciones que implican salida de divisas. Por ejemplo, las importaciones de mercancías o las inversiones en el extranjero del país que hace la balanza.
- El **saldo** viene dado por la diferencia entre los ingresos y los pagos.

### 5.3.1 Estructura de la balanza de pagos

La balanza de pagos se estructura en tres grandes bloques o subbalanzas: **cuenta corriente**, **cuenta de capital** y **cuenta financiera** (Cuadros 5.3 y 5.4 y Esquema 5.1). Asimismo figura una partida de «errores y omisiones» de carácter residual y cuya misión es saldar el conjunto de la balanza.

Esquema 5.1 - La balanza de pagos

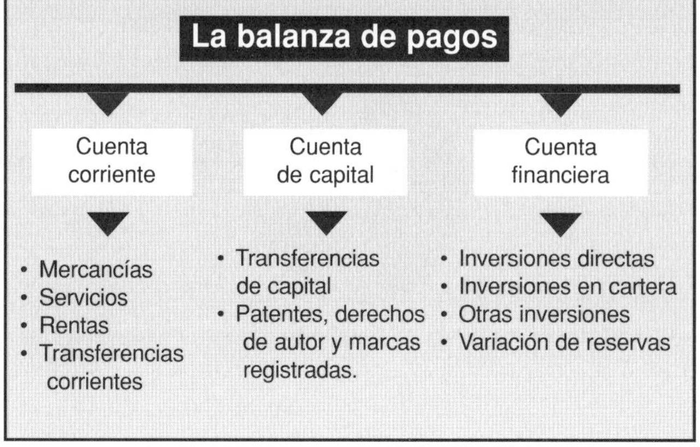

**Balanza de pagos:**
- Cuenta corriente.
- Cuenta de capital.
- Cuenta financiera.
- Errores y omisiones.

## A) La cuenta corriente

La cuenta corriente está integrada por cuatro grupos de operaciones: la **balanza comercial** o **de mercancías**, la **cuenta de servicios**, la **cuenta de rentas** y las **transferencias**.

### La balanza comercial o de mercancías

La balanza de mercancías recoge la exportación e importación de mercancías, sin incluir seguros ni fletes. El valor de las exportaciones se anota en la columna de ingresos y el valor de las importaciones en la columna de pagos.

El saldo positivo en esta balanza significa que se exportan más bienes de los que se importan y, por tanto, los ingresos son mayores que los pagos. Lo contrario ocurre cuando el saldo es negativo; en este caso los pagos son mayores que los ingresos.

Estas operaciones constituyen la denominada **balanza comercial**. Cuando un país exporta un bien cualquiera puede decirse que los demás países están retribuyendo a los factores productivos residentes en el país en cuestión, aumentando su renta nacional bruta disponible. Por el contrario, cuando se importa un bien de otro país se está retribuyendo a los factores productivos de dicho país y reduciéndose la renta nacional bruta del país que realiza la importación.

La **balanza de mercancías** o comercial incluye las transacciones de bienes entre países, es decir, las importaciones y las exportaciones de bienes.

Las transacciones de la balanza de mercancías se contabilizan en forma de ingresos, pagos y saldo.

- Los **ingresos** en moneda extranjera proceden de la venta de bienes y se llaman **exportaciones**. Figuran como parte acreedora.
- Los **pagos**, también en moneda extranjera, son consecuencia de compras de mercancías y se llaman **importaciones**. Constituyen la parte deudora.
- El **saldo** se obtiene por diferencia entre los ingresos por exportaciones y los pagos por importaciones.

### La cuenta de servicios

La **cuenta de servicios incluye las transacciones de productos no tangibles** tales como costes de transportes, viajes, servicios a empresas, servicios de seguros, royalties o ingresos y pagos por el derecho de uso de activos intangibles (cuya **contrapartida se recoge en transferencias** de capital), servicios personales, culturales y recreativos y otros servicios.

La **cuenta de servicios** recoge las exportaciones e importaciones de servicios: turismo y otros.

La exportación e importación de servicios produce los mismos efectos sobre la renta nacional bruta que la de mercancías.

Las exportaciones de servicios, como por ejemplo aquellas operaciones en la que los residentes en el territorio nacional[1] prestan un servicio informático a un residente en el

**Cuadro 5.3 - Estructura de una balanza de pagos**

| CUENTA CORRIENTE | | | |
|---|---|---|---|
| | **Ingresos** | **Pagos** | **Saldo (Ingresos-Pagos)** |
| 1. Mercancías | Exportaciones | Importaciones | |
| 2. Servicios | Exportaciones | Importaciones | |
| 3. Rentas | Entradas | Salidas | |
| 4. Transferencias corrientes | Entradas | Salidas | |
| **Cuenta corriente** | | | |
| **CUENTA DE CAPITAL** | | | |
| | **Ingresos** | **Pagos** | **Saldo (Ingresos-Pagos)** |
| 5. Capital | Entradas | Salidas | |
| **CUENTA FINANCIERA** | | | |
| | **Variación neta pasivos (VNP)** | **Variación neta activos (VNA)** | **Saldo (VNP-VNA)** |
| 6. Inversiones directas en cartera | De extranjeros en el país | De nacionales en el extranjero | |
| 7. Otras inversiones | Préstamos obtenidos | Préstamos concedidos | |
| 8. Variación de reservas | | | Variación neta |
| **Cuenta financiera** | | | |
| Errores y omisiones | | | |

1 En el manual de la balanza de pagos del FMI se utiliza un concepto de residente basado en el centro de interés económico de la unidad que interviene en la transacción, independientemente de la nacionalidad. Así, un inglés que instala un comercio en España tiene su centro de interés económico en España y se considera como residente para la elaboración de la balanza de pagos, aunque mantenga la nacionalidad británica y viaje frecuentemente a Inglaterra.

**Cuadro 5.4 - Balanza de pagos 2004**

| ACUMULADO ENERO-NOVIEMBRE | (Millones de euros) | | |
|---|---|---|---|
| | **Ingresos** | **Pagos** | **Saldos** |
| **Cuenta corriente** | **234.373,0** | **268.200,3** | **-33.827,9** |
| Balanza comercial | 135.696,3 | 182.177,9 | -46.481,6 |
| Servicios | 63.403,1 | 39.472,9 | 23.930,1 |
| Turismo y viajes | 35.139,3 | 8.173,0 | 26.966,3 |
| Otros | 28.263,7 | 31.299,9 | -3.036,2 |
| Rentas | 21.009,8 | 32.122,3 | -11.112,5 |
| Transferencias | 14.263,9 | 14.427,8 | -163,9 |
| **Cuenta de capital** | **7.642,4** | **791,0** | **6.851,4** |
| **CUENTAS CORRIENTES + CAPITAL** | **242.015,4** | **268.991,9** | **-26.976,5** |
| | **Variación neta pasivos (VNP)*** | **Variación neta activos (VNA)*** | **Saldos (VNP)-(VNA)*** |
| CUENTA FINANCIERA | - | - | 32.406,2 |
| **Excluido Banco de España** | **-** | **-** | **50.205,6** |
| Inversiones directas | - | - | -24.351,8 |
| De España en el exterior | - | 29.066,4 | -29.066,4 |
| Del exterior en España (1) | 4.714,6 | - | -4.714,6 |
| Inversiones de cartera | - | - | 73.099,8 |
| De España en el exterior | - | 24.387,7 | -24.387,7 |
| Del exterior en España (2) | 97.487,5 | - | 97.487,5 |
| Otras inversiones (3) | - | - | -1.335,7 |
| De España en el exterior | - | 26.714,5 | -26.714,5 |
| Del exterior en España | 25.378,8 | - | 25.378,8 |
| Derivados financieros | - | -2.793,3 | -2.793,3 |
| **Banco de España (4)** | **-** | **-** | **-17.799,4** |
| Reservas | - | - | 5.102,9 |
| Activos BE frente al Eurosistema | - | - | -16.805,0 |
| Otros activos netos | - | - | -6.097,3 |
| **ERRORES Y OMISIONES** | **-** | **-** | **-5.429,7** |

Fuente: Banco de España

(1) No recoge las inversiones directas en acciones cotizadas; incluyen las inversiones de cartera en acciones no cotizadas.
(2) Incluyen las inversiones directas en acciones cotizadas; no recoge las inversiones de cartera en acciones no cotizadas.
(3) Incluye, principalmente, préstamos, repos y depósitos.
(4) Un signo negativo (positivo) supone un aumento (disminución) de los activos del BE frente al exterior.
(*) Por convención contable.

Cuenta financiera, excluido el Banco de España:

VNA un signo positivo (negativo) supone un aumento (disminución) de los activos y, por tanto, una salida (entrada) de capital.

VNP: un signo positivo (negativo) supone un aumento (disminución) de los pasivos y, por tanto, una entrada (salida) de capital.

VNP-VNA: un signo positivo (negativo) supone una entrada (salida) de capital.

Errores y omisiones, un signo positivo (negativo) supone un ingreso (pago) no contabilizado en otra rúbrica de la balanza.

extranjero, se anotan en la columna de ingresos. Las importaciones de servicios se anotan en la columna de pagos.

En el caso de la economía española, lo frecuente es agrupar todas las operaciones de servicios en dos categorías: turismo y otros servicios.

### La cuenta de rentas

En la **cuenta de rentas** se anotan las rentas de capital financiero (dividendos, intereses, rentas de inversión, etc.) obtenidas en otro país que no es el de residencia del propietario del capital financiero y los ingresos por trabajo obtenidos en un país que no es el de residencia del trabajador (trabajadores temporeros, aquellos que cruzan la frontera todos los días para dirigirse a su trabajo o trabajadores que ocasionalmente prestan algún servicio en el extranjero), así como los pagos efectuados por estos conceptos a residentes extranjeros.

Tanto las rentas del trabajo como las del capital recibidas por los residentes hacen que aumente la renta nacional bruta disponible, mientras que los pagos afectados por estos conceptos a los no residentes hace que disminuya.

El importe de las rentas obtenidas en el extranjero por residentes nacionales se anota en la columna de ingresos, mientras que las obtenidas en territorio nacional por residentes en el extranjero se anotan en la columna de pagos.

> La **cuenta de rentas** recoge las rentas obtenidas en otros países que no son el de residencia del propietario del capital y los ingresos por trabajo obtenidos en un país que no es el de residencia del trabajador.

### La cuenta de transferencias corrientes

La **cuenta de transferencias corrientes** incluye todas las operaciones que no tienen contrapartida económica directa, como es el caso de las remesas de emigrantes, las transferencias oficiales corrientes, las donaciones privadas y públicas como por ejemplo la ayuda al desarrollo, etc.

Los ingresos generados por las transferencias corrientes recibidas aumentan la renta nacional bruta disponible, mientras que los pagos la disminuyen. Las entradas de transferencias se anotan en la columna de ingresos y las salidas en la de pagos.

> La **cuenta de transferencias corrientes** recoge las operaciones sin contrapartida.

### El saldo de la cuenta corriente

La suma de saldos de las cuentas de mercancías, servicios, rentas y transferencias constituye el saldo de la **cuenta corriente**. Cuando la cuenta corriente presenta un superávit (ingresos > pagos) aumentan los activos frente al exterior y la economía está prestando al resto del mundo. Cuando la cuenta corriente presenta déficit (ingresos < pagos) disminuyen los activos frente al exterior y la economía toma prestado del resto del mundo.

## B) La cuenta de capital

La **cuenta de capital** es el segundo bloque de la balanza de pagos e incluye dos tipos de transacciones: 1) **Las transferencias de capital unilaterales** sin contrapartida y que no modifican la renta nacional bruta disponible, como son los movimientos de fondos que se generan por la liquidación del patrimonio de los emigrantes, la condonación de deudas por los acreedores y, en el caso europeo, las aportaciones que realiza la Unión Europea a sus Estados miembros como son los «fondos para el desarrollo regional» y «los fondos de cohesión de la Unión Europa». 2) **La adquisición y enajenación de activos no financiero, no producidos**, como son la tierra o recursos del subsuelo, así como las transacciones relacionadas con activos intangibles que toman la forma de patentes, derechos de autor, marcas, etc.

Las entradas de transferencias de capital y la venta de activos se anotan en la columna de ingresos y las salidas y compras en la columna de pagos.

> La **cuenta de capital** incluye las transferencias de capital y la adquisición y enajenación de activos no financieros, no producidos y las transacciones de activos intangibles.

Esta cuenta recoge las rentas que permiten a un país vivir a un nivel distinto del que le permitirían sus medios corrientes y que se refleja en la balanza por cuenta corriente. Incluye, pues, las recepciones de fondos procedentes del extranjero.

## C) La cuenta financiera

El tercer gran bloque de la balanza de pagos es la cuenta financiera, que incluye los siguientes conceptos: inversiones de España en el exterior, inversiones del exterior en España, préstamos y depósitos de España en el exterior, préstamos y depósitos del exterior en España y las reservas.

Esta categorización de la cuenta financiera es la realizada por el Banco Central. En cualquier caso, resulta interesante clasificarla según la clase de inversión de que se trate, esto es, haciendo un desglose funcional. Desde esta perspectiva cabe distinguir entre:

- **Inversión directa.**
- **Inversión de cartera.**
- **Otras inversiones.**
- **Variación de reservas.**

**• Inversión directa**

Se considera que se trata de una inversión directa si el inversor pretende mantener una presencia estable en la empresa invertida, alcanzando un grado significativo de influencia en la gestión o en sus órganos de dirección. La inversión en inmuebles aparece recogida también como inversión directa.

Las operaciones más frecuentes incluidas en esta cuenta son la compra o venta de acciones y participaciones y la realización de operaciones inmobiliarias.

**• Inversión de cartera**

Las inversiones de cartera son las transacciones en valores negociables, excluidas las que se clasifican como inversión directa. En concreto los productos financieros operados son: acciones, títulos de la deuda (bonos y pagarés), instrumentos del mercado monetario (títulos a corto plazo) e instrumentos financieros derivados (las opciones, por ejemplo).

Las **cuentas de inversiones directas e inversiones de cartera** incluyen las operaciones consistentes en adquisición de **valores negociables** como por ejemplo acciones, bonos, obligaciones, etc, y la **adquisición de inmuebles**. La adquisición de activos nacionales por parte de residentes en el extranjero se anota en la columna de variación de pasivos con signo positivo, mientras que la compra de activos extranjeros por parte de residentes del país se anota en la columna de variación de activos, también con signo positivo. Por el contrario, la venta de activos nacionales por parte de residentes en el extranjero a los residentes en el país se anota en la variación de pasivos con signo negativo. Paralelamente, la venta de activos extranjeros que poseen los residentes en el territorio nacional a los residentes en el resto del mundo se contabiliza en la columna de variación de activos con signo negativo. Así pues, las columnas de variación de activos y variación de pasivos recogen incrementos o disminuciones netas.

Resulta, por tanto, que en las cuentas de inversiones las entradas de capital procedentes del extranjero para comprar activos nacionales (variación de pasivos financieros) se anotan con signo positivo en la columna de variación de pasivos, pues suponen un aumento de los pasivos frente a los no residentes. Las salidas de capital para comprar activos extranjeros por parte de residentes nacionales (variación de activos financieros) se anotan con signo positivo en la columna de variación de activos, pues suponen un aumento de los activos frente a los no residentes.

Las transacciones que se recogen en la cuenta financiera modifican la posición acreedora-deudora del país con respecto al exterior. Si un país realiza inversiones en el exterior, la deuda de los residentes de esos países con respecto a los residentes del país aumentará; es decir, la posición acreedora exterior del país considerado experimentará una elevación. Si se producen inversiones del exterior en el país ocurrirá exactamente lo contrario: deberemos más y habrá aumentado nuestra posición deudora.

> Las operaciones que se recogen en la cuenta financiera alteran la posición acreedora-deudora del país con respecto al exterior.

**• Otras inversiones**

Incluye los préstamos ligados a operaciones comerciales (créditos comerciales) y financieras, distinguiendo entre el corto y el largo plazo; también se recogen los depósitos en el extranjero o de extranjeros en el país.

En la cuenta **otras inversiones** se anotan, por tanto, las operaciones de préstamos (comerciales o financieros) y los depósitos entre residentes en el territorio nacional y residentes en el resto del mundo. Las operaciones en las que un residente en territorio nacional recibe el préstamo o depósito se anotan en la columna variación de pasivos. Cuando el residente en el territorio nacional es el que concede el préstamo o depósito a un residente en el extranjero y por tanto quien recibe el préstamo o el depósito es el residente en el extranjero, se anota en la columna de variación de activos. La devolución de préstamos o la cancelación de los depósitos se anotan en la misma columna en que se apuntaron cuando fueron otorgados, pero con signo negativo.

**• Variación de reservas**

En esta cuenta, fruto de la evolución del comercio internacional, se incluye la variación de los activos de reserva, esto es, las **reservas** como el oro monetario, los Derechos Especiales de Giro[2], la posición de reservas en el FMI y los activos en moneda extranjera (depósitos y moneda) fundamentalmente de disponibilidad inmediata por la autoridad monetaria, para financiar los desequilibrios de la balanza de pagos o para regular indirectamente su magnitud.

> Las **reservas** son las posesiones de divisas que tiene un país y otros activos que pueden utilizarse para satisfacer las demandas de divisas, y que sitúan al país como acreedor frente al exterior, ya que éstas representan activos frente al resto del mundo.

2 Los Derechos Especiales de Giro son anotaciones en el haber de las cuentas de los países miembros del FMI que se conceden a cada país en razón de su volumen de comercio.

La **cuenta de variación de reservas** recoge por tanto los incrementos o disminuciones netas de moneda extranjera, oro monetario, derechos especiales de giro, etc.

Las operaciones que incrementan (reducen) la columna de variación de pasivos de la cuenta financiera son aquellas que implican un aumento (disminución) de la posición deudora de los residentes de un país con respecto al exterior. Por el contrario, las operaciones que suman (restan) en la columna de variación de activos conllevan un aumento (disminución) de la posición acreedora.

La variación de reservas es una partida acomodadora cuya magnitud debe ser tal que el saldo final de la balanza sea cero. Si para que cuadre la balanza de pagos, la magnitud de esta partida hay que anotarla en la columna de variación de pasivos de la cuenta financiera, significa que el país en cuestión está endeudado con el exterior por el montante de la variación neta de reservas de divisas. Si, por el contrario, para que cuadre la balanza de pagos la variación neta hay que introducirla en la columna de variación de activos, significa que el país en cuestión es acreedor por el montante de la variación neta.

La cuenta de variación de reservas refleja las variaciones de las reservas a disposición del Banco Central producidas como consecuencia de las operaciones con el exterior. En la columna de variación de pasivos se anotan las disminuciones en las reservas, ya que su venta proporciona fondos en unidades monetarias del país. En la columna de variación de pasivos se anotan los aumentos en las reservas de divisas.

> La **variación de reservas** mide el aumento o disminución de los medios de pago internacionales, determinado por la entrada o salida de divisas reflejando por tanto el cambio en la posición acreedora o deudora frente al resto del mundo.

## 5.3.2 El saldo de la balanza de pagos: equilibrio y desequilibrio

Como se ha señalado, la balanza de pagos es un documento que contablemente siempre está equilibrado debido a que las anotaciones de las operaciones se rigen por el principio de la partida doble, esto es, todas las operaciones se anotan dos veces, cada una de ellas en una subcuenta distinta. Además, cada operación se anota bien en las dos columnas con el mismo signo o en la misma columna con signos contrarios. Dado que todas las transacciones se anotan dos veces, la suma de todas las partidas de la columna izquierda [ingresos y variación neta de pasivos (VNP)] siempre será igual a la suma de la columna de la derecha [pagos y variación neta de activos (VNA)], de forma que el saldo total de la balanza sea nulo.

**• Errores y omisiones**

La realidad, sin embargo, es que la suma de todas las partidas de la columna de la izquierda y las de la derecha no coincide exactamente. Ello se debe a las imperfecciones y a los errores del proceso de recogida de datos. Para hacerlas exactamente iguales existe una partida adicional denominada «**errores y omisiones**» que hace que el saldo de la balanza de pagos sea nulo.

Así pues, la partida de ajuste «errores y omisiones» no constituyen en realidad una rúbrica que pertenezca a la cuenta corriente, de capital o financiera, sino que es un mero ajuste contable de la diferencia entre el total de ingresos y de pagos. En otras palabras «errores y omisiones» es la partida de cierre de la balanza de pagos, que recoge el valor de todas las operaciones no registradas por múltiples razones y que, de haberlo sido, hubieran permitido que la suma de todos los saldos fuese igual a cero. Así pues, se ha de cumplir que la suma de los saldos de:

Saldo cuenta corriente + [Saldo cuenta de capital +

+ Saldo cuenta financiera] + errores y omisiones = 0

Considerando en la anterior expresión que la partida de «errores y omisiones» es despreciable resulta que el saldo de la balanza por cuenta corriente debe ser igual pero de signo contrario al saldo de la suma de las otras dos balanzas. Dentro de la cuenta financiera, la variación de reservas es la partida acomodadora que hace que el saldo final de la balanza de pagos sea nulo.

**• Equilibrio y desequilibrio de la balanza de pagos**

El equilibrio contable no implica la existencia de equilibrio económico. Dado que el total de la balanza de pagos siempre está equilibrado, para distinguir entre equilibrio y desequilibrio en vez de analizar el saldo de la balanza de pagos debemos analizar los saldos de las distintas cuentas. El saldo de una cuenta es la diferencia entre el valor del lado izquierdo de la cuenta en cuestión y el lado derecho. Dado que el saldo de la balanza de pagos es nulo, puede comprobarse examinando el saldo de las diversas partidas y relacionándolas entre sí que el saldo de una partida o grupo de partidas estará siempre compensado por el saldo de signo contrario del resto de partidas. Esto nos permite distinguir entre **transacciones autónomas** y acomodantes. Las transacciones autónomas son las que tienen lugar por motivos económicos o por razones políticas pero que no toman en cuenta, en ningún momento, la situación de la balanza de pagos del país en cuestión. Las **transacciones acomodantes** son las que tienen lugar a consecuencia del desequilibrio provocado por las autónomas, es decir, son las de carácter compensador o financiador.

No existe un único criterio para identificar las transacciones autónomas. Hay, de hecho, diferentes agrupaciones de las transacciones autónomas que permiten distintos análisis. Las distintas cuentas de la balanza de pagos aportan informaciones diferentes sobre la situación de un país con respecto al exterior.

Las tres principales agrupaciones y las correspondientes partidas financiadoras son las que vamos a analizar seguidamente.

**A) Cuenta corriente.**

**B) Cuenta corriente más cuenta de capital**: capacidad o necesidad de financiación.

**C) Liquidaciones oficiales** (todas menos variación de reservas).

## A) Cuenta corriente

Para tratar de darle un significado macroeconómico al concepto de equilibrio de la balanza de pagos tengamos en cuenta que las exportaciones netas (*XN*) pueden expresarse como la diferencia entre el ahorro total (*ST*), definido como la suma del ahorro público y el ahorro privado, y la inversión (*I*).

$$XN \equiv ST - I \quad [5.1]$$

Esta relación establece de forma explícita la interdependencia entre los mercados de bienes y los mercados financieros, ya que muestra la relación entre el movimiento internacional de fondos para la acumulación de capital, $ST - I$, y el movimiento internacional de bienes y servicios, *XN*.

La parte derecha de la relación [5.1] es la **inversión exterior neta**, esto es, el exceso de ahorro interior sobre la inversión interior, y equivale a la diferencia entre lo que prestan los residentes del país a los extranjeros y lo que reciben prestado de los extranjeros. De forma que si existe superávit comercial, el país actúa como prestamista neto en los mercados mundiales, ya que está exportando una mayor cantidad de bienes de lo que importa. Por el contrario, en presencia de déficit comercial, el país es prestatario neto, pues importa más de lo que exporta.

De todo ello resulta que si el ahorro interior de un país es superior a la inversión, el ahorro que no se invierte en el propio país se utiliza para conceder préstamos a los agentes extranjeros. Los agentes de estos países necesitan estos préstamos, ya que les estamos suministrando más bienes y servicios de los que ellos nos suministran. Por el contrario, si la inversión es superior al ahorro, ésta debe financiarse pidiendo préstamos en el extranjero. Estos préstamos permitirán al país en cuestión importar más bienes y servicios de los que exporta y, en consecuencia, estará incurriendo en un **déficit comercial.**

> Los movimientos internacionales de bienes y servicios y los movimientos de fondos financieros para financiar la acumulación de capital son dos caras de una misma moneda.

En cualquier caso, los movimientos internacionales de capitales no se limitan a préstamos, tal como se ha considerado en el párrafo anterior, sino que pueden adoptar muchas formas, entre las que cabe destacar la compra de activos financieros e inmobiliarios.

Si el saldo de la cuenta corriente es positivo ($XN > 0$), es decir, hay **superávit comercial**[3], quiere decir que el ahorro nacional es suficiente para financiar la inversión nacional y el exceso de ahorro se canaliza al exterior. El país vende más al exterior que lo que compra de éste, por lo que está incrementando su posición acreedora con respecto al extranjero, y la diferencia entre las exportaciones y las importaciones se financia mediante una salida neta de capitales financieros. En este caso una parte del ahorro nacional saldría al extranjero.

Una cuenta corriente negativa ($XN < 0$), es decir, deficitaria muestra que el ahorro nacional es insuficiente para financiar la inversión nacional, lo que implica que habrá que recurrir al ahorro exterior. En este caso el país vende menos al exterior de lo que compra de éste, por lo que está incrementando su posición deudora con respecto al extranjero; la diferencia entre las importaciones y las exportaciones se financia mediante una entrada neta de capitales. Una parte del ahorro extranjero está entrando en territorio nacional.

Si las exportaciones netas son nulas ($XN = 0$), el país vende al exterior lo mismo que compra de éste. En este caso no varía la posición acreedora ni deudora de un país con respecto al exterior y la entrada neta de capitales financieros y de ahorro en el país sería nula.

De lo señalado se desprende que un déficit por cuenta corriente implica un superávit de las cuentas de capital y financiera conjuntamente. Esto permite afirmar que el déficit por cuenta corriente se debe financiar mediante préstamos o inversiones de extranjeros o mediante la salida de divisas u otros activos de reserva. Téngase en cuenta que la entrega de divisas es en realidad la devolución de unos activos de los que se disponía frente al exterior y que equivale a una disminución de la posición acreedora del país. Así pues, un déficit por cuenta corriente implica un aumento de la posición deudora del país con respecto al exterior, lo que bajo ciertas condiciones equivale a decir que cuando un país compra más de lo que vende tiene que tomar prestada la diferencia del resto de países.

3 Para facilitar la expresión estamos identificando la cuenta comercial con la cuenta corriente.

Por otro lado, un superávit por cuenta corriente supone un incremento de la posición acreedora con respecto al resto del mundo.

### El saldo de la cuenta corriente y las partidas financiadoras

En el Cuadro 5.5 aparecen los saldos que integran el saldo de la cuenta corriente y las partidas financiadoras o acomodantes. La línea se ha trazado incluyendo dentro de las transacciones autónomas las de mercancías, servicios, rentas y transferencias corrientes.

Cuando un país tiene superávit o déficit por cuenta corriente, varía su propiedad de activos exteriores definidos como la diferencia entre los activos exteriores que poseen los residentes nacionales y los activos nacionales que poseen los extranjeros. De este modo, si una economía presenta un déficit por cuenta corriente, como es el caso tradicional de la economía española, para financiarlo cabe recurrir a alguna de las operaciones que figuran como partidas financiadoras en el Cuadro 5.5, tales como:

a) Vender activos nacionales (acciones, propiedades inmobiliarias, la propiedad directa de sociedades anónimas, etc.) a residentes extranjeros.
b) Pedir prestado a los bancos extranjeros.
c) Vender activos exteriores que se poseen en el extranjero.

> Un **déficit por cuenta corriente** se financia vendiendo activos a extranjeros o pidiéndoles prestado, es decir, endeudándose. Para eliminar un déficit por cuenta corriente, un país debe reducir su gasto en el extranjero o aumentar los ingresos procedentes de la venta de bienes y servicios en el extranjero.

### B) Capacidad y necesidad de financiación: Cuenta corriente más cuenta de capital

El saldo de la cuenta corriente no revela el préstamo que una economía efectúa al resto del mundo o el que requiere del resto del mundo: para conocerlo es preciso añadir al saldo de la cuenta corriente el saldo de la cuenta de capital (Cuadro 5.6).

Un saldo positivo (**capacidad de financiación**) de esas dos cuentas (corriente más capital) equivale a un préstamo al resto del mundo, registrado a través de la cuenta financiera (inversiones exteriores, concesión de préstamos o aumento de reservas de divisas) y supondrá un incremento de los activos exteriores.

Un saldo negativo (**necesidad de financiación**) de la cuenta corriente más la de capital equivale a recibir un préstamo del resto del mundo, contabilizado también en la cuenta financiera, y supondrá un aumento de los pasivos exteriores (incremento de inversiones extranjeras o de préstamos exteriores) o una disminución de los activos exteriores (reducción de la reserva de divisas).

**Cuadro 5.5 - El saldo de la cuenta corriente**

| | |
|---|---|
| **Cuenta corriente** | Saldo de mercancías |
| | Saldo de servicios |
| | Saldo de rentas |
| | Saldo de transferencias corrientes |
| **Partidas financiadoras (acomodantes)** | Saldo de la cuenta de capital |
| | Saldo de inversiones |
| | Saldo de otras inversiones |
| | Variación de reservas |
| | Errores y omisiones |

### C) Liquidaciones oficiales

Cuando se realiza esta agrupación de las transacciones exteriores de forma que como transacciones autónomas consideramos las liquidaciones oficiales, lo que se pretende es poner de manifiesto la situación de liquidez de un país (véase Cuadro 5.7). El saldo de liquidaciones oficiales explicita el lado monetario de las cuentas exteriores de un país, es decir, la posición en que se encuentra para defender su moneda.

Al seguir este criterio de identificación de las transacciones autónomas, el análisis de las reservas del Banco Central permite determinar la situación de déficit o superávit de la balanza de pagos globalmente considerada. De hecho, la variación neta de reservas es el saldo de la balanza de pagos.

**[Saldo de la balanza de pagos = Variación de reservas]**

El saldo de las variaciones de reservas indica las transacciones realizadas por las autoridades económicas en respuesta a los movimientos del resto de partidas que integran la balanza de pagos. Las variaciones de reservas pueden ser la contrapartida de los movimientos de cualquiera de las otras partidas de la balanza de pagos.

De hecho, la definición tradicional de equilibrio de la balanza de pagos toma como referencia el equilibrio de la partida de variación de reservas, pues ésta implica la existencia de equilibrio en el resto de las partidas consideradas de forma conjunta. Resulta, sin embargo, que esta definición no es completa, pues no recoge información referente a temas tales como la estabilidad del equilibrio, pues no es lo mismo que un déficit corriente se cubra con préstamos, inversiones, capitales o salida de divisas.

**Cuadro 5.6 - Capacidad o necesidad de financiación de un país**

| | | |
|---|---|---|
| **Capacidad o necesidad de financiación (Cuenta corriente + Cuenta de capital)** | Saldo de mercancías<br>Saldo de servicios<br>Saldo de rentas<br>Saldo de transferencias corrientes | Cuenta corriente |
| | Saldos de transferencias de capital<br>Saldos de adquisición/enajenación de activos no financieros no producidos | Cuenta de capital |
| **Partidas financiadoras (acomodantes)** | Saldo de inversiones<br>Saldo de otras inversiones<br>Variación de reservas | Cuenta financiera |
| | Errores y omisiones | |

Las **reservas** son las posesiones que tiene un país de divisas y otros activos que pueden utilizarse para satisfacer las demandas de divisas, y que sitúan al país como acreedor frente al exterior, ya que éstas representan activos frente al resto del mundo.

La balanza de pagos tiene un superávit cuando presenta en conjunto un superávit y las divisas están aumentando, por lo que mejora la posición acreedora del país con relación al resto del mundo. En concreto, un saldo positivo de la balanza de pagos indica que el resto del mundo se ha endeudado con el país en ese período en la misma cuantía en que las reservas de oro y divisas del país han aumentado. Este aumento se anota en el lado de los pagos por necesidades de equilibrio contable.

En el caso de un déficit, las divisas procedentes de las liquidaciones están disminuyendo. Esta disminución de reservas refleja que el país se ha endeudado con el resto del mundo por la cuantía del déficit. La disminución de reservas se apunta en el lado de los ingresos también por necesidades de equilibrio contable.

Como vimos al estudiar el balance del Banco Central (Cuadro 4.1), las reservas de divisas son una de las partidas del activo. Todo superávit del saldo de la balanza de pagos implica un incremento de las reservas, y como tal aparece registrado en el balance del Banco Central. Paralelamente, cuando tiene lugar un déficit, se producirán las consiguientes reducciones en la cantidad de reservas. Ello se debe a que el Banco Central es el canal obligatorio para la adquisición o venta de divisas.

El Banco Central reduce sus reservas de divisas cuando la balanza de pagos tiene un déficit y las incrementa cuando ésta presenta un superávit.

En cualquier caso, debe señalarse que los incrementos o las reducciones de las reservas no son sólo el reflejo de los desequilibrios de las transacciones privadas, públicas o autónomas, sino también de la actuación del Banco Central. Generalmente los bancos centrales compran y venden reservas o divisas, esto es, intervienen en los mercados de divisas con objeto de influir sobre la cotización de la moneda nacional en relación con las otras monedas o divisas de otros países. Las variaciones de reservas derivadas de estas intervenciones de los bancos centrales no están relacionadas con las **variaciones compensatorias** de los desequilibrios de la balanza de pagos antes comentadas, sino que son el fruto de los intentos del Banco Central para mantener la cotización de la moneda, como veremos en el capítulo siguiente.

Las compras o ventas de euros que realiza el Banco Central Europeo en los mercados de divisas se denominan **operaciones de intervención**. El Banco Central Europeo gasta o aumenta sus reservas de divisas cuando interviene en el mercado de divisaspara controlar el valor del euro.

**Cuadro 5.7 - Saldo de liquidaciones oficiales**

| | |
|---|---|
| **Liquidaciones oficiales** | Saldo de mercancías<br>Saldo de servicios<br>Saldo de rentas<br>Saldo de transferencias corrientes<br>Saldo de cuenta de capital<br>Saldo de inversiones<br>Saldo de otras inversiones<br>Errores y omisiones |
| **Partidas financiadoras (acomodantes)** | Variación de reservas |

### La balanza de pagos como fuente de problemas

La balanza de pagos puede originar problemas a un país por varias razones. Éstas se pueden agrupar en dos:

1. Por pérdida de mercados de exportación a favor de otros países.
2. Porque se incrementen significativamente sus importaciones. Este crecimiento se puede deber a que el país ha entrado en una fase de expansión y las importaciones son muy sensibles al crecimiento de la producción o porque, debido a un fuerte aumento de los precios de las importaciones, lo que aumente es la factura que debe pagar el país por los productos que importa.

Durante un tiempo una situación de déficit en la balanza por cuenta corriente puede financiarse vendiendo activos, incluidas las reservas de divisas, pero si la situación de déficit persiste finalmente el país deberá ajustarse. En última instancia, todo el ajuste consiste en vender una mayor cantidad de bienes y servicios, trabajando y produciendo más, y en reducir los gastos para que se liberen más recursos para la exportación.

Por tanto, todo proceso de ajuste es duro, pues supone reducir el nivel de vida, y esto lo hace impopular desde el punto de vista político. Por esta razón, a veces se posponen las políticas de ajuste, pudiendo llegar a presentarse una *crisis de balanza de pagos*.

> Una **crisis de balanza de pagos** se produce cuando un país se ha resistido durante un tiempo a ajustar su déficit por cuenta corriente y se está quedando sin reservas de divisas.

Otra posibilidad para lograr que los ingresos totales de divisas de un país sean iguales a sus pagos consiste en intervenir en el mercado de divisas, no ya comprando o vendiendo, sino alterando el *tipo de cambio*, esto es, el precio de la moneda nacional en términos de una unidad de moneda extranjera. A su estudio se dedica precisamente el resto del presente capítulo.

## 5.4 El comercio internacional y el tipo de cambio

*Una divisa es dinero extranjero* y las transacciones entre monedas de distintos países se realizan en *el mercado de cambios o de divisas*. En él se lleva a cabo el cambio de la moneda nacional por las monedas de los países con los que se mantienen relaciones económicas y se origina un conjunto de ofertas y demandas de moneda nacional a cambio de monedas extranjeras.

> Los **mercados de divisas** son aquellos en los que se compran y venden las monedas de diferentes países.

En el mercado de divisas de la zona euro, las familias europeas adquieren monedas de países extracomunitarios para atender pagos en el extranjero como, por ejemplo, financiar la realización de estudios superiores fuera de la UE. Así mismo, las empresas europeas adquieren divisas para pagar las importaciones de bienes y servicios.

Por otro lado, las familias extranjeras que desean pasar sus vacaciones en cualquiera de los países de la zona euro o las empresas de terceros países que importan productos europeos, ponen sus monedas en venta para comprar los euros que necesitan. Este tipo de transacciones determina el precio o *tipo de cambio* del euro frente a las otras monedas.

> El **tipo de cambio nominal**, o simplemente el tipo de cambio, es el precio relativo de una moneda por otra moneda distinta: es el número de unidades de la moneda extranjera que hay que entregar para obtener una unidad de moneda nacional.

Este concepto se suele expresar como el número de unidades de moneda extranjera por unidad de moneda nacional. Por ejemplo, que el tipo de cambio del euro frente al dólar sea de 1,25, quiere decir que hay que entregar 1,25 dólares para obtener un euro. También se conoce como el tipo de cambio dólar/euro[4].

*El tipo de cambio al ser un precio relativo puede expresarse de dos formas alternativas. En el caso del euro y el dólar:*

*a) Tipo de cambio euro/dólar. Es el número de euros que hay que entregar para obtener un dólar.*

*b) Tipo de cambio dólar/euro. Es el número de dólares que hay que ofrecer para obtener un euro.*

Si un euro = 1,25 dólares, caben dos alternativas:

a) Tipo de cambio dólar/euro = 1,25 dólares por un euro.

b) Tipo de cambio euro/dólar = 0,8 euros por un dólar.

A partir de ahora optaremos por definir el tipo de cambio como dolar/euro, esto es, el número de dólares que hay que entregar para obtener un euro.

### La depreciación y la apreciación del tipo de cambio

El tipo de cambio se determina en el mercado de divisas mediante el juego de la oferta y la demanda, y como todo

4 Debe señalarse que en la prensa española, por convención, este concepto se presenta de forma inversa. Así, es frecuente hablar del tipo de cambio euro/dólar y, sin embargo, ofrecer la cifra que indica el número de dólares que hay que entregar por un euro, es decir, la cifra que corresponde al tipo de cambio dólar/euro. Véase Nota Complementaria 5.1.

precio, su valor puede fluctuar tanto al alza como a la baja.

Si el tipo de cambio dólar/euro disminuye significa que por una unidad de moneda nacional, un euro, ahora se obtienen menos dólares que antes. Por ejemplo, si el tipo de cambio dólar/euro disminuye desde 1,20 dólares un euro hasta 1,1 dólares un euro es que el euro ha perdido valor frente al dólar.

Cuando ocurre esto decimos que el euro se ha **depreciado** frente al dólar. Con un euro depreciado, los turistas y los importadores norteamericanos con la misma cantidad de dólares podrán comprar más bienes europeos, pues éstos se han abaratado relativamente. Esto estimulará los ingresos por ventas de los empresarios europeos.

> La **depreciación del tipo de cambio** ($t_c$) dólar/euro supone una disminución del tipo de cambio, de forma que con un euro se obtienen menos dólares. Así, si el tipo de cambio dólar/euro era $t_c = 1{,}2\$/$ y pasa a ser $t_c = 1{,}1\$/$, el euro se habrá depreciado.

Un aumento del tipo de cambio dólar/euro significa que hay que dar más unidades de moneda extranjera (dólar) por unidad de moneda nacional (euro). Así, cuando el tipo de cambio dólar/euro pasa de 1,2 dólares un euro a 1,3 dólares euro, decimos que el euro se ha **apreciado**.

En este caso se dice que el euro se ha apreciado frente al dólar. Con un euro apreciado, los turistas y los importadores norteamericanos podrán comprar menos bienes europeos con la misma cantidad de dólares. Este hecho incidirá negativamente en los ingresos de los empresarios europeos, pues sus productos se encarecen para los norteamericanos.

> La **apreciación del tipo de cambio** ($t_c$) dólar/euro supone un aumento del tipo de cambio, de forma que con un euro se obtienen más dólares.
> Si el tipo de cambio era $t_c = 1{,}2\$/$ y pasa a ser $t_c = 1{,}3\$/$, el euro se habrá apreciado.

### El tipo de cambio real

Uno de los factores determinantes de que una moneda se deprecie o se aprecie respecto a otra, es el distinto crecimiento que los precios experimentan en los diferentes países. Además, como se señaló en el capítulo anterior al estudiar el comercio internacional, las ventajas relativas que permiten diferencias de costes y de precios son determinantes. Piénsese, por ejemplo, en el caso del turismo.

La introducción de los precios en el tipo de cambio permite introducir el concepto de **tipo de cambio real**, que es la relación a la que se pueden intercambiar los bienes y servicios de un país por los de otro. El tipo de cambio real ($e$) mide el precio de una cesta de bienes y servicios disponibles en el interior ($P^n$), en relación con los precios de la misma cesta de bienes y servicios en el extranjero ($P^{ex}$).

$$\textit{Tipo de cambio real (e)} = \frac{P^n \cdot t_c}{P^{ex}}$$

Resulta por tanto que la evolución del tipo de cambio real indica si los bienes nacionales se abaratan o se encarecen con respecto a los extranjeros.

Por un lado, los bienes nacionales se encarecen con respecto a los extranjeros cuando sube el tipo de cambio real ($e$), y esto puede deberse a: 1) Un aumento de los precios nacionales ($P^n$); 2) Una disminución de los precios extranjeros ($P^{ex}$); 3) Un aumento del tipo de cambio nominal ($t_c$).

Por otro lado, los bienes nacionales se abaratan con respecto a los extranjeros cuando baja el tipo de cambio real ($e$), y esto puede deberse a: 1) Una disminución de los precios nacionales ($P^n$); 2) Un aumento de los precios extranjeros ($P^{ex}$); 3) Una reducción del tipo de cambio nominal ($t_c$).

El tipo de cambio real ofrece información sobre el verdadero valor de la moneda nacional, pues indica el número de unidades de un bien que un país debe entregar a cambio de una unidad de otro bien del país con el que comercia. Este concepto explica el distinto comportamiento del tipo de cambio de diferentes países en función de sus tasas de inflación. Países que presentan tasas de inflación sistemáticamente superiores a las de sus competidores verán cómo sus divisas se deprecian en relación con las que tienen tasas de inflación inferiores.

> El **tipo de cambio real (*e*)** muestra la relación a la que pueden intercambiarse los bienes de un país por los de otro y se calcula como
> $$e = \frac{P^n \cdot t_c}{P^{ex}}$$
> siendo $P^n$ el precio medio nacional, $P^{ex}$ el precio medio extranjero y $t_c$ el tipo de cambio nominal. Los bienes nacionales se encarecen con respecto a los extranjeros cuando sube el tipo de cambio real y se abaratan con respecto a aquellos cuando baja el tipo de cambio real.

## 5.5 El mercado de divisas y la determinación del tipo de cambio

Para llevar a cabo transacciones internacionales son necesarias dos monedas: la moneda nacional (en nuestro caso, el euro) y la extrajera (vamos a suponer que es el dólar).

Téngase en cuenta que si existen sólo dos monedas, la demanda de euros es también la oferta de dólares y viceversa.

## 5.5.1 La demanda de euros

El tipo de cambio de una moneda está determinado por las transacciones internacionales efectuadas con ella, que originan ofertas y demandas de la misma. Así, demandarán euros –o lo que es lo mismo, ofertarán divisas (dólares)– los exportadores nacionales (en el contexto de la Unión Monetaria Europea, el término nacional se refiere a los países integrantes) que reciben dólares a cambio de mercancías y desean euros a cambio de dólares, así como los turistas y los inversores norteamericanos en la UEM que tienen que convertir sus dólares en euros para realizar dichos gastos e inversiones (Figura 5.1). Para todas estas tareas los residentes en los Estados Unidos necesitan euros y los demandarán ofreciendo sus dólares a cambio. De este modo, un aumento de las exportaciones europeas incrementará la demanda de euros, es decir, la oferta de dólares.

La **demanda de euros** proviene de las personas o entidades que desean cambiar dólares (u otras divisas) por euros. Demandar euros es estar interesado en cambiar dólares por euros.

### Motivaciones para demandar euros (ofertar dólares)

Existen tres motivaciones fundamentales para demandar euros en el mercado: las **exportaciones, la entrada de turistas y las entradas de capitales financieros**:

1. **Las exportaciones**. Las personas que demandan euros son, en primer lugar, los exportadores europeos, tanto de bienes como de servicios. Al vender sus productos en el extranjero, los exportadores de mercancías reciben dólares que posteriormente desean convertir en euros (y para ello demandan euros a cambio de dólares).
2. **Los turistas americanos que desean visitar Europa**. Recuérdese que los ingresos por turismo se consideran una exportación de un servicio por parte de Europa. Los turistas americanos desean cambiar dólares por euros, y por tanto demandan euros.
3. **Las entradas de capitales financieros**. También demandan euros los residentes en el extranjero que desean colocar sus capitales financieros en Europa. Estas personas y empresas necesitan cambiar los dólares por euros para comprar activos europeos (acciones, deuda pública, obligaciones, etc.).

La **demanda de euros** se fundamenta en las exportaciones de bienes y servicios (turismo) y en las entradas de capitales.

La demanda de euros será tanto mayor cuanto mayores sean las exportaciones europeas de bienes y servicios y las entradas de capitales financieros en Europa.

### Las variables que inciden en la demanda de euros

Vamos ahora a identificar las variables que inciden en las motivaciones citadas y así deducir la curva y la función de demanda de euros. Son tres las variables clave, el **tipo de cambio real**, la **renta del país extranjero** y el **diferencial de tipos de interés nacionale**s (europeos) y **tipos de interés del extranjero**. Las dos primeras inciden sobre las exportaciones y el diferencial de tipos sobre las entradas de capital.

1. **El tipo de cambio real (*e*)**. Las exportaciones dependen del tipo de cambio real, esto es, del precio relativo de los bienes nacionales con respecto a los extranjeros, ya que unos precios relativos bajos estimulan las exportaciones. En cualquier caso, dada la definición del tipo de cambio real antes presentada ($e = t_c \cdot P^n/P^{ex}$), decir que la demanda de euros depende del tipo de cambio real equivale a afirmar que la demanda de euros es función de las tres variables siguientes:

- *El tipo de cambio nominal ($t_c$)*. Un aumento del tipo de cambio, esto es, una apreciación del tipo de cambio dólar/euro, hace que las exportaciones resulten más caras pues encarece el precio que los extranjeros pagan por los bienes y servicios europeos reduciéndose en consecuencia las exportaciones y con ellas la demanda de euros. Por el contrario, una disminución del tipo de cambio nominal (una depreciación del tipo de cambio dólar/euro) abarata las exportaciones europeas y hace que éstas aumenten y paralelamente la demanda de euros.
- *Los precios nacionales ($P^n$)*. Un aumento de los precios europeos encarece relativamente los bienes y servicios de los países de la zona euro lo que generará una reducción de las exportaciones (realmente el valor monetario de las exportaciones sólo disminuirá si la demanda de exportaciones es inelástica), y con ellas la demanda de euros. Si tuviese lugar una disminución de los precios nacionales, los productos europeos se abaratarían lo que haría que aumentasen las exportaciones y la demanda de euros.
- *Los precios extranjeros ($P^{ex}$)*. Un aumento de los precios extranjeros abarata relativamente los bienes y servicios europeos, lo que incrementará las exportaciones y la demanda de euros. Por el contrario, una disminución de los precios extranjeros encarecerá relativamente los bienes y servicios europeos, haciendo que las exportaciones se reduzcan y con ellas la demanda de euros.

2. **La renta del país extranjero ($y^{ex}$)**. Las exportaciones de un país aumentan (y con ellas la demanda de euros) cuando crece la renta extranjera, ya que buena parte de la

demanda externa se ejerce sobre bienes de consumo y ésta es sensible a la renta disponible. Además, la demanda de productos de inversión también sabemos que está ligada al nivel de producción. Por otro lado, cuando la renta extranjera disminuye las exportaciones se reducen.

3. **El diferencial de tipos de interés ($i_n$-$i_{ex}$).** La entrada de capitales a corto plazo depende fundamentalmente de la remuneración de los activos en que puedan colocarse esos capitales, en comparación con la remuneración que recibirían en otros países. Esté remuneración relativa viene dada por la diferencia entre el tipo de interés nacional, o más concretamente en la zona euro ($i_n$), y el tipo de interés en el extranjero ($i_{ex}$). Si mayor es el diferencial entre el tipo de interés de la zona euro y el tipo de interés del extranjero, más rentable resultará canalizar los capitales hacia Europa y mayor será la entrada de capitales. Por el contrario, cuanto menor sea el diferencial de tipos menor será la entrada de capitales y menor la demanda de euros.

### La curva de demanda de euros

De lo señalado se desprende que la demanda de euros depende de las siguientes variables: del tipo de cambio nominal, de los precios nacionales, de los precios exteriores, de la renta del exterior y del diferencial de tipos de interés. Para representar gráficamente la curva de demanda de euros, tal como hicimos en el Capítulo 2 con la demanda de bienes, suponemos que todas las variables señaladas menos el tipo de cambio nominal permanecen constantes, esto es, aplicamos la «*cláusula ceteris paribus*». Cuando el tipo de cambio nominal aumenta, las exportaciones decrecen y por el contrario, cuando el tipo de cambio nominal disminuye las exportaciones aumentan, de forma que la relación entre tipo de cambio y la cantidad demandada de euros es decreciente. Esta relación decreciente entre la cantidad demandada de euros y el tipo de cambio nominal del euro ($t_c$) constituye la **curva demandada de euros** (Figura 5.1).

**La curva de demanda de euros muestra la relación decreciente que existe entre la cantidad demandada de euros y el tipo de cambio del euro cuando las demás variables permanecen constantes. Al aumentar el tipo de cambio (al apreciarse el euro respecto al dólar) disminuye la cantidad demandada de euros, ya que el incremento del tipo de cambio encarece las exportaciones y hace que éstas se reduzcan.**

### Los desplazamientos de la curva de demanda de euros

Cuando se altera alguna de las variables que afectan a la demanda de euros que se ha supuesto que permanecen constantes, esto es, la renta extranjera, los precios nacionales, los precios extranjeros y el diferencial de tipos de interés, la curva de demanda de euros experimentará un desplazamiento. En concreto, la curva de demanda de euros se desplazará hacia la derecha y consecuentemente la cantidad demandada de euros aumentará para cada nivel del tipo de cambio, cuando tenga lugar alguna de las siguientes alteraciones: aumento de la renta extranjera, reducción de los precios nacionales, aumento de los precios del exterior o un aumento del diferencial de tipos. Cuando los cambios sean en sentido contrario, el desplazamiento será hacia la izquierda y la cantidad demandada de euros se reducirá.

### La función de demanda de euros

Dadas las variables que influyen sobre la demanda de euros es posible encontrar una relación matemática que muestre la cantidad demandada de euros en relación con dichas variables. Esta relación se denominará función de demanda de euros ($D$ ) y puede expresarse de la siguiente forma:

$$D = f(t_c, P^n, P^{ex}, y^{ex}, i_n - i_{ex})$$

La curva de demanda de euros puede definirse como una función en la que a excepción del tipo de cambio ($t_c$), todas las demás variables que afectan a la demanda de euros se mantienen constantes. La expresión matemática de la curva de demanda puede escribirse como sigue:

$$D = f(t_c, \text{todo lo demás constante})$$

A lo largo de una curva de demanda de euros varía el tipo de cambio nominal, pero las demás variables que afectan a la demanda permanecen constantes.

## 5.5.2 La oferta de euros

La **oferta de euros**, o lo que es lo mismo, la **demanda de divisas** (dólares) corresponderá a los importadores nacionales, así como a los turistas y a los inversores europeos en los Estados Unidos que necesiten cambiar sus euros por dólares para adquirir las mercancías norteamericanas y realizar sus inversiones. Para obtener dólares, acuden a las instituciones financieras, que los comprarán en el mercado de cambios y los entregarán a cambio de euros. De esta forma, un aumento de las importaciones incrementará la demanda de divisas en el mercado de cambios.

> La **demanda de euros** proviene de las personas o entidades que desean cambiar dólares (u otras divisas) por euros. Demandar euros es estar interesado en cambiar dólares por euros.

### Motivaciones para ofertar euros

Existen también tres motivaciones fundamentales para ofrecer euros en el mercado: las *importaciones, las salidas de turistas europeos y las salidas de capitales financieros.*

1. **Las importaciones**. Las personas que ofrecen euros son los importadores europeos, tanto de bienes como de servicios. Para pagar el importe de los bienes que compran en el extranjero, los importadores europeos de mercancías necesitan dólares: ofrecen euros a cambio de dólares.
2. **Los turistas europeos que desean visitar América**. Recuérdese que los pagos por turismo se considera una importación de un servicio por parte de Europa. Los turistas europeos también desean cambiar euros por dólares, y por tanto ofrecen euros.
3. **Las salidas de capitales financieros**. Ofrecen euros a cambio de dólares las personas y empresas que desean comprar activos financieros en el extranjero. Estas personas necesitan cambiar los euros por dólares para comprar activos financieros en los Estados Unidos (acciones, deuda pública, obligaciones, etc.).

> La **oferta de euros** se fundamenta en las importaciones de bienes y servicios (turismo) y en las salidas de capitales financieros.

La oferta de euros será tanto mayor cuanto mayores sean las importaciones europeas y las salidas de turistas europeos y capitales financieros de Europa.

## Las variables que inciden en la oferta de euros

Para deducir la curva de demanda de euros vamos a identificar las variables que inciden en las importaciones europeas y en la salida de capitales. Las variables fundamentales son tres: *el tipo de cambio real, la renta nacional de los países de la zona euro* (estas dos variables inciden sobre las importaciones) y el *diferencial entre los tipos de interés de la zona euro y los tipos de interés en el extranjero* (que incide en la salida de capitales).

1. **El tipo de cambio real (*e*)**. Las importaciones dependen del tipo de cambio real que indica el precio relativo de los bienes y servicios europeos con respecto a los extranjeros. La lógica de que las importaciones sean sensibles a los precios es que generalmente se importan bienes que son más baratos en el extranjero que en el territorio nacional Al aumentar el tipo de cambio real (*e*) los bienes y servicios del extranjero se abaratan relativamente y se importará más, mientras que ocurrirá lo contrario cuando el tipo de cambio real se reduzca. En cualquier caso, el tipo de cambio real viene determinado por las tres variables siguientes:

- *El tipo de cambio nominal* ($t_c$). Un aumento del tipo de cambio nominal abarata las importaciones, pues reduce el precio en euros que pagan los europeos de la zona euro por los productos extranjeros (aunque su precio en dólares no haya variado), haciendo que éstas aumenten y con ellas la oferta de euros. Una reducción del tipo de cambio nominal, sin embargo, encarece las importaciones y hace que éstas se reduzcan, y paralelamente la oferta de euros.
- *Los precios nacionales* ($P^n$). Un aumento de los precios nacionales abarata relativamente los productos extranjeros, provocando un aumento de las importaciones. Una reducción de los precios nacionales encarece relativamente los productos extranjeros, haciendo disminuir las importaciones y la oferta de euros.
- *Los precios extranjeros* ($P^{ex}$). Un incremento de los precios extranjeros hace que resulten relativamente más caros los productos extranjeros. Por el contrario, una disminución de los precios extranjeros hará que resulten más baratos, por lo que las importaciones aumentarán y también la oferta de euros.

### Nota Complementaria 5.1 - Los tipos de cambio dóla/euro

En la prensa económica española, por una convención, cuando se habla del tipo de cambio dólar/euro, esto es, del número de dólares que hay que entregar para obtener un euro, se escribe tipo de cambio euro/dólar. Cuando el euro se aprecia respecto al dólar el tipo de cambio dólar/euro aumentará y cuando se deprecia se reducirá. Como se observa en la figura adjunta, el dólar se apreció respecto al euro durante el período 1999-2001, mientras que desde 2001 hasta primeros de 2005 el dólar se ha depreciado.

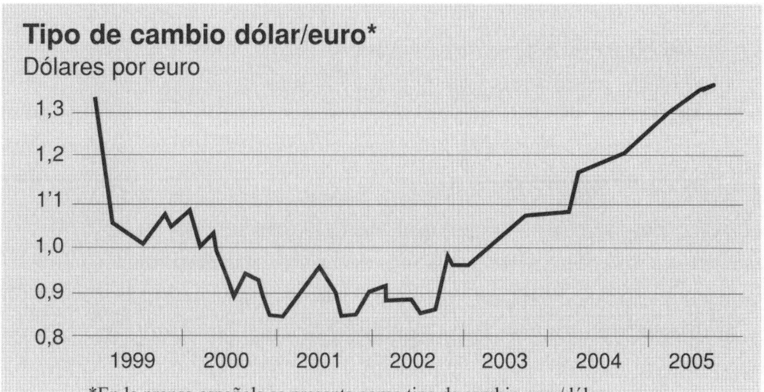

*En la prensa española se presenta como tipo de cambio euro/dólar.

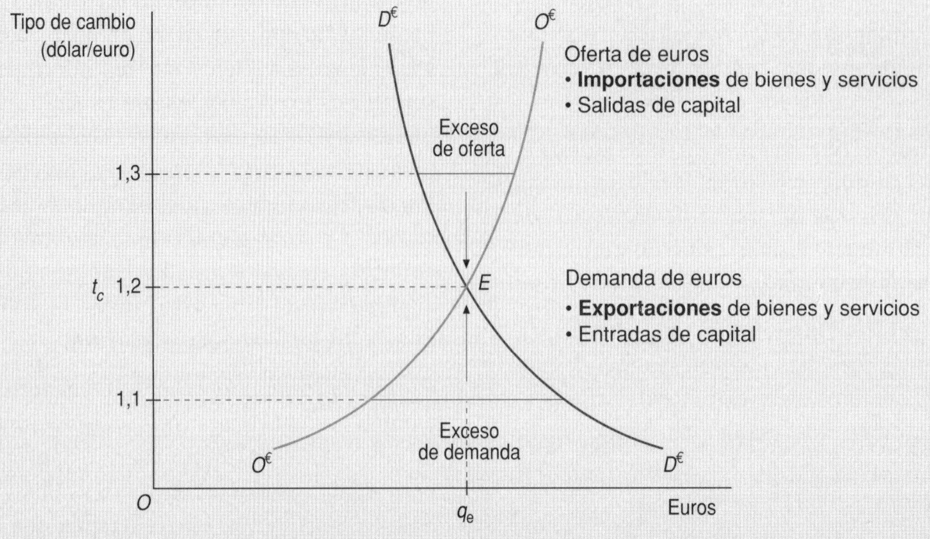


**Figura 5.1 - El mercado de euros**

El equilibrio en el mercado de euros se alcanzará cuando las curvas de demanda de euros y de oferta de euros se intersectan. Para un tipo de cambio superior al de equilibrio el exceso de oferta hace que el euro se deprecie hasta alcanzar el equilibrio. Para un tipo de cambio inferior al de equilibrio el exceso de demanda hace que el euro se aprecie hasta alcanzar el equilibrio.

2. **La renta nacional ($y^n$).** La demanda de consumo de bienes extranjeros depende de la renta disponible de la zona euro, y la propia demanda de inversión también está condicionada por el nivel de la renta. Por ello, las importaciones de la zona euro se incrementan cuando crece la renta, mientras que si decrece disminuirán.

3. **El diferencial de tipos de interés nacionales y del exterior ($i_n$– $i_{ex}$).** La salida de capitales a corto plazo está guiada fundamentalmente por la remuneración de los activos en que pueden colocarse los capitales, en comparación con la remuneración en territorio nacional. Esta remuneración relativa se puede expresar mediante la diferencia entre el tipo de interés nacional, esto es, en la zona euro ($i_n$) ,y el tipo de interés en el extranjero ($i_{ex}$). Cuanto más elevado sea el diferencial ($i_n - i_{ex}$), menos atractiva resultará la salida de capitales hacia el extranjero y menor será la oferta de euros. Por el contrario, cuanto menor sea el diferencial de tipos ($i_n$– $i_{ex}$), mayor será la salida de capitales y la consiguiente oferta de euros.

## La curva de oferta de euros

Resulta, por tanto, que la cantidad ofertada de euros depende de las siguientes variables: el tipo de cambio nominal, los precios nacionales, los precios extranjeros, la renta nacional y el diferencial de tipos de interés. Si aplicamos las condición *ceteris paribus* y nos centramos exclusivamente en la relación existente entre la cantidad ofertada de euros y el tipo de cambio, se obtiene una relación creciente entre ambas variables, en el sentido de que al aumentar el tipo de cambio aumentará la cantidad ofrecida de euros (pues aumentan las importaciones que realizan los europeos de la zona euro ya que éstas se han abaratado relativamente), mientras que al disminuir el tipo de cambio la cantidad ofrecida de euros se reduce. La expresión gráfica de esta relación es la curva de oferta de euros (Figura 5.1).

**La curva de oferta muestra la relación creciente que existe entre la cantidad ofrecida de euros y el tipo de cambio, cuando permanecen constantes todas las demás variables de las que depende la oferta de euros. Al aumentar el tipo de cambio (al apreciarse el euro frente al dólar) crece la cantidad ofrecida de euros, ya que el incremento del tipo de cambio abarata las importaciones y hace que éstas aumenten.**

## Los desplazamientos de la curva de oferta de euros

Cuando se altera alguna de las variables que afectan a la oferta de euros, excepto el tipo de cambio nominal, la curva de oferta de euros se desplaza. Así, la curva de oferta de euros experimentará un desplazamiento hacia la derecha, esto es, a cada nivel del tipo de cambio se ofrecerá una mayor cantidad de euros cuando tiene lugar alguno de los hechos siguientes: aumenta la renta interior, aumentan los precios nacionales, se reducen los precios extranjeros o se reduce el diferencial de tipos de interés. El desplazamiento será hacia la izquierda cuando los desplazamientos tienen lugar en sentido inverso.

### La función de oferta de euros

La relación matemática que muestra la cantidad ofrecida de euros en relación con todas las variables que influyen sobre esta oferta se denominará **función de oferta de euros** ($O$ ) y puede expresarse de la siguiente forma:

$$O = f(t_c, P^n, P^{ex}, y^n, i_n - i_{ex})$$

La curva de oferta de euros puede definirse como una función en la que, a excepción del tipo de cambio ($t_c$), todas las demás variables que afectan a la oferta de euros se mantienen constantes. La expresión matemática de la curva de oferta puede escribirse como sigue:

$$O = g(t_c, \text{todo lo demás constante})$$

A lo largo de una curva de oferta de euros varía el tipo de cambio nominal, pero las demás variables que afectan a la oferta permanecen constantes.

## 5.5.3 La determinación del tipo de cambio de equilibrio

Una vez analizadas la demanda de euros y la oferta de euros, podemos estudiarlas conjuntamente con objeto de determinar el tipo de cambio dólar/euro de equilibrio. Recurriendo al análisis gráfico (Figura 5.1) en el eje de abscisas se mide la cantidad de euros y en el ordenadas el tipo de cambio euro/dólar, y se han trazado las curvas representativas del mercado del euro: la demanda y la oferta de euros. En este mercado hay un único tipo de cambio de equilibrio, digamos 1,2 dólares un euro, para el cual resultan compatibles los planes de los compradores y los vendedores de euros. Para cualquier tipo de cambio superior al de equilibrio, por ejemplo 1,3 dólares un euro, la cantidad ofrecida de euros es superior a la cantidad demandada, mientras que para cualquier tipo de cambio inferior al de equilibrio, como por ejemplo 1,1 dólares un euro, la cantidad demandada de euros será superior a la ofrecida. En el primer caso, el exceso de oferta será corregido por las fuerzas del mercado haciendo que el tipo de cambio se reduzca (se deprecie) hasta alcanzar el nivel de equilibrio. Por otro lado, cuando se está ante un exceso de demanda la tendencia generada por el libre juego del mercado hará que el tipo de cambio suba (se aprecie) hasta alcanzar el equilibrio.

### El ajuste del tipo de cambio ante alteraciones de la demanda y la oferta de euros

En la determinación del equilibrio recogida en la Figura 5.1 se ha supuesto que permanecen constantes todas las variables que inciden sobre la oferta y sobre la demanda de euros excepto el tipo de cambio. La alteración de alguno de estos factores provocará el desplazamiento de alguna de las curvas, lo que acabará alterando el tipo de

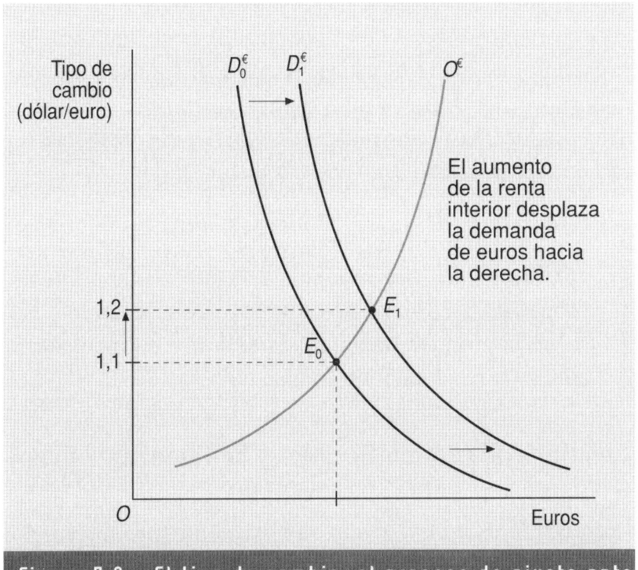


**Figura 5.2 - El tipo de cambio: el proceso de ajuste ante un aumento de la renta nacional**

Cuando aumenta la renta de la zona euro se incrementa la demanda de exportaciones y consecuentemente la demanda de euros, lo que determina que la curva $D_0$. Al tipo de cambio inicial aparecerá un exceso de demanda de euros que elevará el tipo de cambio apreciando el euro, de forma que el nuevo equilibrio se alcanzará en la posición $E_1$.

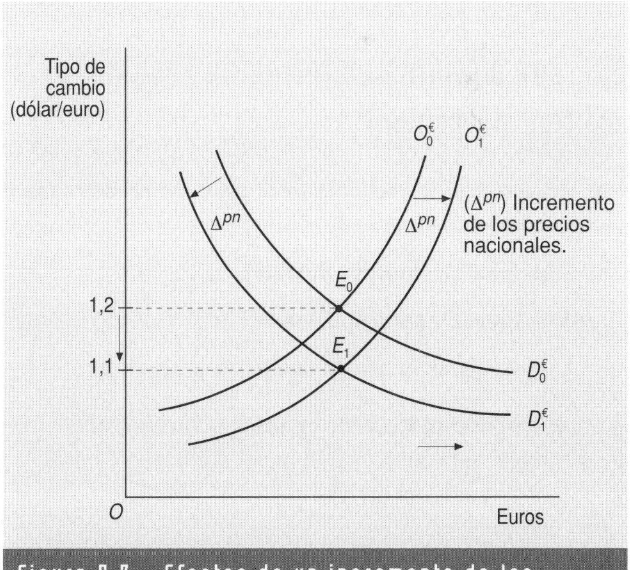


**Figura 5.3 - Efectos de un incremento de los precios nacionales**

Un incremento de los precios nacionales origina un desplazamiento de la curva de demanda de euros hacia la izquierda y de la curva de oferta de euros hacia la derecha, haciendo que el equilibrio pase de $E_0$ a $E_1$, el tipo de cambio se deprecia desde 1,2 dólares un euro hasta 1,1 dólares un euro.

cambio de equilibrio. Así, supongamos que la renta extranjera experimenta un notable aumento y hace que las exportaciones aumenten de forma significativa. En términos del análisis de la curva de demanda de euros, el aumento de las exportaciones supone un desplazamiento de la curva de demanda de euros hacia la derecha desde $D^{€}_{0}$ hasta $D^{€}_{1}$ (Figura 5.2). Al tipo de cambio inicial, 1,1 dólares un euro, y para la nueva curva de demanda existirá un exceso de demanda de euros que generará una presión ascendente sobre el tipo de cambio, que cesará cuando se alcance el nuevo tipo de cambio de equilibrio, al nivel de 1,2 dólares un euro. Respecto a la posición inicial el tipo de cambio del euro respecto al dólar se habrá apreciado como reacción ante el aumento de la renta exterior y el consiguiente incremento de las exportaciones.

Si partiendo de una situación de equilibrio, punto $E_0$ de la Figura 5.3, con un tipo de cambio dólar/euro de 1,2 dólares por un euro, tiene lugar un incremento de los precios nacionales se ocasionarán los efectos siguientes: por un lado, se producirá una disminución de las exportaciones, lo que ocasionará un desplazamiento hacia la izquierda de la curva de demanda de euros. Simultáneamente el aumento de los precios nacionales ocasionará un incremento de las importaciones, lo que supondrá un desplazamiento de la curva de oferta de euros hacia la derecha. En la nueva posición de equilibrio, el punto $E_1$, el tipo de cambio 1,1 dólares por un euro es inferior al inicial, de forma que el euro se ha depreciado.

## 5.6 Los distintos sistemas de fijación del tipo de cambio

Los tres principales sistemas o regímenes de determinación del tipo de cambio son:

- **Los tipos de cambio flexibles.**
- **Los tipos de cambio fijos.**
- **Los sistemas mixtos o semifijos o ajustables**.

> Un **sistema de tipos de cambio** es un conjunto de reglas que describen el papel del banco central en el mercado de divisas.

La vigencia de un sistema de tipo de cambio u otro está condicionada por el grado de intervención del Banco Central en la determinación del tipo de cambio.

### 5.6.1 Tipos de cambio flexibles

En un sistema de tipos de cambios flexibles o libremente fluctuantes, el tipo de cambio depende exclusivamente del juego de la demanda y la oferta de divisas. Como se ha comprobado en el Epígrafe 5.4, cuando el tipo de cambio no es el que hace compatibles los deseos de los demandantes y los oferentes de divisas (de euros en el caso que venimos considerando), la aparición de un exceso de oferta que presiona al tipo de cambio a la baja (depreciación del euro) o de un exceso de demanda que fuerza al tipo de cambio al alza (apreciación del euro) harán que el tipo de cambio libremente y sin ningún tipo de intervención por parte del Banco Central alcance el equilibrio. El tipo de cambio que establece el mercado es el que garantiza el equilibrio entre la oferta y la demanda de euros. Los movimientos o alteraciones del tipo de cambio están causados por desplazamientos de las curvas de oferta y demanda de euros.

#### Los tipos de cambio flexibles y la política monetaria

Como vimos en el Capítulo 4, cuando aumenta la oferta monetaria el tipo de interés se reduce, lo que hace que aumente la inversión privada y la demanda agregada y la producción. Vamos a incluir en este escenario los tipos de cambio y los movimientos internacionales de capital. La disminución del tipo de interés nacional (originado por el aumento de la oferta monetaria) reduce el diferencial entre el tipo de interés nacional y el tipo de interés del extranjero, de forma que aumentarán las salidas de capital y se reducirán las entradas. La consecuencia de esto será que la oferta de moneda nacional aumentará (se desplazará hacia la derecha) y disminuirá su demanda (se desplazará hacia la izquierda). Como consecuencia de estos desplazamientos el tipo de cambio disminuirá (el euro se depreciará), lo que estimulará las exportaciones (*X*) y reducirá las importaciones (*M*), esto es, las exportaciones netas (*XN*) aumentarán, generando un efecto expansivo sobre la demanda agregada. Este efecto se sumará al provocado sobre la inversión, de forma que el aumento de la producción a corto plazo será superior al considerado en una economía cerrada, esto es, sin sector exterior.

> En una **economía abierta**, debido a los tipos de cambio y a los movimientos de capitales, la política monetaria a corto plazo tiene un efecto añadido sobre la producción agregada debido a su incidencia sobre las exportaciones netas.

#### Los tipos de cambio flexibles y la balanza de pagos

Bajo un sistema de **cambio flexible** las variaciones de los tipos de cambio son las que, precisamente, promueven los ajustes internacionales. Las autoridades económicas no tienen que planear sus políticas internas en función del impacto en sus intercambios internacionales.

Así, en esta clase de sistemas, los movimientos de la balanza de pagos de un país originan cambios en la oferta y la demanda de divisas:

- Las exportaciones tienden a aumentar la oferta de divisas (la demanda de euros).

- Las importaciones provocan aumento de la demanda de divisas (la oferta de euros).

Los desequilibrios en la balanza de pagos pueden provocar variaciones en la oferta y la demanda de divisas y en consecuencia, modificar los tipos de cambio, pero estos ajustes se llevan a cabo sin intervención de las autoridades monetarias. Estas alteraciones en el tipo de cambio de una moneda afectarán a las importaciones y exportaciones y forzarán el equilibrio en la balanza de pagos.

### La intervención en los mercados de divisas

La intervención en los mercados de divisas la suelen llevar a cabo los bancos centrales. Su objetivo es tratar de modificar los tipos de cambio, suavizando sus fluctuaciones, y para ello compran o venden moneda del país, según se desee frenar su depreciación o su apreciación.

Además de estas intervenciones de compra y venta de divisas, los bancos centrales inciden en la evolución de los tipos de cambio a través de la política monetaria y, más concretamente, alterando los tipos de interés. Por ejemplo, una subida del tipo de interés por parte del Banco Central tenderá a provocar una apreciación del euro al aumentar la demanda de euros (desplazamiento hacia la derecha de la curva de demanda de euros, (Figura 5.4), ya que los ahorradores extranjeros preferirán colocar sus ahorros en deuda europea

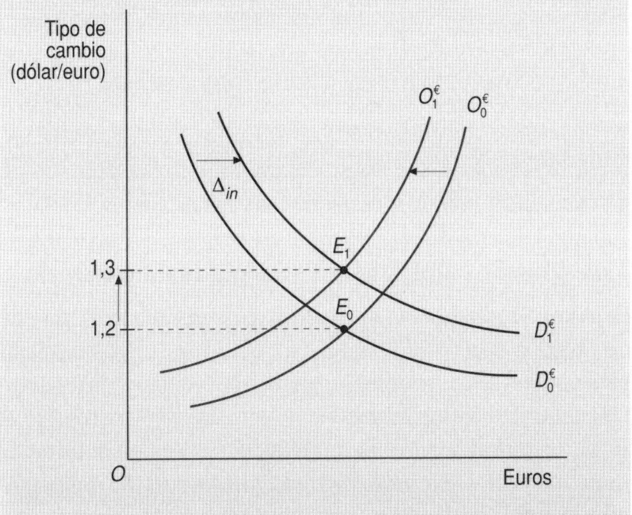


**Figura 5.4 - Efectos de un incremento del tipo de interés en la zona euro**

A partir de una situación de equilibrio inicial $E_0$ con un tipo de cambio dolar/euro de 1,2, un incremento del tipo de interés interior ($i_n$) aumenta el diferencial de tipo de interés ($i_n$–$i_{ex}$), lo que 1) incrementa las entradas de capital (desplazando la curva de demanda de euros hacia la derecha), y 2) reduce las salidas de capital (desplazando la curva de oferta de euros hacia la izquierda). En equilibrio $E_1$ , el tipo de cambio es superior, por lo que el euro se ha apreciado.

que ofrece una mayor remuneración, ofreciendo sus dólares en el mercado de divisas. Esto provocará un aumento del tipo de cambio (Figura 5.4) dólar/euro, apreciándose el euro frente al dólar, lo que hará que los productos europeos resulten menos competitivos.

> Los **bancos centrales** intervienen en el mercado de divisas: comprando o vendiendo divisas y manipulando la política monetaria, alterando los tipos de interés.

En realidad un aumento del tipo de interés de la zona euro no sólo provocará un desplazamiento hacia la derecha en la curva de demanda de euros. Como se recoge en la Figura 5.4, la subida del tipo de interés interior también reducirá las salidas de capital, originando igualmente un desplazamiento de la curva de oferta de euros hacia la izquierda. El efecto de este doble desplazamiento se recoge en la Figura 5.4 y se concreta en una apreciación del euro.

Por el contrario, una disminución del tipo de interés fijado por el BCE tenderá a depreciar el euro frente al dólar, haciendo que los productos europeos resulten más competitivos.

## 5.6.2 Tipos de cambio fijos

Bajo un sistema de tipos de cambio fijos, el Banco Central fija un determinado valor para su moneda con respecto a otra o a una cesta de monedas. El Banco Central interviene en el mercado de divisas, con objeto de mantener el tipo de cambio en el nivel fijado, comprando o vendiendo divisas.

En un sistema de tipos de cambio fijos, el Banco Central determina rígidamente el tipo de cambio, que se suele denominar tipo de cambio oficial, y lo mantiene a un nivel fijo al margen del juego de la oferta y la demanda de divisas.

**En un sistema de tipos de cambios fijos, el valor de la moneda lo fija el Banco Central sin tener en cuenta la oferta y la demanda de divisas. Cuando el mercado tiende a situar el tipo de cambio en un valor distinto al tipo de cambio oficial, el Banco Central interviene comprando o vendiendo euros.**

Supongamos que la oferta y la demanda de euros tienden a situar el tipo de cambio en un valor inferior (depreciado) al tipo de cambio oficial y que el Banco Central interviene comprando euros (Figura 5.6). Esta compra de euros por parte del Banco Central, que con su actuación se une a los demandantes privados de euros, provoca un desplazamiento hacia la derecha de la curva de demanda de euros, haciendo que el tipo de cambio fijado por las curvas de demanda y oferta de divisas coincida con el tipo de cambio oficial o de intervención. Con este tipo de intervención se evita la depreciación del tipo de cambio y éste se mantiene artificialmente apreciado gracias a la compra de euros por parte del Banco Central.

Este tipo de intervención ha sido frecuente en determinados países latinoamericanos y la lógica nos dice que si se mantiene durante un largo período de tiempo resulta inviable. Esto fue lo que ocurrió con el peso argentino, que estaba «fijado» o «pegado» al dólar a un tipo artificialmente apreciado y en diciembre de 2001 generó una crisis que llevó al gobierno argentino a suspender la convertibilidad 1 a 1 del peso. Téngase en cuenta que la compra de pesos por parte del Banco Central argentino se realizaba entregando divisas (dólares), de forma que llegó un momento que se quedó sin reservas de divisas.

Otra posibilidad es que el libre juego de la oferta y la demanda de euros tienda a situar al tipo de cambio en un valor superior (apreciado) al tipo de cambio oficial y que el Banco Central intervenga vendiendo euros (Figura 5.7). La venta de euros por parte del Banco Central, cuando decide unirse a los oferentes privados de euros, hace que la curva de oferta de euros se desplace hacia la derecha, logrando que el tipo de cambio determinado por las curvas de demanda y de oferta de euros se deprecie hasta coincidir con el tipo de cambio oficial o de intervención. De esta forma, mediante la venta de euros se evita la apreciación de la moneda.

Esta estrategia de mantener artificialmente depreciada la moneda para fomentar las exportaciones ha sido profusamente utilizada por los países asiáticos. En la actualidad probablemente China sea el ejemplo más representativo de esta estrategia.

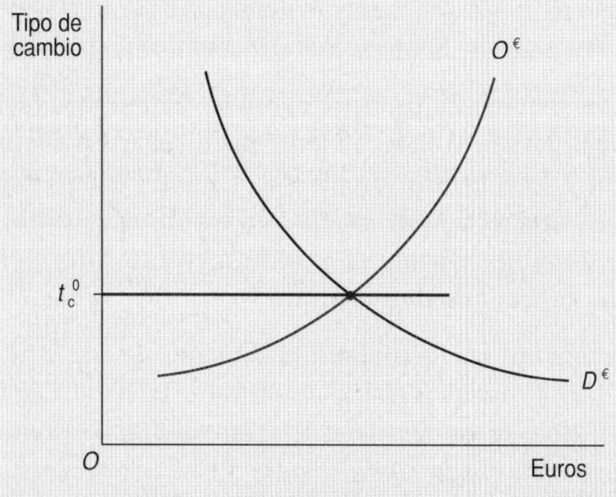


**Figura 5.5 - Tipo de cambio fijo**

El Banco Central establece un tipo de cambio fijo, el tipo de cambio oficial, e interviene si las fuerzas del mercado tienden a situar el tipo de cambio de equilibrio en otro valor distinto.

Este tipo de intervenciones del Banco Central en el mercado de cambios suelen tener un carácter transitorio, ya que no se puede vender o comprar euros de forma indefinida. Cuando se está ante un desequilibrio permanente, el Banco Central puede optar por modificar el tipo de cambio oficial.

## Los tipos de cambio fijos y los especuladores

Junto a las motivaciones para comprar y vender euros a cambio de dólares que venimos considerando en párrafos anteriores, debemos añadir la derivada de aquellas personas que creen poder obtener una ganancia comprando (vendiendo) una moneda antes de que se aprecie (deprecie) para posteriomente venderla (comprarla) más cara (más barata). Estos son los **especuladores**. Sus movimientos especulativos a largo plazo tienden a compensarse y su efecto se diluye a lo largo del tiempo, pero a corto plazo pueden provocar bruscas fluctuaciones de los tipos de cambio. El efecto de sus movimientos es especialmente acusado cuando todos los especuladores anticipan una determinada tendencia, esto es, piensan que va a ocurrir un determinado acontecimiento que tendrá efectos sobre la cotización de una moneda. Los sistemas de tipos de cambio fijos suelen justificarse en base a la conveniencia de cierta estabilidad en los mercados de divisas. Se argumenta que para evitar las bruscas oscilaciones de los tipos de cambio derivadas de los movimientos especulativos que se producen en los mercados libres, una alternativa puede ser los tipos de cambio fijos. Sin embargo, los especuladores pueden forzar a las autoridades de un país a abandonar un sistema de tipos de cambio fijos, como le ocurrió al Reino Unido, que tuvo que dejar el SME ante la presión especulativa realizada sobre la libra esterlina.

> Los **tipos de cambio fijos** limitan oscilaciones bruscas y excesivas de los tipos de cambio pero pueden sucumbir ante la presión de los especuladores.

## Los tipos de cambios fijos y la política monetaria

Cuando se piensa en los inconvenientes de los tipos de cambio fijos, el principal se deriva de los efectos monetarios no deseados, resultantes de la intervención de los bancos centrales en los mercados de divisas. Si por ejemplo el Banco Central interviene comprando euros para evitar la depreciación de la moneda, está vendiendo divisas y por tanto esta reduciendo sus activos. Por tanto, si el Banco Central compra euros (que los paga con divisas) está drenando liquidez del sistema, tal como se señaló en el Capítulo 4, mediante una disminución de la base monetaria y consecuentemente de la oferta monetaria. Por otro lado, cuando el Banco Central interviene vendiendo euros para evitar la apreciación de la moneda, simultáneamente está comprando divisas, por lo que está generando un efecto expansivo sobre la base monetaria y sobre la oferta monetario. Por ello, puede afirmarse que los tipos de cambio fijos y las consiguientes intervenciones del Banco

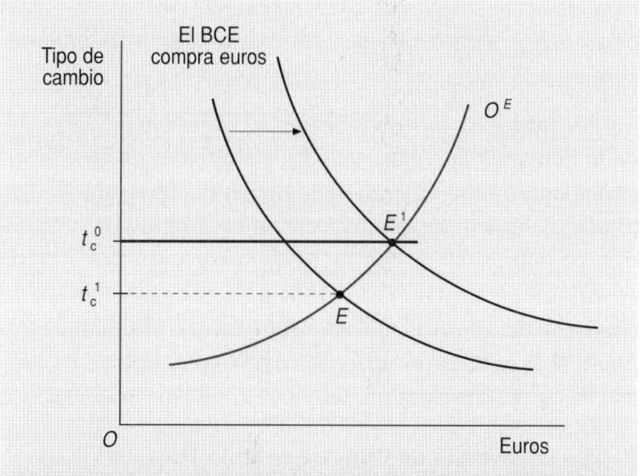


**Figura 5.6 - Intervención del Banco Central comprando euros**

Si la oferta y la demanda de euros determinan un tipo de cambio inferior al oficial ($t^1_c$) el Banco Central, para mantener el tipo de cambio artificialmente apreciado, interviene comprando euros. Gráficamente esto supone un desplazamiento de la curva de demanda de euros hacia la derecha hasta alcanzar el tipo oficial ($t_c^0$).

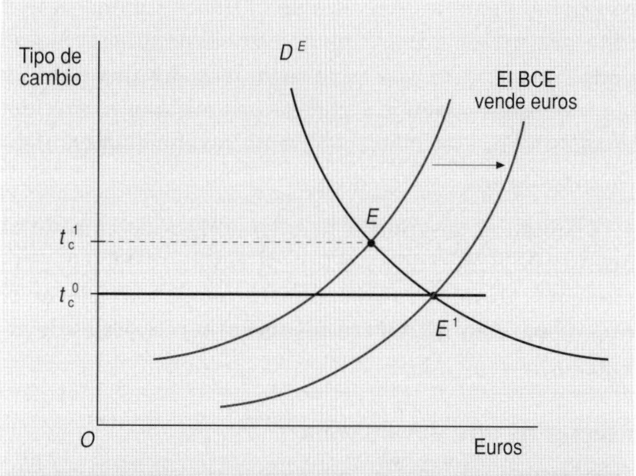


**Figura 5.7 - Intervención del Banco Central vendiendo euros**

Si la oferta y la demanda de euros determina un tipo de cambio superior ($t^1_c$) al tipo oficial, el Banco Central vende euros haciendo que el equilibrio se desplace de $E$ a $E_1$ y el tipo de cambio, depreciándose, se iguale al oficial ($t_c^0$).

Central hacen que éste pierda el control sobre la política monetaria.

> Las **intervenciones que el Banco Central** debe llevar a cabo (comprando o vendiendo euros) para que se mantenga el tipo de cambio oficial tienen efectos no deseados sobre la base monetaria y consecuentemente sobre la oferta monetaria.

En cierto modo, el origen del problema radica en que cuando los tipos de cambio son fijos, el Banco Central se compromete a mantener el tipo de cambio en un determinado nivel y ese objetivo condiciona su actuación. Por tanto, las autoridades monetarias no van a poder utilizar la política monetaria para otros fines. Así, si por ejemplo la economía entrase en una recesión y el Banco Central incrementase la oferta monetaria, disminuiría el tipo de interés en el país y se reduciría el diferencial de tipos de interés entre los tipos interiores y extranjeros. La consecuencia sería que aumentarían las salidas de fondos hacia el extranjero y disminuirían las entradas. Esto haría que la oferta de moneda nacional aumentara (se desplazaría hacia la derecha) y disminuiría la demanda de euros (se desplazaría hacia la izquierda), de forma que el tipo de cambio tendería a disminuir (depreciarse). Ante esta situación, el Banco Central, que tiene el compromiso de mantener el tipo de cambio fijo, tendría que comprar euros a cambio de divisas, lo que originaría una disminución de los activos del Banco Central y una reducción de la base monetaria y por tanto de la oferta monetaria. Esta disminución de la oferta monetaria cancelaría el incremento inicial, lo que evidencia la imposibilidad de que el Banco Central recurra a una política monetaria expansiva para responder a una caída de la actividad, cuando el propio Banco Central se ha comprometido a mantener un sistema de tipos de cambios fijos.

Así mismo, debe señalarse que las intervenciones del Banco Central para mantener el tipo de cambio al nivel del tipo oficial, además de incidir sobre la oferta monetaria también contribuirán a desequilibrar la balanza de pagos, vía alteración de la partida «Variación de reservas» (véase Epígrafe 5.3).

> Bajo un **sistema de tipos de cambios fijos y libre movimiento de capitales**, el Banco Central no puede llevar a cabo una política monetaria autónoma con un objetivo distinto del mantenimiento del tipo de cambio.

### La devaluación y la revaluación del tipo de cambio

Aunque el sistema de tipos de cambio fijos debe su nombre a que el Banco Central fija el tipo de cambio oficial e interviene contra las fuerzas del mercado para que éste no cambie, la realidad es que en muchas circunstancias, incluso en los sistemas de cambios fijos, las autoridades monetarias se ven forzadas a alterar los tipos de cambio.

En economía se utilizan términos específicos para distinguir los cambios efectuados por la autoridad monetaria, de los tipos en un sistema de tipos fijos u oficiales de las variaciones casi permanentes que experimentan los tipos de cambio flexibles. Así, cuando el Banco Central lleva a cabo una reducción del tipo de cambio en un sistema de tipos fijos se dice que tiene lugar una **devaluación**, en lugar de **depreciación** y para referirse a una subida del tipo de cambio se utiliza el término **revaluación** en lugar de **apreciación**.

**Cuando el desequilibrio entre el tipo de cambio al que tiende el mercado y el tipo de cambio oficial es permanente, las autoridades monetarias pueden elevar el tipo de cambio oficial (revaluación) o rebajarlo (devaluación).**

### Efectos de una devaluación

Una **devaluación**, esto es, una alteración a la baja del tipo de cambio oficial hace que los productos nacionales resulten más baratos para los importadores extranjeros, lo que provoca un incremento de las exportaciones nacionales. Paralelamente, los productos extranjeros resultarán más caros para los importadores nacionales y disminuirán las importaciones.

Por tanto, en términos reales, el componente $(X - M)$ de la demanda agregada tenderá a aumentar, lo que llevará consigo un incremento de la demanda agregada. A corto plazo, aumentará la renta real de equilibrio, así como el tipo de interés de equilibrio, lo que provocará una entrada de capital extranjero. Esta entrada de divisas generará un aumento de la variación neta de reservas, lo cual incrementará la partida oro y divisas del balance del banco central. Esto determinará un aumento de la base monetaria y,

> En un **sistema de tipos de cambio fijos**, una devaluación es una reducción del tipo de cambio, y una revaluación es una subida del tipo de cambio.

consecuentemente, de la oferta monetaria.

### Efectos de una revaluación

Cuando el Banco Central sube el tipo de cambio oficial, las exportaciones tenderán a disminuir y a aumentar las importaciones, en términos reales. Esto implica que el término de la demanda agregada $(X - M)$ se reduzca y, con él, la demanda agregada. A corto plazo diminuirá la producción de equilibrio, y por tanto, se verá afectada en el mismo sentido la demanda de dinero para transacciones, lo que hará bajar el tipo de interés. Esto provocará una salida de capitales que hará disminuir la partida variación neta de reservas de la balanza de pagos, lo que repercutirá de forma inmediata en el balance del banco central, haciendo bajar la base monetaria y la oferta monetaria.

## 5.6.3 Tipos de cambio semifijos o mixtos

Los **sistemas de tipos de cambio semifijos** pueden concebirse como un caso intermedio entre los sistemas de flotación de tipos fijos. Son sistemas en los cuales se permite un cierto grado de flexibilidad al tipo de cambio pero dentro de unos límites determinados. Son los denominados *crawling-peg*[5], **zonas objetivo o régimen cooperativo**. El régimen cooperativo consiste en fijar una paridad central para el tipo de cambio, que se mantiene fija en el tiempo[6]. Sin embargo,

### Cuadro Economía Aplicada II
### Las reservas del BCE y del Banco de España

**Reservas internacionales del BCE a 31-12-2003**

| | Miles de millones de euros | |
|---|---|---|
| Divisas convertibles | 28,6 | 77,51 |
| Oro monetario | 8,1 | 21,95 |
| Derechos especiales de giro | 0,2 | 0,54 |
| Total | 36,9 | 100,00 |

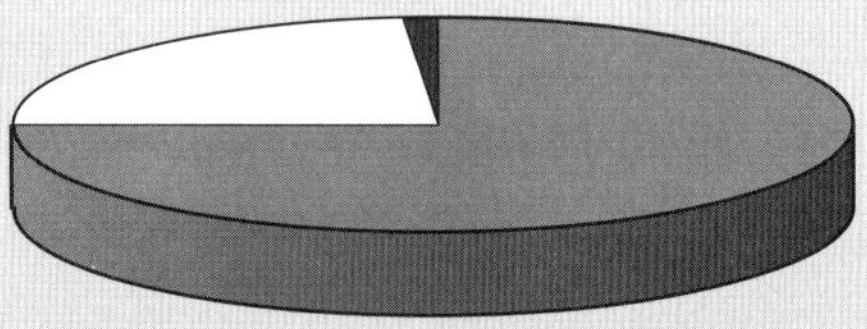

**Reservas internacionales del Banco de España a 31-12-2003**

| | Miles de millones de euros | |
|---|---|---|
| Divisas convertibles | 13.073 | 61,58 |
| Oro monetario | 5.559 | 26,19 |
| Posición de reserva en FMI | 1.476 | 6,95 |
| Otros | 793 | 3,74 |
| Derechos especiales de giro | 328 | 1,55 |
| Total | 21.229 | 100,00 |

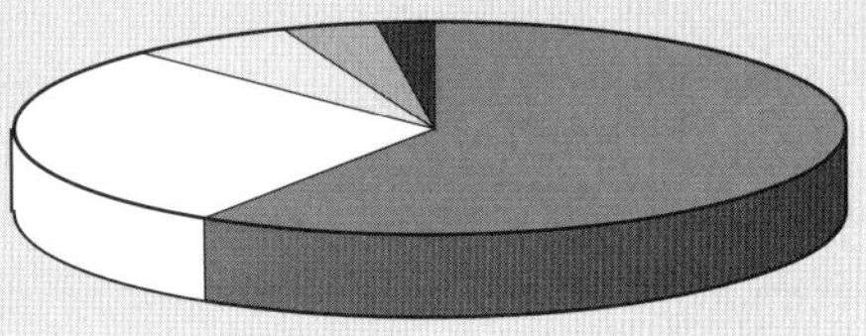

Fuente: Comisión Europea.

5 Muchos países de América Latina han mantenido sistemas de *crawling-peg*. Esto es, un sistema de tipos de cambio semifijos, pero con frecuentes devaluaciones. En este sistema se fija un determinado tipo de cambio, pero éste se ajusta frecuentemente en función de determinados indicadores.

6 Este sistema cambiario tiene su origen en la Conferencia de Bretton Woods (EE UU 1948) y su funcionamiento es muy parecido al del sistema del Fondo Monetario Internacional (FMI). Éste pretendía estabilizar los tipos de cambio pero sin sufrir los inconvenientes del patrón oro, consistentes en falta de liquidez internacional derivada de disponer de una cantidad insuficiente de oro en determinados momentos.

se permite una cierta variabilidad del tipo de cambio que viene determinada por las denominadas bandas de fluctuación. Estas bandas de fluctuación indican la depreciación o apreciación máxima que puede tener una moneda con respecto a su paridad central. Este sistema fue seguido por la mayoría de los países de la Unión Europea. En estos regímenes cambiarios los bancos centrales están obligados a intervenir para evitar una fluctuación excesiva del tipo de cambio con respecto a la paridad central o tipo de cambio oficial. Sin embargo, al existir cierto grado de flexibilidad, los bancos centrales no están obligados a intervenir constantemente para mantener al tipo de cambio en dicha paridad central.

El sistema de tipos de cambio fijos no trata de evitar la fluctuación de la moneda sino de acotar sus oscilaciones. Supongamos que el Banco Central establece un tipo de cambio oficial, $t_c$ y una banda de fluctuación delimitada por un tipo de cambio máximo, $t^s_c$, y un tipo de cambio mínimo $t^i_c$ (Figura 5.8). El Banco Central sólo interviene cuando el tipo de cambio se sitúa por encima del tipo de cambio máximo o por debajo del tipo de cambio mínimo. Cuando el tipo de cambio se mantiene dentro de los límites de la banda, el funcionamiento es como el de los tipos de cambio flexibles y se guía por los movimientos de la demanda y la oferta de euros. La autoridad monetaria únicamente interviene cuando las fuerzas del mercado tienden a situar el tipo de cambio fuera de los límites prefijados, y lo hace como en el régimen de tipos de cambios fijos, vendiendo euros (comprando dólares) para evitar la apreciación y comprando euros (vendiendo dólares) para evitar la depreciación, logrando que el tipo de cambio se mantenga dentro de los límites de fluctuación.

Estas intervenciones, como en el caso de los tipos de cambio fijos, provocarán, vía alteración en la cantidad de divisas, unos efectos indeseados sobre la oferta monetaria y sobre la balanza de pagos.

**En un sistema de tipos de cambio semifijos, el tipo de cambio fluctúa libremente dentro de los límites fijados. La cotización no puede sobrepasar por abajo ni por arriba los límites fijados por la autoridad monetaria. Cuando el mercado tiende a que el tipo de cambio supere los límites, éstos se comportan como tipos de cambio fijos con idénticos efectos: aumentos o disminuciones de las reservas de divisas y desequilibrio de la balanza de pagos.**

## 5.6.4 La teoría de la Paridad del Poder Adquisitivo (PPA)

La **teoría de la Paridad del Poder Adquisitivo (PPA)** sostiene que si existe arbitraje internacional, los tipos de cambio de las monedas tienden a un valor tal que una determinada cantidad de moneda debe tener el mismo poder adquisitivo, esto es, podrá comprar la misma cantidad de bienes en todos los países. Si por ejemplo un determinado bien cuesta en Europa 10 euros y en Estados Unidos 13 dólares, el tipo de cambio euro/dólar será de 1,3 dólares por un euro, de forma que 10 euros tienen el mismo poder adquisitivo en Europa que en Estados Unidos.

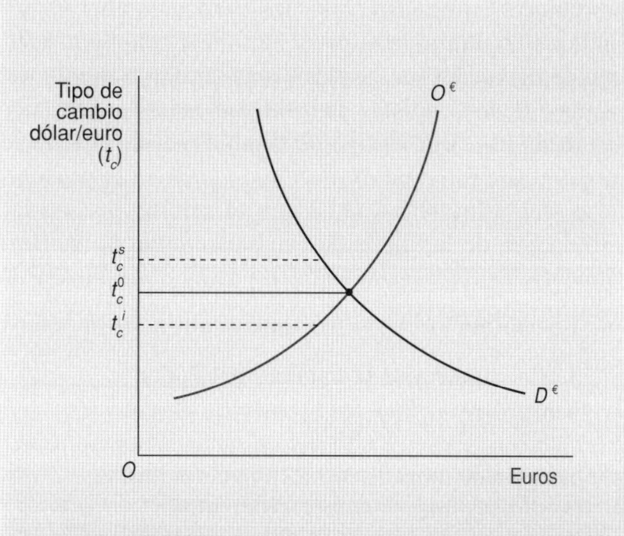


**Figura 5.8 - Tipos de cambio semifijos**

El Banco Central establece un tipo de cambio oficial, $t^0_c$, y una banda de fluctuación con un tope superior $t^s_c$, y un tope inferior, $t^i_c$, y sólo interviene cuando las fuerzas del mercado tienden a situar el tipo de cambio de equilibrio fuera de la banda de fluctuación.

LA PPA se basa en el principio de la convergencia de precios de los bienes en todos los países. Cuando es posible el comercio libre internacional, los precios de los bienes no pueden ser muy distintos en los diversos países. Si por ejemplo con un euro se comprasen menos patatas en España que en el extranjero, habría oportunidad de obtener beneficios adquiriendo patatas en el extranjero e importándolas a España. Los **arbitrajistas**, al tratar de obtener beneficios, presionarán a la baja sobre el precio español de las patatas en relación con el precio del exterior. Si, por el contrario, con un euro se pudieran comprar menos patatas en el extranjero que en España, los arbitrajistas comprarían patatas en España y las venderían en el extranjero, presionando al alza el precio interior de las patatas. Por tanto, los arbitrajistas internacionales, al tratar de obtener beneficios, hacen que se cumpla la **ley de un solo precio**, que establece que un mismo bien no puede venderse simultáneamente a diferentes precios en lugares distintos.

La actuación de los arbitrajistas internacionales hace que las exportaciones netas sean muy sensibles a pequeñas variaciones del tipo de cambio real. Así, una pequeña caída del tipo de cambio real, es decir, una pequeña reducción del precio de los bienes nacionales en relación con los extranjeros, hace que los arbitrajistas compren bienes en nuestro país y los vendan en el extranjero. Por el contrario, una pequeña subida del precio relativo de los bienes nacionales lleva a importar bienes del extranjero. Esta notable sensibilidad de las exportaciones netas hace que el tipo de cambio real de equilibrio siempre esté próximo al nivel que garantiza la **paridad de poder adquisitivo (PPA)** en el sentido de que las variaciones de los tipos de cambio reflejan fundamentalmente las diferencias entre las tasas de inflación de los distintos países.

Según la **teoría de la Paridad del Poder Adquisitivo (PPA)**, los tipos de cambio de las monedas tienden a un valor tal que una determinada cantidad de moneda podrá comprar la misma cantidad de bienes en todos los países.

## 5.7 Los tipos de cambio en la Unión Europea: la Unión Monetaria Europea

Desde hace unos años, el contexto económico internacional se caracteriza por la existencia de economías cada vez más abiertas a la competencia internacional. La adopción de medidas proteccionistas de carácter discrecional y la manipulación del tipo de cambio nominal resulta cada vez más limitada. En consecuencia, la política económica está condicionada por la creciente competencia en los mercados y la amplia libertad de los movimientos de los factores productivos.

El proceso de creciente internacionalización ha propiciado la formación de numerosas áreas regionales de integración económica. El objetivo principal de la Unión Europea ha sido eliminar las barreras físicas, técnicas o fiscales y propiciar la libre circulación de mercancías y servicios, todo ello una vez lograda la libre circulación de capitales. Para propiciar el logro de estos objetivos se consideraba muy conveniente crear una zona de estabilidad cambiaria.

### 5.7.1 El Sistema Monetario Europeo

En el contexto de los países comunitarios se planteó la creación de un bloque monetario como una opción a las autoridades económicas para tratar de reducir la variabilidad de los tipos de cambio, y la mayoría de los países integrados en la Comunidad Europea se decidieron por ella. En ese sentido, el Sistema Monetario Europeo (SME) se constituyó como un mecanismo de control de cambios que ligaba entre sí todas las monedas de la mayoría de los miembros con el fin de establecer un sistema de paridades fijas pero ajustables de cohesión y estabilidad cambiaria en la economía de los países comunitarios.

### 5.7.2 De la unión económica a la unión monetaria

El Informe Delors estableció la agenda de la Unión Económica y Monetaria Europea. Ésta fijó de forma irrevocable paridades fijas y la posterior sustitución de las monedas nacionales por una moneda única. Una unión monetaria, esto es, el establecimiento de una moneda común, es algo mucho más complejo que una unión económica y no se entiende sino como un paso intermedio hacia una unión política.

El inconveniente principal de la Unión Económica y Monetaria (UEM) es que ya no se puede utilizar el tipo de cambio para estabilizar la economía. Este instrumento puede ser especialmente útil para tratar de compensar los efectos recesivos de una perturbación que afecte sólo a una zona de la Unión. Hay que tener en cuenta, además, que en una unión monetaria no sólo la política monetaria pierde autonomía, sino también, aunque en menor medida, la fiscal. La alta movilidad de los factores productivos y la eliminación de las barreras al comercio contribuyen a armonizar los tipos impositivos y a definir las bases imponibles. Así mismo, surgirá una presión para la convergencia fiscal en términos de déficit público, lo que reduce aún más las posibilidades de controlar la economía mediante la política fiscal.

En el proceso de creación de la Unión Monetaria Europea los acuerdos de Maastricht de 1991 (véase Nota Complementaria 5.2) fueron una pieza clave, ya que fijaron las condiciones de convergencia, esto es, los requisitos que debían reunir los países para formar parte de la Unión Monetaria. La *Unión Monetaria culminó con la creación de una moneda única*, **el euro**, para todos los países integrante de la Unión Monetaria.

### 5.7.3 La Unión Económica y Monetaria: el euro

Si bien el Sistema Monetario Europeo significó un primer paso hacia la integración monetaria, fue el *Tratado de la Unión Europea* el que estableció definitivamente las bases para la consolidación de la Unión Económica y Monetaria europea (UEM).

La Unión Económica y Monetaria la integran los Estados de la Unión Europea que comparten una misma moneda, el euro, y una política monetaria única. Los Estados que se integraron en la UEM desde su inicio, el 1 de enero de 2001, son Alemania, Austria, Bélgica, España, Finlandia, Francia, Irlanda, Italia, Luxemburgo, Países Bajos y Portugal, a los que se unió Grecia, Dinamarca y el Reino Unido tienen un régimen especial que les da derecho a acogerse a una «cláusula de exclusión voluntaria» en relación con la adopción de la moneda única. Los demás Estados miembros no podrán formar parte de la UEM hasta que se cumplan los criterios de convergencia nominal.

Los antecedentes de este proceso se remontan al Consejo Europeo celebrado en La Haya los días 1 y 2 de diciembre

## Nota Complementaria 5.2 - El Sistema Monetario Europeo

**El Sistema Monetario Europeo (SME)** fue un mecanismo de control de cambios que ligaba entre sí las monedas de la mayoría de los miembros de la Unión Europea para establecer un sistema de paridades fijas pero ajustables y dar cohesión y estabilidad a la economía de los países comunitarios.

Fue creado por el Consejo Europeo en mayo de 1979 con los siguientes componentes esenciales:

a) Unos tipos de cambio que se pretendían mantener fijos.

b) Unas reglas del juego determinadas que especificaban:

- Cuándo había que intervenir para corregir los defectos del libre juego del mercado.
- Qué instrumentos financieros debían emplearse para apoyar unas actuaciones concretas.
- La posibilidad, como último recurso, de proceder a un ajuste de los tipos para llegar a otro conjunto de tipos también fijos.

c) El ECU (European Currency Unit) o la unidad de cuenta europea, que sería el instrumento para alcanzar la unión monetaria.

d) Ciertos mecanismos de crédito y transferencias.

La peseta se incorporó plenamente al SME el 21 de septiembre de 1989. En esa fecha, esta moneda empezó a ponderar en el ECU con un peso del 5,3%.

El SME actuó como sistema de coordinación de las monedas europeas y fue un paso intermedio en el proceso que ha llevado a la moneda única.

El régimen cambiario que seguía el SME, más que un sistema de tipos de cambios semifijos como el estudiado en el Epígrafe 7.3, era un sistema de tipos fijos pero ajustables, pues las autoridades monetarias tenían capacidad para cambiar la paridad central cuando lo estimaban conveniente.

de 1969, donde se acordó que la Comunidad Europea iniciase el camino para constituir una UEM, caracterizada por una armonización de las políticas económicas y por una política monetaria y una moneda única en los Estados miembros. En la década de los setenta se elaboró el Informe Werner, primer precedente del diseño de la UEM, y se estableció la «Serpiente Monetaria Europea», sustituida a finales de esa década por el Sistema Monetario Europeo, con el fin de estabilizar los tipos de cambio entre las divisas de los Estados comunitarios.

En el Consejo Europeo de Madrid, celebrado en junio de 1989, se aprobó el Informe Delors, que ya contenía un plan muy completo para el establecimiento de la UEM (Esquema 5.2). Con la UEM se creó un mercado único, sin

### Equema 5.2 - Las fases de la Unión Monetaria Europea

| Fase | Período | Objetivos |
|---|---|---|
| Primera | Del 1 de abril de 1990 al 31 de diciembre de 1993 | • Liberalizar movimientos de capital.<br>• Hacer realidad el mercado interior único.<br>• Elaborar planes de convergencia de las economías de los países que deseen integrarse en la Unión. |
| Segunda | Del 1 de enero de 1994 al 31 de diciembre de 1998 | • Crear el Instituto Monetario Europeo.<br>• Conseguir la independencia de los bancos centrales.<br>• Conseguir el cumplimiento de los criterios de convergencia, que son un conjunto de condiciones que deben cumplir los países para que sus economías sean lo bastante homogéneas. |
| Tercera | A partir del 1 enero de 1999 | Conseguir la Unión Monetaria Europea, lo que significa:<br>• Poner en funcionamiento el Banco Central Europeo y el Sistema Europeo de Bancos Centrales (compuesto por el Banco Central Europeo y los bancos centrales nacionales).<br>• Fijar de manera irrevocable los tipos de cambio de las monedas de los países integrantes. |
| Cuarta | A partir del 1 de enero de 2002 | • Introducir la moneda única (euro).<br>• Aplicar una política monetaria común.<br>• Poner en circulación el euro: del 1 de enero al 30 de junio del 2002. |

fronteras entre los países miembros, con una moneda única y una política monetaria común.

El euro, desde el 1 de enero de 1999, es la moneda nacional de los once países integrantes de la Unión, si bien la sustitución efectiva de las antiguas monedas nacionales por euros comenzó el 1 de enero de 2002. A partir de esta fecha, el euro se convirtió en la única moneda de curso legal en todos los países de la UEM.

Los países que inicialmente cumplieron los criterios de convergencia nominal, y que, por tanto pasaron a formar parte de los **países de la «zona euro»,** fueron Holanda, Alemania, Francia, Italia, Irlanda, España, Finlandia, Austria, Bélgica, Luxemburgo y Portugal. En el año 2001 Grecia adoptó el euro como moneda de curso legal, pasando a ser doce los países de la zona euro.

### 5.7.4 Aspectos básicos y ventajas de la Unión Monetaria Europea

Podemos resumir las *características básicas de la UEM* en los puntos siguientes:

- El Banco Central Europeo (BCE) es independiente de los poderes políticos: el dinero se despolitiza.
- El cometido del BCE es estabilizar los precios; la política monetaria se orienta a alcanzar una inflación inferior al 2%.
- Está prohibido que el BCE financie a los gobiernos y a las empresas públicas.
- Los países de la Unión alcanzaron un Pacto de Estabilidad por el que se comprometieron a disminuir el déficit público.
- Se creó una moneda única: el euro.

Por otro lado, las *ventajas de la creación de una moneda única* para los países miembros se pueden sintetizar como sigue:

- Mayor confianza en los mercados y eliminación de la incertidumbre cambiaria de los países que integran la UEM, al tener una moneda estable.
- Mercados financieros más potentes, lo que incide positivamente en las posibilidades de inversión.
- Mayor estabilidad de precios, al propiciar la convergencia en las tasas de inflación.
- *Disminución de los tipos de interés,* al reducirse la prima de riesgo. Probablemente, al menos para países como España, con una tradición inflacionista, éste ha sido uno de los mayores logros de la UEM.
- Mejora en las finanzas públicas como parte del Pacto de Estabilidad.

La aplicación de la **Unión Monetaria** ha conllevado claras ventajas y algunos costes asociados con la capacidad de reacción de los países.

### 5.7.5 Los costes de la Unión Monetaria

La instauración de una moneda única entre un grupo de países conlleva una serie de costes. En buena medida éstos se deben a que, a pesar de los criterios de convergencia instaurados en el Tratado de Maastricht, las diferencias entre los distintos países miembros siguen siendo considerables. En este sentido, basta señalar las diferencias observadas en:

- El ordenamiento jurídico interno de los países miembros. Sobre todo desde el punto de vista comercial, la definición de distintos estándares dificulta la homologación de productos.
- El sistema fiscal, los sistemas retributivos, los sistemas educativos, etc.
- Las diferencias en el desarrollo de las economías nacionales y en la diferente sensibilidad al ciclo económico de los distintos países.

A pesar de estas diferencias, la aceptación de una moneda única supone limitar la capacidad de cada país para reaccionar según sus propias circunstancias ante un cambio brusco en el entorno, que además puede tener un impacto diferente en los distintos países.

La moneda única hace imposible utilizar el mecanismo del tipo de cambio –la devaluación– para impulsar las exportaciones y reactivar el mercado interior y tampoco se puede recurrir a la política monetaria. Así mismo, la aceptación de la UEM y el Pacto de Estabilidad (Nota Complementaria 5.3) supuso el compromiso de que el déficit público no superara el 3% del PIB, lo que en determinadas circunstancias puede provocar que se destinen menos recursos de los necesarios a realizar ajustes en las zonas menos desarrolladas.

En cualquier caso, este compromiso ha sido incumplido por algunos países y de cara al futuro todo apunta a que el Pacto de Estabilidad se establecerá en términos más flexibles, en el sentido de que si bien se tenderá a largo plazo al equilibrio presupuestario, se reconocerá la posibilidad de presentar déficit de carácter cíclico.

Todo apunta a que el **Pacto de Estabilidad** flexibilizará su aplicación.

### 5.7.6 Valoración global de la entrada de España en la Unión Europea

A pesar de los costes que supone formar parte de la UEM, puede afirmarse que, para la economía española, la entra-

### Nota Complementaria 5.3 - El Pacto de Estabilidad y Crecimiento

El Pacto de Estabilidad y Crecimiento es el alcanzado entre los Estados de la Unión Europea, por el que se comprometen a mantener unas finanzas públicas saneadas, en la tercera fase de la UEM, como medio para fortalecer las condiciones para conseguir la estabilidad de precios y un crecimiento fuerte y sostenible que favorezca la creación de empleo.

El *Pacto de Estabilidad y Crecimiento* fija un valor máximo de referencia para el déficit público (3% del PIB) y la deuda pública (60% del PIB). No obstante, el Pacto permite que los Estados incurran en déficit excepcionales y temporales superiores a la citada proporción cuando se deban a circunstancias inhabituales ajenas a su voluntad o a una recesión económica grave.

En el marco del Pacto, los Estados de la Unión Europea que han adoptado el euro deben presentar cada año al Consejo de la Unión Europea y a la Comisión Europea un programa de estabilidad con el fin de que ambas instituciones evalúen el grado de cumplimiento del Pacto por parte de cada Estado. Este programa debe incluir la situación respecto de los objetivos de equilibrio presupuestario y de deuda pública, previsiones sobre la evolución de las variable macroeconómicas más relevantes, las medidas que se van a adoptar para alcanzar los objetivos del Pacto y el análisis de los cambios en el escenario económico previsto sobre la consecución de los objetivos.

Los Estados de la Unión Europea que todavía no han adoptado el euro deben presentar cada año al Consejo y a la Comisión un programa de convergencia, similar al descrito anteriormente, pero incluyendo además los objetivos de la política monetaria y su relación con la estabilidad de precios y los tipos de cambio.

La Comisión Europea y el Comité Económico y Financiero analizan los programas de estabilidad y los de convergencia e informan al Consejo de la Unión Europea sobre su idoneidad. El Consejo, si se han apreciado desviaciones significativas respecto del logro de los objetivos, formula recomendaciones al Estado correspondiente. Si el Estado afectado no toma las medidas adecuadas, las recomendaciones pasan a ser advertencias y pueden finalizar en sanciones económicas.

da en la Unión Europea ha sido positiva en muchos aspectos. La economía española antes de integrarse en la UEM presentaba serios desequilibrios estructurales que en buena medida tuvo que resolver para lograr cumplir los criterios de Maastricht. Esto supuso un reto que fue superado con éxito, si bien aún quedan problemas por resolver como la elevada tasa de desempleo, el déficit tecnológico y el diferencial de inflación. Además, no debe olvidarse que en España están algunas de las regiones más pobres de la Unión (UE-15), las cuales han podido beneficiarse de los presupuestos comunitarios a través de las subvenciones provenientes de los Fondos Estructurales y del Fondo de Cohesión.

Sin embargo, la parte que le corresponde a España de estos fondos tenderá a disminuir con la incorporación de países del Este de Europa con un nivel de renta inferior al español. Por otra parte, la obligación de supeditar la producción a las **cuotas** impuestas por la Unión afecta a algunos sectores, especialmente al primario, con productos como la leche, el aceite o la pesca, lo que hace que el saldo final de esta política para España sea incierto.

En cualquier caso, la creación de la UEM ha sido un hecho de capital importancia y, al margen de las rigideces que conlleva, ha supuesto para España la posibilidad de situarse dentro del grupo de los países más estables y avanzados del mundo, con los lógicos beneficios que ello supone.

## RESUMEN

- El **comercio internacional** consiste en el intercambio de bienes y servicios entre países. Las diferencias entre ellos en cuanto al clima, la riqueza mineral, la tecnología y la dotación de factores propician la especialización y el intercambio.
- En la vida real, sin embargo, raramente se da la especialización absoluta de un país en la producción de unos pocos bienes.
- Aunque del libre comercio se derivaban en principio ventajas para todos los países, es frecuente que se le pongan obstáculos.
- La **balanza de pagos** es un documento contable que registra sistemáticamente el conjunto de transacciones económicas de un país con el resto del mundo durante un período de tiempo determinado.
- Las transacciones registradas se agrupan en tres grandes categorías: las que integran la **cuenta corriente, cuenta de capital** y la **cuenta financiera**.
- La **cuenta corriente** está integrada por la balanza de mercancías, la cuenta de servicios, la cuenta de rentas y las transferencias.
- El **saldo de la balanza de pagos** es igual al saldo de la balanza por cuenta corriente más el saldo de la balanza por cuenta de capital, más el saldo de las cuentas financiera, más «errores y omisiones».
- La heterogeneidad de las monedas empleadas por los distintos países dificulta las relaciones económicas internacionales. Un sistema desarrollado de comercio internacional exige un mercado donde una moneda se pueda intercambiar por otra: éste es el **mercado de cambios**.
- El **tipo de cambio** es el precio de una moneda cuando se cambia por otras. En el supuesto de que quisiéramos cambiar euros por dólares, el tipo de cambio será el número de euros que hay que entregar para obtener un dólar.
- En un **mercado libre**, el tipo de cambio depende de la oferta y la demanda. En estas circunstancias, se dice que el tipo de cambio es flexible o flotante. Ofertarán dólares los exportadores nacionales y los inversores estadounidenses en España, mientras que demandarán dólares los importadores nacionales y los inversores nacionales en EEUU.
- En teoría, el **sistema de tipos de cambio flexibles** corregirá automáticamente cualquier tendencia al déficit o al superávit en la balanza de pagos. En la práctica, sin embargo, el mecanismo puede no funcionar, debido, entre otras cosas, a que los cambios en las importaciones y en las exportaciones pueden resultar poco sensibles a las alteraciones en los tipos de cambio.
- En un **sistema de tipos de cambio fijos**, una revaluación es una reducción del tipo de cambio, y una devaluación es una subida del tipo de cambio.
- Dentro del **sistema de tipos de cambio semifijos, los bancos centrales** eran los responsables de mantener los valores de las monedas dentro de unas bandas determinadas. Para ello, debían actuar como oferentes o demandantes de la moneda nacional en el mercado de cambios.

# CONCEPTOS BÁSICOS

- Comercio internacional.
- Ventaja comparativa.
- Relación real de intercambio.
- Obstáculos al libre comercio.
- Arancel o tarifa.
- Contingente o cuota.
- Subsidio a la exportación.
- Balanza de pagos.
- Balanza comercial o de mercancías.
- Balanza por cuenta corriente.
- Balanza por cuenta de capital.
- Balanza de servicios.
- Balanza básica.
- Barreras no arancelarias.
- Balanza de transferencias.
- Exportaciones.
- Importaciones.
- Reservas.
- Sistema de tipos de cambio.
- Mercado de cambios o de divisas.
- Tipos de cambio.
- Tipos de cambio flexibles.
- Tipos de cambio fijos.
- Tipos de cambio semifijos.
- Patrón oro.
- Devaluación.
- Revaluación.
- Apreciación.
- Depreciación.
- Flotación sucia.
- Sistema Monetario Europeo (SME).
- Unión monetaria

## CUESTIONES PARA LA AUTOEVALUACIÓN

1. ¿En qué sentido la existencia de ventajas comparativas estimula la especulación y el intercambio?
2. ¿Cuáles son las balanzas que integran la cuenta corriente?
3. Las principales medidas proteccionistas son:

   a) Los aranceles.

   b) Los contingentes a la importación.

   c) Los subsidios a la exportación.

   d) Todas las anteriores.
4. La variación de reservas:

   a) Forma parte de la cuenta financiera.

   b) Forma parte de la cuenta de capital.

   c) Forma parte de la cuenta de transferencias de capital.

   d) Forma parte de las transferencias corrientes.
5. Si un país realiza inversiones en el exterior:

   a) La posición deudora exterior del país considerado aumenta.

   b) La posición acreedora exterior del país considerado aumenta.

   c) Se anotarán en la cuenta de transferencias de capital.

   d) Se anotarán en la cuenta de capital.
6. ¿Cuáles son los principales inconvenientes que supone formar parte de la UEM?
7. Comente la siguiente afirmación: «Cuando el tipo de cambio euro/dólar es superior al de equilibrio éste tenderá a apreciarse».
8. Analice el siguiente párrafo: «En un sistema de tipos de cambio fijos el banco central debe tener disponible una cierta cantidad de reservas internacionales de divisas para intervenir y cubrir los déficit temporales de divisas originados por los desequilibrios de la balanza de pagos. Por ello, la política monetaria no es autónoma».
9. Si el gasto en divisas por importaciones y demás transacciones es mayor que los ingresos por exportaciones y demás transacciones, el tipo de cambio tenderá a apreciarse.
10. Una revaluación sólo puede tener lugar en un sistema de tipos de cambio flexibles.
11. ¿Cómo pueden intervenir los gobiernos para tratar de influir en el tipo de cambio de sus monedas?
12. ¿Puede estar la BP en desequilibrio desde el punto de vista contable? Razone su respuesta.
13. Cuando un país presenta un déficit por cuenta corriente, ¿cómo puede financiarlo?
14. ¿Qué saldo de la BP revela las posibilidades o necesidad de financiación del país respecto al resto del mundo?
15. Compare el sistema de tipo de cambio fijo y flexible.

# EJERCICIOS Y APLICACIONES

1. Compare desde el punto de vista del precio los efectos de un arancel y de un contingente sobre las importaciones.
2. Realice un esquema de la BP incluyendo las distintas cuentas de la misma y las principales partidas que integran dichas cuentas.
3. ¿Cómo opera la partida de las reservas en la Balanza de Pagos?
4. ¿Puede estar la balanza de pagos en desequilibrio desde el punto de vista contable? Razone su respuesta.
5. Cuando un país presenta un déficit por cuenta corriente, ¿cómo puede financiarlo?
6. ¿Qué saldo de la balanza de pagos revela las posibilidades o necesidad de financiación del país respecto al resto del mundo?
7. El tipo de cambio:

   a) Es equivalente al tipo de interés, una vez eliminado el efecto de la inflación.

   b) Es el precio relativo de una moneda expresada en términos de otra.

   c) Se suele expresar como el número de unidades de la moneda nacional por unidad de moneda extranjera.

   d) Son ciertas b) y c).

8. La curva de demanda de divisas:

   a) Es decreciente con el tipo de cambio.

   b) Es creciente con el tipo de cambio.

   c) Es decreciente con el tipo de interés.

   d) Es decreciente sólo hasta que se alcanza el tipo de cambio de equilibrio.

9. La flotación sucia tiene lugar:

   a) Bajo un sistema de tipos de cambio fijos.

   b) Cuando las fluctuaciones de la balanza de pagos originan cambios en la oferta y demanda de divisas.

   c) Cuando los desequilibrios de la balanza de pagos modifican los tipos de cambio.

   d) Cuando en un sistema de tipos de cambio esencialmente flexibles el Banco Central interviene para tratar de alterar el tipo de cambio en una determinada dirección.

10. Una devaluación del tipo de cambio provocará:

    a) Una entrada de capital extranjero.

    b) Un aumento de las divisas.

    c) Un incremento de la base monetaria.

    d) Todas las anteriores.

CAPÍTULO 6

# LA OFERTA AGREGADA Y LA CURVA DE PHILLIPS: INFLACIÓN Y PARO

## INTRODUCCIÓN

En el bloque anterior de capítulos, la atención se ha centrado en el papel que desempeña la demanda agregada en la determinación del nivel de producción a corto plazo. En este análisis se ha mostrado que en una economía en la que hay recursos subutilizados, los gobiernos pueden contribuir a corto plazo a mejorar el nivel de la actividad económica mediante políticas monetarias, fiscales o de comercio exterior.

En este capítulo se inicia el estudio de la oferta agregada. Hablar de oferta agregada quiere decir hablar de recursos productivos y especialmente del trabajo. Por ello, el análisis se inicia con un estudio del mercado de trabajo, donde se determina el nivel de empleo, que probablemente por su dimensión humana sea la variable clave de toda economía.

## 6.1 El mercado de trabajo

En el mercado de trabajo la oferta la realizan los trabajadores y la demanda la llevan a cabo las empresas. El bien intercambiado en este mercado es la cantidad de trabajo aplicada en los procesos productivos de una economía durante un período de tiempo, que se puede medir en horas-hombre o en el número de trabajadores empleados.

### La demanda de trabajo

Cuando la empresa demanda trabajo tratando de maximizar los beneficios, bajo el supuesto de competencia perfecta en los mercados de bienes y factores, la función de demanda de trabajo es *la función de productividad marginal del trabajo*.

De esta forma, el salario real resulta ser igual a la productividad marginal del trabajo.

**Salario real = Productividad marginal del trabajo**

En términos gráficos (Figura 6.1), la función de demanda de trabajo para una empresa es la función de productividad marginal del trabajo en su tramo decreciente, si consideramos los salarios en términos reales y suponiendo competencia perfecta en los mercados de bienes y trabajo. Para toda la economía, la función de demanda de trabajo ($L^d$) se obtiene a partir de la función de producción agregada de la economía y será la suma de las funciones de demanda de trabajo de todas las empresas que integran la economía. Así pues, la función de demanda agregada de trabajo es decreciente con el salario real, de forma que ante un aumento del salario real la cantidad demandada de trabajo se reduce y si el salario real disminuye la cantidad demandada de trabajo aumentará[1].

### La oferta de trabajo

Para los **clásicos o neoclásicos**, la función de oferta de trabajo se deriva, para cada consumidor-trabajador, de la elección entre ocio y consumo, esto es, trabajo, como generador de renta que posibilita el consumo. Bajo el **enfoque clásico o neoclásico, la función agregada de oferta de trabajo es creciente con el salario real,** en el sentido de que los trabajadores estarán dispuestos a ofrecer una cantidad mayor de trabajo cuando el salario real aumenta.

**Oferta de trabajo = $g_1$ (salario real)**

donde $g_1$ denota una función creciente (Figura 6.2).

Desde un **punto de vista keynesiano, la función de oferta de trabajo no es creciente con el salario real, sino con el salario monetario**, pues se supone que los trabajadores están sometidos a **la ilusión monetaria**. De esta forma, en términos de enfoque keynesiano, la función de oferta del trabajo puede expresarse como sigue:

**Oferta de trabajo = $g_2$ (salario nominal)**

siendo $g_2$ una función creciente.

1 Una variación en el salario real provoca una variación en el sentido contrario en la cantidad demandada de trabajo, siguiendo un movimiento a lo largo de la curva de demanda de trabajo.

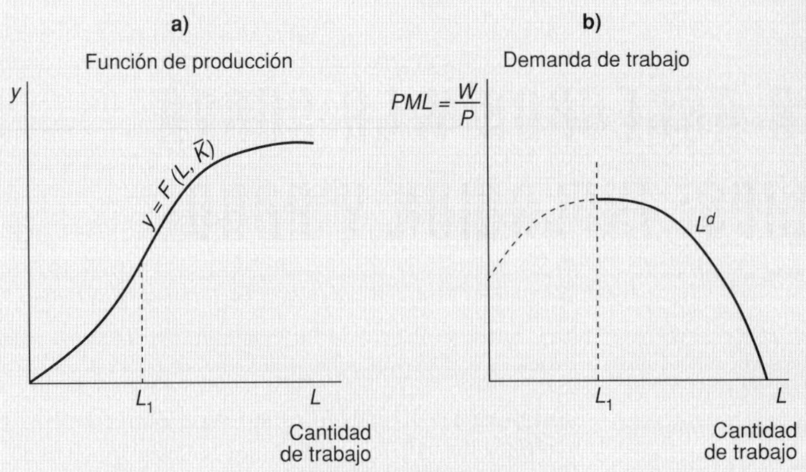


**Figura 6.1 - La demanda de trabajo**

Bajo ciertas condiciones, la función de demanda de trabajo para una empresa es la función de productividad marginal del trabajo en la rama decreciente. Para toda la economía, la función de demanda de trabajo ($L^d$) será la suma de las funciones de demanda de cada empresa. La suma de las funciones de producción de todas las empresas (panel a) de la figura) es la función de producción agregada de la economía.

Un agente económico actúa con **ilusión monetaria** cuando reacciona ante los cambios de las variables nominales, aun cuando no haya tenido lugar ningún cambio real en su situación. Así, un trabajador actuará bajo ilusión monetaria si sólo se fija en la subida de los salarios nominales y no en los salarios reales.

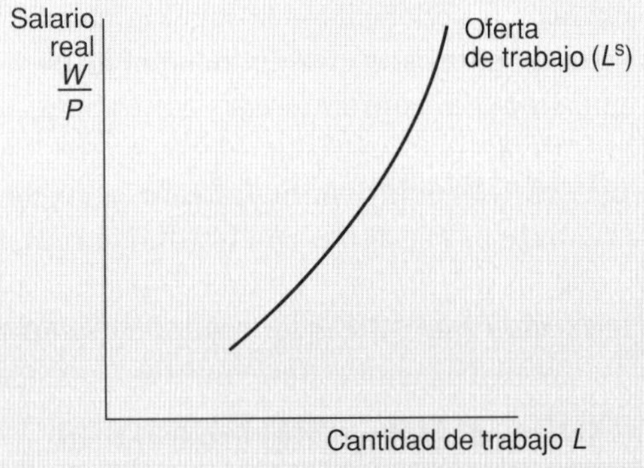


**Figura 6.2 - La oferta agregada de trabajo neoclásica**

Para los neoclásicos el trabajo ofrecido ($L^s$) es creciente con el salario real $\left(\frac{W}{P}\right)$.

### El equilibrio del mercado de trabajo

El equilibrio del mercado de trabajo se obtiene en la intersección de la oferta de trabajo con la demanda de trabajo (Figura 6.3). En cualquier caso, dado que los dos modelos contemplados, el neoclásico y el keynesiano tienen hipótesis de partida distintas referidas a la oferta de trabajo, los equilibrios respectivos son diferentes.

## 6.1.1 Enfoque neoclásico

Desde un enfoque neoclásico, se supone que los precios de los bienes y de los factores son flexibles, de forma que el mercado de trabajo, igual que el resto de los mercados, siempre está en equilibrio. Este equilibrio tiene lugar con *pleno empleo*, en el sentido de que al nivel del salario real vigente en el mercado todos los que desean trabajar pueden hacerlo, de forma que **según el enfoque neoclásico no existe paro involuntario**.

Existe **paro involuntario** cuando los trabajadores son incapaces de encontrar empleo al salario de mercado vigente.

Bajo el enfoque clásico o neoclásico, en caso de que haya paro, éste será **voluntario** o **friccional**.

El **paro friccional** surge por la rotación entre puestos de trabajo y la búsqueda de empleo.

Así pues, desde la óptica neoclásica, todo aquel que desea trabajar encuentra un trabajo, y si alguien no trabaja es porque al salario real de equilibrio no lo desea hacer.

Otro tipo de paro, en cierto modo contrapuesto al friccional, es el **paro estructural**. Los desempleados estructurales son aquellos trabajadores que, por razones de cualificación, no se corresponden con las necesidades reveladas por la demanda. El origen de este tipo de desempleo hay que buscarlo en las continuas redistribuciones de recursos productivos resultantes de los cambios en la demanda de productos que tienen lugar en todo proceso de crecimiento económico. La renovación tecnológica y la automatización hacen que, dadas las nuevas condiciones de la producción, la capacitación y experiencia de ciertos trabajadores no sean ya las deseadas.

El desempleo por motivos estructurales, a diferencia de lo que ocurre con el desempleo friccional, no se puede considerar que sea transitorio entre dos empleos. De hecho, sólo caben dos opciones: enfrentarse a un prolongado período de desempleo o cambiar de ocupación.

> El **desempleo estructural** se debe principalmente a desajustes entre la cualificación o la localización de la fuerza de trabajo y la cualificación o localización requerida por el empleador.

El equilibrio en el mercado de trabajo determina **el nivel de empleo de equilibrio**, que **es** además **el nivel de pleno empleo**. Este nivel de empleo de equilibrio determina el nivel de producción de la economía vía función de producción agregada. De esta forma, en términos del modelo neoclásico el nivel de producción de equilibrio viene determinado exclusivamente por la producción ofrecida por las empresas, no por la producción demandada por los consumidores. Por ello puede afirmarse que **en el modelo clásico/neoclásico es la oferta la que domina sobre la demanda**[2].

En términos gráficos (Figura 6.3a) el mercado de trabajo siempre está en equilibrio para el nivel de empleo de pleno empleo $L_{pe}$.

Desde una **perspectiva clásica**, si existe desempleo éste sería voluntario, pues una reducción de los salarios reales aumentaría el empleo y la producción. En este sentido el desempleo se debe, en última instancia, a una inadecuada política de salarios, ya que éstos no se ajustan a los cambios en la función de demanda real de mano de obra.

> Desde una **óptica clásica** la producción de equilibrio viene determinada exclusivamente por la producción ofrecida por las empresas, de forma que es la oferta agregada la que domina sobre la demanda agregada.

Para los clásicos, dado que el desempleo está motivado porque los trabajadores piden un salario real superior al de equilibrio, cualquier aumento de la demanda agregada no lograría reducir el paro, pues las empresas no estarían dispuestas a aumentar el empleo a los salarios reales vigentes. Los posibles aumentos de la demanda agregada sólo se traducirían en aumentos de precios y posteriormente de salarios nominales, para evitar pérdidas del poder adquisitivo. En este sentido, se dice que los trabajadores no tienen *ilusión monetaria*.

El empleo sólo aumentará si descienden los salarios reales o si se reduce el coste real de algún otro factor productivo. En definitiva, pues, para los clásicos la solución al problema del paro descansa básicamente en una políti-

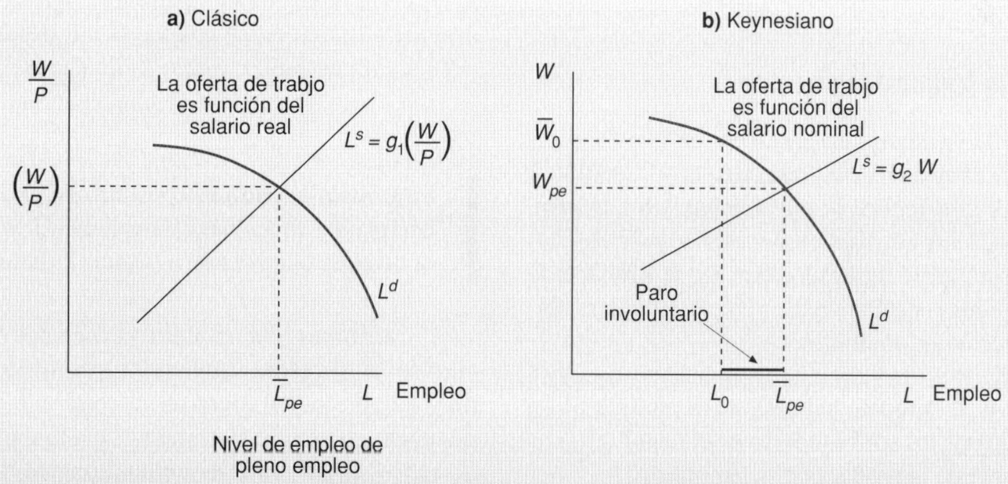


**Figura 6.3 - El mercado de trabajo**

En el mercado de trabajo, la función de oferta es creciente con el salario real en el modelo macroeconómico clásico; en este modelo, el mercado de trabajo siempre está en equilibrio para el nivel de empleo en pleno empleo ($\bar{L}_{pe}$). Según el modelo keynesiano, la oferta de trabajo es creciente con el salario nominal, pero éste está fijado a un determinado nivel ($\bar{W}_0$) vía negociación salarial. En este modelo, los salarios nominales son rígidos a la baja, lo que puede provocar desequilibrios en el mercado de trabajo.

2 La denominada Ley de Say establece que la oferta genera su propia demanda.

### Nota Complementaria 6.1 - Los tipos de desempleo

Los principales tipos de desempleo son el **estacional**, el **friccional**, el **estructural** y el **cíclico**.

El **desempleo estacional** es el causado por cambios en la demanda de trabajo debidos a la estación del año, a las temporadas de turismo o a otros factores estacionales. Así, al final del verano, muchas personas contratadas para trabajar en restaurantes y hoteles de forma temporal se ven forzadas a buscar otro empleo o a permanecer paradas.

El **desempleo friccional** es el ligado al funcionamiento normal del mercado de trabajo y se origina al dejar sus puestos algunos trabajadores para buscar otro mejor o porque los nuevos miembros de la fuerza laboral emplean un cierto tiempo buscando trabajo. Así pues, el paro friccional surge porque los trabajadores tardan en encontrar el empleo que mejor se ajusta a sus cualificaciones y gustos.

El **desempleo estructural** se debe a desajustes entre la cualificación o la localización de la fuerza de trabajo y la cualificación requerida por el empleador. La informatización y la robotización de ciertas actividades puede suponer que muchos trabajadores permanezcan en paro durante largos períodos por no poseer la formación técnica requerida.

El **desempleo cíclico** tiene lugar cuando los trabajadores, y en general, los factores productivos, quedan ociosos debido a que el gasto de la economía durante ciertos períodos a lo largo del ciclo es insuficiente para dar empleo a todos los recursos. Las autoridades económicas y los expertos en macroeconomía se suelen centrar en analizar y combatir este tipo de desempleo. De hecho, en macroeconomía se afirma que se ha alcanzado el pleno empleo cuando se sale de una recesión y el desempleo cíclico se reduce a cero (porque el mercado de trabajo alcanza el equilibrio), aun cuando siga habiendo desempleo friccional, estacional y estructural.

ca de salarios suficientemente flexible que permita que éstos se ajusten a las condiciones cambiantes de la demanda. En otras palabras, para los clásicos el empleo por encima del friccional se debe a una inadecuada política salarial y puede calificarse de voluntario.

> Desde una perspectiva clásica, el desempleo por encima del desempleo friccional se debe a una política de salarios inadecuada. Éste es el **desempleo voluntario.**

## 6.1.2 Enfoque keynesiano

En el **modelo keynesiano**, en particular en términos del modelo de la cruz keynesiana, presentado en el Capítulo 2 y siguientes, *es la demanda la que domina sobre la oferta*. Téngase en cuenta que bajo el supuesto de precios estables, el nivel del gasto agregado, esto es, la producción demandada por los consumidores, es el factor determinante de la producción de equilibrio.

> En términos del **modelo keynesiano** la producción demandada por los consumidores es el factor determinante de la producción de equilibrio.

Bajo el enfoque keynesiano, dada la función de producción agregada, una vez que los consumidores determinan el nivel de producción demandado (el gasto total) sólo se empleará la cantidad de trabajo necesaria para producir justo el nivel de producción requerido por los consumidores, al margen del deseo de los trabajadores pueden desear trabajar más. En este contexto se puede alcanzar el equilibrio de la renta, estando en equilibrio los mercados de bienes y dinero y, sin embargo, el mercado de trabajo podría estar en desequilibrio y no llegar al pleno empleo.

En otras palabras, es posible que en el mercado de trabajo exista no sólo paro voluntario o paro friccional, sino también **paro involuntario**, pues una parte de la población, estando en edad de trabajar y deseando incorporarse al mercado de trabajo, no puede hacerlo porque no hay demanda para ello. El factor determinante es un nivel de la demanda agregada insuficiente. Este tipo de desempleo también se conoce como **desempleo cíclico,** pues su origen radica en que la demanda total de trabajo es baja, fruto de que la actividad económica ha caído en una recesión.

> El **modelo keynesiano** postula que el desempleo por encima del friccional es involuntario, y se debe a que el nivel de la demanda agregada es insuficiente.

En términos del modelo keynesiano (Figura 6.3b) cuando el nivel de empleo de pleno empleo ($L_{pe}$) es mayor que el nivel efectivo de empleo requerido por la demanda, $L_0$, existe desempleo involuntario en la cuantía ($L_{pe} - L_0$). El salario nominal pagado por las empresas en el nivel efectivo de empleo $W_0$ es mayor que el exigido por los trabajadores cuando hay pleno empleo $W_{pe}$, dado el decrecimiento de la función de demanda de trabajo. Así pues, si trabajaran todos los que desean hacerlo, esto es, si se estuviera en el pleno empleo, lo harían a un salario nominal inferior, pero si sólo se trabaja el equivalente al nivel efectivo de empleo, lo harán a un salario mayor.

Una explicación para que el salario se mantenga en el nivel $W_0$ y que el empleo no alcance el nivel de pleno empleo la dio Keynes, argumentando que los *salarios nominales son rígidos a la baja*, pero no al alza, debido a la existencia de los sindicatos y al poder de los trabajadores, pues si algunos trabajadores se fueran de la empresa, ésta tendría que encontrar otros trabajadores que se ajustaran al puesto, lo que exigiría unos costes de formación y requeriría un cierto tiempo[3].

## 6.2 La función de oferta agregada

La función de oferta agregada, recoge la relación entre el nivel de producción ofrecida y el nivel de precios, y para ello partimos de la **función de producción agregada.**

> La **función de producción de una economía** define la relación entre las cantidades de factores productivos requeridas y la cantidad de producto que puede obtenerse.

Dado que las condiciones de equilibrio del mercado de trabajo son distintas según se trate del modelo neoclásico o del keynesiano, también serán distintas las funciones de oferta agregada de ambos modelos.

### La función de oferta agregada clásica

Tal como antes señalamos, bajo las hipótesis clásicas o neoclásicas, el equilibrio del mercado de trabajo se determina mediante la intersección de la oferta y la demanda de trabajo, resultando un nivel de salario real y un nivel de empleo de equilibrio (Figura 6.3a).

En el modelo clásico el nivel de empleo de equilibrio es una constante, pues en el modelo neoclásico el nivel de empleo sólo puede ser igual al nivel de empleo de pleno empleo ($L_{pe}$), ya que no existe paro, por encima del paro friccional. La flexibilidad de los precios garantiza que se alcance el pleno empleo.

Sustituyendo la cantidad de trabajo de equilibrio ($N^*$) en la función de producción, resulta que:

$$y = F(L_{pe}, \bar{K})$$

Dado que $\bar{K}$ es el *stock* de capital existente resulta, por tanto, que en el modelo clásico el nivel de producción de equilibrio $y^*$ también es constante y su valor es la producción correspondiente al nivel de empleo de pleno empleo, **producción potencial o nivel natural de producción o renta de pleno empleo**.

Como se observa en la Figura 6.4a), el nivel de producción agregada en el modelo clásico es independiente de los precios, de forma que la *función de oferta agregada en el modelo clásico es una línea recta vertical al nivel de la producción de equilibrio $y^*$.*

$$y = y^*$$

> El **producto o renta potencial** es la cantidad máxima de producto nacional que una economía puede alcanzar en un período dado de tiempo y viene determinado por la capacidad productiva instalada, la tecnología que incorpora el capital y la situación del mercado de trabajo. En el modelo clásico la curva de oferta agregada es una línea recta vertical al nivel de la producción del pleno empleo.

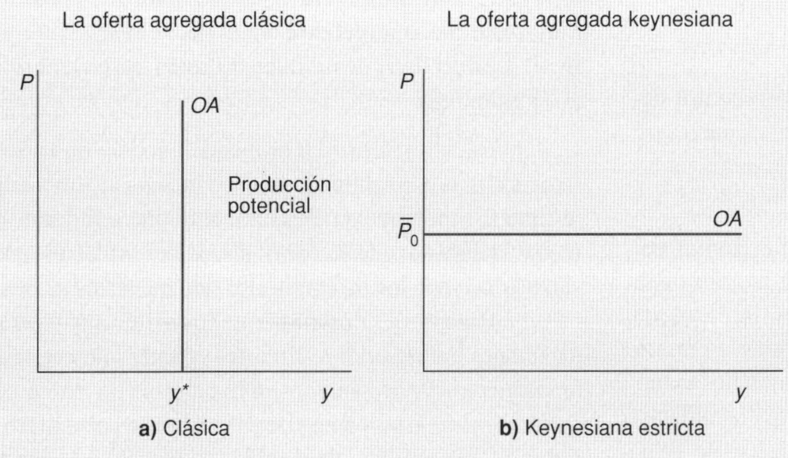


**Figura 6.4 - Funciones de oferta agregada**

La curva de oferta agregada *OA* es vertical a la altura de la renta real de pleno empleo en el modelo macroeconómico clásico. Sin embargo, en el modelo keynesiano, la curva de oferta agregada es horizontal en el muy corto plazo para un nivel determinado de precios $\bar{P}_0$.

[3] Debe señalarse que en el **modelo keynesiano** convencional los salarios reales se supone que son flexibles. Sin embargo, **en el modelo neoclásico,** dado que todos los precios son flexibles incluidos los salarios nominales, **los salarios reales tienden a ser rígidos a la baja**, pues no hay ilusión monetaria. Sólo en el caso de que exista una expansión de la oferta de trabajo o una contracción de la demanda de trabajo los salarios reales serían flexibles.

### La función de oferta agregada keynesiana

En términos del modelo keynesiano que venimos analizando, los salarios nominales son rígidos a la baja y la oferta de trabajo es creciente con el salario nominal.

Si nos centramos en el muy corto plazo, que es el período de tiempo idóneo para la validez del **modelo keynesiano estricto**, y consideramos que los salarios nominales son fijos, cuando hay desempleo los trabajadores no pueden presionar sobre el salario nominal; pero cuando la demanda de trabajo es superior al nivel de pleno empleo se seguirá ofreciendo trabajo para satisfacer la mayor demanda sin que los salarios nominales experimenten ninguna subida. Es más, como antes señalamos, al aceptar la existencia de desempleo involuntario, a corto plazo las empresas pueden obtener el trabajo que deseen al salario vigente, y por tanto, los costes medios de producción no varían cuando se altera el nivel de producción[4].

Suponiendo que las empresas fijan sus precios sumándole a los costes laborales unitarios un margen, cuando suban los salarios también subirán los precios, y cuando sean constantes los salarios nominales también lo serán los precios. Por tanto, las empresas estarán dispuestas a ofrecer tanta cantidad de producto como se demande al nivel de precios existente, resultando que *la relación entre el precio y la cantidad ofrecida es una línea horizontal.* A nivel agregado la función de oferta de toda la economía, esto es, la oferta agregada, será la suma horizontal de las ofertas individuales de las empresas. Así pues, en el muy corto plazo, *si los salarios nominales son rígidos a la baja, los precios también lo serán y la función de oferta agregada será una recta horizontal* (Figura 6.4b).

> En el **modelo keynesiano** vigente en el muy corto plazo, la curva de oferta agregada es una recta horizontal, pues los salarios nominales son rígidos y los precios también.

En un período de tiempo más amplio, pero dentro del corto plazo, la función de oferta agregada keynesiana será simplemente creciente, pues los salarios nominales ya no serán rígidos al alza aunque sí a la baja.

Así pues, la curva de oferta agregada horizontal del **modelo keynesiano estricto**, motivada por la existencia de precios rígidos en el muy corto plazo, y la curva de oferta agregada vertical, característica del **modelo clásico** con precios totalmente flexibles, son dos posiciones extremas que conviene considerar como tales a efectos didácticos y de análisis (Figura 6.5).

> Los **modelos clásico y keynesiano** representan dos posturas extremas. Según el modelo clásico, la curva de oferta agregada es vertical, mientras que en el modelo keynesiano estricto resulta ser horizontal.

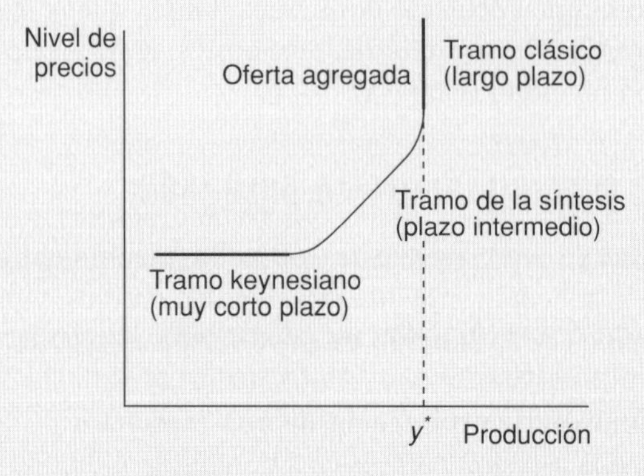


**Figura 6.5 - Los tramos de la curva de oferta agregada**

El tramo horizontal es a muy corto plazo, el creciente entre el corto y el largo plazo y el vertical sobre la producción potencial en el largo plazo (y*).

## 6.3 La curva de Phillips a corto plazo

Los teóricos de la Síntesis keynesiano-neoclásica[5] consideraron que tanto el modelo clásico como el keynesiano eran válidos como casos extremos pero que convenía pensar en una función de oferta agregada creciente que los enlazara. Este puente entre el corto o muy corto plazo keynesiano con salarios rígidos y el largo plazo clásico con salarios flexibles fue tendido por los teóricos de la Síntesis. Desde esta perspectiva se obtendría **una curva de oferta agregada con tres tramos** determinados: **horizontal**, a muy corto plazo, **creciente**, en el plazo intermedio, y **vertical**, sobre el nivel de producción potencial en el largo plazo (Figura 6.5).

La posición intermedia propia del modelo de la Síntesis se ajusta más a la realidad, pues los precios ni son totalmente rígidos ni totalmente flexibles, sino que se ajustan lentamente debido a que a corto plazo lo normal es que los salarios no sean los de equilibrio, sino que éstos se determinan mediante negociaciones entre los sindicatos y las organizaciones empresariales. En estos procesos de negociación tendentes a fijar los salarios nominales se tienen en cuenta factores como la tasa de inflación prevista a corto plazo y las ganancias de productividad de las empresas, pues los sindi-

4 Si para una empresa típica los costes medios son constantes, se puede inferir que también serán constantes sus costes marginales, lo que implicará que a corto plazo la función de oferta de una empresa es una recta horizontal.

5 El modelo de la Síntesis se debe a la aportación de los profesores Hansen, Hicks, Modigliani, Samuelson y Tobin. Este modelo es básicamente keynesiano, excepto en el largo plazo y en el hecho de suponer una curva de oferta agregada creciente a corto plazo.

catos suelen demandar que los salarios se incrementen según las mejoras en la productividad del trabajo. Precisamente la causa de que la curva de oferta agregada tenga pendiente positiva es que en la vida real los salarios se determinan teniendo en cuenta factores como los citados, y no desde el estricto equilibrio en el mercado de trabajo.

## La curva de Phillips original

Una primera justificación del tramo creciente de la curva de oferta se derivó del trabajo de A.W. Phillips. Este profesor encontró una relación decreciente entre la tasa de crecimiento de los salarios nominales y la tasa de desempleo[6] (Figura 6.6).

Posteriormente, R. Lipsey justificó la relación obtenida por Phillips en base al ajuste de precios en función del exceso de demanda en el mercado de trabajo, utilizando la tasa de desempleo como aproximación del exceso de demanda que no es observable. En cualquier caso, el hecho es que la relación entre la tasa de crecimiento de *los salarios nominales y la tasa de desempleo es conocida como la* **curva de Phillips**. Esta relación, de carácter eminentemente empírico, incorpora el fenómeno del ajuste aparentemente lento de la producción ante las variaciones en la demanda; ajuste no sólo vía cantidades, como se supone en el modelo keynesiano, en el que los precios permanecen fijos, ni únicamente vía precios, como en el modelo clásico, y por ello se tomó como referente por el modelo de la Síntesis (Véase Epígrafe 7.7).

> La **curva de Phillips** recoge la existencia de una relación inversa entre la tasa de crecimiento de los salarios nominales y la tasa de desempleo en el sentido de que cuanto mayor es una (la tasa de crecimiento de los salarios), menor es la otra (la tasa de desempleo).

Las dos hipótesis fundamentales establecidas por Phillips sobre la curva que lleva su nombre son:

1. La tasa de crecimiento de los salarios nominales depende de la tasa de desempleo de una forma decreciente y convexa respecto al origen.
2. La tasa de crecimiento de los salarios nominales depende de la tasa de variación de la tasa de desempleo[7].

Con las hipótesis anteriores, la curva de Phillips recoge una relación de intercambio entre la inflación y el desempleo (Figura 6.6). Si la **tasa de desempleo a largo plazo** o **tasa natural de paro** la designamos por $u^*$, la curva de Phillips nos dice que los salarios descienden cuando la tasa observada de desempleo ($u$) es superior a la tasa natural de paro ($u^*$)[8].

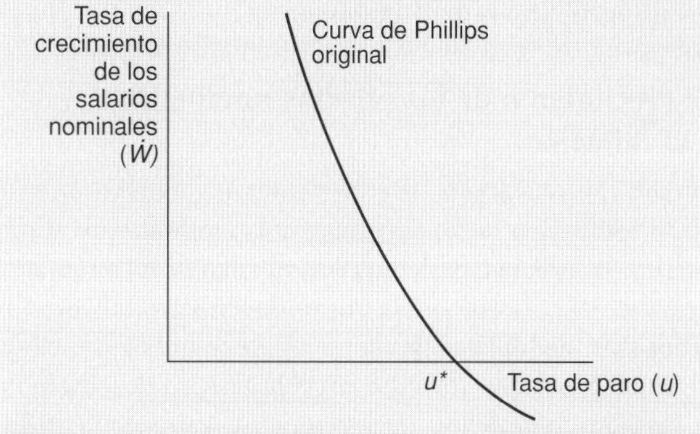


**Figura 6.6 - La curva de Phillips original**

La relación entre la tasa de crecimiento de los salarios nominales y la tasa de desempleo ($u$) es decreciente y recibe el nombre de curva de Phillips original. En ella, la tasa natural de desempleo, $u^*$, se obtiene para una tasa nula de crecimiento de los salarios nominales.

La tasa natural de desempleo o tasa de desempleo a largo plazo está formada por fenómenos que limitan el ajuste perfecto del mercado de trabajo, tales como la rotación y búsqueda entre puestos de trabajo, el desajuste entre puestos de trabajo, vacantes y los desempleados, la legislación del salario mínimo, las características de la negociación colectiva o los salarios de eficiencia.

> La tasa de desempleo a largo plazo o **tasa natural** de paro es aquella que resulta compatible con la estabilidad de los precios. La tasa natural de desempleo es la tasa normal en torno a la cual fluctúa la tasa de desempleo efectiva.

Si la tasa normal de desempleo en torno a la cual fluctúa la tasa de desempleo efectiva se conoce como tasa natural de desempleo, la desviación del desempleo con respecto a su tasa natural permite definir el **desempleo cíclico**.

[6] A. W. Phillips en 1958 realizó un trabajo empírico sobre la economía inglesa durante el período 1861-1957.

[7] La tasa de crecimiento de los salarios nominales se ve influida por la tasa de variación de los precios, pero únicamente cuando éstos se elevan rápidamente.

[8] Si, para simplificar el análisis, suponemos que la curva de Phillips es una línea recta, podemos expresarla como sigue:

$$\dot{W} = -\varepsilon\,(u - u^*) \qquad (1)$$

donde $\dot{W}$ es la tasa de crecimiento de los salarios nominales y $(-\varepsilon)$ es la pendiente de la curva de Phillips y mide la sensibilidad de los salarios al desempleo. De la ecuación (1) se infiere que si $u = u^*$ entonces $\dot{W} = 0$. Así pues, la tasa de desempleo u* se obtiene para una tasa nula de crecimiento de los salarios nominales (Figura 6.6).

El **desempleo cíclico** es la desviación del desempleo respecto a su tasa natural o normal.

## El crecimiento de los salarios nominales y la inflación

Si admitimos algo que la experiencia nos confirma, esto es, la estrecha relación existente entre los salarios nominales y los precios, podemos transformar la relación contenida en el concepto de la **curva de Phillips** tal como la acabamos de definir y como aparece recogida en la Figura 6.6 por una relación entre la tasa de desempleo y la tasa de crecimiento de los precios, esto es, la **inflación**, que es como generalmente se presenta **la curva de Phillips convencional** (Figura 6.7).

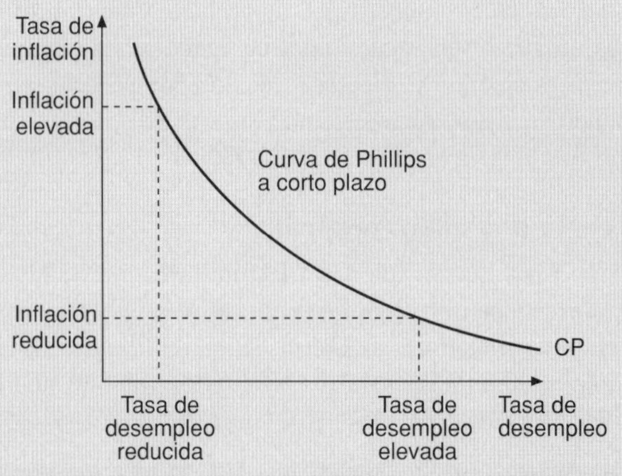


**Figura 6.7 - La curva de Phillips convencional**

La versión convencional de la curva de Phillips recoge la relación existente entre la tasa de inflación y la tasa de paro.

### Nota Complementaria 6.2 - La medición del desempleo

La medición del desempleo es un tema controvertido, porque son diversos los procedimientos posibles para estimar el paro y porque existen numerosas situaciones ambiguas cuyo tratamiento, en términos estadísticos, tiene una importancia considerable. Además de la información que suministran los censos, existen, en la mayoría de los países, dos fuentes estadísticas básicas de carácter periódico que proporcionan cifras de paro:

a) los registros de parados, y

b) las encuestas sobre el mercado de trabajo.

a) Las primeras se elaboran de acuerdo con las demandas de empleo registradas en las oficinas de empleo (paro registrado). El registro de parados es, principalmente, un medio para instrumentar la política de protección al desempleo.

b) Las encuestas, por su parte, se realizan sobre la base de una muestra aleatoria y, por tanto, representativa del total de la población activa, y están especialmente diseñadas para estimar el paro en sentido económico, esto es, como un indicador del desequilibrio entre oferta y demanda en el mercado de trabajo.

En España, la encuesta relevante es la Encuesta de Población Activa (EPA) que realiza el Instituto Nacional de Estadística (INE) y que utiliza conceptos homogeneizados con la UE. La EPA define a una persona como parada en los términos recogidos en el Esquema 6.1.

Se dispone también de otras informaciones administrativas de gran utilidad. El registro de parados del *Instituto Nacional de Empleo (INEM)*, donde no son contemplados algunos colectivos, como el de los trabajadores agrarios subsidiados, y adolece de las limitaciones propias de los registros, ya que hay muchas personas desanimadas que desisten de volverse a inscribir.

El INEM ofrece información mensual del número de parados registrados. Por otro lado, se cuenta con la información de la *afiliación a la Seguridad Social*. En ésta se incluye además a personas en situación de jubilación anticipada que realmente ya no están trabajando y, por el contrario, no se incluyen algunos colectivos de autónomos.

*Volviendo a la EPA, se considera parada a toda persona de 16 o más años que durante la semana de referencia haya estado: sin trabajo, es decir, que no haya tenido un trabajo por cuenta ajena o por cuenta propia; en busca de trabajo, es decir, que haya tomado medidas concretas para buscar un trabajo por cuenta ajena o haya hecho gestiones para establecerse por su cuenta durante el mes precedente, o disponible para trabajar, es decir, en condiciones de comenzar a hacerlo en un plazo de dos semanas a partir de la fecha de entrevista.*

**Los «desanimados» y los «subempleados»**

La distinción entre individuos empleados y desempleados no es muy nítida, en parte debido a la existencia de dos colectivos con características específicas: los **desanimados** y los **subempleados**. Los «**desanimados**» son personas en edad activa que, estando desocupadas y disponibles para trabajar, no buscan activamente un puesto de trabajo por desánimo, consciente o inconscientemente, ante las escasas posibilidades de conseguirlo. Los «**subempleados**» están provistos de empleo, no trabajan el tiempo normal, y podrían y desearían hacerlo.

Estos colectivos se encuentran en una posición intermedia entre la actividad y la inactividad. Su ambigüedad plantea serios problemas a la hora de medir el desempleo y hace que, en ciertas ocasiones, los datos oficiales subestimen el número verdadero de desempleados.

**Esquema 6.1 - Población y mercado: definiciones básicas**

- La **población** es el conjunto de seres humanos que viven en un área determinada.
- El factor productivo **trabajo** es la parte de la población que desarrolla las tareas productivas.

**Población**

- **Población activa** (la que interviene en el proceso productivo).
  - **Ocupados**
    - **Ocupados en sentido estricto:** tienen un trabajo remunerado aunque se hallen de baja por enfermedad.
    - **Activos marginales:** realizan un trabajo remunerado pero durante un tiempo inferior a lo normal (como, por ejemplo, los que tienen un empleo estacional).
  - **Parados**: Reúnen las condiciones de edad y capacidad física y mental para realizar un trabajo remunerado y, aun buscando activamente, no lo encuentran.
- **Población inactiva** (la que realiza sólo las funciones consuntivas).
  - Jubilados o retirados.
  - Escolares y estudiantes.
  - Amas de casa.
  - Personas que no trabajan y, aunque pueden, no buscan empleo.
  - Incapacitados para trabajar.
- **Población contada aparte** (los varones que cumplen el servicio militar).

Las personas que tienen empleo están **ocupadas**; las que no tienen empleo pero están buscando uno son **desempleadas**; las que no tienen empleo y no están buscando ninguno son **inactivas** (es decir, no pertenecen a la población activa). La **tasa de desempleo** es el número de desempleados dividido por la población activa. La **tasa de actividad** es el porcentaje de población adulta que pertenece a la población activa.

### La curva de Phillips y la política económica: inflación o paro

Admitiendo la «redefinición» de la curva de Phillips, en términos del paro y de la inflación dada la estrecha relación existente entre el crecimiento de los salarios nominales y de los precios, debe admitirse que ésta ha sido con frecuencia interpretada como la representación gráfica de una relación causal entre la tasa de desempleo y la tasa de inflación, ofreciendo a los políticos una correspondencia estable entre ambas variables. En este sentido, se ha argumentado que reducciones en la tasa de desempleo se logran a costa de aumentos en la tasa de inflación, y que una disminución en las tensiones alcistas de los precios implicará un agravamiento del desempleo. Si al luchar contra uno de los males se agrava el otro, las autoridades económicas tendrán que sopesar la importancia relativa de los objetivos en conflicto, estabilidad de los precios y pleno empleo, y establecer un cierto compromiso entre ambos (Figura 6.7).

La curva de Phillips recoge de forma intuitiva y gráfica este intercambio o *trade off* entre objetivos (lucha contra la inflación o contra el paro). De hecho, si se acepta que la curva de Phillips representa una relación estable y bien definida, se plantea, desde el punto de vista de la política económica, un dilema difícil de resolver, ya que, al existir este posible intercambio entre inflación y paro, el problema consistirá en determinar cuál es la posición más conveniente para la economía de entre los posibles puntos de la curva.

## 6.4 La inestabilidad de la curva de Phillips: la curva de Phillips a largo plazo

El trabajo empírico desarrollado con posterioridad a la publicación del profesor Phillips ha sido muy amplio y complejo. Como resumen del mismo cabe decir que, si bien curvas similares a las obtenidas por Phillips pueden reflejar lo ocurrido durante ciertos períodos de tiempo en buena parte de las economías, un análisis detallado de los datos pone de manifiesto, sin embargo, que a largo plazo esta relación es poco sistemática e inestable.

### Los desplazamientos de la curva de Phillips y la inflación con estancamiento

Por un lado, se observa que la tasa de inflación que resulta consistente con un nivel dado de paro no permanece constante, sino que se altera con el transcurso del tiempo. Esto implica que, aunque durante ciertos períodos se puede ajustar una curva de Phillips, ésta no permanece estable. Por otro lado, el análisis de los datos ha puesto de manifiesto que *en ocasiones la tasa de desempleo y la de inflación han aumentado simultáneamente*, originando lo que se ha denominado **inflación con estancamiento o estanflación.**

> La **inflación con estancamiento o estanflación** se produce cuando coexisten la inflación y una situación de recesión o estancamiento de la actividad económica.

*La inestabilidad de la curva de Phillips se puede justificar de acuerdo con las predicciones del modelo neoclásico de expectativas.* En esencia, las implicaciones de este modelo se pueden concretar diciendo que cuando existe inflación imprevista, esto es, cuando el incremento efectivo de los precios es superior al esperado, a corto plazo aumenta el producto real y el empleo, pues, aunque las empresas incrementan los salarios nominales, se reducen los salarios reales. Pero *si las negociaciones salariales se realizan sin incurrir en ilusión monetaria, a largo plazo no existe intercambio posible entre inflación y paro.*

En particular, pensemos que se intenta reducir la tasa de paro desde el nivel $u^*$ a $u_1$ vía aumento de la demanda agregada[9] (Figura 6.8). La economía, inicialmente, se moverá a lo largo de la curva de Phillips, $CP_0$, y se desplaza desde la posición $A$ hacia la $B$, pero, de forma casi simultánea, es la propia curva $CP_0$ la que empieza a desplazarse hacia $CP_1$. Ello se debe a que los aumentos en la inflación a medio plazo se internalizan en las negociaciones salariales y las expectativas se revisan. Una vez que se alcance la tasa de inflación, $\pi_1$, y que las expectativas sobre la inflación se han ajustado a este nivel, el desempleo volverá a la tasa $u^*$ y la economía se encontrará en la posición $D$, pero ahora en una nueva curva de Phillips, la $CP_1$. Un proceso similar tendría lugar si, partiendo de la posición $D$, se tratase de reducir la tasa de desempleo natural mediante un aumento de la demanda agregada. La economía acabaría en la posición $E$, con la tasa de inflación igual a $\pi_2$, y de nuevo con una tasa de desempleo, $u^*$, igual a la inicial.

### La curva de Phillips a largo plazo

De acuerdo con lo señalado, resulta que la **curva de Phillips a largo plazo** vendrá representada por la línea vertical $C_L$, al nivel $u^*$ de desempleo, única tasa compatible con las condiciones reales de la economía. Esta tasa de desempleo, tal como señalamos en la terminología neoclásica, se denomina *tasa natural de desempleo.*

> La **curva de Phillips a largo plazo** recoge, en términos del modelo neoclásico, la relación existente entre la tasa de desempleo de equilibrio a largo plazo y la tasa de inflación cuando ésta no es imprevista. A largo plazo la curva de Phillips es vertical al nivel de $u^*$.

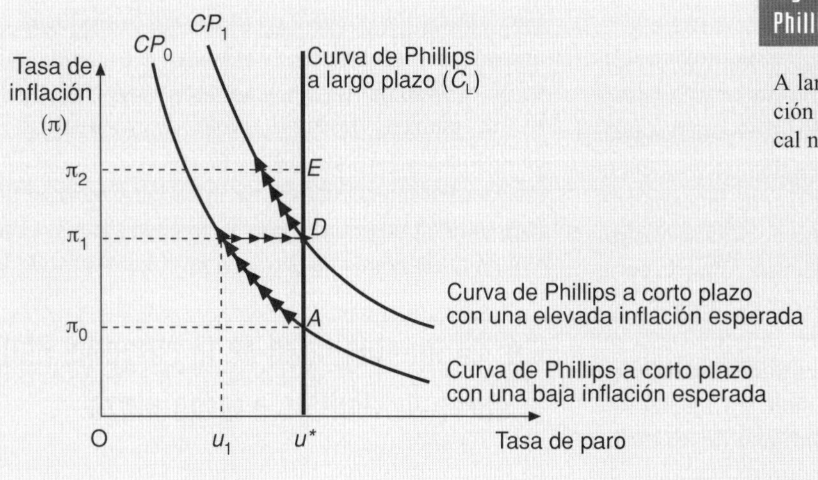


**Figura 6.8 - La inestabilidad de la curva de Phillips: la curva de Phillips a largo plazo**

A largo plazo la relación entre la tasa de inflación y la tasa de desempleo es una línea vertical nivel de la tasa natural de desempleo.

[9] Tal como hicimos en el subepígrafe anterior, suponemos que existe una relación directa entre la tasa de crecimiento de los salarios nominales y la inflación, de forma que en el eje de abscisas sustituimos la tasa de crecimiento de los salarios por la tasa de inflación.

Desde esta perspectiva, la inclinación negativa de la curva de Phillips a corto plazo se debe únicamente a una información errónea y a ajustes incompletos por parte de los individuos. Resulta además que, en el paso de la situación *A* a *D* y *D* a *E*, la economía atravesará una fase caracterizada por *inflación con estancamiento o estanflación*, pues, si bien inicialmente la política expansiva hace disminuir la tasa de desempleo, posteriormente los precios siguen aumentando y la tasa de desempleo también aumenta.

Precisamente, una consecuencia de la hipótesis de la tasa de desempleo natural es *la concepción aceleracionista de la inflación. Si una política expansiva sólo consigue reducir la tasa de desempleo temporalmente, la única forma de mantener la tasa de desempleo permanentemente por debajo de la tasa natural sería incrementando la tasa de inflación, esto es, acelerando el crecimiento de los precios.*

La tasa de desempleo relevante es la tasa de paro a largo plazo, o tasa de paro natural, también conocida como la **tasa que no acelera las tensiones inflacionarias**, NAIRU (*Non Accelerating Inflation Rate of Unemployment*).

> La **tasa de desempleo no aceleradora de la inflación** es aquella para la que las presiones de los salarios están equilibradas, y, en consecuencia, resulta compatible con una tasa de crecimiento de los precios estable.

### La hipótesis de las expectativas racionales

Unas consecuencias aún menos favorables sobre la estabilidad a corto plazo de la curva de Phillips se obtienen si se acepta la **hipótesis de las expectativas racionales**. Esta hipótesis mantiene que es inconsistente con la racionalidad de los agentes económicos suponer un sesgo recurrente en las expectativas inflacionistas, por lo que las políticas sistemáticas de demanda no pueden afectar a ninguna variable real ni siquiera a corto plazo. Entre estas variables está incluida la tasa de desempleo, por lo que no existirá intercambio entre inflación y desempleo, ni a corto ni a largo plazo.

> Las **expectativas son racionales** si, en promedio, son correctas y utilizan toda la información existente.

## 6.4.1 Los efectos del desempleo: políticas para reducir el desempleo

El desempleo tiene efectos económicos y sociales. Entre los efectos económicos podemos destacar la caída de la producción real, la disminución de la demanda y el aumento del déficit público.

> **Los efectos del desempleo**
> Económicos:
> - Reducción de la producción real.
> - Disminución de la demanda.
> - Aumento del déficit público.
>
> Sociales:
> - Psicológicos negativos.
> - Discriminatorios.

- **La caída de la producción real.** La existencia de desempleo supone una deficiente asignación de recursos. Si toda la población activa pudiera trabajar, la producción total del país sería mayor. Al no aprovechar todos los recursos disponibles, la producción se sitúa por debajo de la frontera de posibilidades de producción.
- **Disminución de la demanda**. El nivel de pobreza de los individuos aumenta cuando pasan a la condición de parados. Como consecuencia del desempleo y de la disminución de la renta, se genera una caída de la demanda en términos agregados.
- **Aumento del déficit público**. Si el desempleo aumenta, el sector público deberá afrontar mayores gastos por subsidios de desempleo. Por tanto, si no aumentan los impuestos, el déficit público se incrementará.

A nivel de los individuos que lo padecen, los efectos del desempleo se ven paliados por el seguro de desempleo; el subsidio, sin embargo, no evita todos los males. La cuantía de las prestaciones de desempleo suele ser inferior al salario normal y además no toda la población desempleada está acogida a él.

Por otro lado, el **seguro de desempleo** sólo mitiga el mal social que supone el desempleo distribuyendo parte de los costes del mal entre los cotizantes: población activa, empresas y sector público, en vez de dejar que caigan exclusivamente en los parados.

> El **seguro de desempleo** es el programa público que protege parcialmente el programa de los trabajadores cuando quedan desempleados.

Los efectos sociales más importantes son los psicológicos negativos y los efectos discriminatorios.

- **Efectos psicológicos negativos**. El trabajo no es sólo un medio para conseguir ingresos que permitan la subsistencia de los individuos. A lo largo de la historia, el trabajo se ha convertido en un factor de autoestima y en una carta de presentación social.

Por ello, el desempleado se siente minusvalorado socialmente. Este sentimiento puede llegar a provocarle enfermedades, como la depresión.

- **Efectos discriminatorios**. El desempleo no afecta a todos los individuos por igual, sino que discrimina por edades, sexo u origen étnico. Así, es un problema más grave en el caso de la mujer y en los mayores de cincuenta años.

De hecho, el desempleo no sería un grave problema social si afectara a todo el mundo, esto es, a toda la población activa durante un breve período de tiempo.

La gravedad del desempleo se debe a que suele haber unos grupos identificables de personas que permanecen desempleadas largos períodos de tiempo.

Por ello, al comentar los efectos del desempleo, conviene destacar qué se entiende por *desempleo de larga duración*.

El **desempleo de larga duración**, esto es, el que es igual o superior a seis meses, es mucho más grave en sus consecuencias sobre un individuo y su familia que el desempleo de corta duración.

> La **duración del desempleo** es el tiempo que una persona está desempleada. Los costes del desempleo aumentan cuando lo hace su duración.

Así, si hay dos países con una misma tasa de paro, las consecuencias sociales serán menores en el país en el que el porcentaje de desempleados de larga duración sea más reducido.

A nivel internacional, se ha observado que, tanto en períodos de prosperidad como de crisis, los trabajadores de cincuenta o más años tienen muchas más dificultades que los demás para encontrar trabajo y éste es uno de los colectivos que más se ve afectado por el desempleo de larga duración.

Así mismo se ha observado que después de un largo período de recesión, el porcentaje de personas en situación de desempleo prolongado aumenta de forma significativa.

Además, en los países en los que hay más rigidez de plantilla, esto es, los que se caracterizan por tener un mercado laboral menos flexible, el porcentaje de individuos con desempleo de larga duración es mayor que en los países en los que la rigidez es menor.

### Los colectivos especialmente afectados por el desempleo

Respecto al coste social del desempleo, otro punto a destacar es que está muy desigualmente distribuido entre la población activa. Numerosos y convincentes estudios, basados en la teoría de la segmentación del mercado de

### Nota Complementaria 6.3 - Rasgos estructurales del mercado de trabajo español

Durante los últimos años la principal característica del mercado laboral español es su dinamismo. La oferta de trabajo, es decir, la población activa lleva unos años creciendo por encima del 2%. Este crecimiento viene siendo notablemente superior al de la población en edad de trabajar, lo que se está traduciendo en un aumento de la tasa de actividad del grupo de edad entre 16 y 64 años. De esta forma, nos vamos acercando rápidamente a la UE; a finales de 2004 la **tasa de actividad** española era 2,5 puntos porcentuales inferior a la media de la UE(15) y hace cinco años esta diferencia era de 7 puntos porcentuales. Este rápido aumento de la población activa se explica por la creciente incorporación de la mujer al mercado de trabajo y por el fenómeno de la inmigración.

La fuerte oferta de trabajo a un coste barato y en condiciones de gran flexibilidad ha estimulado la creación de negocios y empleo que probablemente sin estas características hubiera sido menor. La contrapartida es la precariedad y la baja calidad de los empleos: la **tasa de temporalidad** alcanzó al 30,6% de los asalariados. Este tema apunta a una disyuntiva frecuentemente señalada al estudiar el mercado de trabajo: flexibilidad (y fuerte creación de empleo) o seguridad (y baja creación de empleo). El problema es que en el mercado de trabajo español la flexibilidad sólo se acepta para los jóvenes, las mujeres y los inmigrantes, lo que crea una segmentación del mercado de trabajo injusta, ineficiente y perjudicial para el aumento de la productividad y la mejora del capital humano.

El fuerte aumento de la población activa explica otra peculiaridad del mercado de trabajo español: a pesar del notable aumento del empleo, la tasa de paro apenas baja y sigue anclada en el 11%, unos 3 puntos porcentuales más que la media de la UE. Para reducirla significativamente sería necesario que el crecimiento de la renta potencial aumentase al menos al 4% desde el 3% actual, lo que además de una coyuntura internacional favorable requeriría profundizar en las reformas del sistema productivo español.

Por lo que respecta a la reforma del mercado laboral, a juicio de los expertos, habría que actuar al menos en los tres frentes siguientes. Por un lado, habría que acabar con la segmentación (alta tasa de temporalidad) del mercado laboral, lo que requiere reducir el coste del despido y simplificar sus procedimientos. Por otro lado, la negociación colectiva habría que hacerla más libre y que se considerara como un contrato entre partes, con vigencia limitada en el tiempo, y no una norma jurídica con efectos generales e indefinidos. Por último habría que estimular al máximo la inversión de las empresas en formación de sus trabajadores. Del éxito en este tipo de reformas depende, entre otros factores, que España pueda afrontar de forma adecuada los retos que plantea la globalización.

trabajo, han demostrado claramente que determinados colectivos sufren con mayor intensidad el desempleo. Ciertas características personales y ocupacionales determinan que la probabilidad de algunos colectivos de estar sin empleo sea muy superior a la media de la población activa. Los colectivos que se ven especialmente afectados por el paro son los siguientes: los jóvenes, las mujeres, los mayores de cincuenta años y las personas con reducida cualificación. En este sentido una especial y creciente importancia merece el colectivo de los inmigrantes.

Para tratar de reducir el desempleo cabe apelar a dos tipos de políticas: unas encaminadas a incidir sobre la demanda y otras orientadas a propiciar reformas estructurales, a lograr un funcionamiento más eficiente del mercado de trabajo y en general a actuar sobre la oferta agregada.

### 6.4.2 Las políticas de demanda

Las políticas de demanda han sido analizadas en capítulos anteriores. Se pueden instrumentar mediante políticas monetarias, fiscales o cambiarias y su efectividad, a corto plazo, está condicionada por la posición de la economía en relación con el producto potencial. Conforme más cerca se esté del producto potencial, menor será su efecto sobre el desempleo y mayor el impacto inflacionista (véase Figura 6.9).

No debe olvidarse que las políticas expansivas de demanda no sólo provocarán tensiones inflacionistas, sino que por lo general también generarán tensiones por el lado del déficit público. Además, desde esta perspectiva y dado el creciente grado de internacionalización de la economía, el mero recurso a políticas de demanda para tratar de reducir el desempleo tiene una efectividad cada vez más reducida. Téngase en cuenta que la pérdida de competitividad asociada a una política expansiva de demanda generadora de subidas de precios difícilmente se puede paliar de forma persistente mediante devaluaciones del tipo de cambio.

### 6.4.3 Las políticas de oferta

Las políticas de oferta pretenden desplazar la función de oferta agregada hacia la derecha, de forma que paralelamente la curva de Phillips se desplazará hacia la izquierda.

Dado que la función de oferta agregada proviene de la función de producción agregada, también son las políticas de oferta las que consiguen desplazar dicha función hacia arriba, bien incrementando la tasa de ahorro y la inversión o incorporando innovaciones tecnológicas (Figura 6.10).

Estas políticas de oferta se pueden concretar en las estrategias siguientes:

- Reducción de la tasa natural de paro.
- Disminución del margen de precios establecido por las empresas sobre los costes marginales.
- Elevación de la productividad media del trabajo.
- Mejoras en la tecnología.
- Flexibilidad regional en los precios y salarios.
- Aumento de la renta potencial o producción de pleno empleo.
- Políticas indirectas de oferta.

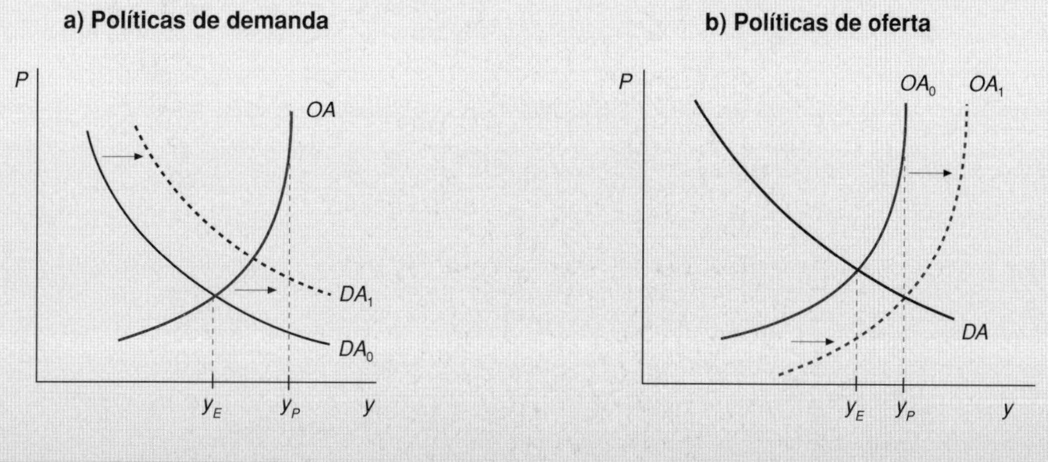


**Figura 6.9 - Políticas contra el desempleo**

Si el nivel de producto nacional de equilibrio ($y_E$) es inferior al producto potencial ($y_p$) caben dos alternativas para tratar de alcanzar la renta de pleno empleo de los recursos: a) llevar a cabo una política expansiva de demanda que origine un desplazamiento hacia la derecha de la curva de demanda agregada (gráfico a). En este caso, junto al producto nacional, el nivel general de precios también se incrementará; b) tratar de poner en práctica políticas de oferta que logren desplazar la curva de oferta agregada hacia la derecha. Estas políticas además de incrementar el producto reducirán el nivel de precios, pues suponen un incremento de las posibilidades de producción de la economía.

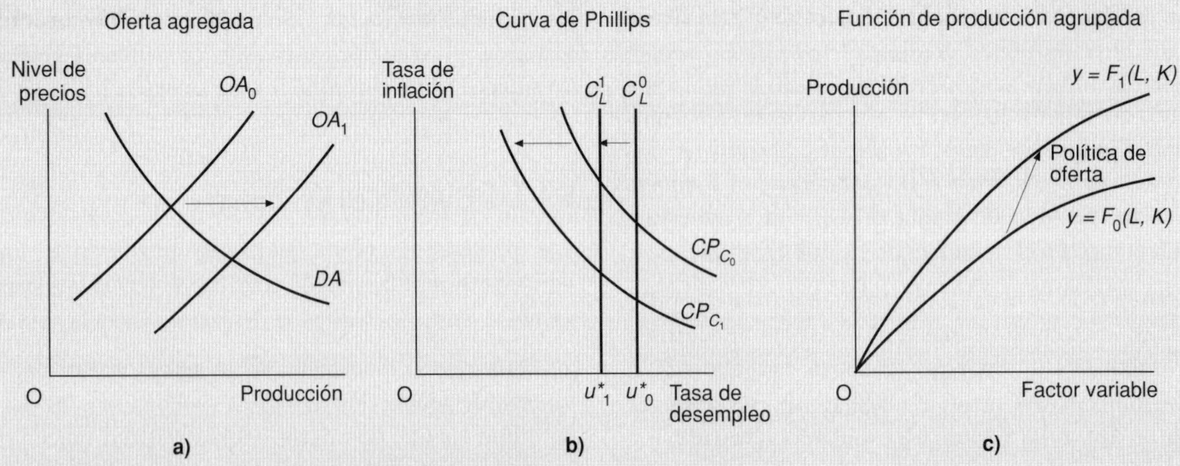


Figura 6.10 - Las políticas de oferta

En la Figura a) se recoge el impacto de una política de oferta en el sentido de que la curva de oferta agregada experimenta un desplazamiento hacia la derecha y en la Figura b) en términos de un desplazamiento hacia el origen de la curva de Phillips. En la Figura c) se muestra una política de oferta (que actúa en el largo plazo) que logra desplazar hacia arriba la función de producción agregada.

# RESUMEN

- Un agente económico actúa con **ilusión monetaria** cuando reacciona ante los cambios de las variables nominales, aun cuando no haya tenido lugar ningún cambio real en su situación; así un trabajador actuará bajo ilusión monetaria si sólo se fija en la subida de los salarios nominales y no en los salarios reales.
- Existe **paro involuntario** cuando los trabajadores son incapaces de encontrar empleo al salario de mercado vigente.
- El **paro friccional** surge porque los trabajadores tardan en encontrar el empleo que mejor se ajusta a sus cualificaciones y gustos. También se consideran parados friccionales los que son despedidos y están buscando un nuevo empleo, y los nuevos miembros de la fuerza laboral mientras buscan su primer empleo.
- El **desempleo estructural** se debe a desajustes entre la cualificación o la localización de la fuerza de trabajo y la cualificación o localización requerida por el empleador.
- Desde una perspectiva clásica, el desempleo por encima del desempleo friccional se debe a una política de salarios inadecuada. A este empleo lo califican de voluntario.
- El modelo keynesiano postula que el desempleo por encima del friccional es involuntario, y se debe a que el nivel de la demanda agregada es insuficiente.
- La función de producción de una economía define la relación entre las cantidades de factores productivos requeridas y la cantidad de producto que puede obtenerse.
- En el modelo clásico los salarios y los precios son totalmente flexibles. El salario se ajusta para mantener permanentemente el pleno empleo en el mercado de trabajo.
- El producto o **renta potencial** es la cantidad máxima de producto nacional que una economía puede alcanzar en un período dado de tiempo. El producto potencial viene determinado por la capacidad productiva instalada, la tecnología que incorpora el capital y la situación del mercado de trabajo. En el modelo neoclásico la curva de oferta agregada es una línea recta vertical al nivel de la producción del pleno empleo.
- En el modelo keynesiano vigente en el muy corto plazo, la curva de oferta agregada es una recta horizontal, pues los salarios nominales son rígidos y los precios también.
- La **curva de Phillips** recoge la existencia de una relación inversa entre la tasa de crecimiento de los salarios nominales y la tasa de desempleo en el sentido de que cuanto mayor es una (la tasa de crecimiento de los salarios), menor es la otra (la tasa de desempleo).
- La curva de Phillips a largo plazo es vertical al nivel de la tasa natural de paro.

# CONCEPTOS BÁSICOS

- Desanimados.
- Subempleados.
- Economía oculta o sumergida.
- Desempleo friccional.
- Desempleo estructural y coyuntural.
- Desempleo voluntario e involuntario.
- Modelo de búsqueda de empleo.
- Modelo neoclásico de expectativas.
- Modelo clásico.
- Modelo keynesiano.
- Modelo de la Síntesis.
- Oferta agregada.
- Tasa natural de paro.
- La segmentación del mercado laboral: mercados internos.
- Teoría de los contratos implícitos.
- La curva de Phillips.
- Hipótesis de expectativas racionales.
- Tasa de desempleo no aceleradora de la inflación.

## CUESTIONES PARA LA AUTOEVALUACIÓN

1. ¿Bajo qué condiciones la función de demanda de trabajo coincide con la de productividad marginal? ¿Qué consecuencias tiene?
2. ¿Qué diferencias existen entre la oferta de trabajo clásica y la keynesiana?
3. En una situación de equilibrio, ¿existe pleno empleo? ¿Cuál es la concepción neoclásica y la keynesiana sobre el desempleo friccional?
4. ¿Cómo son los salarios en el modelo clásico y en el keynesiano? ¿Qué consecuencias tiene este hecho en la oferta agregada?
5. ¿Cómo se calcula la oferta agregada? ¿Qué elementos incluye?
6. ¿Qué se entiende por tasa natural de paro?
7. Diferencie lo que es el salario nominal y el salario real.
8. Si la curva de Phillips explica que existe un intercambio entre paro e inflación, ¿pueden coexistir ambos fenómenos? ¿Por qué?
9. ¿Qué indica la hipótesis de las expectativas racionales?
10. ¿Qué estrategias se pueden utilizar para reducir el desempleo?

## EJERCICIOS Y APLICACIONES

1. ¿Existe una única explicación para el desempleo por encima del friccional? Explique las causas según los economistas clásicos y los keynesianos.
2. Indique cuál de los siguientes apartados no se considera un factor que determina o afecta los resultados macroeconómicos:

   a) El crecimiento de la población.

   b) El atentado contra las Torres Gemelas del 11 de septiembre de 2001.

   c) Los efectos devastadores de un huracán.

   d) Ninguna de las anteriores.
3. Mario es un recién licenciado en turismo que lleva dos años trabajando en un pequeño hotel. Sin embargo, acaba de dejar su empleo, pues considera que dada su formación debería estar trabajando en otro sitio mejor, y actualmente Mario está buscando un nuevo empleo. Dadas estas circunstancias personales, ¿dentro de qué tipo de desempleo estaría contabilizado?
4. ¿En qué condiciones son flexibles los salarios y los precios? ¿Cree usted que esto sucede en la realidad? ¿En todos los países sucede de la misma forma?
5. Obtenga los datos del Instituto Nacional de Empleo y compare las cifras de población activa (ocupados y parados) en un año (y por meses) con las cifras que ofrece el Instituto Nacional de Estadística a través de las encuestas. ¿Existen diferencias? En el caso de que las hubiere, ¿a qué se deben? Valórelas.
6. En los últimos años la tasa de inflación ha bajado en España. ¿Se podría combatir el paro con inflación? ¿Por qué?
7. ¿Explica la hipótesis de las expectativas racionales que no se puede engañar a los agentes económicos?
8. ¿Qué políticas cree que se han utilizado en España para combatir el desempleo? ¿Piensa que han dado los resultados óptimos? ¿Por qué?
9. ¿Cómo pueden elevar las subvenciones a las empresas la productividad del trabajo?

CAPÍTULO 7

# EL MODELO DE OFERTA Y DEMANDA AGREGADAS, LA INFLACIÓN Y LAS POLÍTICAS MACROECONÓMICAS

## INTRODUCCIÓN

En el Capítulo 1 presentamos una visión introductoria de las curvas de oferta y demanda agregadas. En capítulos anteriores hemos estudiado los distintos elementos que integran la demanda agregada, a lo largo de la cual están en equilibrio los mercados de bienes y dinero. En el capítulo anterior se ha analizado la oferta agregada sobre la que está en equilibrio el mercado de trabajo. En este capítulo se presenta un análisis conjunto de la oferta y la demanda agregadas. Estas dos relaciones determinan conjuntamente el equilibrio general de la economía en términos del producto total o renta y el nivel general de precios. En este contexto se presenta una visión panorámica de la inflación y sus efectos.

Por otro lado, y tomando como referencia y marco de análisis el esquema de oferta y demanda agregadas, se presentan las características fundamentales de los diferentes modelos o escuelas macroeconómicas. Asimismo, se analizan los efectos de las políticas macroeconómicas según los distintos modelos.

## 7.1 Características de los modelos clásico, keynesiano y de la síntesis

Antes de analizar cómo se determina la renta real de equilibrio conviene revisar comparativamente los modelos clásico y keynesiano.

### 7.1.1 Análisis comparativo de los modelos clásico y keynesiano

Las principales características del **modelo macroeconómico clásico** se pueden concretar en los puntos siguientes:

I) Predominio de la oferta sobre la demanda.

II) Competencia perfecta en todos los mercados.

III) Precios flexibles.

IV) Equilibrio en todos los mercados[1].

V) Situación permanente de pleno empleo de recursos.

En términos del modelo clásico, dado que los precios son flexibles y todos los mercados están en equilibrio, el pleno empleo es la situación normal de la economía y no tiene sentido la intervención del Estado vía políticas económicas. Además, el dinero es neutral y sólo incide sobre las variables nominales.

Las ideas clásicas empezaron a cuestionarse cuando la economía mundial se desplomó en una profunda depresión desde 1929 a 1935, que dio en llamarse Gran Depresión. Los efectos de esta crisis para la mayoría de los países se resumieron en drásticas caídas en los precios, tasas de desempleo elevadas y quiebras en el sistema bancario.

> El **modelo clásico** se caracteriza por el predominio de la oferta sobre la demanda, la existencia de competencia perfecta y equilibrio en todos los mercados, precios flexibles y pleno empleo.

Como detonante del abandono de las ideas clásicas actuó la obra de J. M. Keynes. Éste ideó un modelo macroeconómico cuyo objetivo primordial fue intentar sacar de la depresión a la economía mundial. El modelo se conoce como **Modelo Keynesiano**, y vio la luz en el año 1936 merced a su publicación bajo el título *Teoría general del empleo, el tipo de interés y el dinero*[2], por J. M. Keynes. Las características generales de este enfoque macroeconómico son:

I) Dominio de la demanda sobre la oferta.

II) Competencia perfecta en el mercado de bienes.

III) Posibilidad de existencia de precios rígidos a corto plazo.

[1] Los cinco mercados finales son los de bienes ya producidos o bienes de capital, bienes de nueva producción, dinero, bonos y mercado de trabajo.

[2] Keynes, J. M., (1936): *The General Theory of Employment, Interest and Money*, London and Basingstoke: Macmillan. Existe traducción española en Fondo de Cultura Económica, México, 1943.

IV) Algunos mercados de factores pueden estar en desequilibrio (generalmente el de trabajo).

V) Puede obtenerse la producción de equilibrio sin el pleno empleo de recursos[3].

> En el **modelo keynesiano** es la demanda agregada la que domina sobre la oferta agregada. En el modelo clásico es la oferta agregada la que domina sobre la demanda agregada.

El modelo se mostró operativo y contribuyó a sacar a la economía de la Gran Depresión, y aun con críticas y modificaciones ha demostrado su potencialidad hasta hoy. De hecho, el término Macroeconomía se ha aplicado fundamentalmente a raíz de la aparición de este modelo keynesiano. Se trata de un modelo agregado que supone la existencia de rigideces de precios, de forma que el dinero afecta al nivel de producción en el equilibrio, no siendo, por tanto, neutral. Del modelo se deduce que el papel del Estado puede ser necesario en determinadas circunstancias.

Cuando hemos analizado el modelo keynesiano en los Capítulos de 2 a 6, implícitamente hemos supuesto que la renta real de equilibrio proveniente del lado de la demanda coincide con la producción ofrecida. Sin embargo, como vimos al estudiar la oferta agregada en el Capítulo 6, no siempre la renta de equilibrio demandada es la que determina la renta ofrecida. La cantidad ofrecida desde el equilibrio de los mercados de producción también puede condicionar la cantidad de demanda.

### Nota Complementaria 7.1 - Unas reflexiones sobre la evolución del pensamiento económico: el origen de la macroeconomía

Los **economistas clásicos** del siglo XIX se preocupaban básicamente por el crecimiento económico a largo plazo y la distribución del excedente. Desde A. Smith y D. Ricardo hasta K. Marx intentaron explicar estos fenómenos sólo desde el lado de la oferta, no haciendo hincapié en el concepto de escasez y, por tanto, desestimando el concepto de demanda. Pretendían explicar la economía como un todo en base sólo a las funciones de producción. Los errores de Ricardo en el planteamiento de la teoría de los beneficios y las connotaciones sociopolíticas de Marx dieron lugar al nacimiento de un nuevo enfoque sobre la economía en el último tercio del siglo XIX: la **Escuela Neoclásica Marginalista**. Su principal baluarte era la consideración del concepto de escasez en los bienes y subsiguientemente el relanzamiento del papel de la demanda, donde tuvieron especial relevancia los análisis de Jevons y Bentham con el concepto de utilidad, y Cournot y Marshall con la teoría de los mercados en equilibrio parcial. El Marginalismo del equilibrio parcial supone un nuevo punto de vista sobre la economía: en lugar de analizar la economía en su conjunto, se aplica a estudiar las relaciones más sencillas entre los agentes económicos más simples: estaba naciendo la Microeconomía.

Sin embargo, los problemas económicos globales no acababan de ser explicados. Pronto se observó que si se utilizaba la teoría marginalista del equilibrio parcial para explicar situaciones más allá de un solo mercado sucedía que, aun estando todos los mercados en equilibrio, la oferta global no tenía por qué ser igual a la demanda global, lo que invalidaba a la Microeconomía del equilibrio parcial para explicar fenómenos económicos globales. Esta situación dio pie, desde la propia escuela marginalista de Microeconomía, a la creación de un nuevo enfoque capaz de poder explicar el equilibrio en varios mercados a la vez. El autor del intento es L. Walras, quien elaboró un sistema de ecuaciones provenientes de la maximización del beneficio de los productores y de la maximización de las utilidades de los consumidores, pero además añadió al sistema las llamadas ecuaciones de cierre, consistentes en igualar la oferta a la demanda, bien por bien y factor por factor. Esta Teoría del Equilibrio General se elaboró bajo el supuesto de competencia perfecta en todos los mercados, por lo que se dio en llamar Equilibrio General Competitivo.

Así pues, aun con los precios medidos en términos relativos, ya existía a finales del siglo XIX un sistema microeconómico capaz de explicar situaciones en varios mercados a la vez, lo que era un gran paso hacia el intento de analizar la economía en su conjunto.

Al comienzo del siglo XX, algunos teóricos de la economía deciden alterar la línea de investigación que intentaba el análisis de la economía como un todo, aprovechando de paso los conocimientos reportados por la economía marginalista. Tomando como puntos de partida el sistema walrasiano de equilibrio general, los conceptos de demanda, utilidad y competencia perfecta marshallianos y basándose en la convicción clásica de que la oferta genera su propia demanda (**Ley de Say**), los teóricos Fisher y Pigou intentaron explicar los problemas económicos que preocupaban a los clásicos. Para ello configuraron un modelo, con pretensión de equilibrio general competitivo, en el que en vez de considerar tantos mercados como bienes había en la realidad consiguieron agregarlos en sólo cinco clases de bienes (los bienes ya producidos, los bienes de nueva producción, el dinero, los bonos y el mercado de trabajo). Trataron, pues, de establecer un sistema de equilibrio general para cinco tipos de mercados, donde el dinero no daba problemas, ya que bajo el supuesto de la Ley de Say no llegaba a tener efectos reales (propiedad conocida como neutralidad del dinero). Había nacido el primer modelo de macroeconomía conocido como el modelo macroeconómico clásico, cuyas fuentes estaban en la microeconomía neoclásica.

[3] En el modelo keynesiano se contemplan los mismos cinco mercados que en el modelo clásico.

Así pues, desde una perspectiva keynesiana es la demanda agregada la que fuerza a la oferta agregada a producir exactamente el nivel de renta demandada. Por ello, si la economía no se encuentra en el pleno empleo, aunque esté en equilibrio, tiene sentido recurrir a políticas de demanda para tratar de incrementar la producción y el empleo. Por el contrario, los clásicos defienden que es el lado de la oferta agregada y en concreto el mercado de trabajo el que determina la producción que va a ser demandada.

> En el **modelo clásico el equilibrio** se da con pleno empleo. En el modelo keynesiano se puede dar el equilibrio de la renta sin pleno empleo.

Como vimos en el capítulo anterior, en términos del **modelo clásico el equilibrio siempre se da con pleno empleo**. Sin embargo, desde una óptica keynesiana se puede dar el equilibrio de la renta sin pleno empleo.

Los modelos clásico y keynesiano también discrepan en la consideración sobre las peculiaridades del equilibrio en los mercados. **Para los clásicos todos los mercados están siempre en equilibrio** porque todos los precios son siempre flexibles. En el modelo keynesiano, sin embargo, el mercado de trabajo puede permanecer en una situación de desequilibrio, pues algunos precios suelen ser rígidos.

> Según los **clásicos**, debido a la flexibilidad de los precios, todos los mercados siempre están en equilibrio. En el **modelo keynesiano**, el mercado de trabajo puede estar en desequilibrio, pues algunos precios pueden ser rígidos.

Los modelos clásico y keynesiano también se diferencian en función del régimen de competencia que incorporan. Los clásicos suponen que los mercados están en competencia perfecta mientras que los **keynesianos suponen que al menos en el mercado de trabajo no rige la competencia perfecta**, debido a la existencia de los sindicatos y al poder de negociación de los trabajadores, de forma que los salarios son rígidos a la baja.

> En el **modelo clásico** se supone que todos los mercados están en competencia perfecta.
> En el **modelo keynesiano** se considera que al menos el mercado del trabajo puede no estar en competencia perfecta, pues los salarios nominales son rígidos a la baja.

## 7.2 La oferta y la demanda agregadas en los distintos modelos

Como vimos en el Capítulo 6, las principales diferencias entre los clásicos y los keynesianos a la hora de determinar el equilibrio de la economía giran en torno a la función de oferta agregada (Figura 7.1). La forma de la función de oferta agregada va a ser relevante para determinar si la demanda predomina sobre la oferta o si es la oferta la que domina sobre la demanda. En este sentido, cabe señalar los puntos siguientes:

- En el modelo keynesiano, la función de oferta agregada es horizontal en el muy corto plazo. En el modelo clásico, la función de oferta agregada es vertical si la información es perfecta.
- En el modelo clásico, la política fiscal es irrelevante si la información es perfecta, es decir, no produce efectos reales, y la política monetaria afecta sólo al nivel de precios. En el modelo keynesiano, ambas políticas, fiscal y monetaria, afectan a los niveles de producción y precios en el corto plazo.
- En el modelo clásico es sólo la oferta agregada la que determina el nivel de producción, mientras que oscilaciones en la demanda agregada sólo pueden alterar los precios, pero no la producción. En el modelo keynesiano, los niveles de producción y precios se determinan conjuntamente por la oferta y la demanda agregadas.

> En el **largo plazo**, en el **modelo clásico** la oferta agregada es vertical, de forma que la política fiscal es irrelevante y la política monetaria sólo incide sobre el nivel de precios. En el **modelo keynesiano**, sin embargo, la oferta agregada es horizontal, de forma que las políticas fiscal y monetaria afectan a los niveles de producción y de precios.

De lo señalado en párrafos anteriores se desprende que el modelo macroeconómico clásico es especialmente adecuado para el largo plazo, mientras que la validez del modelo estrictamente keynesiano parece estar en su aplicación en el corto o muy corto plazo. Para tratar de ocupar el espacio existente entre ambos modelos, en el año 1954, los profesores Hansen, Hicks, Modigliani, Samuelson y Tobin hicieron una síntesis de los dos modelos macroeconómicos conocida como la **Síntesis Keynesiano-Neoclásica** (véase Epígrafe 7.7). Lo más interesante de este modelo está en el esquema Oferta-Demanda agregadas, de forma que toda la Macroeconomía se resume en dos curvas en cuya intersección se encuentra el equilibrio global.

Las curvas de demanda y oferta agregadas trazadas en la Figura 7.1a) son las del modelo de la Síntesis presentado en el epígrafe anterior y se corresponden con un período de tiempo intermedio entre el corto y el largo plazo. Téngase en cuenta que la forma de las funciones de oferta y demanda agregadas es distinta a corto y a largo plazo. En el muy corto plazo (modelo keynesiano estricto) la función de oferta agregada es horizontal, pues los precios son rígidos al alza y a la baja (Figura 7.1b). En este modelo de muy corto plazo la demanda es decreciente, a menos que estemos en el caso de la trampa de la liquidez, en el que la función de demanda agregada se hace vertical.

En un período comprendido entre el corto plazo y el largo plazo la función de oferta agregada no es horizontal, sino levemente creciente (Figura 7.1a). A largo plazo, la oferta agregada es completamente rígida[4] (Figura 7.1c). En el largo plazo, la oferta de bienes y servicios de la economía viene determinada por la cantidad de capital y de trabajo disponible y por la tecnología de producción existente que se utiliza para convertir el capital y el trabajo en bienes y servicios. Así pues, el nivel de precios no afecta a estos determinantes a largo plazo del PIB real. Este nivel de producción es la producción potencial, producción de *pleno empleo o tasa natural de producción* ($y^*$).

## 7.3 La inflación en el modelo de oferta y demanda agregadas

En el Capítulo 9 se definió la inflación como el aumento del nivel general de precios de la economía y se señaló que generalmente se mide por el deflactor del PIB o por el IPC.

Para justificar el origen de la inflación y presentar las distintas teorías explicativas puede recurrirse al esquema de las curvas de oferta y demanda. Asimismo, y como venimos haciendo en este capítulo, cuando se estudia la inflación conviene distinguir según el período de tiempo que se esté considerando entre el medio plazo, el corto plazo o el largo plazo.

### A) La inflación en el medio plazo

Tal como se ha señalado en el epígrafe anterior en el medio plazo, que es cuando resulta válido el modelo de la Síntesis Keynesiano-Neoclásica, las curva de demanda y de oferta tienen una forma convencional, tal como se recoge en la Figura 7.1a). En este contexto la aparición de tensiones inflacionistas pueden tener su origen tanto por el lado el de la demanda como por el lado de la oferta, esto es, de los costes. Para analizar el impacto de una inflación de demanda y de una inflación de costes una vez determinado el equilibrio macroeconómico a corto plazo vamos a analizar cómo alteraciones en las curvas de *DA* y *OA* inciden sobre dicho equilibrio. El

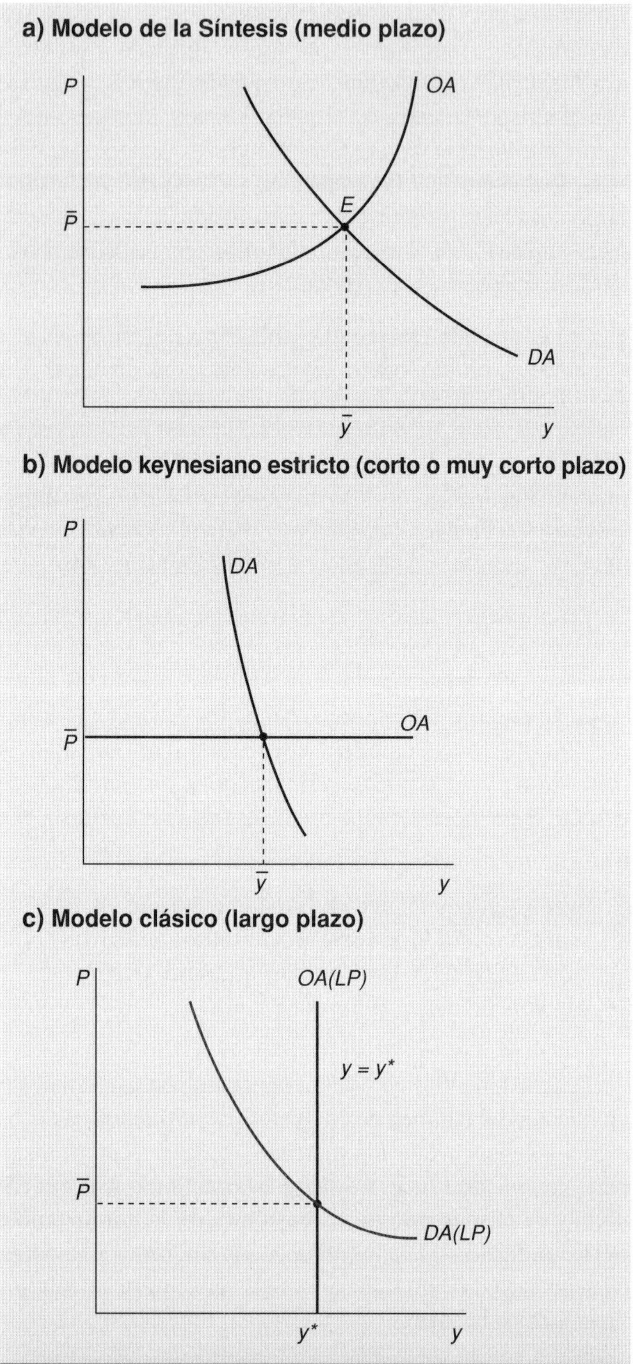


**Figura 7.1 - El esquema oferta-demanda agregadas en los modelos de la síntesis, keynesiano (corto plazo) y clásico (largo plazo)**

Mediante el análisis macroeconómico, se reducen todos los mercados a un solo gran mercado donde intersectan las funciones de oferta y demanda agregadas en un punto *E* de equilibrio. Este punto suministra los niveles de precios y *output* de equilibrio.

En el período comprendido entre el corto y el largo plazo (**modelo de la síntesis**) la curva de oferta agregada es paralela al eje de las abscisas y a largo plazo es vertical. A muy corto plazo, los precios son rígidos tanto a la baja como al alza, y merced a este hecho la curva de oferta agregada es horizontal. Es el caso **keynesiano estricto**.

A largo plazo, todos los precios son flexibles, lo que implica una curva de oferta agregada vertical y un nivel de equilibrio con pleno empleo. Es el caso del **modelo clásico**.

[4] A largo plazo, la función de demanda agregada es la función de demanda clásica proveniente de la ecuación cuantitativa:

$$Py = OM \cdot V$$

donde *P* es el nivel de precios y la renta real, *OM*, la cantidad de dinero y *V* la velocidad de circulación del dinero.

equilibrio a corto plazo cambiará cuando, o bien la curva de *DA*, o bien la curva de *OA*, o ambas, se desplacen. Este tipo de cambios en las curvas de *DA* o de *OA* se denominan *perturbaciones*.

## La inflación de demanda

Los desplazamientos de la curva de *DA* tienen lugar, sin embargo, cuando se altera cualquiera de los factores que afectan al PIB de equilibrio distinto del nivel general de precios. Las **perturbaciones de demanda** pueden venir provocadas básicamente por perturbaciones del gasto o por alteraciones en la cantidad de dinero, o por factores exógenos, como las guerras, fenómenos naturales, pérdidas de confianza generalizadas provocadas por una gran depresión o por bruscos cambios en las expectativas. Dejando de un lado los factores exógenos, las variables que pueden ocasionar una perturbación de la *DA* son las siguientes:

- Gasto público.
- Impuestos.
- Inversión.
- Exportaciones netas.
- Gasto autónomo en consumo (el que no depende de la renta).
- Cantidad de dinero.

> Una **perturbación de demanda** es cualquier acontecimiento que haga que la curva de *DA* se desplace.

La curva de *DA* se desplazará hacia la derecha (Figura 7.2) cuando tenga lugar una perturbación positiva del gasto concretada en cualquiera de los hechos siguientes: un aumento del gasto público, una disminución de los impuestos, un aumento del consumo autónomo (motivado, por ejemplo, por un aumento de la riqueza de las familias, por una fuerte subida del valor de las acciones o por una disminución de los tipos de interés que estimulará el consumo), un incremento de la inversión, un aumento de las exportaciones netas o un incremento de la cantidad de dinero. Este tipo de perturbaciones se analizarán en detalle en los epígrafes siguientes, pero el efecto común a corto plazo es que desplazarán la curva de *DA* hacia la derecha, haciendo que aumente el PIB de equilibrio y que se incremente el nivel general de precios, esto es, generando inflación.

> La *curva de DA se desplaza hacia la derecha* cuando el gasto público, la inversión, el consumo autónomo, las exportaciones netas o la cantidad de dinero aumentan, o cuando disminuyen los impuestos. El resultado será un aumento del PIB de equilibrio y una **subida del nivel general de precios**.

Para la mayoría de los autores, el factor clave para explicar el crecimiento de los precios reside en la evolución de la demanda agregada. Si los distintos sectores de la economía plantean, en su conjunto, unos gastos que superan la capacidad de producción de la economía, esos planes no podrán cumplirse de la forma en que fueron proyectados y tendrá lugar una **inflación de demanda**.

> La **inflación de demanda** es la originada en el lado de la demanda de los mercados como consecuencia de un aumento de la demanda agregada, lo que provoca un aumento del producto real y del nivel general de precios.

## La inflación de costes

Al trazar la curva de oferta agregada se supone que una serie de factores permanecen constantes y que los únicos cambios que se producen en los costes unitarios son los provocados por las variaciones de la producción. En el mundo real, sin embargo, los costes unitarios cambian por otras razones distintas a las variaciones de la producción. Cuando esto ocurre, los costes unitarios y el nivel general de precios cambiarán para cualquier nivel de producción, desplazándose la curva de *OA*. Por el contrario, cuando lo único que se altera es el nivel general de precios estaremos ante un **movimiento a lo largo de la curva de *OA*.**

> Cuando se modifica el nivel general de precios, tendrá lugar un movimiento a lo largo de la curva de *OA*. Una **perturbación de oferta**, esto es, cualquier factor que altere los costes unitarios de las empresas, para cualquier nivel de producción, desplazará la curva de *OA*.

Ejemplos de alteraciones que pueden originar **desplazamientos de la curva de *OA*** pueden ser los siguientes:

1. *Un cambio tecnológico*, que permita a las empresas producir cualquier nivel de producción a menores costes unitarios, desplazará la curva de OA hacia abajo, tal como ha ocurrido desde mediados de los noventa con la incorporación masiva de las nuevas tecnologías.
2. *Cambios en los precios del petróleo*. Históricamente las fuertes subidas de los precios del petróleo en la década de los setenta originaron un fuerte aumento de los costes unitarios de producción que desencadenaron una crisis internacional.
3. *Ajustes a largo plazo en los costes de los factores*. Si a corto plazo los salarios monetarios permanecen constantes al variar la producción, al ampliar el horizonte temporal los salarios monetarios se incrementarán.
4. *Una catástrofe natural* que incida negativamente en el sistema productivo.

**Figura 7.2 - Inflación de demanda**

Partiendo del punto $E$, cualquier política expansiva de demanda, digamos un incremento del gasto público a corto plazo, desplazará hacia la derecha la curva de $DA_0$ hasta $DA_1$ de forma que aumenta el producto real y el nivel general de precios.

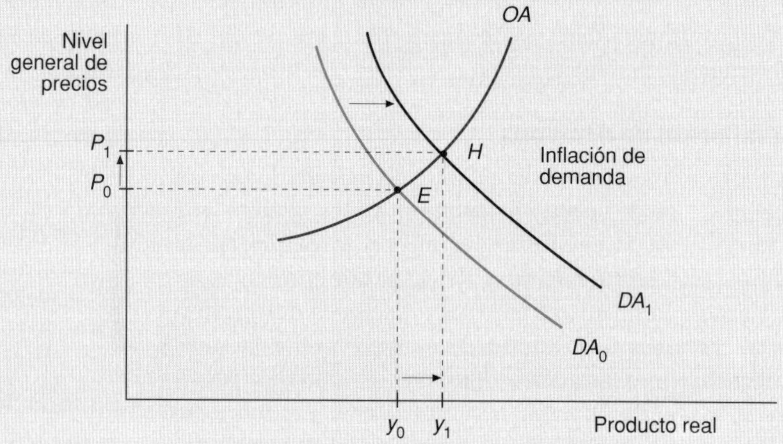


En la Figura 7.3 se recogen los efectos de una perturbación negativa de oferta que desplaza la curva de oferta agrupada hacia arriba y hacia la izquierda. Sus efectos se concretan, a corto plazo, en un aumento del nivel general de precios y en un aumento del PIB de equilibrio.

> Una perturbación negativa de oferta desplaza hacia arriba la curva de *OA*, reduciendo la producción y elevando el nivel general de precios, lo que se conoce como **estanflación** o **inflación de costes**.

El soporte teórico de la inflación de costes se presentó en el capítulo anterior al estudiar la curva de oferta agregada y al justificar la existencia de la curva de Phillips se aludió a la existencia de una relación entre los costes y los precios. Se señaló que si las empresas fijan sus precios sumándole a los costes laborales unitarios un margen, cuando suban los salarios también subirán los precios.

> La **inflación de costes** es la que se origina en el lado de la oferta de los mercados como consecuencia de un incremento de los costes. En el modelo de oferta y demanda agregadas se representa por medio de un desplazamiento ascendente de la curva *OA*. También es conocida como inflación provocada por una **perturbación de la oferta**.

Vemos por tanto que en el medio plazo, esto es, en el contexto del **modelo de la Síntesis** y que se corresponde con el trazado convencional de las curvas de demanda agregada y oferta agregada, la inflación puede ser tanto de demanda como de costes.

## B) La inflación en el corto plazo

El primer hecho a destacar es que en el corto o muy corto plazo los precios son rígidos, por lo que propiamente no tiene sentido hablar de inflación. En cualquier caso en el corto plazo estamos en el contexto del **modelo keynesiano estricto** y como se desprende del análisis de la Figura 7.4 las tensiones inflacionistas, de existir, tan sólo pueden venir por el lado de la oferta agregada. Por tanto, a corto plazo únicamente acontecimientos como un fallo tecnológico, un brusco aumento del precio de los factores o un acontecimiento natural tal como una sequía pueden hacer que la curva de oferta agregada se desplace hacia arriba y provoque un aumento de los precios.

> En el **corto plazo** sólo cabe hablar de **inflación de costes**, esto es, la generada por el lado de la oferta agregada.

En ninguna circunstancia, en el contexto del modelo keynesiano, esto es en el corto o muy corto plazo, la demanda puede provocar tensiones inflacionistas, sino que éstas vendrán siempre por el lado de la oferta. Cualquiera que sea la naturaleza de la perturbación que provoque un desplazamiento de la curva de demanda, dado que en el muy corto plazo la oferta agregada es una línea recta paralela al eje de abscisas, no tendrá ningún efecto sobre los precios.

Ejemplos de esta situación podrían ser los crecimientos de los precios asociados a una catástrofe natural que generase una fuerte y brusca escasez o una súbita subida de los precios de la energía, como históricamente ha ocurrido en varias ocasiones.

## C) La inflación en el largo plazo

El largo plazo es el contexto en el que rige el **modelo clásico**. Como se ha señalado, el largo plazo se caracteriza porque la curva de oferta agregada es una línea recta vertical al nivel del producto potencial. En este contexto sólo tiene sentido hablar de perturbaciones por el lado de la demanda agregada. (Figura 7.5). Resulta, sin embargo, que, al margen de algún aumento puntual, a largo plazo la

**Figura 7.3 - Inflación de costes**

Una perturbación negativa de oferta desplazará a la curva *OA* hacia arriba de $OA_0$ a $OA_1$. El nivel general de precios aumenta y el producto real se reduce.

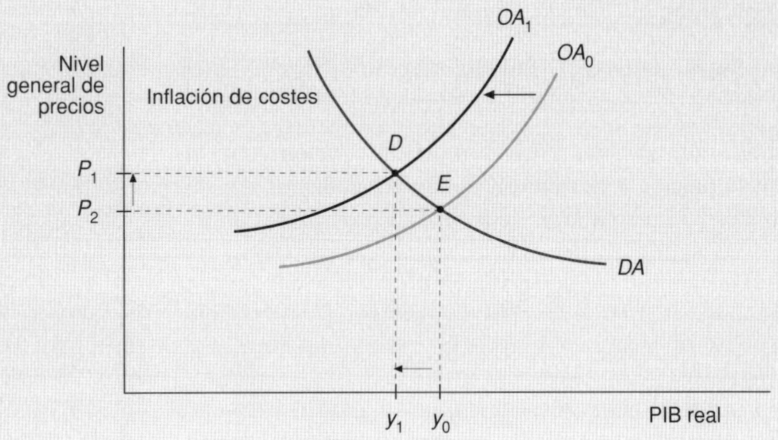


única variable que puede crecer de forma constante es la cantidad de dinero. Por ello puede afirmarse que a *largo plazo, la inflación es un fenómeno monetario*. Como vimos en el Capítulo 4, el marco teórico para explicar el crecimiento de los precios en el largo plazo es la **teoría cuantitativa del dinero**, que actúa como referente para los monetaristas.

## Explicación monetarista de la inflación

En el contexto monetarista, la causa que explica el comportamiento de la demanda agregada es el aumento de la cantidad de dinero por encima del crecimiento de la producción. Si en una economía en la que, inicialmente, no se experimentan tensiones inflacionarias tiene lugar un aumento en la cantidad de dinero, los agentes económicos dispondrán de una mayor liquidez. Pero, dado que desde la **perspectiva monetarista** el dinero se mantiene básicamente para transacciones, los agentes económicos se encontrarán con una cantidad de dinero mayor de la que precisan e intentarán gastar el exceso de dinero en la compra de otros activos rentables o aumentando su demanda de bienes y servicios corrientes.

> Los **clásicos y los monetaristas** defienden que la causa que explica el comportamiento de la demanda agregada y, por tanto, de los precios es el aumento de la cantidad de dinero.

En términos gráficos, la postura monetarista sobre la inflación se puede establecer teniendo en cuenta que para los monetaristas la curva de oferta agregada de la economía es completamente vertical, tal como la correspondiente al modelo clásico. Al incrementarse la cantidad de dinero la demanda agregada se desplaza hacia la derecha (Figura 7.5); pero lo único que ocurrirá será que los precios aumentarán de forma que el aumento en la cantidad de dinero **no tiene efectos sobre las variables reales.** Esta es la conocida **dicotomía clásica** que hace referencia *a la separación entre las variables reales y las variables nominales*. Los monetaristas defienden la dicotomía clásica entre las variables nominales y las variables reales, así como la **neutralidad de dinero**, según la cual *las variaciones de la oferta monetaria no afectan a las variables reales*.

## El soporte teórico de los monetaristas

Para sintetizar las ideas monetaristas debemos recurrir a la *teoría cuantitativa del dinero* (véase Epígrafe 4.3). Ésta postula que el valor monetario de las transacciones de una economía (*P y*), medido por el PBI, tiene que ser igual al producto del *stock* medio del dinero (*OM*) multiplicado por el número de veces que el dinero rota en un año para

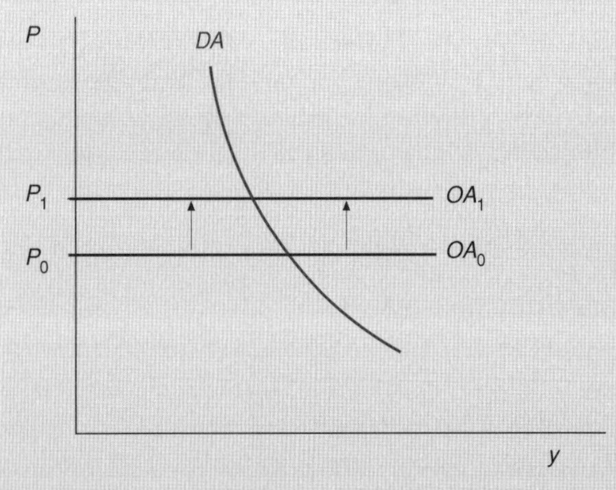


**Figura 7.4 - La inflación en el corto plazo siempre es inflación de costes**

A corto plazo sólo una perturbación de oferta puede hacer que aumenten los precios.

financiar el PBI nominal del período, esto es, por la velocidad de circulación del dinero ($V$)[5].

$$OM \cdot V \equiv P \cdot y \qquad [7.1]$$

Dado que estamos interesados en la relación entre el nivel de precios y la cantidad de dinero, podemos dar un paso más y reescribir la ecuación [7.1] como sigue[6]:

$$P \equiv \frac{OM \cdot V}{y} \equiv \left(\frac{V}{y}\right) OM$$

El supuesto clave que introducen los monetaristas con objeto de emplear la ecuación cuantitativa en la explicación del nivel general de precios es que la **velocidad de circulación del dinero** permanece constante, ya que refleja patrones estables de comportamiento de los individuos referidos a la renta y al gasto.

Las implicaciones de los postulados de la **teoría monetarista** se pueden concretar en dos puntos:

- La oferta monetaria es el factor determinante del PIB nominal, de forma que la mayoría de las fluctuaciones del PIB nominal se deben a cambios en la cantidad de dinero.
- A largo plazo, todas las alteraciones en la cantidad de dinero se trasladan a los precios.

> La **teoría cuantitativa del dinero** establece que las variaciones del nivel de precios vienen determinadas, fundamentalmente, por las variaciones de la cantidad nominal de dinero.

### Algunas matizaciones a la explicación monetarista

Aunque la práctica totalidad de los economistas aceptan relación entre la inflación y la cantidad de dinero y toman como referencia la teoría cuantitativa para explicar los determinantes a largo plazo del nivel de precios y de la tasa de inflación, cabe señalar que el dinero no sólo se demanda para hacer frente a las transacciones, sino también como activo (véanse Capítulos 3 y 4). En este caso, la demanda de dinero puede absorber, en determinadas circunstancias, los aumentos de la oferta monetaria sin necesidad de que se produzcan alteraciones de precios. Téngase en cuenta, además, que la velocidad de circulación del dinero no es constante (véase Capitulo 4), de forma que la relación entre oferta monetaria y nivel de precios a corto plazo no es tan directa como defienden los monetaristas, rechazando, por tanto, la neutralidad clásica del dinero. La validez de la hipótesis monetarista se limita al largo plazo y sólo bajo ciertos supuestos.

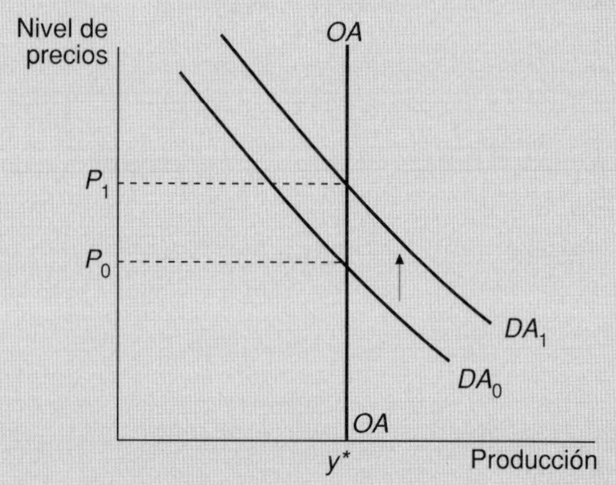


**Figura 7.5 - La inflación en el largo plazo: explicación monetarista de la inflación**

La explicación monetarista de la inflación se puede establecer en términos de las curvas de oferta y demanda agregadas. Suponiendo que la curva de oferta agregada sea completamente rígida, un incremento de la cantidad de dinero originará un desplazamiento de la curva de demanda agregada, desde $DA_0$ hasta $DA_1$, de forma que el nivel de precios pasará de $P_0$ a $P_1$.

## 7.4 Los efectos de la inflación

La inflación tiene costes reales que dependen de dos factores: de que la **inflación sea esperada** o no, y de que la **economía haya ajustado sus instituciones** (incorporando la inflación a los contratos de trabajo y arrendamiento de capital, y revisando los efectos del sistema fiscal ante una situación inflacionista) para hacerle frente.

### 7.4.1 La inflación esperada

En el contexto de una economía cerrada, cuando la inflación es esperada y las instituciones se han adaptado para

[5] Como se señaló en el Capítulo 4, la velocidad de circulación del dinero ($V$) es el cociente entre el PIB nominal y la cantidad nominal de dinero ($OM$). Algebraicamente:

$$V \equiv \frac{PIB}{OM} \equiv \frac{Py}{OM}$$

[6] La ecuación del texto [$P = OM \cdot V/y$] la podemos expresar en tasas de crecimiento de forma que:

Tasa de inflación = Tasa de crecimiento de la cantidad nominal de dinero + Tasa de crecimiento de la velocidad − Tasa de crecimiento de la renta real

Esta ecuación frecuentemente es utilizada por las autoridades monetarias como referente para controlar la inflación mediante el seguimiento y supervisión del crecimiento de la cantidad de dinero u oferta monetaria.

compensar sus efectos, los costes de la inflación sólo son de dos tipos. Unos son los llamados **costes en «suela de zapatos»**. Estos costes son los derivados de la incomodidad de tener que ir con mucha frecuencia a las instituciones financieras a sacar dinero para poder ajustar los saldos reales deseados a la pérdida de poder adquisitivo del dinero motivada por el alza de precios. El otro tipo de costes es el derivado de tener que cambiar los precios a menudo, lo que implica alterar las listas de precios y los menús, por lo que genéricamente se conocen como los **costes de «menú»**.

> Los **costes en suela de zapatos** son los recursos despilfarrados cuando la inflación anima a los individuos a reducir sus tenencias de dinero. Los **costes de menú** son los costes de modificar los precios.

Cuando las instituciones no logran ajustar su comportamiento a la inflación, surgen costes adicionales, aunque la inflación sea esperada, derivados fundamentalmente de las distorsiones fiscales.

### La inflación esperada y las tasas de interés

Durante los períodos inflacionistas, los prestamistas exigen una compensación por la depreciación del poder adquisitivo del dinero que prestan. Por tanto, el tipo de interés nominal o tipo de mercado tiende a llevar consigo una prima igual a la tasa de inflación esperada. Esta es la llamada *ecuación de Fisher*.

$$\text{Tipo de interés nominal} = \text{tipo de interés real} + \text{Tasa de inflación} \qquad [7.2]$$

> La **ecuación de Fisher** establece que un incremento de la inflación se refleja de forma total en los tipos de interés nominales.

Con la renta generada por los intereses ocurre el mismo problema que el señalado con la renta procedente del capital. Así, supongamos que a lo largo de un año los precios aumentan un 10 por 100 y que el tipo de interés nominal se incrementa en el mismo porcentaje, de forma que el tipo de interés real (tipo de interés real = tipo de interés nominal – tasa de inflación) no varía. Si el Gobierno grava la renta procedente de los intereses nominales, digamos, por ejemplo, con una tasa impositiva del 30 por 100, se lleva en impuestos un 3 por 100 (0,30 · 10 por 100) de la prima de inflación. En otras palabras, el tipo de interés real que percibe el prestamista una vez deducidos los impuestos se reduce en un 3 por 100, con lo que, de nuevo, el Estado ve incrementar sus ingresos gracias a la inflación, en este caso a costa del prestamista.

## 7.4.2 La inflación imprevista

Los efectos de la inflación imprevista sobre el sistema económico los podemos clasificar en dos grandes grupos: efectos sobre la distribución de la renta y la riqueza y efectos sobre la asignación de los recursos productivos.

Los **efectos de la inflación sobre la distribución de la renta y la riqueza** son los más visibles y más frecuentemente destacados.

La inflación perjudica a aquellos individuos que reciben rentas fijas en términos nominales y, en general, a los que reciben rentas que crecen menos que la inflación. Un ejemplo típico de estos grupos suelen ser los jubilados y los pensionistas.

También es frecuente afirmar que la inflación favorece a los deudores nominales y perjudica a los acreedores en términos monetarios. Los acreedores conciertan préstamos en términos monetarios, en el sentido de que el deudor se compromete a devolver una cantidad fija de dinero por período de tiempo. Si se paga una cantidad fija en términos monetarios en una situación inflacionista, el valor real de dicha suma decrece. Dado que los contratos de préstamos se suelen negociar para una duración de varios años, si el acreedor no puede elevar el tipo de interés monetario, el rendimiento real de éste se reducirá.

Asimismo, la inflación beneficia al Estado, por un lado porque las distorsiones fiscales hacen que aumenten los impuestos y por otro porque buena parte de sus gastos en términos reales suelen decrecer. Esto se debe a que una parte de los intereses y la amortización de los títulos de deuda pública vienen especificados en términos monetarios, resultando que el coste de la deuda en términos reales se reduce a costa de los ingresos reales de los tenedores de esos títulos. El sector público, pues, resulta claramente beneficiado por la inflación.

Cabe, por otro lado, comentar los efectos de la inflación sobre la riqueza y su distribución. Puesto que la inflación supone una reducción en el valor del dinero, esto supondrá una reducción del valor real de los ahorros y afectará a los agentes económicos en función de la proporción de la riqueza que éstos mantengan en dinero y en activos de valor nominal fijo.

### Efectos sobre la actividad económica

La inflación tendrá también **efectos perturbadores** sobre la actividad económica al alterar la estructura de precios relativos, pues, como es lógico, no todos los precios absolutos aumentan por igual. Dado que los precios relativos son las señales que guían el funcionamiento del mercado, una alteración de su estructura implica una perturbación en la asignación de recursos al verse dificultada la información.

## Nota Complementaria 7.2 - El papel del dinero en la economía según los monetaristas y los keynesianos

### Monetaristas

1. La función de demanda de dinero es muy estable. Los cambios en la cantidad de dinero son el factor clave para explicar la evolución de la demanda agregada.
2. A largo plazo, el producto nacional tiende hacia el nivel potencial, de forma que una alteración en la cantidad de dinero recaerá sobre los precios y no sobre el producto real. El crecimiento de la cantidad del dinero determina la tasa de inflación a largo plazo.
3. La dicotomía entre las variables reales y nominales es algo cierto, pues cambios en la cantidad de dinero no afectan a las variables reales.El dinero es neutral.
4. La oferta de dinero es exógena: los cambios en la cantidad de dinero influyen principalmente en los precios y son poco influidos por otras variables.
5. Toda política fiscal que no esté acompañada por un cambio en la cantidad de dinero sólo desplazará a la iniciativa privada, pero no tendrá efectos apreciables sobre la actividad económica real.

### Keynesianos

1. La demanda de dinero no es muy estable (debido al motivo especulación). Por ello, la velocidad de circulación no puede considerarse constante y la incidencia de la cantidad de dinero sobre la demanda no es directa.
2. La economía a corto plazo normalmente no tiende a situarse en una posición próxima al pleno empleo. Esto justifica apelar a la política fiscal para intervenir sobre la actividad económica.
3. La dicotomía clásica entre variables reales y variables nominales no se cumple siempre. El dinero no es neutral a corto plazo.
4. La cantidad de dinero es endógena: depende del comportamiento del resto de las variables económicas y las autoridades acomodan su crecimiento a la actividad económica. La cantidad de dinero influye en otras variables, y éstas, a su vez, en la cantidad de dinero. Por ello, el dinero no es neutral.
5. Dada la inestabilidad de la velocidad de circulación del dinero, la política monetaria no es un instrumento útil, sobre todo si se pretende sacar a la economía de una depresión. La política fiscal, sin embargo, sí tendrá un efecto neto sobre la actividad, pues el efecto desplazamiento no es apreciable.

> La **inflación**, al alterar la estructura de los precios relativos, tiene efectos perturbadores sobre la actividad económica.

En cualquier caso, los efectos más significativos de la inflación en términos de la actividad económica, esto es, la producción y el empleo, se evidencian cuando se adopta una perspectiva internacional. Aquellos países que experimenten unas mayores tasas de inflación verán que sus productos perderán la competitividad, y esto incidirá negativamente sobre sus exportaciones.

## La incertidumbre

La **incertidumbre** que generan los procesos inflacionistas también ha sido destacada como un elemento negativo que afecta a la producción. En particular, se ha señalado que la incertidumbre derivada de la inflación dificulta los controles y los cálculos de rendimientos de las inversiones. Esto determina que la inversión se resienta, con lo que la acumulación de capital y, paralelamente, la productividad, se verán seriamente afectadas.

La incertidumbre se manifiesta en los cálculos de inversiones en términos de *primas de riesgo más altas* e impide que un paquete normal de proyectos de capital satisfaga los criterios financieros aceptables. El déficit en inversiones se concentrará en inversiones a largo plazo, ya que este tipo de inversiones son más sensibles a la incertidumbre y a la inestabilidad asociada a la inflación.

> La **incertidumbre** ligada a los procesos inflacionistas incide negativamente sobre la producción y sobre el crecimiento al elevar la prima de riesgo.

## Las políticas de estabilización

A la luz del análisis de las teorías explicativas de la inflación y de la propia evidencia empírica, la receta comúnmente afectada para combatir las tensiones inflacionistas consiste en llevar a cabo políticas contractivas de demanda tanto de coste monetarista como fiscal. En cualquier caso, a largo plazo la clave para combatir la inflación descansa en controlar el crecimiento de la cantidad de dinero y ligar éste a las necesidades de la actividad productiva de la economía.

Por otro lado, para tratar de combatir la inflación, los gobiernos han utilizado a veces políticas de rentas a fin de influir directamente en los salarios y en los precios, y no sólo a través de la demanda agregada. Así, el Gobierno puede propiciar acuerdos con los sindicatos y con los empresarios para moderar el crecimiento de los salarios y de los precios.

En ocasiones, los gobiernos aprueban medidas legislativas que tratan de controlar los salarios y los precios. Estas leyes se denominan **controles de precios y salarios**;

### Nota Complementaria 7.3 - La hiperinflación y la deflación

**La hiperinflación**

Una economía se ve afectada por un período de *hiperinflación* cuando los precios crecen a tasas superiores al 50 por 100 mensual. Cuando esto ocurre, los individuos tratan de desprenderse del dinero líquido de que disponen antes de que los precios crezcan más y hagan que el dinero pierda aún más valor. Este fenómeno es conocido como la **huida del dinero**, y consiste en la reducción de los saldos reales poseídos por los individuos, pues la inflación encarece la posesión de dinero.

Las hiperinflaciones son excepcionales y extremas. A menudo se presentan asociadas a conflictos políticos, a guerras y a sus secuelas, o a revoluciones sociales.

A lo largo de la historia han surgido diversos períodos de hiperinflación, siendo el caso de Alemania en el período posterior a la Primera Guerra Mundial (1922-1923) el más conocido. Un dato basta para indicar la intensidad de la hiperinflación alemana: en el mes de octubre de 1923, los precios crecieron un 29.720 por 100.

Una hiperinflación de este tipo desorganiza la producción y los mercados y redistribuye la renta y la riqueza de forma notable.

**La deflación**

La deflación tiene lugar cuando la tasa de inflación es negativa. En este sentido, lo contrario de la inflación es la deflación que se produce cuando está descendiendo el nivel general de precios. Se trata de un fenómeno relativamente poco frecuente.

Las deflaciones prolongadas, en las que los precios bajan ininterrumpidamente durante varios años, van unidas a períodos de depresión, como la década de 1930 o la de 1890. Recientemente, Japón inició una deflación a finales de los años noventa, período en el que su economía sufrió una prolongada recesión de la que aún no ha salido plenamente.

su objetivo es regular y limitar los precios y los salarios que pueden cobrar y pagar las empresas.

> Las **políticas de rentas** basadas en el sistema fiscal intentan utilizar incentivos para reducir las tasas de inflación penalizando a las empresas que elevan los precios o los salarios rápidamente y mediante subvenciones a las que los elevan lentamente.

### La indiciación

Una alternativa para afrontar la inflación consiste en tratar de aprender a vivir con ella, en particular procurar ajustar totalmente las instituciones de la economía a la inflación. En este sentido, vivir con la inflación significa introducir la *indiciación* con carácter general, tanto en los términos de los contratos como en la fijación de los precios. Mediante la indiciación se ajustarían automáticamente todos los pagos a los efectos de la inflación.

En la práctica, la **indiciación** plantea problemas, pues hay desfases entre el momento en que varían los precios y el momento en que pueden ajustarse todos los pagos. Además, los desajustes fiscales, tal como se ha señalado, son difíciles de evitar.

La indiciación también plantea el inconveniente de que cuando los agentes se habitúan a vivir con inflación se sufre un sesgo inflacionista y se empieza a creer que la tasa de inflación puede aumentar sin que ello tenga mayores consecuencias. Sin embargo, dados «costes en suela de zapatos», los «costes de menú», y que los ajustes de la indiciación siempre son imperfectos, los costes de una inflación alta al final serían elevados. Piénsese en los procesos inflacionarios experimentados por Brasil, Argentina o Israel. Además, cabe el peligro de que se genere un proceso de inflación progresiva que conduzca a un período de *hiperinflación* (véase Nota complementaria 7.3).

En consecuencia, en algún momento habrá que abordar la lucha contra la inflación, y desde esta perspectiva se argumenta que más vale luchar hoy que en el futuro, cuando la tasa de inflación y los costes que ello acarrea sean mayores.

Cuando se adopta una perspectiva internacional, la conveniencia de combatir la inflación para evitar la pérdida de competitividad (o la necesidad de recurrir sistemáticamente a devaluar la moneda nacional) se hace aún más evidente. En este sentido, la lucha contra la inflación debe concretarse en una política monetaria contractiva, que contribuya a quebrar las expectativas inflacionistas, acompañada por una política fiscal austera que reduzca el déficit público.

> La **indiciación** consiste en ajustar automáticamente los pagos monetarios con objeto de evitar los efectos de la inflación.

## 7.5 Las políticas macroeconómicas en el modelo clásico

En los tres epígrafes siguientes vamos a analizar de forma esquemática las políticas macroeconómicas más representativas en los modelos clásico, keynesiano y en el modelo de la Síntesis. Previamente, formularemos un breve análisis de la determinación del equilibrio en cada uno de los modelos considerados.

En el modelo macroeconómico clásico, el nivel de producción de equilibrio lo determina el equilibrio del mercado de trabajo, que es donde se establece el nivel de empleo de equilibrio. Este nivel de empleo es también el nivel de ocupación de pleno empleo. Una vez determinado el nivel de empleo, el nivel de producción ofrecida vendrá directamente determinado a partir de la función de producción, que será el nivel de producción correspondiente al nivel de empleo de pleno empleo (Figura 7.6).

El nivel de precios se obtiene del esquema oferta-demanda agregadas, propio del modelo clásico, una vez determinado el nivel de producción de pleno empleo.

## 7.5.1 Políticas de demanda

### Efectos de una expansión monetaria

Una expansión monetaria origina un desplazamiento hacia la derecha de la oferta monetaria (Figura 7.7a). Dado que la oferta agregada es vertical y está situada al nivel de la renta de pleno empleo, fijada en el mercado de trabajo, la traslación a la derecha de la función de demanda agregada motivada por un incremento de la oferta monetaria únicamente originará una subida del nivel de precios (Figura 7.7.b). El aumento de los precios hará que la oferta monetaria vuelva a la posición inicial (Figura 7.7.a), no alterándose el tipo de interés. Los salarios nominales aumentarán con los precios, permaneciendo inalterados los salarios reales.

### Efectos de una expansión fiscal en el mercado clásico

Un aumento del gasto público o una disminución del tipo impositivo provocará un aumento de la renta demandada por encima de la producción ofrecida y un incremento del tipo de interés, al aumentar la demanda de dinero (Figura 7.8a). El exceso de demanda originará un aumento del nivel de precios a la vez que se desplaza la curva de demanda agregada hacia la derecha (Figura 7.8b). El aumento del nivel de precios reducirá la oferta monetaria real haciendo que aumente nuevamente el tipo de interés (Figura 7.8). El aumento del tipo de interés provocará una caída de la inversión y el consumo, que compensará el aumento del gasto inicial: este proceso continúa hasta que haya desaparecido el exceso de demanda inicial.

En resumen, los efectos de una expansión fiscal se concretan en una subida en el tipo de interés, un aumento del nivel de precios y una consiguiente subida de los salarios nominales, permaneciendo inalterada la renta real de equilibrio (Figura 7.8). Así pues, se sigue manteniendo el nivel inicial de pleno empleo, pero se habrá producido un **efecto-expulsión total** de la inversión privada y del consumo por efecto del incremento del tipo de interés. El consumo y la inversión habrán caído en conjunto exactamente en un montante equivalente al aumento del gasto. Hay, por tanto, una **redistribución de gasto desde el sector privado hacia el sector público**.

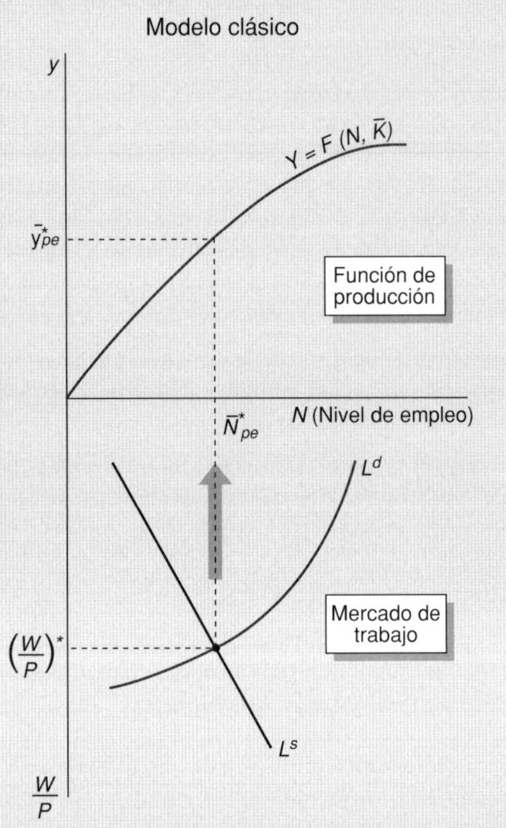


**Figura 7.6 - Determinación del nivel de producción en el modelo clásico**

En el modelo clásico de Macroeconomía, el equilibrio en el mercado de trabajo, al determinar el nivel de empleo de equilibrio o nivel de empleo de pleno empleo, determina el nivel de producción, denominado nivel de renta de pleno empleo.

## 7.5.2 Políticas de oferta en el modelo clásico

Efectos de una expansión de la oferta de trabajo Una expansión de la oferta de trabajo motivada, por ejemplo, por una reducción de algunos impuestos indirectos o de las cotizaciones a la Seguridad Social pagadas por los trabajadores provoca un desplazamiento hacia fuera de la curva de oferta de trabajo (Figura 7.9a). En el mercado de trabajo tendrá lugar un aumento del nivel de empleo de equilibrio y un descenso de los salarios reales. El aumento del nivel de empleo hace que se incremente la renta potencial, causando un desplazamiento a la derecha de la oferta agregada. En

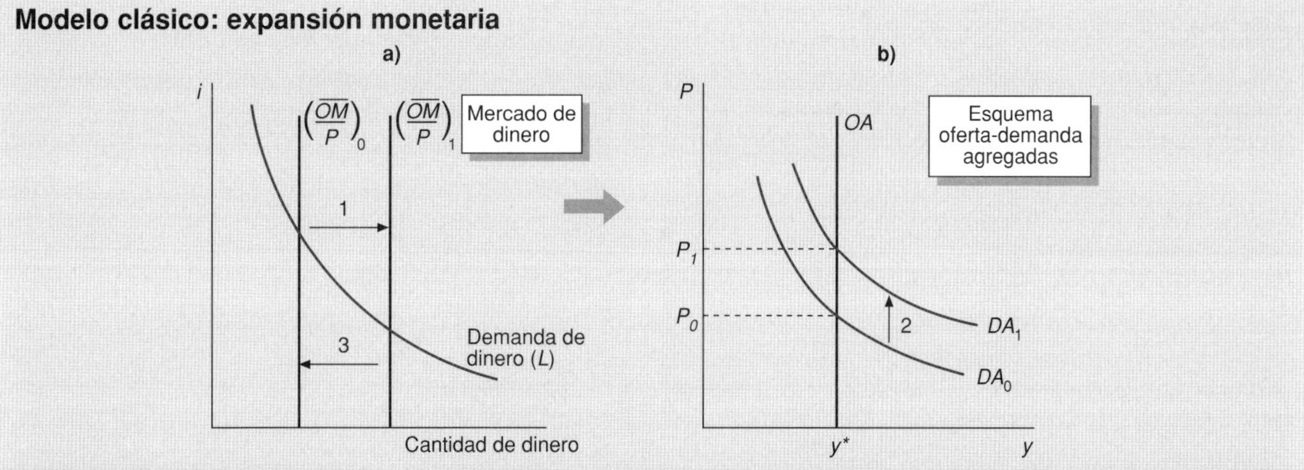


**Figura 7.7 - Efectos de una expansión monetaria en el modelo clásico**

Un incremento de la cantidad de dinero origina un desplazamiento hacia la derecha de oferta monetaria en términos nominales (1). La consiguiente reducción del tipo de interés provoca un desplazamiento hacia la derecha de la demanda agregada que únicamente origina una subida de los precios (2). Este aumento de los precios hace que la oferta monetaria vuelva a la posición original (3).

el equilibrio de la economía, el nivel de precios ha descendido y la renta se habrá incrementado[7] (Figura 7.9).

El desplazamiento hacia la derecha de la función de oferta agregada, al originar una caída del nivel de precios, también provoca un desplazamiento hacia la derecha de la curva de oferta monetaria, generándose una caída en el tipo de interés en el mercado monetario, lo que incrementará la inversión que provoca un aumento de la renta demandada, que termina ajustándose al mismo nivel que la nueva renta potencial[8]. La reducción de los precios originará primero un aumento del salario real y posteriormente una disminución de los salarios nominales hasta el nivel correspondiente al nuevo equilibrio en el mercado de trabajo $(W/P)_1$.

### Efectos de una innovación tecnológica o de un incremento en el *stock* de capital

Una innovación tecnológica o un incremento en el *stock* de capital elevan la función de producción de forma que para el mismo nivel de empleo (determinado en el mercado de trabajo) la producción ofrecida será ahora mayor, originándose un desplazamiento hacia la derecha de la función de oferta agregada que hace incrementar la producción de equilibrio y descender el nivel de precios (Figura 7.10).

El descenso del nivel de precios de equilibrio hace que la oferta monetaria se desplace hacia la derecha, originándose una caída en el tipo de interés, lo que provoca un aumento de la inversión. El descenso del nivel de precios hará que aumente temporalmente el salario real por encima del de equilibrio, dando lugar a un exceso de oferta en el mercado de trabajo. Esto originará una disminución de los salarios nominales en el ajuste hacia el equilibrio en el mercado de trabajo hasta conseguir el salario real original.

En resumen, el efecto de una innovación tecnológica o de un incremento en el *stock* de capital se concreta en un aumento de la producción y una disminución del nivel de precios, de los salarios nominales y del tipo de interés.

## 7.5.3 Desarrollos recientes de la escuela clásica

Dentro de la escuela clásica de economía cabe distinguir las siguientes líneas de desarrollo reciente:

- La escuela clásica monetarista.
- La escuela de expectativas racionales.
- La Nueva Macroeconomía Clásica.

7 La disminución del nivel de precios causará un aumento del salario real, puesto que los salarios nominales no han variado en un principio. Para este nivel del salario real se genera un exceso de oferta en el mercado de trabajo que hará caer el salario nominal hasta el nivel correspondiente al nuevo equilibrio en el mercado de trabajo.

8 Los efectos de una expansión de la demanda de trabajo, motivada, por ejemplo, por una caída de las cotizaciones a la Seguridad Social pagadas por los empresarios, son similares a los derivados de una expansión de la oferta de trabajo, en el sentido de que aumenta el nivel de empleo y la curva de oferta agregada se desplaza hacia la derecha incrementándose la renta de equilibrio de pleno empleo y reduciéndose el nivel de precios. En el mercado de trabajo los efectos son distintos, ya que se originará un desplazamiento a la derecha de la demanda de trabajo, de forma que aumentará el nivel de empleo y los salarios reales también se incrementarán.

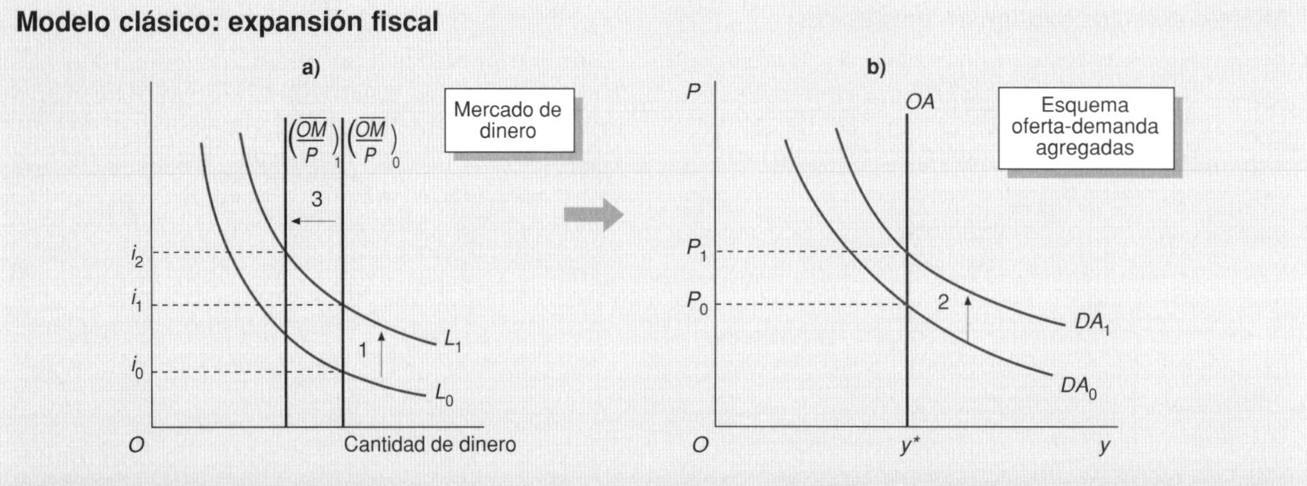


**Figura 7.8 - Efectos de una expansión fiscal en el modelo clásico**

Un aumento del gasto público provoca un incremento de la renta demandada y por consiguiente un aumento de la demanda de dinero (1) que hace incrementar el tipo de interés. Asimismo, un exceso de demanda agregada, esto es, su desplazamiento hacia arriba, incrementa el nivel de precios (2), que a su vez reducirá la oferta monetaria real haciendo aumentar aún más los tipos de interés (3).

## La escuela clásica monetarista

Los **monetaristas**, también conocidos como la escuela de Chicago, pues su desarrollo ha estado muy ligado a las ideas del Premio Nobel Milton Friedman, profesor de Economía en la Universidad de Chicago durante muchos años, defienden que la oferta monetaria es el principal determinante de las variaciones a corto plazo y a largo plazo de la renta. Los monetaristas mantienen que la política fiscal no es relevante y centran su atención en la **velocidad de circulación del dinero**, basándose en la ecuación cuantitativa (véase Epígrafe 7.3).

En términos del esquema oferta-demanda agregadas, los monetaristas defienden que a corto plazo la oferta agregada es bastante inclinada, pero no llega a ser vertical, si bien a largo plazo mantienen que es vertical.

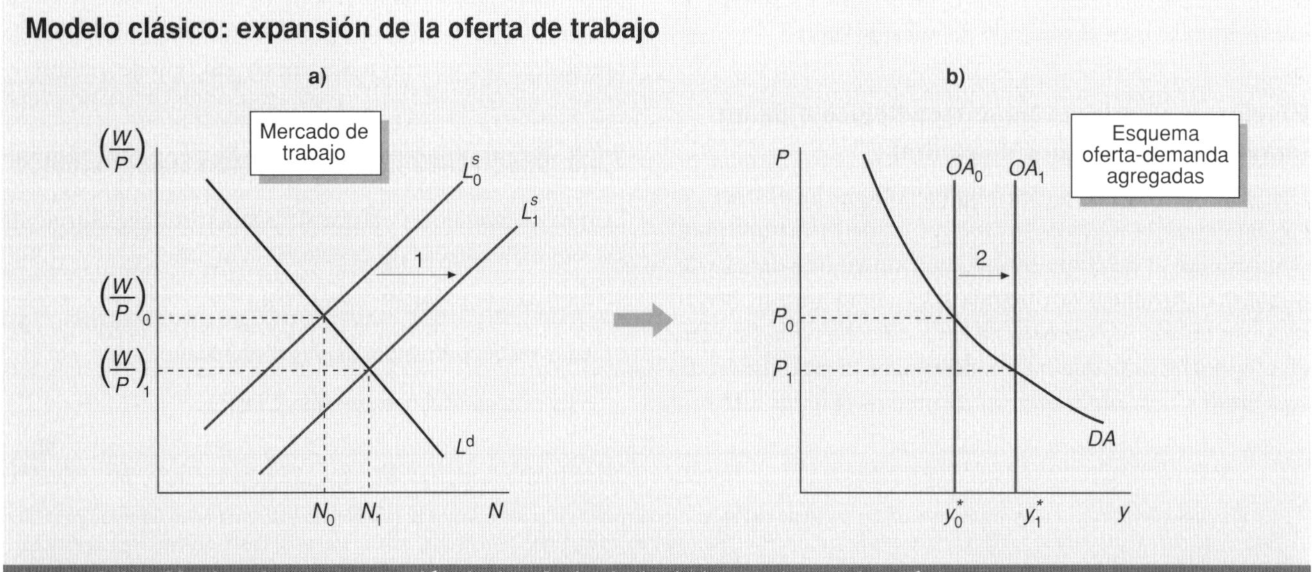


**Figura 7.9 - Efectos de una expansión de la oferta de trabajo en el modelo clásico**

Una reducción de las cotizaciones a la Seguridad Social pagadas por los trabajadores origina un desplazamiento hacia la derecha de la oferta de trabajo haciendo que aumente el empleo y se reduzcan los salarios reales (1). Asimismo, la curva de oferta agregada se desplaza hacia la derecha aumentando la renta de equilibrio o potencial y reduciéndose el nivel de precios (2).

### La escuela de expectativas racionales

La escuela de las expectativas racionales defiende que los agentes económicos no cometen errores sistemáticos cuando hacen expectativas o previsiones sobre los niveles futuros de las magnitudes económicas, de modo que si la información de todos los agentes es perfecta hay un margen muy escaso para que las autoridades puedan hacer política económica. En relación con la efectividad de la política económica, R. Lucas, en base a una serie de hipótesis[9], formuló las dos siguientes cuestiones: I) Si las previsiones de los agentes son perfectamente anticipadas, esto es, si son correctas, la política económica es completamente nula. II) Sólo puede haber política económica efectiva si el Gobierno es capaz de engañar a los agentes, cosa que en el mejor de los casos sólo podrá hacer a corto plazo, puesto que a largo plazo los agentes aprenderán y las predicciones de los agentes terminarán siendo perfectas, con lo que se adaptarán a cualquier política. Por tanto, en opinión de Lucas, sólo tiene sentido la política económica cuando la información no es perfecta, sino asimétrica o diferencial, en el sentido de que unos agentes tienen más información que otros.

### La nueva Macroeconomía clásica

Una de las primeras aplicaciones de la teoría de las expectativas racionales en el contexto de la Macroeconomía clásica tiene lugar ante el análisis de los efectos producidos sobre el *output* por una expansión monetaria. Las conclusiones de este análisis concreto generan una subescuela dentro de la Macroeconomía clásica que se denomina de los **ciclos monetarios**, cuyo representante más significativo sigue siendo R. Lucas. Lucas defiende que, cuando la información es asimétrica, aun suponiendo competencia perfecta en todos los mercados, una expansión monetaria provoca efectos reales sobre el *output* a corto plazo.

## 7.6 El modelo keynesiano y las políticas macroeconómicas

En el modelo keynesiano es en el lado de la demanda agregada donde se determina la renta real de equilibrio demandada y ofrecida, y no es la oferta la que determina la demanda, como vimos en el caso clásico (Figura 7.11).

**Modelo clásico: mejora tecnológica**

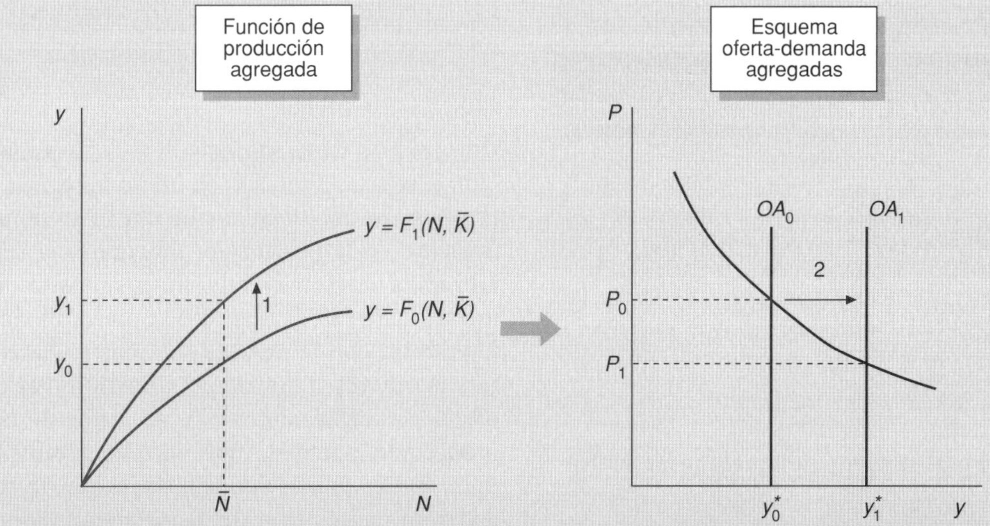


**Figura 7.10 - Efectos de una mejora tecnológica en el modelo clásico**

Una mejora tecnológica desplaza la función de producción agregada originando un aumento de la producción potencial y, por tanto, un desplazamiento hacia la derecha de la oferta agregada, lo que reduce el nivel de precios.

[9] R. Lucas Jr. desarrolló la teoría de las expectativas racionales basada en los supuestos siguientes:
1. Los agentes formulan expectativas sobre todas las variables y en especial sobre los precios, de forma que no se equivocan sistemáticamente en promedio.
2. Individualmente no son predicciones perfectas y los agentes no tienen por qué conocer toda la información relevante.
3. Además, no tienen por qué ser iguales las expectativas formadas por distintos agentes.
4. La formación de las expectativas implica un proceso de aprendizaje mediante la corrección de los errores anteriores.
Lucas Jr., R. (1972): «Expectations and the neutrality of money», *Journal of Economic Theory*, 4.

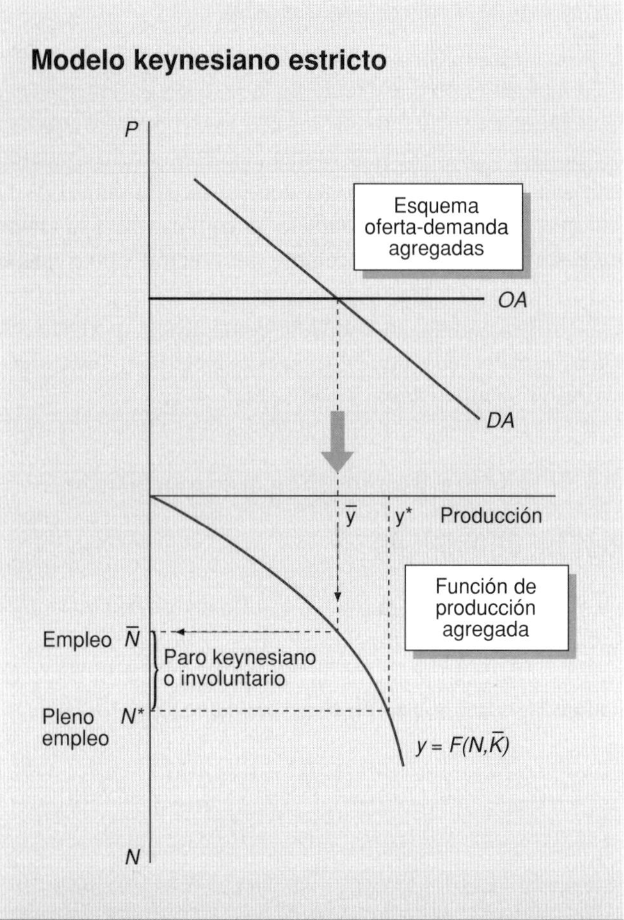


Figura 7.11 - Determinación de los niveles de producción y empleo en el modelo keynesiano estricto

En el modelo keynesiano estricto, la renta de equilibrio demandada se determina en el equilibrio conjunto de los mercados de bienes y dinero (curva de demanda agregada) y la oferta agregada. Esta renta de equilibrio determina el nivel de empleo vía función de producción. La diferencia entre el nivel de empleo de pleno empleo $N^*$ y el nivel de empleo de equilibrio $\bar{N}$ es el paro keynesiano.

## 7.6.1 Políticas en el modelo keynesiano estricto

El análisis de las políticas macroeconómicas suponemos que se lleva a cabo en el muy corto plazo, de forma que la curva de oferta agregada es horizontal, pues los precios permanecen fijos.

### Efectos de una expansión monetaria

Una expansión monetaria, provocada, por ejemplo, por un incremento de la cantidad de dinero en términos nominales, originará un desplazamiento a la derecha de la línea de oferta monetaria. Este desplazamiento generará un descenso del tipo de interés que conllevará un aumento de la inversión, de forma que la función de demanda agregada se desplaza hacia la derecha incrementándose el nivel de empleo, mientras que en el muy corto plazo los precios se mantienen fijos, dados los supuestos del modelo keynesiano estricto (Figura 7.12). En la intersección de la oferta agregada con la demanda agregada se determinará la nueva renta real de equilibrio.

Si el nivel de empleo de equilibrio es inferior al nivel de pleno empleo ($N^*$), tendrá lugar un exceso de oferta de trabajo (paro involuntario). El aumento del nivel de empleo reducirá el paro involuntario y provocará el ajuste de la producción ofrecida hasta el nivel que finalmente marca la demanda agregada. Esto es justamente lo contrario de lo que ocurría en el modelo clásico.

### Efectos de una expansión fiscal

Una expansión fiscal, provocada, por ejemplo, por un aumento del gasto público, desplaza la curva de demanda agregada hacia la derecha, originando un aumento de la producción demandada (Figura 7.13). El desplazamiento hacia la derecha de la demanda agregada provoca un aumento de la producción y de la demanda de dinero por motivo transacción, lo que origina un aumento del tipo de interés que dará lugar a un *efecto expulsión* de la inversión privada. En cualquier caso, en el equilibrio resultará un nivel de producción demandada mayor que el inicial y se corresponderá con un nivel de desempleo involuntario menor que en la posición inicial.

### Políticas de oferta

Una política de oferta que eleve la función de producción desplaza la función de oferta agregada hacia abajo, provocando una disminución del nivel de precios y un aumento de la producción de equilibrio (Figura 7.14). La reducción del nivel de precios provoca un desplazamiento hacia la derecha de la oferta monetaria que al intersectar con la demanda de dinero hace que baje el tipo de interés y aumente la inversión. Por el lado de la oferta, el desplazamiento hacia arriba de la función de producción agregada que permite producir un mayor nivel de *output* ofrecido con un mismo nivel de empleo, generará un aumento de los salarios reales al bajar los precios debido al desplazamiento de la curva de oferta agregada para el mismo nivel de salario monetario.

## 7.6.2 La nueva escuela keynesiana y el esquema oferta-demanda agregadas

La **Nueva Escuela Keynesiana de Macroeconomía** aparece hacia mediados de la década de los ochenta en el entorno de la Universidad de Harvard y del Instituto Tecnológico de Massachusetts (MIT) como réplica a la Nueva Macroeconomía Clásica. Esta escuela trata de explicar, desde un punto de vista formal, por qué los **pre-**

**Modelo keynesiano: expansión monetaria**

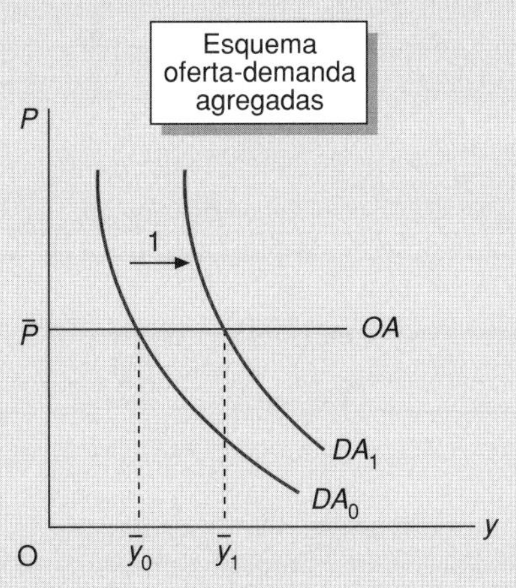


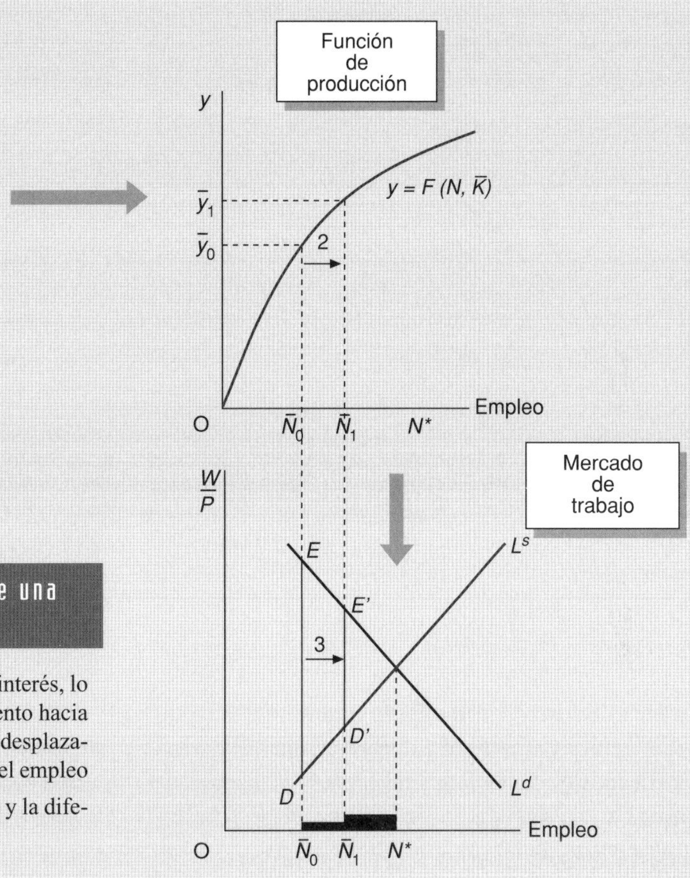


**Figura 7.12 - Modelo Keynesiano: efectos de una expansión monetaria**

Un incremento en la oferta monetaria reduce el tipo de interés, lo que al incrementar la inversión provoca un desplazamiento hacia la derecha de la curva de demanda agregada (1). Este desplazamiento hace que aumente la producción de equilibrio y el empleo (2) y (3). La diferencia ($N^* - \bar{N}_1$) es el paro keynesiano y la diferencia ($D' - E'$) es el desempleo voluntario clásico.

**Modelo keynesiano: expansión fiscal**

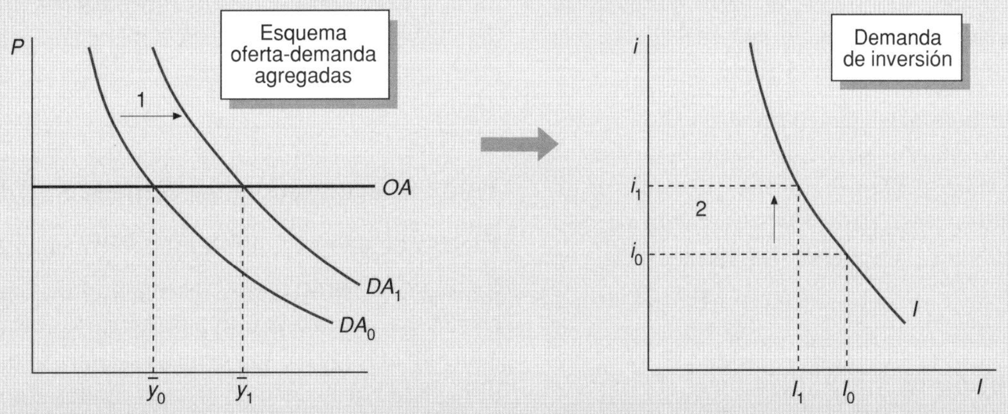


**Figura 7.13 - Efectos de una expansión fiscal en el modelo keynesiano**

Una expansión fiscal desplaza hacia la derecha la demanda agregada que incrementa la producción demandada y la demanda de dinero, lo que origina un aumento del tipo de interés y una reducción de la inversión. El nivel de empleo también aumenta.

**cios son rígidos a corto plazo**. Los tres hechos fundamentales en los que se apoya esta escuela para formalizar sus modelos de **rigideces nominales de precios** son: la existencia de **competencia imperfecta, de rigideces reales** y de **fricciones nominales**. En el Capítulo 6 ya fueron analizadas la competencia imperfecta y las rigide-

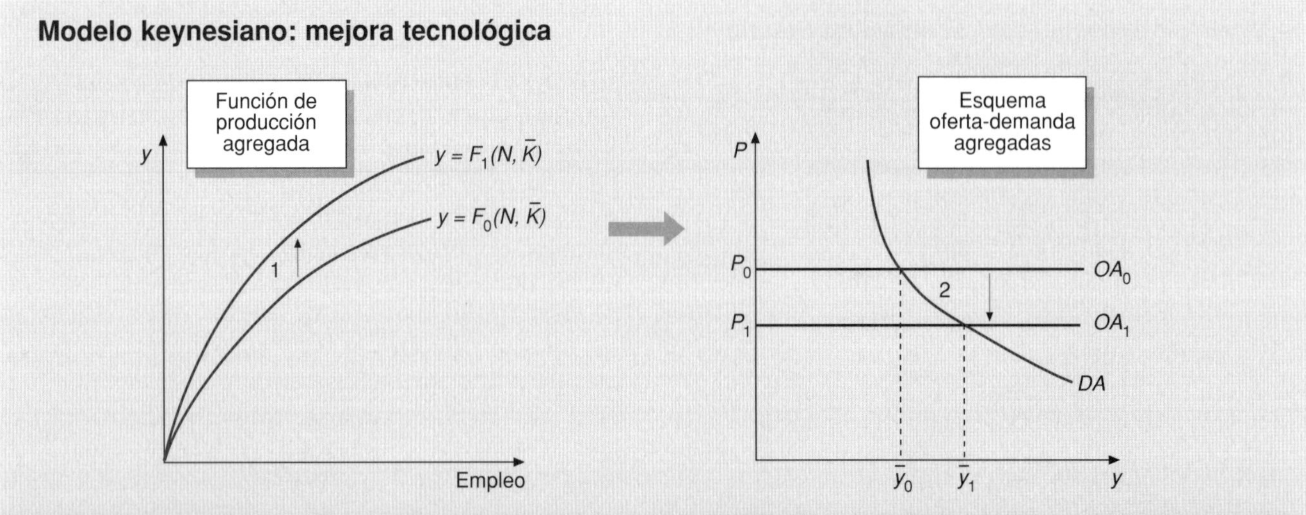


**Figura 7.14 - Efectos de un desplazamiento de la función de producción en el modelo keynesiano**

Una mejora tecnológica genera un desplazamiento hacia arriba de la función de producción agregada que provoca un desplazamiento hacia abajo de la oferta agregada, incrementándose el nivel de producción y reduciéndose el nivel de precios.

ces reales en lo referente al mercado de trabajo. En este capítulo nos centraremos en rigideces o imperfecciones que se provocan en los mercados de bienes y financieros y estudiaremos el impacto sobre el esquema oferta-demanda agregadas de las fricciones nominales.

### Rigideces o imperfecciones reales

Se concretan en que bajo determinadas circunstancias es difícil que los precios de los bienes puedan llegar a variar. Se suelen dar cuando, aun siendo el coste marginal de cada empresa creciente, el *mark-up* que fija la empresa disminuye a medida que aumenta la producción.

Las fricciones nominales tienen lugar cuando los precios de venta son insensibles por un cierto tiempo a los cambios en los costes. Este fenómeno puede tener un efecto importante a nivel agregado, resultando de ello ciertos inconvenientes para ajustar los precios ante una perturbación.

## 7.7 El modelo de la síntesis y la política económica

En el **modelo de la Síntesis** se consideran los precios rígidos a muy corto plazo, siguiendo las hipótesis del modelo keynesiano. A corto plazo se supone que tiene lugar un ajuste lento de salarios, tal como implica la existencia de una curva de Phillips. Al largo plazo, el modelo considera que los precios son totalmente flexibles, aceptando en este caso un esquema puramente clásico.

En la curva de oferta agregada de este modelo se distinguen tres tramos diferenciados. El primer tramo de la curva de oferta agregada, en el muy corto plazo, es totalmente *horizontal* debido a la existencia de precios totalmente rígidos; éste es el tramo keynesiano estricto. El segundo tramo es *creciente*, manifestando el ajuste lento de salarios a corto plazo, lo que hace que los precios puedan variar algo, sobre todo al alza. Este tramo sirve de enlace entre la curva estrictamente keynesiana y la curva clásica. El tercer tramo es totalmente *vertical* y está situado al nivel de la renta potencial o de pleno empleo; éste es el tramo clásico de la curva de oferta agregada (véase Figura 7.15).

### Políticas económicas en el modelo de la Síntesis

#### Efectos de una expansión monetaria en el corto plazo

En el muy corto plazo, los efectos de una expansión monetaria, cuando la curva de oferta agregada es prácticamente horizontal, son idénticos a los ya comentados en el modelo keynesiano de precios rígidos. En el corto plazo el desplazamiento a la derecha de la función de demanda agregada eleva los precios (Figura 7.16a), pero no tanto como para superar la tasa de inflación esperada, de forma que la curva de Phillips no se llegará a desplazar, por lo que el movimiento de la curva de demanda agregada supone únicamente un movimiento a lo largo de la curva de Phillips. Esto provocará una disminución de la tasa de empleo y un incremento de la producción (véase Figura 7.16b).

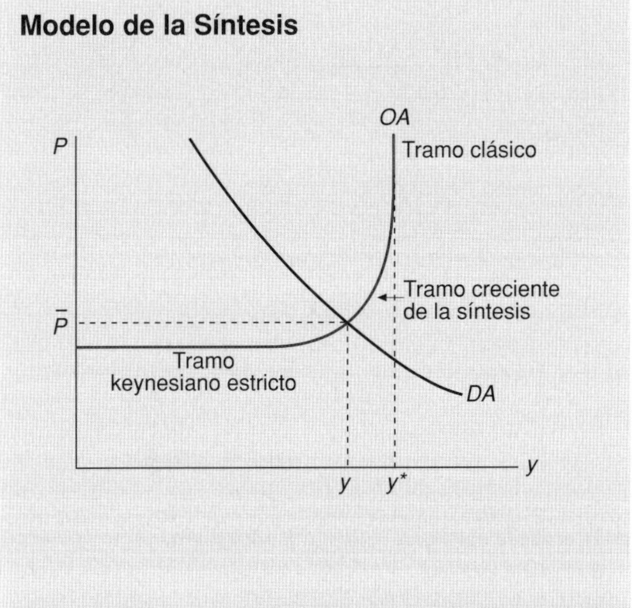


Figura 7.15 - El esquema oferta-demanda agregadas en el modelo de la Síntesis

En el modelo de la Síntesis se distinguen tres tramos en la función de oferta agregada. El primero es perfectamente horizontal y se corresponde con la economía del muy corto plazo, donde el modelo es estrictamente keynesiano. El segundo tramo es creciente. A largo plazo, el modelo supone que los precios son flexibles y la curva de oferta agregada se convierte en totalmente rígida y se corresponde con el tramo clásico.

## Efectos de una expansión monetaria a largo plazo

Supongamos que el nivel inicial de la renta es el nivel de renta de pleno empleo. Si tiene lugar una expansión monetaria, ésta causará un desplazamiento de la oferta monetaria hacia la derecha y, por tanto, vía reducción del tipo de interés y aumento de la inversión, un desplazamiento también a la derecha de la función de demanda agregada, originándose un aumento de la producción demandada por encima de la producción de pleno empleo. De la misma forma, dado que la oferta agregada a corto plazo es creciente, el desplazamiento de la demanda agregada hará que el nivel de producción de equilibrio sea mayor que el nivel de producción potencial. En este momento, la tasa de desempleo será inferior a la natural y se acelerará la tasa de crecimiento de los precios desplazando hacia arriba la curva de Phillips, así como la curva de oferta agregada (Figuras 7.17a y 7.17b). El alza de los precios provocará un desplazamiento gradual hacia la izquierda de la oferta monetaria. A largo plazo, el desplazamiento será hasta su nivel original, donde la producción demandada será idénticamente igual a la producción de pleno empleo. El alza de los precios hará bajar el salario real y generará un exceso de demanda en el mercado de trabajo; a largo plazo, cuando los salarios nominales sean totalmente flexibles se ajustarán al equilibrio del mercado de trabajo mediante un aumento; por tanto, cuando ya estemos en el largo plazo, el nivel de empleo no variará y tampoco la producción potencial (Figura 7.18a y 7.18b). Así pues, a *largo plazo una expansión monetaria causa únicamente un aumento del nivel de precios y de los salarios nominales.*

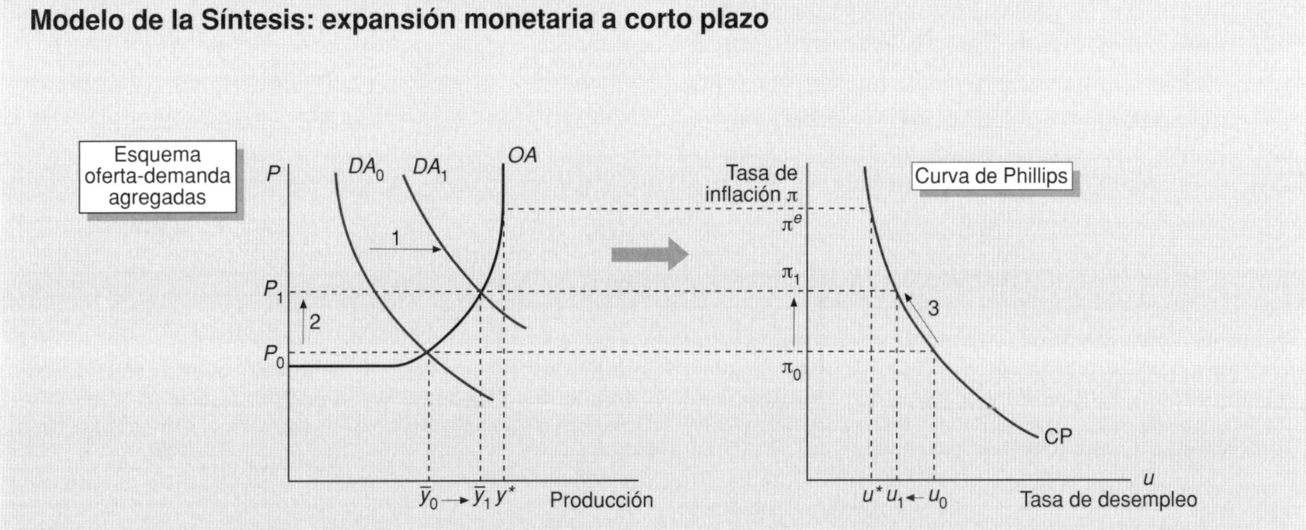


Figura 7.16 - Efecto a corto plazo de un aumento en la cantidad de dinero

Una expansión monetaria desplaza hacia la derecha la función de demanda agregada. Si la oferta agregada es creciente, aumentarán los niveles de producción (1) y de precios (2). A corto plazo, si la curva de Phillips es estable, el incremento de los precios supondrá una disminución de la tasa de desempleo (3).

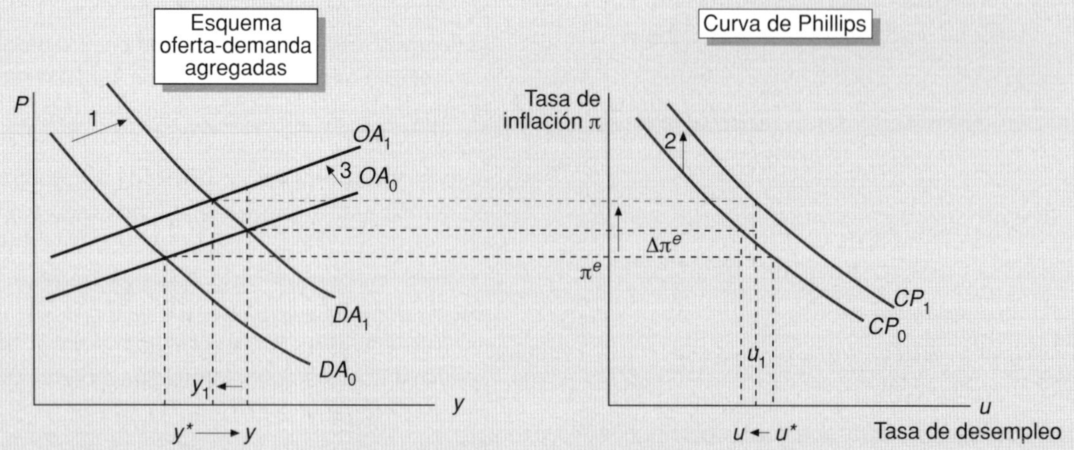


Figura 7.17 - Efecto de un aumento en la cantidad de dinero entre el corto y el largo plazo

Entre el corto y largo plazo, una expansión monetaria desplaza hacia la derecha la función de demanda agregada, aumentando la producción, que tendrá ahora un nivel mayor que el nivel natural inicial, generando a la vez una caída en la tasa de desempleo por debajo de la tasa natural de paro. De persistir esta situación entre el corto y el largo plazo, se acelerará la inflación, desplazándose la curva de Phillips de forma ascendente, generándose un aumento de la inflación esperada. El aumento de la inflación esperada provocará un desplazamiento hacia arriba de la curva de oferta agregada que hará que vuelvan a subir los precios y disminuyan los saldos reales.

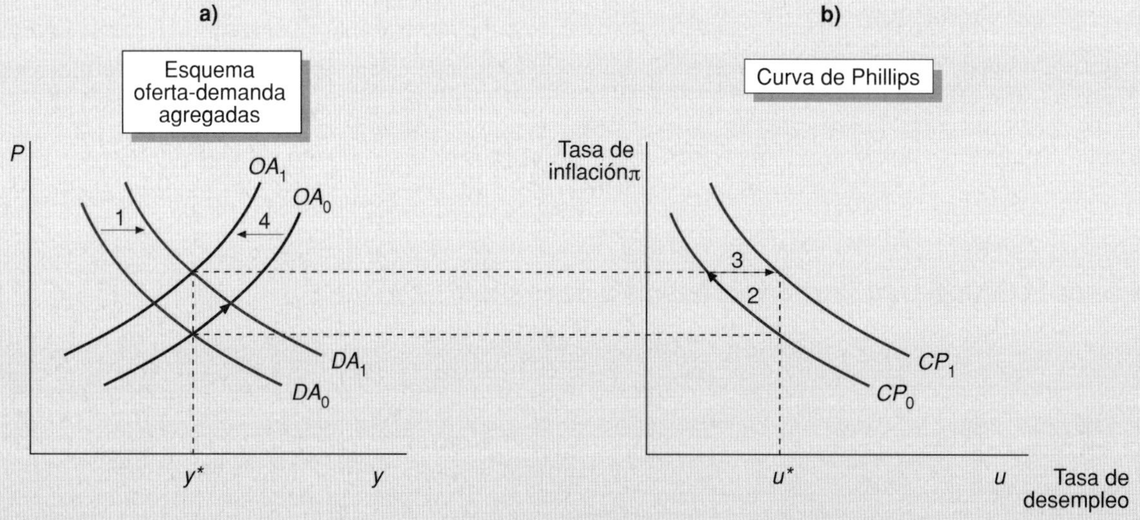


Figura 7.18 - Efectos a largo plazo de una política expansiva de demanda

Una política expansiva, fiscal o monetaria, provoca un desplazamiento hacia la derecha de la curva de demanda agregada, aumentando a corto plazo la producción y reduciendo la tasa de desempleo por debajo de la tasa natural, lo que en términos de la curva de Phillips a corto plazo se representaría mediante un movimiento ascendente a lo largo de la curva $CP_0$. A largo plazo la aceleración de las tensiones inflacionistas desplazará la curva de Phillips hacia arriba: el aumento de la inflación esperada desplazará la curva de oferta agregada hacia arriba hasta que la producción y el desempleo retornen a su nivel natural.

## Efectos de una expansión fiscal a corto plazo

Una expansión fiscal, provocada, por ejemplo, por un aumento del gasto público, hace que la demanda agregada se desplace hacia la derecha, y en su intersección con la oferta agregada, que suponemos creciente, se habrá producido una subida del nivel de precios y un incremento de la renta de equilibrio (movimiento 1 de la Figura 7.18a). Esta elevación del nivel de precios determinará que para el mismo nivel de salario nominal, que es rígido a corto plazo, se provoque una caída en los salarios reales, generándose un exceso de demanda en el mercado de trabajo. Este exceso de demanda se refleja en un paro involuntario, que será menor que en el caso inicial. El hecho de que bajen los salarios reales implica un mayor nivel de empleo de equilibrio, por lo que el desempleo keynesiano será menor que el inicial. En términos de la Figura 7.18b) sería el movimiento 2 a lo largo de la curva de Phillips $CP_0$.

El aumento del nivel de empleo de equilibrio determina, vía función de producción, un aumento de la producción ofrecida que se ajustará al mismo nivel de la producción demandada, pero a un nivel de producción superior al potencial.

## Efectos de una expansión fiscal a largo plazo

Dado que la tasa de desempleo será entonces inferior a la tasa natural y tendrá lugar una aceleración de los precios, conllevará un desplazamiento hacia arriba de la curva de Phillips (movimiento 3 en la Figura 7.18b), y paralelamente un desplazamiento también hacia arriba de la función de oferta agregada que finalizará cuando la renta demandada sea idéntica a la potencial o natural (véase Figura 7.18b movimiento 4). Esto originará un incremento adicional del nivel de precios que motivará una disminución de los saldos reales, lo que ocasionará un aumento del tipo de interés. Este aumento del tipo de interés hará que tenga lugar el **efecto de expulsión** de la inversión privada.

En términos del mercado de trabajo, el incremento de los precios habrá determinado una caída en los salarios reales, ocasionando un exceso de demanda en el mercado de trabajo. Dado que a largo plazo los salarios nominales son flexibles, éstos se ajustarán al alza hasta volver a la situación de equilibrio inicial en el mercado de trabajo, por lo que no variarán ni el empleo ni el nivel de producción ofrecida, pero sí el tipo de interés, el nivel de precios y los salarios nominales.

> En el **modelo de Síntesis** los efectos a corto plazo de las políticas macroeconómicas son idénticos a los del modelo keynesiano y a largo plazo coinciden con los del modelo clásico.

## RESUMEN

- En el **modelo keynesiano** es la demanda agregada la que domina sobre la oferta agregada. En el modelo clásico es la oferta agregada la que domina sobre la demanda agregada.
- En el **modelo clásico** el equilibrio se da con pleno empleo. En el modelo keynesiano se puede dar el equilibrio de la renta sin pleno empleo.
- Según los clásicos, debido a la flexibilidad de los precios, todos los mercados siempre están en equilibrio. En el modelo keynesiano, el mercado de trabajo puede estar en desequilibrio, pues algunos precios pueden ser rígidos.
- En el modelo clásico se supone que todos los mercados están en competencia perfecta. En el modelo keynesiano se considera que al menos el mercado del trabajo puede no estar en competencia perfecta, pues los salarios nominales son rígidos a la baja.
- En el modelo clásico, el ahorro depende positivamente del tipo de interés real, y la inversión, negativamente. El tipo de interés real se determina a partir de la igualdad entre el ahorro y la inversión. En el modelo keynesiano, la inversión depende inversamente del tipo de interés real y el ahorro no depende del tipo de interés real: el tipo de interés nominal se determina a partir del equilibrio del mercado de dinero.
- En el modelo clásico, si existe paro es voluntario o friccional pues los salarios nominales son totalmente flexibles. En el modelo keynesiano, los modelos nominales son rígidos a la baja y puede haber desempleo involuntario.
- Centrando el análisis en el muy corto plazo, en el modelo clásico la oferta agregada es vertical, de forma que la política fiscal es irrelevante y la política monetaria sólo incide sobre el nivel de precios. En el modelo keynesiano, sin embargo, la oferta agregada es horizontal, de forma que las políticas fiscal y monetaria afectan a los niveles de producción y de precios.
- El mensaje inicial de los nuevos keynesianos puede concretarse en que si los precios son rígidos el dinero provocará oscilaciones en la producción y, por tanto, no será neutral.
- Los clásicos monetaristas defienden que la causa que explica el comportamiento de la demanda agregada y, por tanto, de los precios es el aumento de la cantidad de dinero.
- La **teoría cuantitativa del dinero** establece que las variaciones del nivel de precios vienen determinadas, fundamentalmente, por las variaciones de la cantidad nominal de dinero.
- Los **costes en suela de zapatos** son los recursos despilfarrados cuando la inflación anima a los individuos a reducir sus tenencias de dinero.
- Los **costes de menú** son los costes de modificar los precios.
- El impuesto de la inflación es como un impuesto sobre las personas que tienen dinero.
- El ajuste perfecto del tipo de interés nominal a la tasa de

## CONCEPTOS BÁSICOS

- Modelo keynesiano.
- Modelo de la síntesis.
- Modelo clásico.
- Trampa de la liquidez.
- Dicotomía clásica.
- Efecto riqueza.
- Efecto tipo de cambio Mundell-Fleming.
- Pleno empleo o tasa natural de producción.
- Inflación imprevista.
- Inflación anticipada.
- Costes en suela de zapatos.
- Costes de menú.
- Impuesto de la inflación.
- Ecuación de Fisher.
- Hiperinflación.
- Deflación.
- Efecto expulsión total.
- Escuela clásica monetarista.
- Escuela de expectativas racionales.
- Nueva Macroeconomía Clásica.
- Velocidad de circulación del dinero.
- Hipótesis de la tasa natural de paro.
- Ciclos monetarios.
- Nueva Escuela Keynesiana de Macroeconomía.
- Rigideces nominales de precios.
- Rigideces o imperfecciones reales.
- Fricciones nominales.
- Ciclos de endeudamiento.
- Dicotomía clásica.
- Equilibrio con precios rígidos.

## CUESTIONES PARA LA AUTOEVALUACIÓN

1. ¿Cuáles son las características fundamentales de los modelos clásico y keynesiano?
2. Señale las diferencias entre el modelo clásico y el keynesiano en el mercado de dinero.
3. Resuma las diferencias entre el modelo clásico y el keynesiano para el mercado de trabajo.
4. ¿En qué se diferencia la oferta agregada del modelo clásico de la del keynesiano?
5. ¿Cuáles son las características del modelo de síntesis keynesiano-neoclásico?
6. Indique las razones que explican la pendiente negativa de la curva de demanda agregada.
7. Señale las posibles causas de desplazamiento de la curva de demanda agregada.
8. Resuma los efectos de una mejora tecnológica en el modelo clásico.
9. ¿Cuál es la tesis básica de la escuela de las expectativas racionales?
10. Compare el efecto de una expansión fiscal en el modelo keynesiano y en el modelo de Síntesis.

## EJERCICIOS Y APLICACIONES

1. Si en un país el IPC en 2005 fue 400 y el IPC de 2006 fue de 440, la tasa de inflación fue del:

   a) 5%

   b) 10%

   c) 20%

   d) 40%
2. ¿Qué diferencias existen entre el IPC y el deflactor del PIB como medidas de inflación?
3. ¿En qué consiste la indiciación?
4. ¿Cuál es el efecto que tiene sobre el salario real un incremento de un 10 por 100 del salario monetario y de la tasa de inflación de un 2 por 100?
5. Si usted va a alquilar un piso o vive de alquiler, ¿le beneficia que suban los precios? ¿Por qué? ¿Qué opinaría si fuera el propietario del piso?
6. Si usted es gran consumidor de café y sabe que los precios de este bien subirán en el mercado internacional y va al supermercado, ¿comprará más café de lo que habitualmente compra? ¿Por qué? ¿Cree que su comportamiento es igual o distinto a otros consumidores de gustos y renta similares? Los consumidores de mayor renta que usted ¿se comportarán de la misma forma?

CAPÍTULO 8

# LOS CICLOS ECONÓMICOS: FLUCTUACIONES DE LA PRODUCCIÓN Y DEL EMPLEO

## INTRODUCCIÓN

Aunque la mayoría de las economías presentan una tendencia creciente a largo plazo, la realidad nos dice que la actividad económica fluctúa de un año para otro.

Desde el punto de vista del análisis económico, lo que interesa es saber a qué se deben las fluctuaciones a corto plazo de la actividad económica y si la política económica puede hacer algo para evitar períodos de disminución de la renta y aumento del desempleo. En otras palabras, cuando la economía está en una depresión, lo interesante es saber si los responsables de la política económica pueden reducir su duración e intensidad.

## 8.1 El ciclo económico

Cuando se analiza la evolución de las variables económicas a lo largo del tiempo como por ejemplo el PIB se suelen distinguir cuatro movimientos (Figura 8.1):

1. La **tendencia creciente**, que recoge la evolución sostenida de la producción a largo plazo y que se denomina producción potencial.
2. Los **ciclos económicos**, que son las fluctuaciones o desviaciones recurrentes respecto de la tendencia, con una duración variable, superior a un año.
3. Las **variaciones estacionales**, que son movimientos también recurrentes, con duración generalmente fija e inferior al año.
4. Las **variaciones aleatorias o irregulares**.

> El **PIB** o **renta** crece a lo largo del tiempo siguiendo una trayectoria oscilante alrededor de la producción potencial o producción natural.

De los cuatro movimientos que integran una serie temporal (la tendenca, el ciclo, las variaciones estacionales y las variaciones irregulares) en este capítulo nos centramos en el componente cíclico, esto es, las fluctuaciones a medio plazo, dejando para el capítulo siguiente el estudio del crecimiento económico a largo plazo. Las variaciones estacionales y las variaciones irregulares no las consideraremos.

El carácter fluctuante de la actividad económica a corto plazo se puede comprobar analizando la evolución temporal del PIB. La economía crece pero lo hace de forma no uniforme. A fases de fuerte **expansión** y notable crecimiento del empleo le suelen seguir otras de **recesión**, y en raras ocasiones de **depresión**, durante las cuales la producción nacional disminuye y la tasa de desempleo se eleva hasta alcanzar niveles excesivamente altos.

Cuando esto ocurre la economía acaba tocando fondo y se inicia un período de recuperación. Ésta puede ser rápida o lenta, y tan fuerte que provoque una nueva expansión o incompleta y que no llegue a generarla. La fase de bonanza económica puede significar un largo y duradero período de elevada demanda y nivel de empleo creciente o puede concretarse en una fuerte subida inflacionista, con connotaciones especulativas, que acabará generando una recesión.

> El **ciclo económico** son las fluctuaciones del PIB y del empleo en torno a una tendencia en las que se pueden apreciar una fases de **expansión** y otras de **recesión**. En las fases de expansión el empleo tiende a aumentar (la tasa de desempleo a disminuir), mientras que en las fases de recesión el empleo tiende a disminuir (la tasa de desempleo a aumentar).

Estas fluctuaciones ascendentes y descendentes de la producción, del empleo y de los precios (entre otras variables) constituyen el ciclo económico que está presente en todas las economías de mercado.

### 8.1.1 Las fases del ciclo

Las fases de mayor crecimiento se denominan **expansión**. Cuando la producción experimenta un crecimiento bajo se

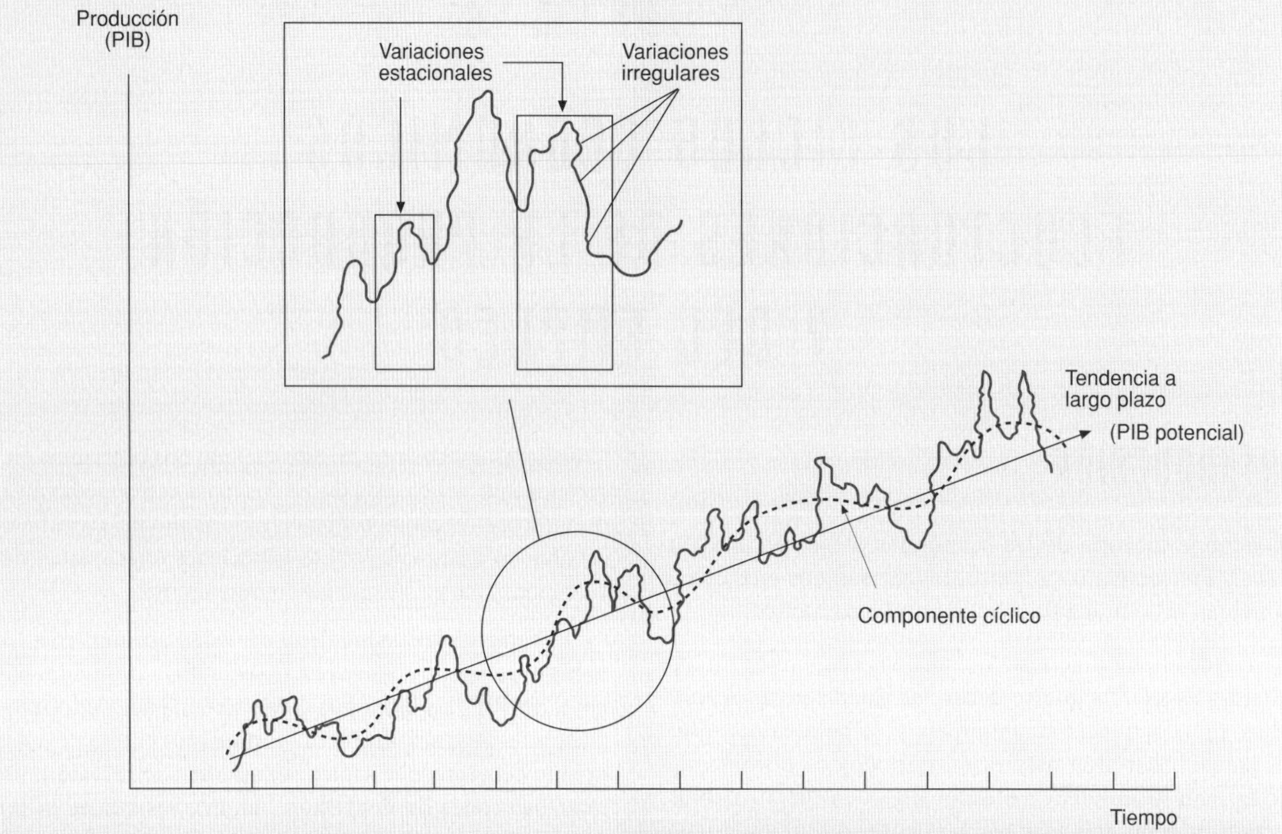


**Figura 8.1 - Componentes de una serie temporal**

La **tendencia a largo plazo** recoge el comportamiento secular de la serie. El **componente cíclico** se manifiesta en movimientos oscilatorios de las series. Las **variaciones estacionales** son movimientos que se repiten sistemáticamente con periodicidad anual. Por último, las **variaciones irregulares** se deben a factores aleatorios que somos incapaces de identificar.

dice que hay una **crisis**. Las **cimas** y los **fondos** constituyen los puntos de giro (Figura 8.2). La fase descendente es la **recesión**, a lo largo de la cual se reducen la producción y el empleo y suele durar entre seis meses y un año y la mayoría de los sectores de la economía se contraen. Una **depresión** es una recesión mayor, tanto por su magnitud como por su duración.

Las **recesiones** imponen muchos costes a la sociedad, y sin embargo, ninguna economía ha sido capaz de erradicar las fluctuaciones económicas. De hecho, ni siquiera

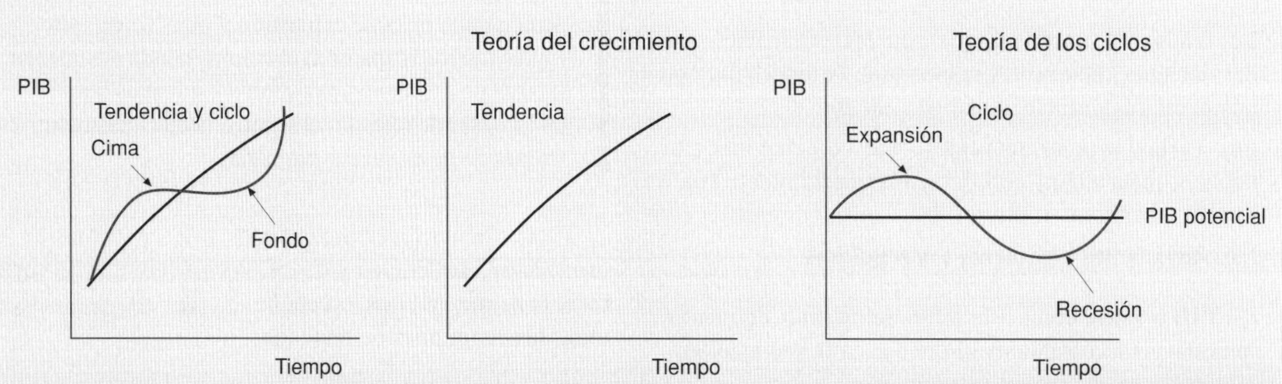


**Figura 8.2 - La tendencia y el ciclo**

Olvidándonos de las variaciones estructurales y aleatorias, nos centramos en el estudio de la tendencia (teoría del crecimiento) y del componente cíclico.

hay un acuerdo unánime sobre sus características ni sobre sus causas. Hay, no obstante, un cierto consenso en determinadas cuestiones clave y éstas parten del concepto de **desequilibrio**, *entendiendo por tal cuando en un mercado no se igualan la oferta y la demanda, de forma que no se vacía.*

> El **desequilibrio** es aquella situación en la que el mercado no se vacía, la cantidad ofertada no es igual a la cantidad demandada.

## 8.1.2 Las fluctuaciones cíclicas: la lógica de su funcionamiento

Vamos a ilustrar la lógica de los procesos cíclicos, esto es, vamos a explicar:

1. Por qué las recesiones no duran eternamente,
2. Por qué las expansiones terminan agotándose, y
3. El proceso de ajuste hacia el equilibrio o nivel natural cuando tiene lugar una perturbación

Tomando como referencia el funcionamiento del mercado de trabajo recordemos que en cualquier punto de la curva de oferta de trabajo, el salario real muestra el coste de oportunidad de trabajar del último trabajador que entra en el mercado de trabajo. Por otro lado, a lo largo de la curva de demanda de trabajo, en cualquiera de sus puntos, el salario real indica el beneficio obtenido por la empresa al contratar al último trabajador. Sólo en el nivel de empleo de equilibrio se aprovechan todas las oportunidades de beneficio mutuo (trabajador y empresa) en el mercado de trabajo.

### Por qué las recesiones no duran eternamente

Durante una **recesión**, el mercado de trabajo se encuentra en desequilibrio. El empleo, $L_{RE}$, es inferior al nivel de equilibrio a largo plazo o nivel de equilibrio natural, $L_E$ (Figura 8.3), y el beneficio que obtiene la empresa por contratar a otro trabajador es superior al coste de oportunidad de trabajar de dicho trabajador. Por tanto, en las *recesiones* hay incentivos para aumentar el nivel de empleo, lo que ayuda a explicar por qué las recesiones no duran eternamente.

> En las **recesiones** el nivel de empleo es inferior al empleo de equilibrio y las empresas tienen incentivos para aumentar el empleo, pues el beneficio de contratar un trabajador más es superior al coste de oportunidad de los trabajadores.

### Por qué las expansiones no duran indefinidamente

Supongamos, ahora, que la economía está experimentando una **expansión** y que el nivel de empleo, $L_{EX}$, es superior al de equilibrio (Figura 8.3). Hay trabajadores para los que el coste de oportunidad de trabajar es superior al beneficio que aporta su trabajo a las empresas y las empresas tendrán incentivo para reducir el nivel de empleo, pues el beneficio que las empresas obtienen por algunos trabajadores contratados es inferior al coste de oportunidad que asumen estos trabajadores. Estos incentivos contribuyen a explicar por qué las expansiones no duran indefinidamente.

**Cuadro Economía Aplicada I**
**Crecimiento del PIB en España, 1980-2005**

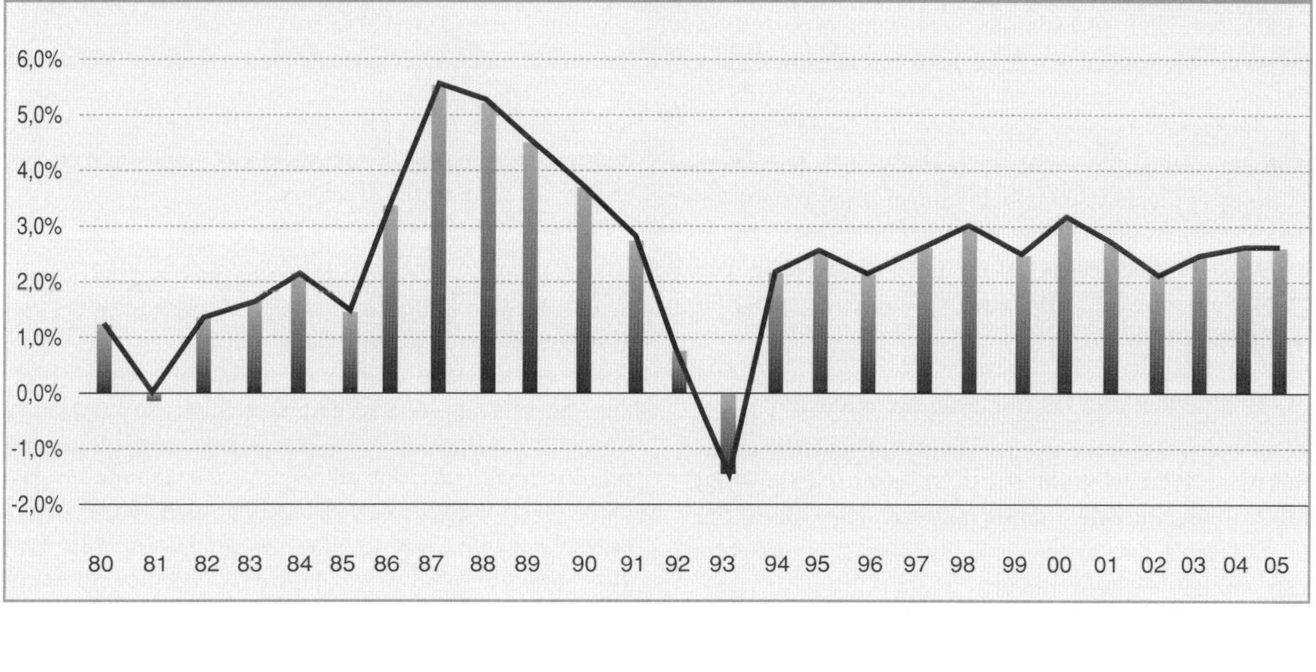

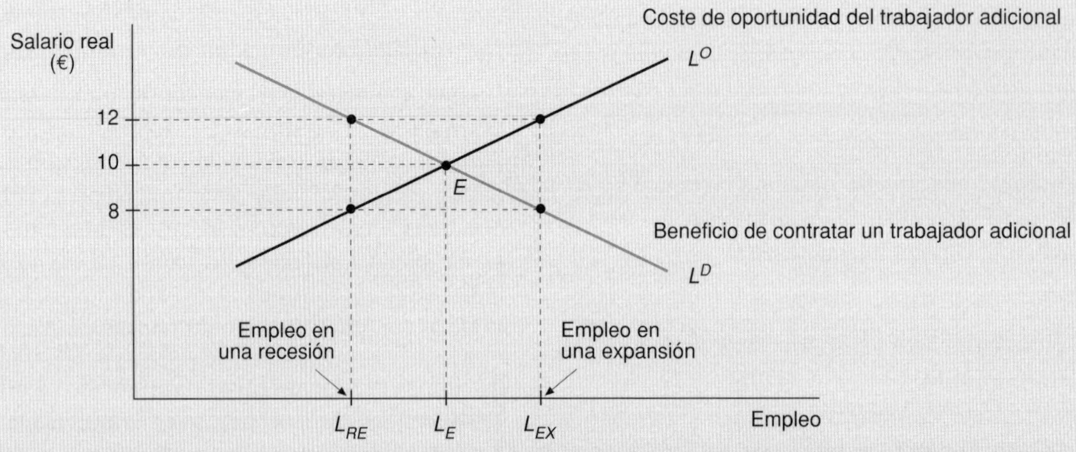


**Figura 8.3 - Equilibrio en el mercado de trabajo**

Las curvas de oferta y demanda de trabajo se cortan en el punto *E* para determinar el nivel de empleo de equilibrio ($L_E$) y el salario real de equilibrio de 10 euros por hora. Para cualquier nivel de empleo inferior, como $L_{RE}$, el beneficio que tendrá alguna empresa por contratar a un trabajador adicional es superior al coste de oportunidad para ese trabajador. Por ejemplo, el trabajador que hace el número $L_{RE}$ beneficiaría a una empresa en 12 euros por hora, pero su coste de oportunidad de trabajar es sólo de 8 euros por hora. Hay ganancias mutuamente beneficiosas para el trabajador y la empresa por aumentar el empleo. Sólo en el equilibrio (*E*) se aprovechan todas las ganancias posibles. Si el empleo es superior al nivel de equilibrio en el punto *E*, las empresas estarán contratando trabajadores cuyo coste de oportunidad es superior al beneficio que obtienen las empresas al contratarlos. Por ejemplo, el trabajador que hace el número $L_{EX}$ beneficiaría a una empresa en tan sólo 8 euros pero su coste de oportunidad asciende a 12 euros por hora. El empleo ha crecido por encima del nivel de ganancias mutuas, por lo que hay incentivos para reducirlo.

En las **expansiones** el nivel de empleo es mayor que el empleo de equilibrio y las empresas tienen incentivos para reducir el empleo, pues el beneficio de contratar un trabajador adicional es superior al coste de oportunidad del trabajador.

Las recesiones reducen la producción por debajo de su nivel potencial, y las expansiones la empujan por encima de su nivel potencial. En estos períodos la economía no funciona correctamente: no se están aprovechando las oportunidades de ganancias mutuas de trabajadores y empresas. La corrección de estas situaciones de desequilibrio en el mercado de trabajo (aumentando o reduciendo el empleo) ofrece una explicación de por qué las expansiones y las recesiones no duran eternamente, pero *¿por qué se aleja a corto plazo el mercado de trabajo de su equilibrio?*

## ¿Qué desencadena las fluctuaciones cíclicas?

En la vida real es frecuente que **las perturbaciones exógenas por el lado del gasto**, esto es, variaciones del gasto que **afectan inicialmente a uno o más sectores** y que al final se trasladan a toda la economía, estén en el origen de las expansiones y de las recesiones.

Las **fluctuaciones cíclicas** suelen tener su arranque en una fluctuación del gasto, que inicialmente afecta a uno o más sectores y posteriormente se traslada a otros.

Una expansión puede iniciarse por un incremento exógeno de la actividad en un sector de la economía, por ejemplo, en el sector turístico. Al incrementarse el número de turistas aumentará el empleo en el sector y el consumo realizado por los turistas. Además, el gasto de los trabajadores contratados en este sector para atender el aumento de la demanda también acaba afectando a otros sectores. De esta forma, la producción de la economía aumentará y el empleo crecerá por encima del nivel de pleno empleo.

Para explicar el origen de una recesión pensemos, por ejemplo, que por el comienzo de una guerra, de la que aún no se sabe bien cuál será su alcance, las empresas del sector turístico ven que empiezan a reducirse las reservas de estancias y de viajes y temen que surja una crisis en el sector. Ante esta situación las empresas empiezan a reducir su actividad y a despedir trabajadores. Los trabajadores despedidos al ver reducidos sus ingresos disminuirán sus gastos en diversos bienes de consumo y pospondrán la compra de cualquier bien que implique un gran gasto. Esto hará que otras empresas (las que producen esos bienes y servicios que no se compran) reduzcan su producción, despidan a sus trabajadores, etc. Lo que empezó como una percepción y una pequeña caída de actividad puede contagiarse a otros sectores, provocando una verdadera recesión.

### Las perturbaciones y el proceso de ajuste hacia el equilibrio

Si se repasa la reciente historia de la economía a nivel mundial se observa que continuamente se ve afectada por perturbaciones que terminan incidiendo en el gasto y que suelen provocar fluctuaciones macroeconómicas que finalmente afectan a todos los sectores. Así, ante una perturbación negativa un gran número de trabajadores pierden sus puestos de trabajo y el mercado de trabajo se pone en una situación como la descrita en el punto $L_{RE}$ de la Figura 8.3. En los niveles de empleo típicos de una recesión, los beneficios de trabajar superan el coste de oportunidad de trabajar y hay incentivos para que las empresas aumenten la contratación. Este incentivo hace que la economía paulatinamente inicie la recuperación en un proceso de ajuste hacia el equilibrio en el mercado de trabajo.

La lentitud del proceso de ajuste del mercado de trabajo contrasta con lo que ocurre en otros mercados, como el mercado del aceite de oliva o los mercados de acciones o de divisas, donde, si hay un desajuste, el equilibrio se alcanza en pocos minutos. En el mercado de trabajo, los incentivos para volver al equilibrio son análogos a los otros mercados, pero el **proceso de ajuste** tarda mucho más.

### Los ciclos y el nivel de ocupación

De lo señalado se desprende que la producción oscila porque la utilización de los factores productivos (el empleo) no siempre se mantiene estable, por lo que la tasa de desempleo irá cambiando con el tiempo. En otras palabras, la tasa de desempleo oscila alrededor de la tasa de desempleo natural o tasa de desempleo de equilibrio a largo plazo. En las fases de expansión, la utilización de recursos es alta y la tasa de desempleo es inferior a la tasa de desempleo natural, mientras que en las fases de recesión la tasa de desempleo observada es superior a la tasa natural.

Al analizar las desviaciones del nivel de empleo respecto del nivel de empleo natural o de equilibrio se considera que las dotaciones de recursos y la tecnología se mantienen constantes, de forma que el nivel de empleo natural se supone que no se altera.

## 8.2 Algunas teorías explicativas del ciclo

Desde una perspectiva histórica, una primera hipótesis explicativa del ciclo descansa en el resultado de impulsos aleatorios amortiguados al actuar sobre economías dotadas de mecanismos de propagación. Esto es, de mecanismos internos que convierten las perturbaciones o *shocks* externos en fluctuaciones de la producción, el empleo y otras variables.

Una segunda hipótesis explicativa señala que el ciclo es el resultado agregado de una suma de causas aleatorias, que el propio sistema económico convertirá en movimientos cíclicos.

Desde una **perspectiva keynesiana** se mantiene la idea de que el ciclo es el resultado de perturbaciones exógenas ampliadas y prolongadas por mecanismos internos, tales como el **multiplicador** o el **acelerador**. Los primeros modelos keynesianos defendían el papel jugado por las perturbaciones o *shocks* y las buscaban en la demanda y más concretamente en la volatilidad de las decisiones de inversión. Keynes utilizó la expresión *animal spirit* para referirse a esas oscilaciones. Eran, pues, perturbaciones reales, generalmente motivadas por alteraciones de la demanda, con un mecanismo de propagación que incluía rigideces nominales de salarios.

### La interacción entre el acelerador y el multiplicador

La relación existente entre la demanda de inversión y el crecimiento de las ventas y la producción se conoce como **el principio del acelerador**. Este principio establece que las necesidades de inversión de una sociedad dependen fundamentalmente del nivel de producción, de forma que aumentos en el *stock* de capital, es decir, inversión neta, sólo se llevarán a cabo cuando la producción esté aumentando.

De este principio se deduce que las fases de expansión pueden finalizar, no ya porque las ventas se hayan reducido, sino simplemente porque la producción y las ventas se han estabilizado a un determinado nivel, aunque éste sea elevado.

**El *principio del acelerador* es una teoría explicativa de los cambios de la inversión, que mantiene que el nivel de ésta depende del ritmo de crecimiento de la producción. Cuando la producción está creciendo, la inversión neta será positiva, mientras que ésta será nula cuando la producción se mantiene estable a un determinado nivel, aun cuando éste sea elevado.**

Por otro lado debe señalarse que el consumo es el componente más estable de la demanda, y suele fluctuar en un porcentaje menor que el PIB. Esto no quiere decir que los gastos en consumo permanezcan inalterados a lo largo del ciclo; de hecho, durante la fase ascendente, el consumo se incrementa impulsando la recuperación de la actividad económica, debido al efecto multiplicador que todo componente autónomo de la demanda agregada provoca sobre la producción. Con frecuencia, los gastos de consumo aparecen como un efecto resultante de un cambio autónomo en la inversión. Precisamente este fenómeno es el recogido por la explicación tradicional del multiplicador.

El incremento en los propios gastos de inversión y consumo no solamente impulsa al nivel de la actividad económica a través del efecto multiplicador. También se producen unas interrelaciones entre el consumo y la inversión, pues, si bien inicialmente el cambio autónomo en la inversión es lo que hace incrementar el consumo y la producción, en una fase posterior, estos incrementos, junto a las expectativas generadas, contribuirán a alentar la demanda de inversión.

Desde una perspectiva general, las fluctuaciones de la inversión se ven condicionadas por dos tipos de factores. Unos, que cabría calificar de «externos», tales como las innovaciones tecnológicas, el movimiento de la población y los cambios en las expectativas empresariales, y otros «internos» al propio sistema económico, que hacen que las fluctuaciones de la inversión se «amplíen» de forma multiplicativa y acumulativa. Al aceptar el principio acelerador, se supone que los aumentos de la renta generan nueva demanda de consumo y que las empresas que reciben esta demanda adicional se ven impulsadas a ampliar la capacidad productiva, es decir, a realizar nuevas inversiones.

### La explicación monetarista y otras teorías del ciclo

La escuela **monetarista**, en la década de los sesenta, defendió la causalidad monetaria de los ciclos. Según esta teoría, una perturbación nominal en una economía (una alteración en la cantidad de dinero) era capaz de generar no sólo cambios nominales, sino también reales, provocando ciclos, esto es, desviaciones alrededor de una tendencia, cuyo origen descansaba en una alteración de la cantidad de dinero.

Dentro también de la escuela clásica debe señalarse que según la *subescuela nuevo-clásica de los ciclos reales*, las oscilaciones en el *output* vienen provocadas por variaciones en la **productividad media del trabajo** como consecuencia de alteraciones en la tecnología. Estas variaciones en la productividad originan oscilaciones en la función de producción y, por tanto, en la oferta agregada (véase Nota Complementaria 8.1).

> En los **modelos del ciclo real** las oscilaciones en el *output* se explican por las variaciones en la productividad del trabajo debido a cambios tecnológicos.

A modo de balance global puede afirmarse que desde una **perspectiva keynesiana**, los ciclos económicos se deben prioritariamente a alteraciones en la demanda agregada. Desde una **óptica clásica** o nuevo-clásica, para explicar los ciclos el énfasis hay que ponerlo en la **oferta agregada**, y en cualquier caso, siempre serán el fruto de un comportamiento racional por parte de los agentes en un entorno competitivo.

Por ello en el epígrafe siguiente se analizan las características básicas de los ciclos de demanda y los ciclos de oferta.

## 8.2.1 Los ciclos de demanda y los ciclos de oferta

El esquema de la oferta y la demanda agregada permite explicar la aparición de los ciclos económicos. Las fluctuaciones cíclicas pueden deberse a un comportamiento inestable de la curva de demanda agregada o de la curva de oferta agregada.

### Ciclo de demanda

Los ciclos pueden tener su origen en un comportamiento inestable de la curva de demanda agregada, dando lugar a un **ciclo de demanda**. En el desarrollo que presentamos del ciclo de demanda suponemos que la oferta agregada a corto plazo permanece estable, sin reaccionar ante las variaciones que tienen lugar por el lado de la demanda. Así, si partiendo de una posición inicial $E_0$ (que se corresponde con un nivel de producción inferior al natural) tiene lugar una perturbación de demanda positiva motivada, por ejemplo, por un aumento de la cantidad de dinero tratando de reactivar la economía, la curva de demanda agregada experimentará un desplazamiento hacia la derecha (Figura 8.4). El efecto a corto plazo será un aumento de la producción y del nivel general de precios, pero a medio plazo la producción agregada tendería a oscilar alrededor de la producción natural o potencial, generándose fases de expansión, con niveles de desempleo por debajo del nivel natural (punto $E_0$) y fases de recesión con niveles de desempleo por encima del nivel natural (punto $E_1$).

### Ciclo de oferta

Los ciclos de oferta son los que tiene su origen en perturbaciones de oferta. En este caso la demanda agregada se supone que permanece estable, mientras que las alteraciones tienen lugar en el lado de la oferta de la economía. Supongamos que inicialmente la economía está en una situación de equilibrio por debajo del nivel de la renta potencial o natural y que tiene lugar un *shock* tecnológico positivo, como ocurrió en la segunda mitad de la década de los noventa con la incorporación masiva de nuevas tecnologías ligadas sobre todo a las telecomunicaciones y a la información en un contexto de globalización. En términos de la Figura 8.5 este acontecimiento supone que la curva de oferta agregada se

### Nota Complementaria 8.1 - Visión panorámica de las principales teorías sobre los ciclos económicos

1. Las **teorías monetarias** atribuyen las fluctuaciones cíclicas a la expansión y la contracción del dinero y del crédito. Según este enfoque, los factores monetarios son la causa principal de las fluctuaciones de la demanda agregada. Las teorías monetarias ligadas al crédito afirman que si se produce un aumento del crédito, debido a una política expansiva, aumentará el gasto y los precios se elevarán. Esto reducirá la liquidez en términos reales, lo cual provocará restricciones en el crédito y, consecuentemente, en el gasto.
2. El **modelo multiplicador y el acelerador**, inspirado en las ideas keynesianas, propone que las perturbaciones externas se propagan por medio del mecanismo del multiplicador que interacciona con una teoría de la inversión llamada principio acelerador. Esta teoría muestra que la interacción del multiplicador y el acelerador puede provocar ciclos regulares de la demanda agregada; es uno de los pocos modelos que generan ciclos internos.
3. Las **teorías de los ciclos económicos de equilibrio**, defendidas por los nuevos clásicos, sostienen que las percepciones erróneas de las variaciones de los precios y de los salarios llevan a los individuos a ofrecer demasiado trabajo o excesivamente poco, por lo que la producción y el empleo fluctúan.

   Bajo este enfoque el desempleo aumenta en las recesiones porque los trabajadores siguen pidiendo unos salarios demasiado altos.

   Para los nuevos clásicos no es necesario suponer rigideces de precios o salarios para generar los ciclos. Los ciclos son fenómenos de equilibrio que se pueden presentar en mercados competitivos con precios y salarios flexibles.
4. Los defensores de los **ciclos económicos reales** sostienen que las innovaciones o las perturbaciones de la productividad de un sector pueden difundirse al resto de la economía y provocar recesiones y expansiones.

   Bajo este enfoque clásico, los ciclos son causados principalmente por perturbaciones de la oferta agregada y no por variaciones de la demanda agregada. En los modelos del ciclo real las oscilaciones en el *output* se explican por las variaciones en la productividad del trabajo debido a cambios tecnológicos.
5. La escuela de los **ciclos monetarios** defiende que aplicando la teoría de las expectativas racionales bajo información asimétrica las oscilaciones de la oferta monetaria ocasionarán fluctuaciones en el *output.*
6. Según los **nuevos keynesianos** el ciclo económico tiene su origen en la existencia de fallos de mercado concretados en fricciones nominales en la demanda o en rigideces reales en los precios. Según esta teoría, oscilaciones en la oferta monetaria provocan fluctuaciones y generan ciclos, de forma que *el dinero no es neutral.*

desplaza hacia la derecha. El resultado inicial de este fenómeno será el desplazamiento de la curva de oferta agregada hacia la derecha, al pasar desde el punto $E_0$ hasta la nueva situación de equilibrio $E_1$, lo que supone que aumenta la producción de equilibrio y el nivel de precios se reduce (Figura 8.5). A partir de esta situación la oferta agregada oscila, haciendo que la producción de equilibrio se sitúe por encima y por debajo de la producción potencial o natural, generándose fases de expansión (con tasas de desempleo por debajo de la tasa natural) y de recesión (con tasas de desempleo por encima de la tasa natural).

*Las fluctuaciones cíclicas pueden estar causadas por perturbaciones de demanda (ciclo de demanda) o de oferta (ciclo de oferta). Cuando el ciclo es de demanda, en las fases de expansión la inflación aumenta. Si el ciclo es de oferta, en períodos de expansión los precios tienden a frenarse, mientras que en la recesión las tensiones inflacionistas aumentan, fenómeno conocido como inflación con estancamiento.*

## 8.2.2 El desempleo cíclico

El concepto de **desempleo cíclico** fue introducido en el Capítulo 14 al tratar del desempleo keynesiano o involuntario, en el sentido que su origen descansa en un nivel insuficiente de la demanda agregada.

En el presente capítulo se ha evidenciado que la producción oscila alrededor de la tendencia o producción potencial, ya que el grado de utilización de los recursos es variable. En las fases de recesión el grado de utilización de los recursos disminuye y aumenta el desempleo, mientras que en las fases de expansión aumenta el grado de utilización de los recursos y se reduce el desempleo. Por tanto, además del **desempleo natural**, existe otro desempleo que está causado por las fluctuaciones económicas y se conoce como **desempleo cíclico**, tal como apuntamos en el Capítulo 6.

La consecuencia de este hecho es que el desempleo total existente en un país se descompone en dos partes: la debida al ciclo económico, **desempleo cíclico**, y la que existe con independencia del ciclo, **desempleo natural**, que es el desempleo de equilibrio a largo plazo.

Durante las recesiones el desempleo cíclico puede que sea bastante elevado, mientras que en las fases de expansión, si la producción sobrepasa la natural, porque las empresas están utilizando los recursos a una tasa muy ele-

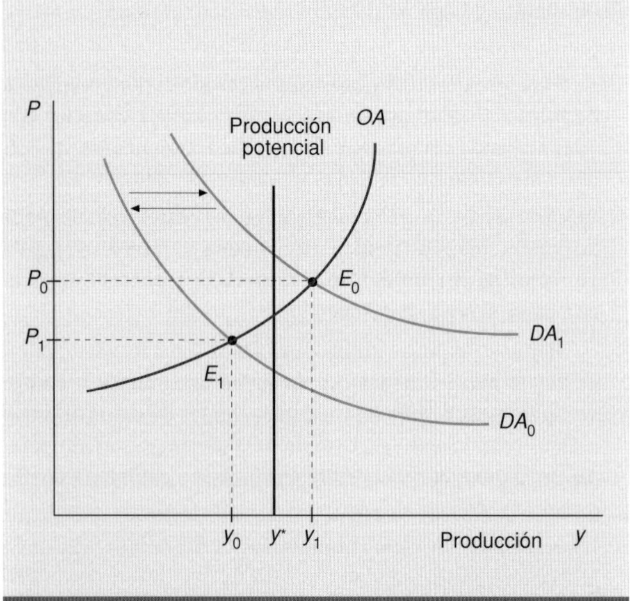


**Figura 8.4 - Ciclo de demanda**

La demanda agregada oscila, haciendo que el equilibrio macroeconómico fluctúe también entre el punto $E_0$ y el punto $E_1$. La producción agregada se mueve entre $y_1$ e $y_2$ , alrededor de la producción potencial ($y^*$). El nivel general de precios tiende a bajar en la fase de crisis y a subir en la fase de expansión.

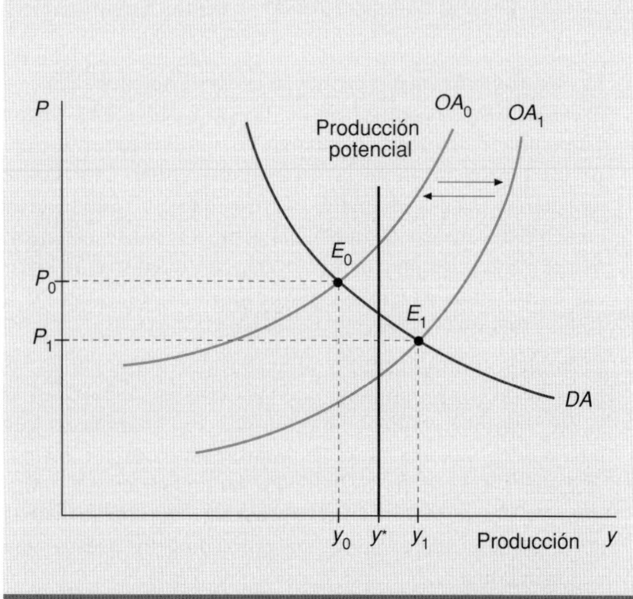


**Figura 8.5 - Ciclo de oferta**

La oferta agregada oscila, haciendo que el equilibrio macroeconómico fluctúe entre el punto $E_0$ y el punto $E_1$. La producción agregada se mueve entre $y_1$ e $y_0$, alrededor de la producción potencial ($y^*$). El nivel general de precios tiende a subir en la fase de crisis y a bajar en la fase de expansión.

vada, la tasa de desempleo se situará por debajo de la natural. El desempleo cíclico en este caso sería negativo.

> El **desempleo cíclico** es aquel que está causado por el ciclo económico. La tasa de desempleo efectiva será la suma de la tasa de desempleo cíclico y la tasa natural de desempleo.

El **desempleo natural** obedece a factores tales como las rigideces y comportamientos no competitivos del mercado de trabajo que tienden a convertir el desempleo en algo permanente. El desempleo cíclico, sin embargo, depende de factores coyunturales y más concretamente del nivel de la demanda agregada. Dada la naturaleza tan distinta de un tipo de desempleo y otro cabría pensar que se trata de dos conceptos independientes; sin embargo, puede existir cierta conexión entre ambos. Así, se ha señalado que cuando el desempleo cíclico se mantiene en tasas altas durante mucho tiempo, la tasa natural de desempleo puede elevarse.

En otras palabras, si un país experimenta una depresión relativamente prolongada, puede resultar que al final de la depresión la tasa natural de desempleo sea superior a aquella con la que entró. Este fenómeno se conoce como **histéresis**. Entre los factores que pueden explicar la existencia de la histéresis cabe señalar que en el transcurso de la recesión muchos trabajadores han sido despedidos y han permanecido desempleados mucho tiempo. Por este motivo se produce una cierta pérdida de cualificaciones y de hábitos de trabajo, que eleva el desajuste y limita la capacidad de estos desempleados para ejercer una presión que modere los salarios. Por ello, la tasa natural de desempleo puede elevarse.

## 8.3 Las fluctuaciones cíclicas y la política de estabilización

Los responsables de la política económica han tratado de amortiguar los efectos de las fluctuaciones dando lugar a lo que genéricamente se conoce con el nombre de **políticas estabilizadoras**. Mediante este tipo de políticas se ha tratado de mitigar la intensidad de las fluctuaciones económicas. Como se ha señalado en capítulos anteriores, para tratar de alcanzar el citado objetivo se ha acudido básicamente a la política fiscal-presupuestaria y a la política monetaria.

Así, durante las recesiones, el Gobierno puede reducir los impuestos y/o incrementar el gasto público para impulsar la demanda agregada y con ella el PIB. Alternativamente, o de forma complementaria, el Banco Central puede decidir incrementar la cantidad de dinero para ayudar a la economía a salir de la recesión. Lógicamente, si la economía se encuentra en un auge y los precios crecen a un fuerte ritmo, el Gobierno, vía política monetaria y, en menor medida, vía política presupuestaria, actuará contractivamente para evitar los problemas de sobreproducción y de inflación.

Mediante este tipo de políticas de demanda, las autoridades económicas tratan de estabilizar la economía procurando situarla lo más cerca posible del nivel potencial y con un nivel de inflación reducido. Si la demanda agregada se contrae en exceso, se recurrirá a una política monetaria o fiscal expansiva y si, por el contrario, la demanda agregada se expande en exceso la política monetaria o fiscal será contractiva.

> Las **políticas estabilizadoras** son las políticas macroeconómicas, generalmente de corte monetario o fiscal, que los gobiernos suelen tomar para tratar de estabilizar la actividad económica.

Las **políticas de estabilización** comentadas pueden tener efectos beneficiosos a corto plazo cuando las fluctuaciones que pretenden combatir tienen su origen en la demanda. Sin embargo, cuando los ciclos son de oferta, las políticas de demanda no son capaces de resolver simultáneamente los problemas en la producción y en los precios que causan las recesiones. Los responsables de la política económica pueden responder a una perturbación negativa de la oferta (un desplazamiento hacia la izquierda), que causa inflación y reduce la producción, con una política de demanda expansiva para mantener el nivel de producción. Pero esta medida agrava todavía más el problema de la inflación. En estas circunstancias cabe recurrir una serie de medidas conocidas como **políticas de rentas**, que consisten en el intento, por parte de las autoridades, de limitar el crecimiento de los salarios y otras rentas para evitar el desplazamiento de la oferta agregada hacia la izquierda. En cualquier caso, las autoridades económicas no tienen control sobre los salarios, por lo que las políticas de rentas se suelen concretar en medidas persuasorias y en la creación de incentivos y ventajas que favorezcan la moderación salarial.

> Las **políticas de rentas** pretenden combatir las contradicciones de la oferta agregada mediante medidas dirigidas a limitar el crecimiento de las rentas y la generación de incentivos.

Aunque la estabilización de la actividad suele ser objeto declarado de la política del Gobierno y en ocasiones logra, de hecho, reducir las fluctuaciones económicas, en otros casos las políticas teóricamente de estabilización provocan ciclos económicos, acentúan las recesiones y contribuyen a crear tensiones inflacionistas. Por ello, a veces se habla del **ciclo de origen político**.

## El ciclo de origen político

Algunos autores han destacado que en muchas ocasiones el gasto público es el factor causante de las fluctuaciones, ya que éste se manipula por las autoridades según las circunstancias políticas. Para explicar la aparición del ciclo pensemos, por un lado, que los votantes suelen reaccionar ante la situación de la actividad económica criticando a los responsables de la política en los tiempos malos y premiándolos en los buenos. Resulta, sin embargo, que los votantes, por lo general, no tienen muy buena memoria cuando llega el momento de votar. La evidencia parece sugerir que la variable más importante para los votantes es la tasa de crecimiento de su renta en un período de tiempo inmediatamente antes de las elecciones, digamos en el año anterior, así como las expectativas a corto plazo.

Aunque parezca difícil, tres o cuatro años de estancamiento seguidos por un único año de crecimiento ofrecen una plataforma ideal para el político, pues el factor económico más importante a la hora de unas elecciones no es la posición de la economía, sino, más bien, la dirección hacia la cual se orienta. Si se acepta este esquema, el ciclo de origen político tendrá una clara justificación, pues un año o dos antes de la elección los gobernantes iniciarán políticas expansivas encaminadas a reactivar la actividad económica, de forma que, cuando tengan lugar las elecciones, la producción real esté creciendo. En algún momento después de las elecciones surgirán presiones para hacer algo contra la inflación, y el Gobierno se verá obligado a tomar medidas restrictivas que, en cierto modo, compensarán los excesos anteriores. Resulta, pues, que, en un sistema democrático en el que cabe la reelección, puede surgir un **ciclo de origen político** debido a la miopía con que se suelen enfocar los objetivos económicos, y a los propios retrasos que tienen lugar al implementar alternativas políticas, especialmente las de corte fiscal.

> Las **teorías del ciclo de origen político** sostienen que los gobernantes inician políticas expansivas encaminadas a reactivar la economía aproximadamente un año antes de que se celebren las elecciones, y, posteriormente, tienen que recurrir a políticas restrictivas.

## La controversia sobre las políticas anticíclicas

La conveniencia de que las autoridades pongan en práctica políticas estabilizadoras es un tema controvertido. Es un hecho que las autoridades económicas no logran controlar plenamente la actividad económica, pues la evidencia nos muestra que con frecuencia tienen lugar profundas recesiones, y en otros momentos se observan fuertes tensiones inflacionistas. En todo caso, las autoridades controlan parte de la demanda agregada y la cantidad de dinero, por lo que en sus decisiones deben tener en cuenta sus repercusiones en el ciclo económico.

El conocimiento de este poder de actuación es lo que, en última instancia, anima a los políticos a tomar medidas estabilizadoras, si bien los resultados han sido con frecuencia bastante mediocres. Ello se ha debido a diversas razones, entre las que cabe destacar el hecho de que se ha recurrido casi exlusivamente a políticas que tratan de incidir sobre la demanda agregada. En este sentido, ya se ha señalado que las políticas de demanda, especialmente cuando son internalizadas por los agentes, es probable que su efecto sobre la renta real y sobre el empleo sea muy limitado. Como vimos en el Capítulo 7, a medio plazo para incidir sobre la producción y el empleo es más conveniente recurrir a políticas de oferta, que incidan favorablemente sobre la producción potencial, tal como veremos en el capítulo siguiente.

## RESUMEN

- El **ciclo económico** es la secuencia más o menos regular de recuperaciones y recesiones de la producción real en torno al PIB potencial o, lo que es lo mismo, a la senda tendencial de crecimiento de la economía.
- La **dinámica macroeconómica** estudia el proceso de ajuste de las variables económicas en respuesta a las perturbaciones.
- Los **ciclos económicos** son el resultado de perturbaciones que afectan a la economía en diferentes momentos y que producen efectos que persisten con el paso del tiempo.
- Para los **nuevos clásicos** no es necesario suponer rigideces de precios o salarios para generar los ciclos. Los ciclos son fenómenos de equilibrio que se pueden presentar en mercados competitivos con precios y salarios flexibles.
- Según la **escuela de los ciclos monetarios**, si existe información asimétrica las oscilaciones de la oferta monetaria ocasionarán fluctuaciones en el *output*.
- Según los **nuevos keynesianos**, el ciclo económico tiene su origen en la existencia de fallos de mercado concretados en fricciones nominales en la demanda o en rigideces reales en los precios.
- Los **ciclos de demanda** son los que su origen radica en una perturbación de demanda.
- Los **ciclos de oferta** tienen su origen en una perturbación de oferta.
- Desde una **óptica keynesiana** los ciclos se deben prioritariamente a alteraciones en la demanda agregada. Para los clásicos, sin embargo, el énfasis hay que ponerlo en la oferta agregada y en cualquier caso siempre será el fruto de un comportamiento racional.
- Las **políticas estabilizadoras** son las políticas macroeconómicas, generalmente de coste monetario o fiscal, que los gobiernos suelen tomar para tratar de estabilizar la actividad económica.
- Las **teorías del ciclo de origen político** defienden que los gobernantes inician políticas expansivas encaminadas a reactivar la economía aproximadamente un año antes de que se celebren las elecciones y, posteriormente, tienen que recurrir a políticas restrictivas.

## CONCEPTOS BÁSICOS

- Teoría del crecimiento.
- Teoría de los ciclos.
- Tendencia secular.
- Variaciones estacionales.
- Variaciones aleatorias.
- Ciclo o fluctuación económica.
- Recesión.
- Depresión.
- Expansión.
- Ciclo de demanda.
- Ciclo de oferta.
- Ciclos reales.
- Ciclos monetarios.
- Teoría política del ciclo económico.
- El principio del acelerador.
- Mecanismo acelerador-multiplicador.
- El ciclo y las expectativas.
- Ciclo de origen político.
- Política de estabilización.

## CUESTIONES PARA LA AUTOEVALUACIÓN

1. ¿Cuáles son los componentes de una serie temporal?
2. En el contexto de la teoría de los ciclos: ¿la producción potencial se considera variable o constante?
3. ¿Cuáles son las principales fases del ciclo?
4. ¿Qué son y por qué se estudian los ciclos económicos?
5. ¿En qué radica la diferencia entre una recesión y una depresión?
6. ¿Por qué las recesiones no duran eternamente?
7. ¿Por qué las expansiones terminan agotándose?
8. Factores que explican la lentitud del proceso de ajuste en el mercado de trabajo.
9. Analice la relación entre el ciclo y el nivel de utilización de los recursos.
10. Explique qué se entiende por el principio del acelerador. ¿Qué papel tiene la inversión en los ciclos?¿Qué relación existe entre el acelerador y el multiplicador?

## EJERCICIOS Y APLICACIONES

1. ¿Qué indica la tendencia secular de los ciclos en Economía?
2. ¿Cuáles son los elementos fundamentales que explican las perturbaciones que se producen en la economía?
3. Ponga un ejemplo numérico que explique cómo actúa el principio del acelerador. Utilice como referencia el negocio que más conozca.
4. Explique las características de una recesión en términos de las discrepancias entre el beneficio de contratar a un trabajador y el coste de oportunidad del trabajador adicional.
5. ¿En qué sentido durante las expansiones el beneficio de contratar un trabajador adicional es superior al coste de oportunidad del trabajador?
6. Si el coste oportunidad del trabajador es 8 euros por hora y los beneficios para la empresa de contratar a un trabajador adicional son de 10 euros a la hora, y si esta situación fuese generalizada al resto de la economía: ¿estaríamos en una recesión o en una expansión?
7. Un hotel que tiene 100 habitaciones, el nivel de ocupación que considera idóneo el director del hotel es del 70 por 100. Justifique la anterior afirmación en términos del concepto de nivel de empleo natural.

CAPÍTULO 9

# EL CRECIMIENTO ECONÓMICO Y EL DESARROLLO

## INTRODUCCIÓN

El crecimiento económico, esto es, el aumento de la producción potencial, es la clave de la elevación del nivel de vida a largo plazo y a su estudio le dedicamos este capítulo.

Debido al aumento de la población activa, del incremento del *stock* de capital y de los avances de los conocimientos tecnológicos, la economía puede producir cada vez más con el paso del tiempo. Este crecimiento permite que la mayoría de la población pueda disfrutar de un nivel de vida más alto. De hecho, en la segunda mitad del siglo XX la producción de las economías que integran la OCDE ha crecido en promedio alrededor de un 3 por 100 anual.

## 9.1 El crecimiento en el corto y en el largo plazo

En el Capítulo 8 hemos centrado la atención en las fluctuaciones económicas a corto plazo. El análisis de la actividad económica durante largos períodos evidencia, sin embargo, que las fluctuaciones en el corto plazo pierden importancia y lo que destaca es el **crecimiento económico**, esto es, el aumento continuo de la producción agregada real con el paso del tiempo.

> El **crecimiento de la producción de equilibrio** se denomina crecimiento efectivo y puede tener lugar tanto a corto como a largo plazo.

En el corto plazo, la renta crece ante expansiones de la demanda agregada, o ante desplazamientos a la derecha y hacia arriba de la función de oferta agregada. El crecimiento a largo plazo tiene su origen en aumentos en el *stock* de capital que era fijo a corto plazo, así como en otros factores, como el crecimiento de la población y las mejoras tecnológicas. En el corto plazo, el capital también varía, pero esta variación se recoge en la variable flujo inversión del mercado de bienes. Precisamente el análisis de la función de demanda de inversión permite explicar el paso del crecimiento a corto plazo al crecimiento a largo plazo (Figura 9.1).

El **crecimiento efectivo** a largo plazo viene determinado por los desplazamientos de la oferta agregada, por el incremento de los recursos naturales, del capital y del trabajo y la eficiencia con la que se utilizan esos recursos. Dicha eficiencia depende, entre otras cosas, de la tecnología, las mejoras en la organización del trabajo y la mayor cualificación de los trabajadores.

Como vimos en el capítulo anterior, la evolución temporal de las variables macroeconómicas tiene fundamentalmente dos componentes, el cíclico, que fue estudiado en el Capítulo 8 y la tendencia a largo plazo (Figura 8.2). En este capítulo nos ocupamos de explicar por qué la tendencia o producción potencial crece a lo largo del tiempo. Como adelantamos en el capítulo anterior, la producción agregada tiene una tendencia creciente fundamentalmente porque aumentan la disponibilidad y calidad de los recursos productivos y porque mejora la tecnología disponible.

> La **producción crece en el largo plazo** porque aumenta la dotación y calidad de los factores productivos y porque mejora la tecnología. La teoría del crecimiento se ocupa de explicar esta tendencia creciente de la economía y de analizar sus características.

Al estudiar el mercado de bienes en el contexto de un modelo a corto plazo los posibles aumentos de la producción, éstos podrían representarse, en términos de una *función de producción agregada*, como movimientos a lo largo de la curva. Cuando pasamos al estudio de la teoría del crecimiento económico en un contexto a largo plazo, cabe la posibilidad de que se produzcan **desplazamientos hacia arriba de la propia función de producción** debido, fundamentalmente, a cambios en la tecnología o en la

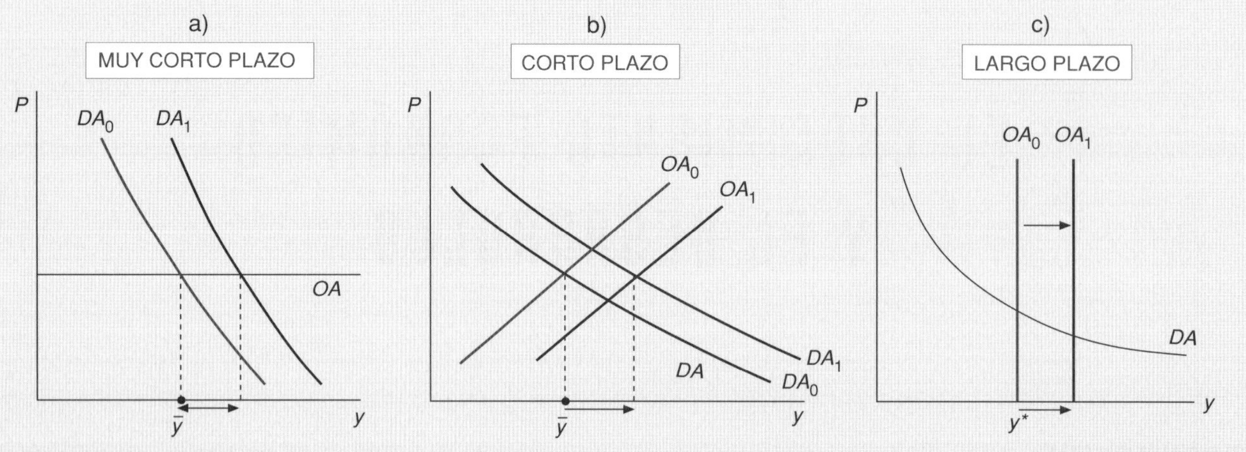


**Figura 9.1 - Posibilidades de crecimiento: el esquema oferta-demanda agregadas del muy corto plazo al muy largo plazo**

A muy corto plazo el crecimiento tiene lugar mediante aumentos de la demanda agregada (Figura a). A corto plazo el crecimiento de la producción puede tener su origen tanto en la demanda agregada como en la oferta agregada (Figura b). A largo plazo el crecimiento tiene lugar por actuaciones sobre la oferta agregada (Figura c).

dotación de factores. En términos gráficos, la curva Frontera de Posibilidades de Producción (FPP) de una economía podría, a largo plazo, desplazarse hacia arriba y a la derecha en un contexto de **crecimiento económico** (Figura 9.2).

> El **crecimiento económico** supone la expansión del PIB potencial de un país, lo que en términos de la Frontera de la Producción equivale a un desplazamiento hacia fuera.

### 9.1.1 El crecimiento económico y su medición

El **crecimiento económico** es un aspecto de otro proceso más general: el desarrollo de una sociedad. La evolución de cualquier sociedad a lo largo del tiempo refleja cambios fundamentales en su organización y en sus instituciones. Con el estudio del crecimiento económico sólo se pretende analizar una parte de este desarrollo social, la que se refiere a la evolución de la producción y la riqueza de un país. Por ello, cuando tratamos de medirlo sabemos que incurrimos en excesivos supuestos simplificadores.

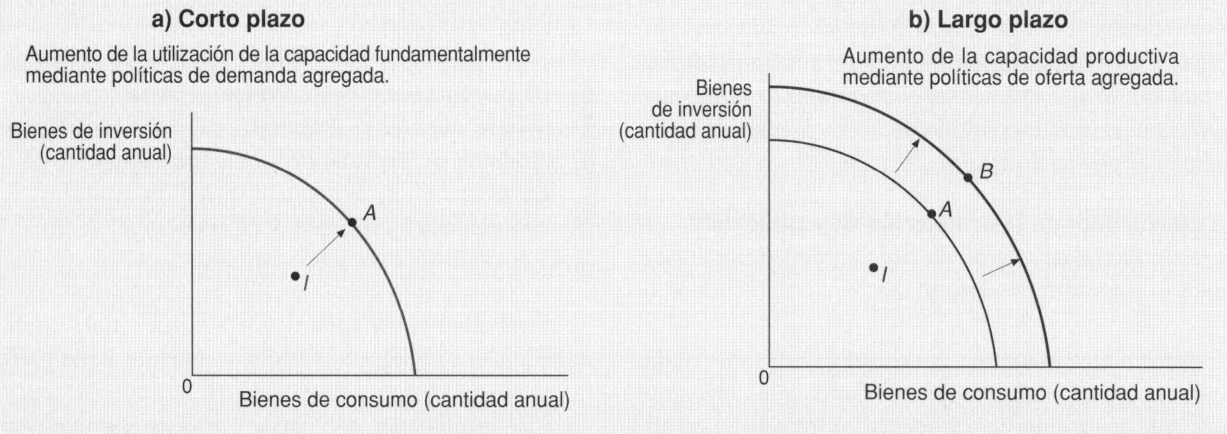


**Figura 9.2 - Crecimiento económico a corto y largo plazo**

A corto plazo (Fig. a) la producción puede aumentar mediante actuaciones sobre la demanda agregada si se utiliza más la capacidad productiva existente. Esto equivale a pasar por un punto interior a un punto sobre la FPP. A largo plazo (Fig. b) la producción puede aumentar cuando se incrementa la propia capacidad productiva mediante actuaciones sobre la oferta agregada. Esto equivale a un desplazamiento de la FPP hacia la derecha y se corresponde con el concepto de crecimiento económico.

### La medición del crecimiento económico

Por lo general, el crecimiento económico se detecta mediante la **evolución del PIB** a largo plazo, ya que éste es una medida de la producción de un país y, por tanto, de su nivel de actividad económica. Puesto que el PIB es una macromagnitud de valor, es decir, el resultado de multiplicar la cantidad de bienes y servicios producidos por sus precios respectivos, sólo tendremos una idea apropiada del crecimiento de una economía si eliminamos la influencia de los precios sobre el PIB y analizamos la evolución de la producción real.

Otro elemento relevante es el **aumento de la población**. Únicamente si se conoce la evolución del número de habitantes podrá saberse si la renta per cápita aumenta o no. Por esta razón, cuando se estudia el crecimiento económico se suele utilizar la magnitud *PIB por habitante.*

> El **crecimiento económico** se suele medir mediante la tasa de crecimiento del PIB real y el nivel del PIB por habitante.

### La tasa de crecimiento del PIB en términos reales

La tasa de crecimiento del PIB entre dos años determinados, por ejemplo 2003 y 2002, se expresa como sigue:

$$\text{Tasa de crecimiento del PIB}_{2003\text{-}2002} = \frac{\text{PIB}_{2003} - \text{PIB}_{2002}}{\text{PIB}_{2002}} \cdot 100 =$$

$$= \frac{99.530{,}70 - 96.444{,}50}{96.444{,}50\ .\ 100} \cdot 100 = 2{,}5\%$$

### El PIB real por habitante

Para obtener el PIB real por habitante se divide el PIB real del año en cuestión por el total de la población. Así:

$$\text{PIB real por habitante en 2003} = \frac{\text{PIB real}_{2003}}{\text{Población}_{2002}} = \frac{597{,}4 \text{ billones de euros}}{39{,}8 \text{ millones de habitantes}} =$$

$$= 15.064 \text{ euros por habitante}$$

## 9.2 Las fuentes del crecimiento económico

El estudio del crecimiento de la producción de un país en el largo plazo se debe llevar a cabo en términos de la función de producción agregada de la economía y de los factores que hacen que esta función de producción agregada experimente desplazamientos hacia arriba. En este sentido, acabamos de señalar que el crecimiento de la producción a largo plazo se debe básicamente al aumento de la dotación y calidad de los recursos productivos y a las mejoras de la tecnología. Estos factores explicativos del crecimiento de la producción a largo plazo se conocen como **fuentes del crecimiento económico** y se pueden concretar en los puntos siguientes:

- El aumento de la *disponibilidad* y *la calidad del trabajo.*
- El *aumento de la dotación de capital físico.*
- La *mejora de la tecnología.*

> Las **fuentes de crecimiento económico** son los factores explicativos del crecimiento de la producción de un país y se concretan en: el aumento de la disponibilidad y la calidad del trabajo, el aumento de la dotación de capital físico y la mejora de la tecnología.

### 9.2.1 El aumento de la disponibilidad y la calidad del trabajo

Cuando se alude al aumento de la disponibilidad y calidad del factor trabajo como fuente de crecimiento de la producción a largo plazo deben distinguirse los siguientes aspectos: a) **el número de trabajadores disponibles, b) el número de horas de trabajo**, y c) **la cualificación de la mano de obra.**

a) **el número de trabajadores disponibles** de un país El crecimiento de la población activa depende fundamentalmente de los siguientes factores:

**El crecimiento de la población** es un elemento determinante del incremento de la mano de obra. La evolución de la natalidad presente explica la mano de obra disponible para la siguiente generación. La economía trata de explicar la natalidad mediante factores que puedan incidir sobre la decisión de las familias de tener más o menos hijos, bajo la hipótesis de que tener hijos está condicionado por factores económicos. Desde esta perspectiva, tener hijos es una decisión económica que implica la asignación de recursos escasos y responde a incentivos. Según este enfoque, las familias suelen tener más hijos cuando el coste de oportunidad (a lo que renuncia la madre, esto es, los ingresos perdidos por no poder trabajar y los perjuicios que esto conlleva en su carrera profesional) de criarlos es bajo. Por ello, en los países más pobres, los hijos resultan relativamente baratos, pues las madres, generalmente tienen un nivel educativo y profesional bajo y los niños desde muy jóvenes aportan trabajo o ingresos al hogar. En los países desarrollados, sin embargo, la mujer suele tener un alto nivel educativo y profesional y los hijos no aportan ingresos al hogar, de forma que el coste de oportunidad de tener hijos es alto, lo que explica las diferencias en cuanto a tasas de natalidad se refieren entre los diferentes países.

**La tasa de actividad laboral** entre la población en edad de trabajar puede aumentar la mano de obra, de forma que a medida que la tasa de actividad de un país aumenta, la oferta de trabajo de ese país también lo hace. Precisamente, la creciente incorporación de la mujer al mercado de trabajo es uno de los factores explicativos del aumento de la tasa de actividad de la economía española durante los últimos años. La mejora constante del nivel educativo de la mujer ha hecho que aumente el coste de oportunidad de renunciar a ofrecer sus servicios en el mercado laboral y ha condicionado el aumento de la actividad laboral de este colectivo.

En este sentido cabe destacar, por un lado, el incremento salarial de las mujeres debido a la mejora general de la productividad y a la elevación del nivel de estudios de la mujer. Y por otro lado, el avance de la tecnología que ha hecho que las tareas del hogar sean algo más llevaderas, así como el propio cambio de mentalidad de los hombres respecto a su colaboración en las mismas, son factores que han contribuido a hacer más atractivo el trabajo fuera de casa.

**La inmigración de trabajadores** de otros países puede ser una causa de aumento de la mano de obra disponible en un país. En el caso de la economía española, en los últimos años éste ha sido un factor crecimiento del trabajo extraordinariamente dinámico.

b) **El número de horas de trabajo por individuo** es un factor importante para determinar la disponibilidad total del factor trabajo. En los últimos años el número medio de horas trabajadas por empleado ha tendido al descenso en los países desarrollados. La oferta individual de trabajo es fruto de la elección entre trabajo (ingresos derivados del trabajo) y ocio. En buena medida este descenso se puede explicar porque, en la oferta de trabajo, a largo plazo parece dominar el efecto renta o ingreso, ya que a medida que va aumentando el nivel de vida de los individuos éstos valoran más el ocio. A pesar de la disminución del número de horas por trabajador, el aumento del resto de los recursos y especialmente las mejoras tecnológicas han permitido que la economía haya incrementado la producción por hora trabajada. Como veremos, el aumento de la productividad debido a la incorporación de nuevas tecnologías es un aspecto fundamental dentro de la teoría del crecimiento económico.

c) **La cualificación de la mano de obra**, es decir, los conocimientos (la formación) y capacidades adquiridas en el puesto de trabajo y que son requeridos para la producción, es un elemento importante para poder aumentar la disponibilidad del factor trabajo. Estos conocimientos y capacitación de los trabajadores constituyen el **capital humano** como elemento clave por su incidencia en la productividad del trabajo. Este es un elemento que el mercado de trabajo reconoce y remunera, con salarios más elevados y mejores condiciones de trabajo a aquellos que están más cualificados.

Los conocimientos y la cualificación se adquieren en los centros educativos y en las empresas, en el primer caso a través del estudio y demás actividades que se desarrollan en los centros educativos, y en el segundo caso, mediante el aprendizaje en el puesto de trabajo y en cursillos de formación organizados por las empresas. El proceso de adquisición de estos conocimientos constituye la **inversión en capital humano** y la llevan a cabo los individuos siguiendo una lógica similar a la que guía a las empresas cuando deciden invertir en capital físico. Comparan los costes de la inversión en educación (gastos de matrícula, coste de oportunidad del tiempo dedicado al estudio, etcétera) y las ganancias esperadas (ingresos salariales mayores y mejores condiciones de trabajo).

> El **factor trabajo** disponible para un país es el resultado de tres elementos; el número de trabajadores, el número de horas de trabajo y la cualificación de los trabajadores o capital humano que acumulan.

## 9.2.2 El aumento de las dotaciones de capital físico

Como se ha señalado, el capital físico de un país está constituido por **el capital productivo** y por **las infraestructuras**.

Cuando se habla del **capital productivo** nos referimos a la **maquinaria, los bienes de equipo y a las instalaciones,** esto es, todos aquellos elementos que han sido producidos con anterioridad y que su utilidad radica en ser empleados para producir (los bienes producidos que sirven para producir). Cualquier incremento de la maquinaria y de los bienes de equipo e instalaciones permite que cada trabajador genere una mayor cantidad de bienes y que se incremente la producción total.

Las **infraestructuras básicas** son un elemento muy importante del capital físico y están integradas por todos aquellos elementos relativos a comunicaciones terrestres (carreteras, ferrocarriles), marítimas (puertos) o aéreas (aeropuertos), las redes de suministro de energía eléctrica, agua, saneamiento (alcantarillado), infraestructuras de telecomunicaciones, etc. En este sentido las infraestructuras educativas y sanitarias también deben ser consideradas como parte del capital de un país dada su incidencia sobre el capital humano. Las infraestructuras básicas contribuyen a la producción al proporcionar unos servicios fundamentales para las empresas y por ello forman parte del capital físico.

Como antes se ha señalado, el capital físico o *stock* de capital, que es una variable fondo, no es algo que permanezca constante sino que su variación se recoge a través de la inversión. Esta es una variable flujo que hemos estudiado en el mercado de bienes, y actúa como variable puente entre el corto y el largo plazo. Cuando el capital físico de un país crece, fruto de una **inversión neta positiva** (como vimos en el Capítulo 1, la inversión neta es igual a la inversión bruta menos la depreciación), se dota de una mayor cantidad de maquinaria e infraestructuras, y será capaz de producir una cantidad mayor de bienes y servicios. Los empresarios toman sus decisiones de inversión evaluando la rentabilidad que esperan obtener de sus proyectos de inversión con el coste financiero de los recursos que deben emplear.

La tasa de ahorro es clave para generar inversión e incrementar el *stock* de capital de la economía y así lograr un mayor crecimiento económico. Por tanto, para lograr que una economía crezca hay que ahorrar, únicamente de forma circunstancial en una economía que esté sumida en una «trampa de la liquidez» para iniciar su reactivación puede resultar aconsejable reducir el ahorro e incrementar el consumo. En consecuencia, fuera de casos excepcionales, el argumento de validez generalizada es que la inversión conlleva beneficios para la economía, ya que provoca un aumento y preservación del capital productivo.

> El **capital físico**, que está formado por el capital productivo y las infraestructuras, contribuye a generar la producción de un país y su aumento (debido a una inversión neta positiva) es un elemento determinante del crecimiento económico.

### 9.2.3 La mejora de la tecnología

La tercera de las fuentes de crecimiento señaladas es la mejora de la **tecnología** empleada, entendiendo por tecnología *todos los conocimientos que el sistema productivo de un país tiene para producir*. Dados unos recursos disponibles por país, la tecnología determina la cantidad máxima de producción que se puede obtener con esos recursos.

Como veremos en epígrafes siguientes, un elemento clave en la teoría del crecimiento económico es el **cambio tecnológico**, que consiste en alguna invención o descubrimiento de nuevos procedimientos, nuevos productos o nuevos factores para llevar a cabo la producción. La incorporación de cambios tecnológicos permiten producir una mayor cantidad de bienes y servicios con la misma cantidad de recursos, resultando además que el progreso tecnológico ha sido el principal factor impulsor del crecimiento económico y de la mejora de la calidad de vida.

El ritmo al que un país genera nuevos inventos o incorpora nuevos procedimientos en su sistema productivo, esto es, la velocidad a la que tienen lugar los cambios tecnológicos en un país está fuertemente condicionada por los recursos que éste dedica a actividades de **investigación, desarrollo e innovación (I+D+i)** y por la forma en que los gestiona. La **investigación** es *la actividad por la que se crea nuevo conocimiento.* El **desarrollo** es *el proceso por el que estos conocimientos se van transformando y adaptando para ser aplicables a la producción.* La **innovación** consiste en la *aplicación de nuevos conocimientos, inventos, técnicos o procedimientos a la producción.*

#### La investigación y las patentes

La investigación se suele llevar a cabo en las universidades, los centros de investigación especializados y en los departamentos de algunas empresas. Uno de los problemas que deben afrontar los centros citados está relacionado con los incentivos que estimulen la canalización de recursos hacia actividades de investigación. En ocasiones los nuevos conocimientos a los que da lugar la investigación son públicos y todos pueden utilizarlos. Por ello la investigación básica (la que se orienta a desarrollar conocimientos de carácter muy general) se suele financiar casi exclusivamente con fondos públicos. En cualquier caso, para afrontar los problemas relacionados con la falta de incentivos para la investigación, la estrategia que en algunos países, como por ejemplo en Estados Unidos, ha demostrado ser más adecuada es el diseño de un eficiente sistema de **patentes**, que garantice durante una serie de años el uso exclusivo de una determinada tecnología o de un nuevo producto. En este sentido en los últimos años han aparecido empresas especializadas en diseñar estrategias muy meditadas para poder patentar los resultados de prácticamente cualquier investigación de interés.

#### La investigación y su aplicación

Aunque dotarse de un conocimiento puntero en las distintas tecnologías y llegar a hacer descubrimientos tiene interés en sí mismo, lo relevante es conseguir que éstos se apliquen al sistema productivo y a la sociedad en general. Las *aplicaciones de los nuevos conocimientos, inventos y técnicas es lo que constituye las* **innovaciones tecnológicas**. Por parte de las empresas incorporar procedimientos novedosos supone incurrir en riesgos, pues la innovación supone que para determinadas decisiones no se cuente con experiencia ni referentes suficientes. Por ello el empresario innovador, que tratando de diferenciarse de los demás hace antes que sus competidores lo que éstos no se atreven o no conocen, en ocasiones se ve premiado con poder gozar de situaciones de privilegio competitivo.

> La **mejora de la tecnología** (los conocimientos sobre cómo producir los bienes y servicios) es el factor clave para generar crecimiento económico. El cambio tecnológico tiene lugar cuando alguien inventa o descubre nuevos factores, nuevos productos o nuevos procedimientos para llevar a cabo la producción.

### El crecimiento y la tecnología

De entre los factores determinantes del crecimiento económico, probablemente el más relevante sea la tecnología.

La tecnología por lo general progresa de forma callada y muchas de las innovaciones y avances pasan inadvertidos, pues suponen pequeñas mejoras en la calidad de los productos o la cantidad de producción por trabajador. En una perspectiva histórica, entre los inventos que han incrementado notablemente la productividad cabe citar a la máquina de vapor, la generación de electricidad, el motor de combustión interna, el avión o la televisión. En la era moderna los avances más representativos están teniendo lugar en la microelectrónica, en la informática y en la biotecnología.

En cualquier caso, debe destacarse que el **progreso tecnológico** no es un procedimiento mecánico consistente simplemente en encontrar mejores productos y procesos, sino que para introducir rápidamente innovaciones es necesario crear un entorno apropiado y fomentar entre los empresarios la convicción de que es necesario investigar e innovar. Téngase en cuenta que un requisito fundamental para el adecuado desarrollo del progreso tecnológico es encontrar una combinación idónea entre un espíritu predispuesto a la investigación y el atractivo de los beneficios que permite obtener el libre mercado.

> El **progreso tecnológico** se refiere a los cambios de los procesos de producción o a la introducción de nuevos productos o servicios.

### La productividad y el capital físico y la tecnología

Cuando en microeconomía presentamos el concepto de productividad media del trabajo, la productividad media se medía en unidades físicas de producto por trabajador. En macroeconomía, la productividad media se mide como el valor medio de la producción aportado por cada trabajador de un país. Por tanto, analíticamente, la productividad media del trabajo se calcula como el cociente entre la producción total y el número de empleados (Producción total/ Nº Empleados). Definida así la productividad media del trabajo, ésta resulta ser no ya un determinante de la producción *per cápita* del país en cuestión, sino uno de sus dos componentes. Para poder expresar así la producción *per cápita* multipliquemos y dividamos la producción total por el número de empleados de un país:

$$\text{Producción } \textit{per cápita} = \frac{\text{Producción total}}{\text{Población}} =$$

$$= \frac{\text{Producción total}}{\text{N}^{\text{o}} \text{ de empleados}} \cdot \frac{\text{N}^{\text{o}} \text{ empleados}}{\text{Población}}$$

Por tanto, la producción *per cápita* puede descomponerse como el producto de dos componentes, uno de los cuales es la productividad media del trabajo y el otro el cociente entre el número de empleados y la población.

$$\begin{pmatrix} \text{Producción} \\ \textit{per} \\ \textit{cápita} \end{pmatrix} = \begin{pmatrix} \text{Productividad} \\ \text{media del} \\ \text{trabajo} \end{pmatrix} \cdot \left( \frac{\text{N}^{\text{o}} \text{ Empleados}}{\text{Población}} \right)$$

Resulta, por tanto, que la producción *per cápita* viene determinada por dos componentes: la producción media del trabajo y el cociente entre el número de empleados y la población, que depende fundamentalmente de la tasa de actividad. Por lo que respecta a la productividad media, ésta depende fundamentalmente de la cantidad de capital físico por trabajador, de capital humano y de la tecnología.

> El **aumento de la productividad media del trabajo**, que se define como el cociente entre la producción total y el número de empleados, es un factor clave del crecimiento económico y viene determinado por el *stock* de capital y la tecnología.

## 9.2.4 Las fuentes del crecimiento económico: el enfoque de la contabilidad del crecimiento

La **contabilidad del crecimientoe** es es una técnica para medir la aportación de cada uno de los factores (trabajo, capital y tecnología) al crecimiento de la producción.

Se trata de descomponer el crecimiento porcentual de la producción en tres sumandos:

$$\text{Crecimiento \% de la producción} =$$
$$= \text{Aportación \% del trabajo} +$$
$$+ \text{Aportación \% del capital} +$$
$$+ \text{Aportación \% del cambio tecnológico}$$

### Nota Complementaria 9.1 - Algunos patrones del crecimiento de la economía española: el reto de la productividad

Según un estudio de la Comisión Europea (marzo 2005), ***Spain in EMU: A virtuous long-lasting cycle?***, la escasa productividad española es problemática y se debe no tanto a la alta creación de empleo que registra España, sino, sobre todo, a la insuficiente acumulación de capital y al progreso tecnológico.

Otros estudios de la Comisión Europea señalan que la productividad española se sitúa al 67% de la media de los países de la moneda.

Ese hecho refleja lo que ocurre en España: que buena parte de la actividad económica se ha concentrado y especializado en sectores y bienes de muy baja productividad como la construcción y el turismo. Estos hechos, unidos al persistente diferencial de inflación con la media de la eurozona, actúa como una losa que frena la competitividad de la economía española.

La escasa inversión en tecnologías de la información (el 75% de la media europea), el mínimo gasto en investigación y desarrollo (poco más del 1%, tres veces menos que el compromiso de la UE) o el bajo porcentaje de jóvenes que completan sus estudios son otros factores que explican la escasa productividad española y son algunas de las razones que han influido en que se esté agrandando la zanja entre España y el resto de la UE en la producción de bienes de alta tecnología.

Aunque la creación de puestos de trabajo en España ha estado muy por encima de la media europea en los últimos años, la tasa de paro (por encima del 10%) sigue siendo una de las más elevadas de la UE. Sin embargo, la inversión en políticas pasivas de empleo sigue siendo una de las más elevadas de la zona euro y, sin embargo, muy limitados los gastos dedicados a los servicios de empleo y a la formación de los empleados.

Junto con la baja tasa de empleo femenino o el elevado porcentaje de contratos a tiempo parcial, también destaca el informe la existencia de importantes disparidades en desempleo entre las regiones, por lo que propone, entre otras medidas, una relación más estrecha entre los aumentos salariales y el crecimiento de la productividad.

**Poca tecnología**

España sigue importando muchos bienes de alta tecnología, de valor añadido, y exporta productos de baja tecnología, como automóviles, lo que origina el permanente déficit por cuenta corriente con una balanza comercial desequilibrada entre el 8% y el 9% anual (en 2004, el déficit comercial de bienes supuso el 7,5% del PIB, alcanzando una cifra récord). Años atrás, esos desequilibrios se compensaban con los ingresos por turismo (un sector que ya crece muy poco por la fuerte competencia en otros países mediterráneos), las remesas de los emigrantes (el fenómeno es ahora el contrario), la entrada de capital extranjero (estancada) y, en los últimos años, la aportación de fondos europeos (en peligro a partir de 2007), el bajo coste de mano de obra (otros países nuevos de la UE compiten con ventaja) o las devaluaciones (hoy imposibles).

Semejantes desequilibrios pueden crear graves problemas a la economía española, porque podría derivar en cierres de empresas, más paro y, en último término, la recesión. Una mejora sostenida de la competitividad española a nivel internacional exige un cambio radical. Ese cambio debe implicar el abandono del actual modelo basado en los precios, más que vender a bajos precios hay que vender calidad, y la búsqueda de una especialización sustentada en la alta productividad y en la calidad.

El objetivo de la productividad debe situarse en el primer lugar de la agenda de la política económica, con el fin de promover los necesarios cambios estructurales.

En base a los datos de la contabilidad nacional puede medirse directamente el crecimiento del trabajo y del capital. El cambio tecnológico, sin embargo, no puede medirse directamente, sólo pueden medirse sus efectos. Según la contabilidad del crecimiento existe una relación entre lo que crece un factor y lo que aporta este factor al crecimiento de la producción. Esta aportación al crecimiento es el resultado de multiplicar lo que aumenta el factor productivo por la proporción que representa ese factor en el reparto total del producto, esto es, el cociente entre su remuneración total y la renta del país. En este sentido puede escribirse que:

Aportación % del trabajo al crecimiento de la producción =
= (Participación % del trabajo en el reparto del producto) x
x (Crecimiento % del trabajo)

Aportación % del capital al crecimiento de la producción =
= (Participación % del capital en el reparto del producto) x
x (Crecimiento % del capital)

Una vez calculadas estas dos contribuciones, inspirándonos en la idea del residuo de Solow, la aportación del cambio tecnológico puede obtenerse como la parte no explicada, esto es, como la diferencia entre el crecimiento de la producción y la aportación del capital más la del trabajo:

Aportación % del cambio tecnológico =
= Crecimiento % de la producción –
– Aportación % del trabajo –
– Aportación % del capital

El enfoque de la contabilidad del crecimiento no separa el efecto del trabajo del efecto del capital humano, ya que las remuneraciones de ambos van unidas en los salarios.

La **contabilidad del crecimiento** es una técnica que permite separar las aportaciones de los aumentos del trabajo, del capital y del cambio tecnológico al crecimiento de la producción agregada de un país.

## 9.3 Teorías explicativas del crecimiento económico

Han sido numerosas las teorías que han procurado explicar el crecimiento económico.

### 9.3.1 El modelo de A. Smith y T. Malthus: la escasez de la tierra como factor determinante

En la economía todavía no muy industrializada del tiempo de Adam Smith (1723-1790) y Thomas R. Malthus (1766-1834), el crecimiento económico y la distribución del producto entre las clases sociales se consideraban el fruto o resultado del crecimiento de la población y la disponibilidad de tierra. Se argumentaba que la cantidad de tierra disponible no aumentaría indefinidamente, mientras que una mano de obra cada vez más abundante llegaría a agotar la tierra de mejor calidad, primero, y la de peor calidad, después. En consecuencia, dadas la escasez de tierra y la menor productividad de las tierras poco fértiles, los salarios pagados disminuirían. Esto es, se reduciría la parte de la cosecha correspondiente a cada trabajador hasta que alcanzara el *nivel de subsistencia* y la población dejara de aumentar y la economía se estancara.

En el punto de partida hay disponibilidad de tierras sin cultivar y el determinante de los precios y de la distribución son los salarios. Una vez que las tierras libres desaparecen, la nueva mano de obra se va añadiendo a una misma cantidad de tierra, y por la ley de los rendimientos decrecientes la productividad es cada vez menor, pues las tierras de mejor calidad se van agotando. De esta forma se plantea un conflicto de intereses de clase, pues, al aumentar la población, y debido al decrecimiento de la productividad de la tierra, los salarios disminuirán. Pero precisamente la reducción de los salarios es lo que determinará una mayor «renta» por cada hectárea de tierra, de forma que este proceso favorece a los terratenientes, dado que la oferta de tierra de calidad es prácticamente rígida. Las cosas seguirán empeorando para la clase trabajadora hasta alcanzar el salario mínimo de subsistencia, a partir del cual la población dejará de aumentar. Llegándose a este punto, la economía se habrá colocado en una situación de **estancamiento económico**.

Debido al decrecimiento de la productividad de la tierra los salarios disminuirán hasta alcanzar el salario mínimo de subsistencia y la población dejará de aumentar: la economía ha entrado en una situación de **estancamiento**.

La historia económica nos dice que las predicciones de Malthus fueron erróneas, pues no reconoció que la innovación tecnológica y la inversión en capital podrían vencer a la ley de los rendimientos decrecientes. La tierra no se convirtió en un factor limitador de la producción, sino que la revolución industrial incorporó maquinaria a motor que logró aumentar la producción.

### 9.3.2 El crecimiento y la acumulación de capital: el modelo neoclásico con tecnología constante

Los supuestos simplificadores en los que descansa el **modelo neoclásico** se pueden concretar en los puntos siguientes:

- Se produce un único bien homogéneo mediante dos tipos de factores, capital y trabajo.

**Esquema 9.1. El modelo de A. Smith y T. Maltus (la tierra como factor limitativo)**

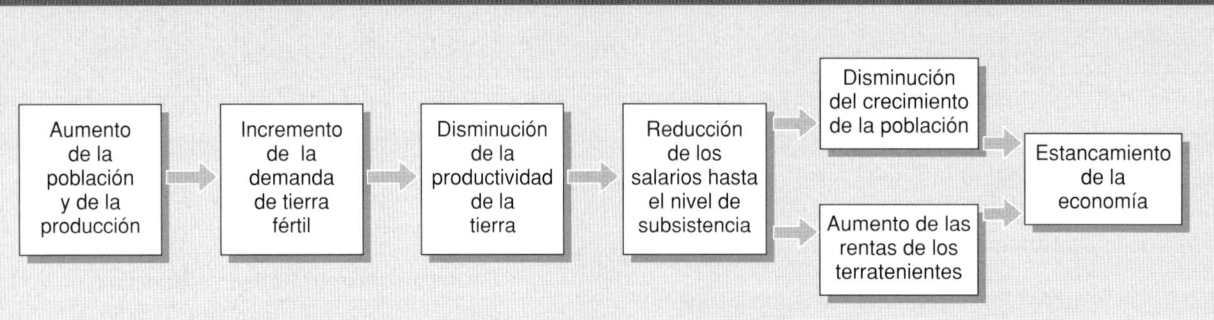

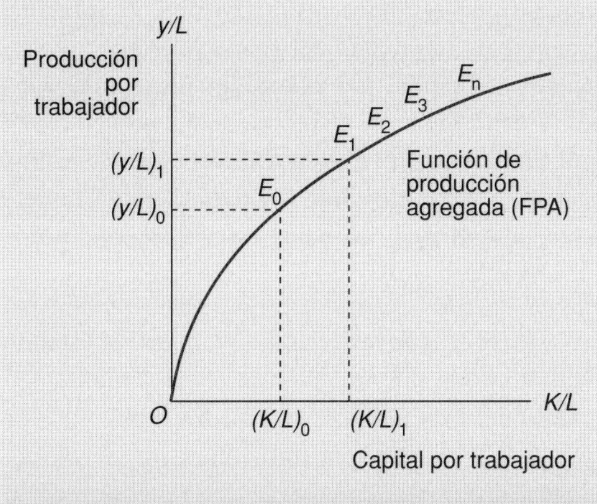


**Figura 9.3 - La intensificación del capital y el crecimiento económico (con tecnología constante)**

Cuando aumenta la cantidad de capital por trabajador, también aumenta la producción por trabajador.

- El crecimiento del trabajo viene determinado por fuerzas ajenas a la economía y no se ve afectado por las variables económicas.
- Se supone que la economía es competitiva y que siempre se encuentra en el nivel de pleno empleo.

Dados estos supuestos de partida, el modelo neoclásico incorpora como elementos novedosos respecto a las aportaciones de A. Smith y T. Malthus el *crecimiento del capital* y el *cambio tecnológico.*

Los defensores del modelo neoclásico de crecimiento destacan la importancia del proceso de **intensificación del capital**, esto es, de que aumente la cantidad de capital por trabajador con el paso del tiempo.

La pregunta clave es qué ocurrirá con el rendimiento del capital ante un fuerte proceso de intensificación del capital. Si la tecnología permanece dada, un fuerte aumento del *stock* de capital tenderá a reducir el rendimiento del capital debido a que los proyectos de inversión más rentables serán los que primero se lleven a cabo, de forma que las inversiones realizadas en los proyectos posteriores presentarán unas tasas de rendimiento menores. Además, conforme se intensifica el capital, el salario pagado a los trabajadores tenderá a aumentar, pues el trabajador tiene más capital con el que trabajar, de forma que su producto marginal será mayor. El resultado será que el salario competitivo tenderá a subir conforme aumenta el producto marginal del trabajo. En estas condiciones es de esperar que el capital muestre rendimientos decrecientes y su tasa de rendimiento se reduzca.

En términos gráficos, el crecimiento económico generado por un proceso de acumulación de capital, dado un estado de la tecnología, aparece recogido en la Figura 9.3. Esta figura refleja la función de producción agregada, representando la cantidad de producción por trabajador en el eje de ordenadas y el capital por trabajador en el eje de abscisas. Cuando aumenta el capital, cada trabajador tiene más capital con el que trabajar, y la economía se mueve en sentido ascendente y hacia la derecha a lo largo de la función de producción agregada. Así, si la relación capital/trabajo pasa de $(K/L)_0$ a $(K/L)_1$ la economía se mueve desde $E_0$ hasta $E_1$ a lo largo de la función de producción.

Así pues, a medida que se intensifica el capital aparecerán los rendimientos decrecientes del capital y su tasa de rendimiento se reducirá. En términos gráficos la pendiente de la curva representativa de la función de producción disminuye conforme aumenta la relación capital/trabajo.

> En ausencia de progreso tecnológico, la **intensificación del capital** hará que el capital presente rendimientos decrecientes y disminuya su tasa de rendimiento.

## La acumulación de capital a largo plazo

A largo plazo, en ausencia de cambio tecnológico, la economía entrará en una situación estable en la cual cesará la intensificación del capital, los salarios reales no variarán y los rendimientos del capital y los tipos de interés se mantendrán constantes. En términos gráficos este proceso a largo plazo viene recogido por el movimiento de la economía desde $E_0$ hasta $E_n$, punto en el que la producción por trabajador se mantiene constante y los salarios reales dejan de crecer (Figura 9.3). Así pues, a largo plazo, en ausencia de cambio tecnológico, la producción por trabajador, las rentas y los salarios terminarán estancándose.

Este resultado es mejor que el mundo de salarios de subsistencia que predijo Malthus. Pero el equilibrio a largo plazo del modelo neoclásico de crecimiento muestra claramente que si el crecimiento económico consiste únicamente en la **acumulación de capital** basada en la reproducción de las fábricas con los métodos de producción existentes, el nivel de vida acabará dejando de aumentar.

> La **acumulación de capital** constituye la clave del modelo neoclásico del crecimiento. En ausencia de cambio tecnológico y de innovaciones, un aumento del capital por trabajador no va acompañado de un aumento proporcional de la producción por trabajador debido a los rendimientos decrecientes del capital.

### 9.3.3 El modelo neoclásico con cambio tecnológico

En términos del modelo neoclásico de crecimiento la acumulación de capital es un primer paso para comprender el crecimiento económico, pero deja sin respuesta algunas interrogantes. En primer lugar, el modelo sin cambio tecnológico predice que los salarios reales se estancarán gradualmente. Pero la realidad nos dice que los salarios reales no se han estancado. Tampoco explica el tremendo crecimiento que ha experimentado la productividad con el paso del tiempo ni las enormes diferencias que existen entre las rentas *per cápita* de los distintos países.

Para responder a estas interrogantes hay que introducir **el cambio tecnológico**, es decir, los *avances logrados en los procesos de producción y la introducción de nuevos y mejores bienes y servicios.*

#### El residuo de Solow

*La conclusión principal de los trabajos de Solow fue que la acumulación de capital físico explica sólo una fracción del crecimiento económico.* La consecuencia de esta conclusión fue la conveniencia de incluir un factor adicional que recogiera el conocimiento técnico.

Dado que el progreso técnico no puede observarse de forma directa, Solow optó por calcular el cambio tecnológico de forma residual, una vez medidas las causas observables del crecimiento. Analíticamente, Solow detrajo del crecimiento del *output* las aportaciones del capital y del trabajo, y el resto, esto es, **el residuo**, se consideró como el crecimiento aportado por el cambio tecnológico. En términos del producto por unidad de trabajo, Solow estimó el progreso técnico, esto es, el factor residual, como la diferencia entre el crecimiento observado del producto por trabajador y el crecimiento del capital por trabajador ponderado por la participación del capital en el producto. El procedimiento seguido por Solow muestra que en realidad el factor residual es una medida de nuestra ignorancia, pues se estima como la parte del crecimiento que realmente no es explicado por los factores observables

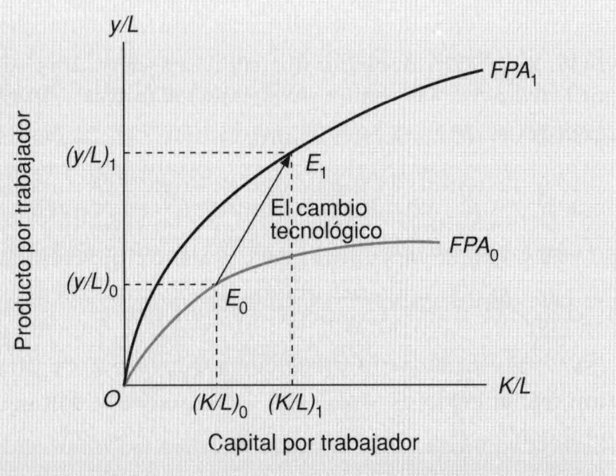


**Figura 9.4 - El progreso tecnológico y la función de producción agregada**

Las mejoras de la tecnología hacen que la función de producción agregada se desplace en sentido ascendente con el paso del tiempo elevando la producción por trabajador y los salarios reales.

> Solow estimó el progreso técnico, esto es, el factor residual, como la diferencia entre el crecimiento observado del producto por trabajador y el crecimiento del capital por trabajador.

#### Análisis gráfico del cambio tecnológico

El cambio tecnológico puede representarse en el gráfico del crecimiento por medio de un desplazamiento ascendente de la función de producción agregada (FPA) (Figura 9.4). Como consecuencia del cambio tecnológico, la función de producción agregada se desplaza en sentido ascendente de $FPA_0$ a $FPA_1$. Este desplazamiento ascendente muestra los aumentos de la productividad generados por la inmensa variedad de nuevos procesos y productos como la electrónica, los avances de la metalurgia o en biotecnología, y las nuevas tecnologías de la información.

Así pues, además de considerar la intensificación del capital antes descrita, también debemos tener en cuenta los avances tecnológicos. La suma de la intensificación del capital y el **cambio tecnológico** se representa mediante la flecha de la Figura 9.4, que provoca un aumento de la producción por trabajador de $(y/L)_0$ a $(y/L)_1$. En lugar de asentarse en una situación estable, la economía disfruta de una creciente producción por trabajador, una subida de los salarios y una mejora del nivel de vida.

> El **cambio tecnológico** se identifica con los avances logrados en los procesos de producción y la introducción de nuevos y mejores bienes y servicios.

Como consecuencia del progreso tecnológico, el tipo de interés real no tiene por qué bajar. La invención e innovaciones aumentan la productividad del capital y contrarrestan la tendencia descendente de la tasa de beneficios.

> El **cambio tecnológico aumenta la producción** que puede obtenerse con un conjunto dado de factores, desplazando en sentido ascendente la función de producción agregada, permitiendo obtener más producción con las mismas cantidades de trabajo y de capital.

### 9.3.4 El crecimiento endógeno

El cambio tecnológico no les viene por generación espontánea a los científicos e investigadores. Precisamente la teoría del **crecimiento tecnológico endógeno**, también conocida como la nueva teoría del crecimiento, trata de descubrir los procesos por los que las fuerzas del mercado y las decisiones de las administraciones públicas y otras instituciones generan diferentes patrones de cambio tecnológico. *Una forma de endogeneizar el crecimiento será haciendo que la tasa de crecimiento del progreso técnico venga determinada por la proporción de recursos de la economía que se dedican a I+D+i.* Un tema a destacar es que el cambio tecnológico es fruto del sistema económico y que se concreta en inventos e innovaciones que generalmente son el resultado de muchos años de trabajo de investigación y tras el empleo de grandes cantidades de recursos humanos y financieros.

> La **teoría del crecimiento endógeno** estudia los procesos por los que las fuerzas del mercado y las decisiones de las administraciones públicas generan diferentes patrones de cambio tecnológico.

#### El crecimiento endógeno y la información

El **progreso técnico conlleva la producción y distribución de información**. Pero la información es un bien muy peculiar, que difícilmente puede tratarse aplicando la teoría tradicional del mercado. La información es un bien no rival, sólo parcialmente excluible, y comporta un elevado riesgo producirla.

Al estar estas características asociadas al cambio tecnológico es frecuente que aparezcan graves fallos del mercado cuando se producen innovaciones. Así, a veces los inventores difícilmente pueden beneficiarse de sus inventos porque con pequeñas alteraciones éstos pueden ser copiados por otras personas. Por lo general, los mayores fallos del mercado tienen lugar sobre todo en las investigaciones básicas, donde en muchas ocasiones la clave puede radicar en determinadas ideas o procedimientos. Por ello, los gobiernos deben de procurar conseguir que los inventores tengan incentivos suficientes para dedicarse a la investigación y el desarrollo. Para ello deben prestarle atención al establecimiento de sistemas sólidos de derechos de propiedad intelectual como las patentes y los *copyrights*, que permitan recompensar de forma adecuada a través del mercado las actividades innovadoras y creativas.

> El **análisis de las fuentes del crecimiento económico** nos dice que el cambio tecnológico es un producto sujeto a fallos del mercado debido a que la tecnología es un bien público o no rival que puede ser utilizado simultáneamente por muchas personas y que los nuevos inventos son caros de producir pero baratos de reproducir.

Una de las mayores aportaciones de la nueva teoría del crecimiento quizás sea haber alterado la forma de concebir el proceso del crecimiento y su relación con la política macroeconómica. La nueva teoría del crecimiento ha contribuido a que el énfasis de los economistas y sobre todo de los responsables de la política económica se desplace algo más hacia el largo plazo, después de varias décadas en las que lo único que parecía importar era el corto plazo.

## 9.4 El crecimiento económico y la convergencia

El concepto de convergencia se refiere a cuál debe ser el valor de la tasa de crecimiento de la renta real *per cápita* de una región o de un país a fin de alcanzar a lo largo del tiempo un nivel de crecimiento.

> La **hipótesis neoclásica de convergencia** mantiene que la renta *per cápita* de los países pobres tenderá a crecer más rápidamente que la de los países o regiones ricas.

Un primer argumento a favor de la convergencia lo ofrece la teoría neoclásica del crecimiento económico. Téngase en cuenta que las diferencias en los niveles de vida son el resultado de diferencias en la intensidad de capital y en un principio los flujos de capital hacia los países pobres, donde la escasez de capital determinaría que las rentabilidades fuesen más elevadas, deberían propiciar la convergencia.

Resulta, sin embargo, que en la práctica no se observan estos flujos masivos de capital. Ello se debe, en parte, a que la productividad del capital no depende únicamente del *stock* de capital existente, sino que para alcanzar elevadas rentabilidades se requiere la existencia de ciertos factores acompañantes, especialmente capital humano con la cualificación requerida. En este sentido, las nuevas teorías del crecimiento económico mantienen que las ventajas iniciales en dotación de capital humano pueden tender a acumularse en vez de reducirse, lo que supondría un obstáculo para la convergencia.

Un segundo argumento a favor de la convergencia se deriva de la rápida difusión de la tecnología. En la medida que las divergencias entre países procedan de las diferencias tecnológicas, la difusión de los conocimientos tecnológicos, mediante transferencias de tecnología e inversiones directas, originará un proceso de homologación entre los distintos países.

La evidencia no resulta completamente determinante, pues si bien las diferencias en los niveles de renta y bienestar persisten y en algunos casos se acentúan, sí parece existir un lento proceso de convergencia entre los países industrializados. En este sentido, algunos autores han señalado la importancia de un cierto grado de homogeneidad en las instituciones políticas, económicas y jurídicas como elemento propiciador de la convergencia.

### La convergencia de la economía española con los países centrales de la UE

Al observar el mayor crecimiento relativo de la economía española respecto a la media de la UE durante los últimos años, un análisis precipitado podría llevarnos a posturas exclusivamente optimistas, ya que las bases del modelo de crecimiento español no son muy sólidas.

De forma esquemática cabía señalar que el diferencial positivo de crecimiento en buena parte se explica por dos hechos: 1) la inmigración, que supone un *stock* de oferta de mano de obra flexible y barata, 2) un notable aumento de demanda de consumo y de vivienda, y 3) una expansiva combinación de políticas. En este sentido cabe afirmar que el crecimiento español está basado en una política fiscal expansiva que, conjugada con unas condiciones monetarias históricamente laxas, estimulan el consumo y la construcción. Este patrón de crecimiento necesita equilibrarse y reorientarse hacia las exportaciones y la inversión en equipos, pues está ocasionando dos fuentes de riesgos: un persistente diferencial de inflación con la zona euro y un rápido incremento del endeudamiento de las economías domésticas. Por ello, lo razonable sería una política fiscal más restrictiva y olvidarse de momento, de rebajas adicionales del IRPF o de las cotizaciones sociales. Asimismo, habría que acotar la opacidad de los presupuestos de los gobiernos territoriales y clarificar las vías por las que se está llevando a cabo una buena parte de la inversión pública.

Otro tipo de actuaciones deberían orientarse hacia la reforma del mercado del trabajo (negociación colectiva, seguro de desempleo, reducción de las rigideces de los contratos fijos, es decir, el coste y los procedimientos del despido, etc.) y del sistema de pensiones, y a lograr una eficiente instrumentalización de la política de la competencia.

Un crecimiento que en buena parte es soportado en el gasto público, en el consumo (alentado por un endeudamiento excesivo) y en un déficit comercial galopante no parece ser la mejor estrategia para converger a largo plazo

### Nota Complementaria 9.2 - Reflexiones sobre la historia reciente del crecimiento económico

A partir de los años cuarenta, Harrod y Domar comienzan a sentar las bases para la explicación del crecimiento económico, basada en principios keynesianos de la interacción entre el **multiplicador** y el **acelerador**. El **crecimiento equilibrado** que propugnaban estos modelos era una casualidad, pues no podía asegurarse. El crecimiento equilibrado implica una trayectoria de crecimiento caracterizada por la constancia en los cocientes entre algunas variables. A lo largo de esta trayectoria la tasa de crecimiento del PIB real y la tasa de acumulación de capital son idénticas. Las investigaciones posteriores han tratado de analizar las posibilidades de un crecimiento estacionario estable. Desde la Escuela de Cambridge en el Reino Unido, asociada a los nombres de Kaldor, Robinson, Sraffa y Kalecki, se estudió la dependencia de la **tasa de ahorro** agregada respecto de la **distribución de la renta** cuando existen dos clases sociales, trabajadores y empresarios (cuya proporción dentro de la sociedad varía con el crecimiento económico). El modelo neoclásico de Solow endogeneiza la relación capital-producto al cambiar la **función de producción de coeficientes fijos** por una de coeficientes variables.

El primer modelo de **crecimiento endógeno** es debido a Romer. La idea esencial del crecimiento endógeno es que los rendimientos del capital, o más exactamente de los factores acumulables (capital humano, capital público, conocimientos, etc.) son **no decrecientes** y, por tanto, **su acumulación no cesa**. Existen dos tipos de modelos de crecimiento endógeno, los que suponen competencia perfecta y los que han introducido la competencia imperfecta para poder considerar la **investigación** y el **desarrollo (I+D)**.

En los modelos de competencia perfecta la tecnología se difunde sin costes. Dentro de éstos, un grupo de teorías consideran una definición amplia de capital que pueda incluir al capital humano. La idea del modelo de capital humano es que no sólo acumula capital físico, sino también conocimientos, y que el conjunto de ambos es lo que permite un **crecimiento sostenido** con **rendimientos constantes**. Se sustituye, por tanto, el trabajo por el capital humano. Lo que se necesita para generar crecimiento sostenido es un incentivo para invertir en capital humano que no sea decreciente con el *stock* de capital humano, pues el **producto marginal del capital humano** debe ser constante. Para Lucas la clave es la **acumulación de capital humano**, en especial mediante el aprendizaje directo en el puesto de trabajo.

La idea clave es que el conocimiento se acumula con la experiencia (*learning-by-doing*) y se distribuye entre las empresas generando externalidades positivas. El artículo de Romer es considerado como el primero que describe la generación de crecimiento sostenido a través de un proceso endógeno de innovación tecnológica. En este sentido, algunos autores, apoyándose en estudios sobre innovación industrial, indican que las empresas invierten en nuevas tecnologías cuando han visto la posibilidad de obtener beneficios.

con la UE. La competitividad, el aumento de la productividad y la inversión en nuevas tecnologías deberían ser los faros que orientasen el crecimiento de la economía española (véase Nota Complementaria 9.3).

> El **progreso técnico y la incorporación de nuevas tecnologías a la producción** están en la base de las notables tasas de crecimiento alcanzadas durante los últimos años.

## 9.5 Los beneficios y los costes del crecimiento económico

Las autoridades económicas se muestran siempre deseosas de alcanzar altas tasas de crecimiento. Esto se debe a los **beneficios** que se derivan del crecimiento.

### 9.5.1 Los beneficios del crecimiento

Algunas de las ventajas ligadas al crecimiento son las siguientes:

- El crecimiento suele ser la clave para lograr un **nivel de vida más elevado.** Los aumentos en la productividad permiten a la comunidad disfrutar de más bienes y servicios por persona y de más tiempo libre con la misma cantidad de bienes y servicios.
- Cuando la renta nacional aumenta en términos reales, las autoridades económicas pueden obtener **mayores ingresos** mediante impuestos sin tener que elevar los **tipos impositivos**, esto es, el porcentaje que hay que pagar a Hacienda sobre la base imponible, siendo esta última la cantidad total sobre la que Hacienda establece los impuestos.

> Las ventajas del crecimiento económico:
> - Nivel de vida más elevado.
> - Mayores ingresos fiscales y mayores servicios públicos.
> - Mayor nivel de renta a repartir.
> - Aumento del empleo.

- Cuando hay crecimiento es posible tomar medidas para alcanzar una **distribución más igualitaria de la renta** con una menor oposición política. Cuando la renta no crece, un grupo social sólo puede mejorar su posición a costa de otro. Sin embargo, esto cambia cuando la renta real está creciendo, ya que puede canalizarse un mayor porcentaje del incremento de la renta real hacia los grupos sociales más necesitados.
- Otra consecuencia positiva del crecimiento económico es el **aumento del empleo.** Por lo general, cuando la producción aumenta, el empleo lo hace también, incluso aunque no haga falta más mano de obra para incrementar la productividad. Además los logros en productividad suelen implicar mejoras en la competitividad, lo que facilitará el aumento de la producción.

### 9.5.2 Los costes del crecimiento

El crecimiento económico no sólo tiene ventajas. Por el contrario, plantea ciertos **inconvenientes**. En primer lugar, aunque la inversión es un factor clave del crecimiento, toda acumulación de capital –es decir, toda inversión– exige que los individuos estén dispuestos a **sacrificar sus presentes niveles de vida**. Si la economía se halla en una situación en la que todos los recursos están empleados, sólo se podrá incrementar la producción de bienes de capital si se desplazan los recursos de bienes de capital. En este caso, el aumento de la inversión obliga a reducir el consumo.

Además, el crecimiento económico tiene también sus **externalidades negativas**, por lo que se ha dado en llamar ***la manía del crecimiento*** ha sido criticada duramente. Destacan efectos sobre la calidad de vida, como el aumento de los llamados efectos rebosamiento en las economías industrializadas: la contaminación del medio ambiente y el agotamiento de ciertos recursos naturales. De ahí que se planteen posibles conflictos entre procurar un incremento elevado o aspirar a una cierta calidad de vida, dadas las consecuencias sociales y económicas que el crecimiento suele conllevar.

> Los **costes del crecimiento**:
> - Para crecer hay que invertir y ello requiere ahorrar, esto es, reducir el consumo presente.
> - El crecimiento tiene consecuencias negativas, como la contaminación, y puede suponer el agotamiento de determinados recursos naturales.

Desde esta perspectiva, cabe cuestionar la conveniencia del crecimiento económico en un sentido estrictamente cuantitativo y con miras exclusivamente a corto plazo. No debe olvidarse, además, que se pueden causar males irreparables al medio ambiente que originen desequilibrios ecológicos de alcance imprevisible.

El **medio ambiente** es un bien escaso, y por tanto, debe ser objeto de protección. Así mismo, el empleo de los recursos naturales debe estar bajo control a fin de lograr un desarrollo sostenible.

> La **investigación coordinada** en campos tales como la Biología, la Física, la Química, la Medicina debe aportar soluciones a los problemas creados por la degradación del medio ambiente.

## Nota Complementaria 9.3 - El crecimiento económico en España: 1940-2005

El crecimiento de la economía española durante el período 1940-2000 no ha sido un proceso uniforme, sino que ha atravesado distintas fases. Éstas pueden clasificarse de la siguiente manera:

- **(1940-1957). Período de reconstrucción y autarquía.** El crecimiento se vio limitado por las restricciones derivadas de la política autárquica y sometido a fuertes oscilaciones, reflejo de la existencia de un sector primario muy importante y de la ausencia de una política coyuntural.
- **(1958-1960). Plan de Estabilización.** El Plan de Estabilización trató de hacer frente a los tres problemas siguientes: déficit exterior, bajo nivel de reservas exteriores y fuertes presiones inflacionistas. Permitió la apertura al exterior de la economía española, si bien el coste fue muy elevado en términos de crecimiento, renta por habitante y empleo.
- **(1961-1974). Época de desarrollo.** La dinamización que supuso el primer Plan de Desarrollo (vía expectativas) y la favorable coyuntura internacional permitieron que la economía entrase en una senda de crecimiento sostenido.
- **(1974-1982). La crisis de la década de los años setenta.** El inicio de la llamada «crisis del petróleo» junto a ciertos errores de política económica provocó que la economía se sumiese en una profunda crisis.
- **(1982-1989). La recuperación de los ochenta.** A partir de 1982 la economía española entra en una fase de recuperación. La salida de la crisis se ha visto propiciada por la recuperación de la economía internacional. Las tasas de crecimiento han sido especialmente elevadas a partir de 1985, si bien en 1989 la economía española tocó techo.
- **(1989-1993). La crisis de los noventa.** A partir de la segunda mitad de 1989 la economía española, en parte condicionada por el ciclo internacional, entró en una fase recesiva.
- **(1994-2000). El «boom» de la nueva economía.** Prácticamente coincidiendo con la segunda mitad de la década de los noventa, la economía española entró en una fase de crecimiento sostenido hasta que llegó la crisis bursátil de las tecnologías.
- **(2000-2005). Vuelta a los fundamentos.** Una vez superada la crisis de Internet, a partir de 2002 se ha retomado una senda de crecimiento sobre bases más sólidas.

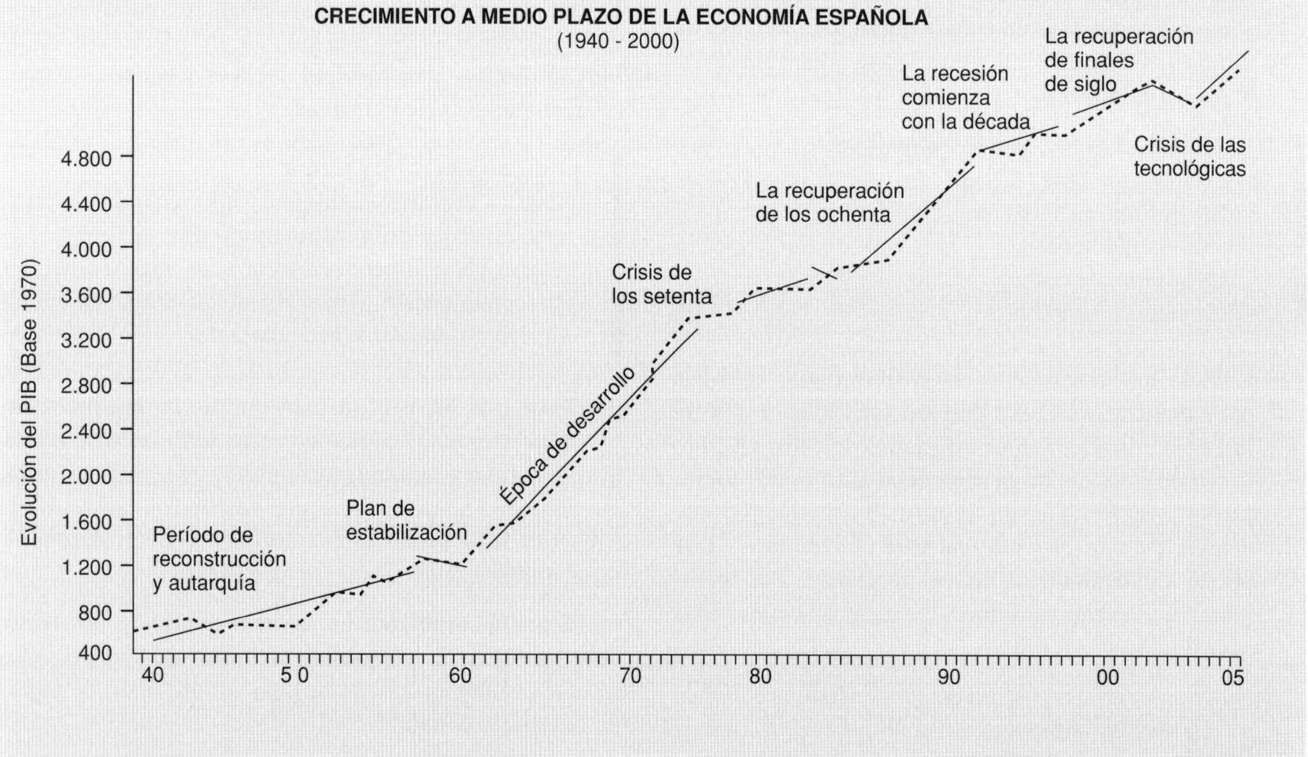


Crecimiento a medio plazo de la economía española (1940-2000)

### 9.5.3 El crecimiento sostenible

De lo señalado se puede inferir que si bien el crecimiento conlleva una serie de ventajas también plantea una serie de retos que deben afrontarse si se pretende alcanzar un crecimiento sostenible. Cuando se habla de **crecimiento sostenible** puede hacerse desde un doble sentido, en términos medioambientales y desde una perspectiva macroeconómica.

> Teniendo en cuenta los recursos naturales y medioambientales, el **crecimiento es sostenible** cuando sea respetuoso con la conservación del medio ambiente.

#### Crecimiento sostenible desde un punto de vista macroeconómico

Desde una perspectiva macroeconómica, el crecimiento será sostenible cuando sea compatible con la producción potencial de la economía, esto es, con la función de producción agregada de la economía y con la capacidad para incorporar innovaciones tecnológicas en el sistema productivo.

Cuando el crecimiento económico alcanzado por una economía es compatible con su capacidad productiva, el país en cuestión podrá crecer sin necesidad de incurrir en desequilibrios concretados en tensiones inflacionistas, déficit presupuestarios o desequilibrios en la balanza de pagos insostenibles a largo plazo. Esto se logrará cuando el patrón de crecimiento seguido por la economía en términos del crecimiento experimentado por las macromagnitudes relevantes, consumo privado, gasto público, inversión privada, importaciones, exportaciones, cantidad de dinero, empleo y producción, sean consistentes. En este caso, el equilibrio macroeconomómico alcanzado estará en consonancia con la producción potencial de la economía y su crecimiento a largo plazo.

Así, un país que base su crecimiento en el consumo privado y en el gasto público, a medio plazo incurrirá en desequilibrios en el sector exterior y presupuestarios que acabarán truncando dicho modelo de crecimiento. En este sentido, la economía estadounidense puede que, a medio plazo, sea una excepción, pues hay países como Japón y China que, por sus propias características (concretadas fundamentalmente en superávit sistemáticos en sus balanzas comerciales), están dispuestos a financiar los déficit norteamericanos. Por ello, de forma genérica, puede afirmarse que lo razonable es articular un modelo de crecimiento donde el gasto y la producción evolucionen siguiendo patrones consistentes.

> El **crecimiento es macroeconómicamente sostenible** cuando no se incurre en desequilibrios (inflación, déficit público o déficit exterior) progresivos.

#### El estado de bienestar y el crecimiento sostenible

Para países como los integrantes de la UE la clave radica en mantener el estado de bienestar, con lo que éste conlleva de gasto social (educación, sanidad, desempleo, pensiones...) dentro de unos niveles que permitan una política presupuestaria solvente a largo plazo. Este es el objetivo del Pacto de Estabilidad y Crecimiento, actualmente sometido a debate en el seno de la UE, por el incumplimiento por parte de Alemania y Francia de sus compromisos presupuestarios, en concreto porque el déficit público ha superado el límite del 3% del PIB. Todo apunta a que la reforma del Pacto de Estabilidad adoptará un enfoque más a largo plazo, sin fijar límites artificiales, y centrará su atención en identificar niveles de deuda como objetivos. Cada país tendría que comprometerse a ciertos objetivos sostenibles de endeudamiento, después de admitir un límite general, por ejemplo del 60% del PIB, como establece el Tratado de Maastricht. Durante las recesiones se permitiría ciertos incrementos de endeudamiento y en las etapas de expansión la relación deuda-PIB experimentaría una reducción.

## 9.6 El desarrollo económico

El crecimiento económico es un aspecto de otro proceso más general, el desarrollo de una sociedad. Una vez estudiado el crecimiento económico, vamos a retomar esa consideración más general de la evolución que experimenta una sociedad a lo largo del tiempo.

Para empezar, vamos a referirnos a los conceptos de desarrollo y subdesarrollo económicos, que son relativos y difíciles de definir con precisión. Hacen referencia a la brecha real que separa los niveles de vida que se alcanzan en unos y otros países, y a los procesos que llevan a la elevación del nivel de vida.

> El **desarrollo y el subdesarrollo** hacen referencia a la brecha real que separa los niveles de vida en unos y otros países.

#### Los indicadores del grado de desarrollo

Los países en vías de desarrollo se caracterizan por un conjunto de insuficiencias en comparación con las economías que se pueden considerar como desarrolladas. Dado que el desarrollo comprende muchos aspectos, el grado de subdesarrollo se puede medir mediante un conjunto amplio de indicadores, entre los que cabe destacar los siguientes:

- Baja renta por habitante.
- Altos índices de analfabetismo.
- Débil estructura sanitaria.
- Baja tasa de ahorro por habitante.

### Nota Complementaria 9.4 - El estado de bienestar

El **estado de bienestar**, que fue creado en la Europa de la posguerra, puede definirse como la institucionalización de los derechos sociales de los ciudadanos. El Estado provee a los ciudadanos de unas determinadas prestaciones en forma de subsidios, ayudas o pensiones, y de un conjunto de servicios sociales, generalmente, en materia de sanidad y educación.

*El estado del bienestar es el conjunto de servicios sociales (pensiones, desempleo, sanidad, educación) que garantizan a los ciudadanos un nivel de subsistencia.*

En sus orígenes, al tratar de ofrecer a todos los ciudadanos unos servicios mínimos en forma de prestaciones como educación, sanidad, salario mínimo, pensiones, cobertura de desempleo, etc., pretendía erradicar la pobreza en la Europa de la posguerra. En cualquier caso, el hecho es que el estado de bienestar contribuyó a vertebrar la Europa arruinada por la Segunda Guerra Mundial en un consenso sin precedentes, y logró una convivencia difícil de alcanzar. Mediante este proceso, el Estado se convirtió en una especie de árbitro de las distintas clases sociales y paralelamente despolitizó y desautorizó las posibilidades de revueltas sociales en aquellos lugares en los que las desigualdades eran muy acusadas. De esta forma, además, se trataba de evitar el posible contagio de las ideas comunistas que regían en la Europa del Este.

El resultado ha sido que el estado de bienestar se ha convertido en un elemento clave de la cultura europea desde hace medio siglo y ha caracterizado un modelo de crecimiento a largo plazo.

De cara al futuro la clave consiste en mantener las prestaciones del estado de bienestar sin incurrir en déficit presupuestarios económicos.

- Estructura productiva y tecnológica desequilibrada.
- Elevadas tasas de desempleo estructural.
- Fuertes diferencias en la distribución interna de la renta.
- Elevadas tasas de crecimiento de la población.

### Elementos condicionantes del subdesarrollo

Si se pasa del análisis de la sintomatología del subdesarrollo al estudio de los elementos determinantes de tal situación y que condicionan la posibilidad de superarla, se destacan los siguientes factores: *la asignación de los recursos, el equilibrio macroeconómico, el capital físico, el capital humano y las relaciones comerciales entre países.*

## A) La asignación de los recursos

Los países en vías de desarrollo poseen distorsiones en sus economías que impiden una buena asignación de los escasos recursos productivos. Existe un desaprovechamiento de factores, como ocurre cuando hay desempleo y capacidad ociosa de plantas y equipos. Asimismo, políticas que significan reprimir el desenvolvimiento del mercado financiero ocasionan un bajo nivel de ahorro doméstico y que éste se destine a financiar proyectos de inversión que no son los más rentables. También ocurre que la inversión pública no responde a criterios de rentabilidad económica y social. Otro factor distorsionador común es cuando no se permite la operación del mercado para asignar los recursos. Así, políticas de control de precios en mercados no monopolísticos impiden que se entreguen las señales adecuadas para orientar las conductas de consumidores y productores.

Suele existir una presencia importante de empresas estatales y un gran volumen de gasto público que obliga a tener una carga tributaria significativa. Esto dificulta una buena asignación de recursos, ya que las empresas estatales son utilizadas para fines que no son los de eficiencia, y el gasto fiscal se asigna sin criterios de efectividad económica.

## B) Desequilibrios macroeconómicos recurrentes

La existencia frecuente de déficit fiscales o de políticas monetarias expansivas que se traducen en inflación e inestabilidad de precios disminuyen las posibilidades de crecimiento en los países en desarrollo. Altas y variables tasas de inflación dificultan el rol de proveedores de información que los precios poseen. Además, desalientan la inversión y producen conflictos entre trabajadores y empresarios haciendo que los agentes económicos no concentren su actuación en ampliar las posibilidades de desarrollo.

Los mencionados desequilibrios también producen frecuentes problemas en la Balanza de Pagos e inestabilidad en el tipo de cambio. Así, algunos países deben recurrir a fuertes endeudamientos externos o a bruscos cambios de sus paridades, alterando significativamente las condiciones para exportar. Ello suele desalentar la inversión extranjera y el ahorro e inversión doméstica.

Debilidades institucionales, la existencia de poderosos grupos de presión y la falta de perspectivas a largo plazo son algunos de los factores que contribuyen a la inestabilidad macroeconómica de las economías en vías de desarrollo.

## C) Escasez de capital físico

Los países en vías de desarrollo se caracterizan por la falta de fábricas y maquinarias modernas y por la debilidad de sus equipamientos e infraestructuras de todo tipo. Estas **caren-**

**cias de capital** no se pueden remediar fácilmente. Dado que el capital han de proveerlo los propios habitantes de los países en vías de desarrollo, éstos deberán ahorrar, esto es, sacrificar consumo presente; pero, como se ha apuntado, ello no es fácil cuando el nivel de ingreso es bajo.

Desafortunadamente, las políticas seguidas por largos períodos de tiempo en los países en desarrollo han desalentado el ahorro y la inversión. Así , por ejemplo, ha ocurrido con la fijación de los tipos de interés, de tal forma que éstos sean negativos en términos reales. Ello se ha traducido en un castigo al ahorro y un estímulo al ahorro en el exterior.

> La escasez de capital físico limita
> el desarrollo económico.

Ha contribuido también a la escasez de capital en los países en vías de desarrollo una actitud de rechazo a la inversión extranjera. Asimismo, la falta de integración de los mercados financieros ha impedido atraer mayores volúmenes de ahorro externo. Ello ha sido especialmente grave en estos países, ya que en ellos el factor más escaso es el capital.

## D) El factor humano

Se señaló que el crecimiento de la producción se debe en buena medida a las inversiones en educación, formación profesional y capacitación, salud y movilidad laboral. Las inversiones en capital humano elevan la productividad del trabajo y son un factor clave del desarrollo económico.

Resulta, sin embargo, que en los países en vías de desarrollo, además de contar con una escasa dotación inicial de capital físico y humano, no se aplican las políticas adecuadas para incrementar el **capital humano.** En efecto, suele suceder que una serie de regulaciones estatales limitan las posibilidades de que el sector privado ofrezca servicios educacionales, de capacitación y de salud. Además, los recursos públicos a estas áreas son muy escasos o se orientan a proveer servicios gratuitos o subsidiados a sectores de la población que no los necesita. Asimismo, ocurre con mucha frecuencia que los aportes fiscales se orientan a programas de alto coste y bajo retorno desde el punto de vista social.

El otro problema en la formación de capital humano en los países en desarrollo es la falta de institucionalidad y de diseño adecuado en los programas sociales. Así, por ejemplo, la falta de focalización de los programas educacionales y de salud en los sectores más pobres lleva a un enorme desperdicio de recursos.

> En los **países en vías de desarrollo** es frecuente que
> además de contar con un capital humano reducido,
> no se apliquen las políticas idóneas.

## E) El tipo de relaciones comerciales

Los países en desarrollo se caracterizan por su escasez del factor capital y su relativa mayor abundancia del factor trabajo y de recursos naturales. De acuerdo a la teoría de las ventajas comparativas, estos países deberían especializarse en la producción de bienes que utilicen más intensivamente el trabajo y los recursos naturales. Ello ocurriría si ellos adoptaran políticas de comercio exterior que se caracterizaran por la integración y el libre comercio. Sin embargo, al observar los países que en el mundo poseen más barreras arancelarias y no arancelarias, especialmente en una perspectiva histórica, destacan los países en vías de desarrollo. En efecto, por décadas, estos países siguieron la errónea estrategia de la industrialización forzada sustituyendo importaciones en aquellos productos en los cuales no poseen ventajas para producirlos. Para ello elevaron sus aranceles aduaneros y establecieron un sinnúmero de restricciones al comercio internacional. El resultado inicial fue un importante dinamismo de la economía, el cual se fue agotando con el tiempo. Al no aprovechar las ventajas del libre comercio orientaron los recursos a la producción de bienes más intensivos en capital, los que resultaron, en general, más caros y de menor calidad. Además, el limitado tamaño de los mercados domésticos no permitió el aprovechamiento de las economías de escala y promovió estructuras de mercado poco competitivas.

A lo anterior se sumó la desincentivación a las exportaciones que producían los elevados impuestos que al reducir la demanda de divisas generaban un menor tipo de cambio. Así, sectores como la agricultura, la industria de exportación y otros resultaron castigados. El resultado ha sido un menor crecimiento y la generación de efectos sociales, como la aceleración de los procesos migratorios desde el campo a la ciudad, que han supuesto mayores requerimientos a los gobiernos de estos países.

A partir de la experiencia de los países del Este asiático, y especialmente a partir de la década de los ochenta, el referido fenómeno se ha comenzado a revertir. Un creciente número de países en vías de desarrollo, especialmente en Latinoamérica, ha abierto sus economías desarrollando crecientes relaciones comerciales con otras naciones. Desgraciadamente, los países desarrollados mantienen un conjunto importante de barreras al libre comercio. Las grandes economías utilizan políticas proteccionistas para sus sectores agrícolas y castigan con aranceles crecientes a las importaciones con mayor valor agregado. Con ello dificultan las posibilidades de las economías en desarrollo y desalientan la aplicación de políticas de libre comercio.

## 9.7 Los obstáculos a superar y las posibles estrategias a seguir

En este punto la pregunta pertinente es ¿qué se puede hacer para salir del subdesarrollo? Afortunadamente, en las últimas décadas se ha producido un mayor conocimiento y generado más acuerdo en torno a la estrategia más adecuada para que los países alcancen el desarrollo. Por supuesto, las realidades de cada país son diferentes y ello impide una «receta» única. Sin embargo, existen políticas básicas como las que señalaremos a continuación y que buscan alcanzar el desarrollo.

### 1) Estado y mercado

Una de las enseñanzas más valiosas de la experiencia adquirida está en relación con la interacción del Estado y el mercado. Ella demuestra que el éxito en la promoción del crecimiento económico y reducción de la pobreza es más probable cuando los gobiernos promueven el funcionamiento de los mercados, es decir, los gobiernos no intervienen en la operación de los mercados y concentran las intervenciones sólo en áreas muy precisas, en las cuales se presentan imperfecciones.

> Los mercados no pueden operar en el vacío: requieren de un marco legal apropiado que sólo el Estado puede proveer.

Un aspecto central en el desarrollo es la interacción entre los gobiernos y los mercados. Este no es un problema de *intervención versus laissez faire*, dos alternativas muy populares pero falsas. La evidencia negativa de los países socialistas de Europa del Este y de aquellos de socialismo moderado, como Suecia, demuestran que los mercados competitivos son la mejor forma de lograr un sistema eficiente de producción y distribución de bienes y servicios. La competencia interna y externa otorga los incentivos que liberan fuerzas del emprendimiento y progreso tecnológico.

Esa es la razón de por qué los gobiernos —por ejemplo— deben invertir o promover la inversión privada en infraestructura y asegurar el acceso a los servicios esenciales a los sectores más pobres. Esta no es una cuestión de Estado o mercado: cada uno tiene su importante e irremplazable papel.

> El Estado debe invertir en infraestructuras y asegurar el acceso a los servicios esenciales a los sectores más pobres.

El clima, la cultura, los recursos naturales fueron entendidos alguna vez como los aspectos clave del desarrollo económico. Después de la gran depresión, y durante los años sesenta, muchos diseñadores de políticas favorecieron, especialmente en Latinoamérica, la sustitución de importaciones combinada con una aceleración del desarrollo industrial promovido por el Gobierno. En esos días esta visión fue sostenida estratégicamente por la ayuda externa y las agencias financieras internacionales.

Pero dicha forma de concebir el desarrollo no soportó la prueba del tiempo. Ahora existe clara evidencia, tanto para los países en desarrollo como para los industrializados, de que es mejor no pedir a los gobiernos que administren el desarrollo. Los impuestos discriminatorios a la agricultura casi siempre se transformaron en impuestos al crecimiento. El aislamiento económico detrás de las barreras al comercio ha demostrado ser muy costoso: ha retardado la competencia y provocado interferencias en los precios, deliberadas o accidentales, que han demostrado ser frecuentemente contraproducentes.

Un ágil funcionamiento de los mercados y una ponderada intervención del Estado parece ser la proporción adecuada. La definición y protección de los derechos de propiedad, la provisión de un marco legal y judicial efectivo permiten operar al mercado eficientemente y que el sector público cumpla su rol subsidiario.

### Límites al rol del Gobierno

En ausencia de fallos del mercado, dejar a los mercados funcionar sin intervención es muy superior a introducirse en ellos. Las acciones que involucran bienes públicos y corrección de imperfecciones requieren del Estado, debido a que el sector privado no las desarrollaría por sí mismo, como por ejemplo el gasto en educación básica, la superación de la pobreza extrema y protección ambiental. Otras acciones, en cambio, no deberían corresponderle al Gobierno. Por ejemplo, emprender actividades de producción o proteger artificialmente la producción interna de un bien que puede ser importado a un precio más bajo.

### Rol transparente y no discriminatorio

Hacer las intervenciones estatales simples y transparentes y sujetas a reglas, más que a la discrecionalidad oficial. La complementariedad de políticas adecuadas e intervenciones del Estado limitadas a casos específicos es una de las lecciones más valederas de la experiencia del desarrollo. La experiencia reciente nos dice que entre los países en vías de desarrollo, las tasas de crecimiento más elevadas se han alcanzado en aquellos países donde las reglas del juego estaban más claramente definidas.

### 2) Inversión en capital humano

La rentabilidad de la inversión, tanto pública como privada, en capital humano es a menudo extremadamente alta. Los mercados en los países en desarrollo generalmente no son suficientes para proveer a las personas, especialmente a los más pobres, de una educación adecuada (particularmente educación básica), atención de salud y nutrición.

En adición al aumento de las cantidades de inversión en desarrollo humano, se debe promover la calidad de dicha inversión. Muy a menudo, las inversiones de capital humano se elevan indiscriminadamente, lo que resulta en una subutilización y desperdicio. Los gastos son frecuentemente mal focalizados y envuelven una serie de fallas. Se ha demostrado la conveniencia de reducir los grandes subsidios a la educación superior y gastar mucho más en educación básica, en la que la rentabilidad social es bastante más elevada. También existe necesidad de efectuar un cambio similar entre el gasto en medicina curativa, muy costosa, a sistemas de atención primaria y del tipo preventivo.

Se requiere un mayor cuidado en asegurar que los programas públicos alcancen a la población objetivo. Ejemplos de programas de gasto social bien diseñado y focalizado se han extendido en los últimos años en todos los continentes. Hay oportunidades muy útiles de asociación con el sector privado. La inclusión del sector privado ha permitido que los servicios sean prestados en una forma más eficiente.

### 3) El clima propicio para las empresas nacionales y multinacionales

La competencia interna y externa han incentivado muy a menudo la innovación, difusión de la tecnología y el uso más eficiente de los recursos. Japón, Corea, Estados Unidos y las economías más exitosas de Europa han establecido ventajas competitivas globales dentro de los rigores de la competencia. Inversamente, restricciones a la entrada y a la salida de los mercados, legislación laboral plagada de restricciones e inadecuada, derechos de propiedad no suficientemente claros y respetados y controles de precios —todos los cuales debilitan las fuerzas de la competencia— han retrasado el cambio tecnológico y postergado los aumentos de la productividad.

Una economía interna eficiente requiere de bienes de una calidad adecuada. Esto incluye fundamentalmente un marco regulador para asegurar la competencia, y derechos legales y de propiedad que estén claramente definidos y conscientemente protegidos. También requiere inversión en infraestructura, investigación y desarrollo y un sistema judicial que resuelva eficientemente.

> La **sustitución de importaciones** consiste en reemplazar parte de las importaciones por producción nacional con objeto de propiciar la puesta en marcha de un proceso de industrialización. Para ello se ha recurrido en exceso al establecimiento de aranceles y contingentes.

Además, se necesitan mercados de capitales profundos que promuevan el ahorro y lo canalicen hacia los proyectos de inversión más rentables. Entre otros, este mercado debe recibir el ahorro y la inversión extranjera, la cual no debe ser discriminada.

Por otro lado, el estímulo a la entrada de empresas multinacionales es una estrategia a seguir, ya que con ellas se abre la puerta a las tecnologías y a la entrada de capitales.

### La globalización de la economía

Cuando el flujo internacional de bienes, servicios, capital, trabajo y tecnología se ha globalizado, el paso del crecimiento económico se ha visto acelerado. La apertura al comercio, inversión e ideas ha sido fundamental para asegurar la disminución de costes por parte de los productores internos, ya sea introduciendo nuevas tecnologías como desarrollando nuevos y mejores productos. Un elevado nivel de protección de la industria interna, contrariamente, ha retrasado durante décadas el desarrollo en muchos países.

Las políticas para promover estos flujos incluyen una mayor apertura a la inversión y al comercio de bienes y servicios. Las barreras no arancelarias, que son especialmente distorsionadoras, necesitan ser removidas y los aranceles reducidos sustancialmente.

> El **flujo internacional de tecnología** ha tomado muchas formas: inversión extranjera, educación en otros países, transmisión de conocimientos a través de flujos de trabajo, así como también la tecnología involucrada en importaciones de bienes de capital, equipamiento, etc.

### 4) Equilibrios macroeconómicos

Bases macroeconómicas estables constituyen uno de los bienes públicos que los gobiernos pueden proveer. La experiencia muestra que cuando los gobiernos han expandido fuertemente su gasto, los resultados han sido grandes déficit, excesivo endeudamiento fiscal y expansión monetaria y problemas en el sector financiero que han sido seguidos rápidamente por inflación, sobreevaluación crónica de la moneda y pérdida de competitividad de las exportaciones.

El endeudamiento fiscal excesivo conduce también a problemas de desplazamiento de la inversión privada. Restaurar la confianza del sector privado es un aspecto básico en los esfuerzos para incentivar un renovado crecimiento y generar empleo en muchos países con una historia de inestabilidad macroeconómica.

Los gobiernos deben mantener una política fiscal prudente, observando cuidadosamente la división de tareas económicas entre el Gobierno y el sector privado. En la reformulación de sus prioridades de gasto, implementación de reformas tributarias, reformas del sector financiero, privatizando empresas de propiedad del Estado y usando sistemas de pago del beneficiario para recuperar el costo de algunos de los servicios provistos por el Estado, los gobiernos pueden lograr al mismo tiempo las metas de la eficiencia microeconómica y estabilidad macroeconómica.

Como ya señalamos, la estrategia de desarrollo, que ha demostrado ser la más confiable y que parece ofrecer mayores promesas para erradicar la pobreza y alcanzar el desarrollo, sugiere una reformulación de los roles asignados al mercado y al Estado. En términos simples, los gobiernos deben hacer menos en aquellas áreas donde los mercados trabajan bien, o podrían hacerlo razonablemente bien. Los gobiernos deben dejar florecer la competencia interna y externa y limitarse a corregir los fallos del mercado.

Los gobiernos deben hacer más en aquellas áreas donde los mercados por sí solos no son confiables. Esto último significa invertir en educación, salud, nutrición, aliviar la pobreza, la construcción de infraestructura legal, administrativa, social y física de calidad, movilizar los recursos necesarios para el financiamiento de las finanzas públicas y proveer bases macroeconómicas estables, sin las cuales poco se puede hacer.

## 9.8 Desarrollo, riqueza y pobreza

Desde una perspectiva internacional las tendencias observadas durante los últimos años permiten afirmar que el mundo se desarrolla a dos velocidades. Por una parte, el Norte desarrollado y por otra, el Sur, que se empobrece y diverge de los más afortunados.

> Los gobiernos deben mantener una política fiscal prudente, pues si expanden fuertemente su gasto provocarán grandes déficit y serios desequilibrios macroeconómicos.

Esta dinámica, que explica el enriquecimiento progresivo de ciertos países y el empobrecimiento de otros, se ha acentuado durante la década de los noventa.

Se ha generado una tendencia preocupante, ya que conduce al empobrecimiento y la desintegración de los países menos desarrollados, que no participan en la globalización económica; el ejemplo más característico es la situación en que se encuentran la mayoría de los países del continente africano.

> El **Fondo Monetario Internacional (FMI)** y el **Banco Mundial**, además de ordenar los flujos financieros internacionales, se deberían ocupar más de combatir el empobrecimiento y la desintegración de los países menos desarrollados.

Este tipo de problemas se tratan de combatir desde las agencias y organismos internacionales, como la Conferencia de las Naciones Unidas para el Comercio y el Desarrollo (UNTAC) y el Banco Mundial.

### 9.8.1 El Banco Mundial

Una de las agencias internacionales que desempeña una labor más importante en este terreno es el **Banco Mundial**. Se trata de una institución hermana del FMI. Ambas se crearon conjuntamente y los países miembros son los mismos. Como se recordará, el papel del FMI consiste en facilitar ayuda a corto plazo a los países miembros para superar los problemas derivados de los desequilibrios en sus balanzas de pagos.

La misión fundamental del Banco Mundial es la de conceder préstamos a largo plazo para ayudar a los países a poner en marcha programas de desarrollo. Aunque su capital está suscrito por los países miembros, tiene capacidad para endeudarse en los mercados internacionales de capital, actuando los países miembros como garantes de estas operaciones.

En los primeros años del Banco Mundial, la mayor parte de las ayudas concedidas se dirigieron a los países que se habían visto seriamente afectados por la Segunda Guerra Mundial. Los préstamos se utilizaron para la reconstrucción de estos países. Una vez superados los efectos de la guerra, y recuperadas las naciones industrializadas, los préstamos del Banco Mundial se han canalizado fundamentalmente hacia los países en vías de desarrollo. Además de las ayudas financieras, el Banco Mundial facilita a los países en vías de desarrollo asistencia técnica y asesoramiento para llevar a cabo los programas de desarrollo.

> El **Banco Mundial** se constituyó en 1944 en el contexto de los acuerdos de Bretton Woods. En la actualidad, se ocupa prioritariamente de los países menos desarrollados, mediante créditos a largo plazo.

### 9.8.2 Las economías occidentales y la pobreza

En cualquier caso, el problema de la pobreza, y más generalmente el de las diferencias excesivas de renta, no es exclusivo de los países en vías de desarrollo. De hecho, en la mayoría de las economías occidentales las deficiencias en la asignación de recursos se combinan con el desempleo, la pobreza y el despilfarro. El resultado es que coexiste la pobreza junto con colectivos reducidos con niveles de renta elevados.

La desigualdad y su límite más bajo de la pobreza, a pesar de su injusticia social, no forman parte habitual del discurso económico. En la tendencia dominante de este discurso hay una cierta oposición a proporcionar riqueza sin contrapartidas a los pobres. Se tiende a considerar que el dinero ejerce sobre los pobres un efecto pernicioso: el de la cultura de la pobreza, concretada en la preferencia, por parte de algunos menesterosos, por obtener dinero de los fondos públicos en vez de trabajar, lo que genera un círculo vicioso de inactividad.

Lo preocupante es que en los últimos años las diferencias de renta no se han reducido. Ello se ha debido, en gran parte, a las políticas económicas liberales adoptadas en muchos países. Durante las últimas décadas, ha sido frecuente que los gobiernos hayan recortado los tipos impositivos y hayan restringido los gastos de transferencias hacia colectivos más desprotegidos, cuyo resultado ha sido un aumento de las diferencias de rentas.

Los partidarios de la ideología liberal alegarían que la acentuación de las diferencias a corto plazo ha sido un mal necesario, pues es una consecuencia del proceso puesto en marcha. La dinámica iniciada facilita canalizar el esfuerzo y los recursos productivos hacia usos que permitan un crecimiento más rápido. A largo plazo, sin embargo, el fuerte crecimiento, alcanzado por haber propiciado los incentivos para trabajar y para producir beneficiará a todos.

Si nos centramos en lo ocurrido durante la década de los noventa, podríamos afirmar que ésta se ha caracterizado por la coexistencia de paro estructural y un empleo cada vez menos estable. Esta situación ha conducido a una progresiva dualización social, con un aumento de los excluidos. En este proceso ha contribuido el relativo desmantelamiento del estado del bienestar.

## RESUMEN

- El **crecimiento de la producción de equilibrio** se denomina crecimiento efectivo y puede tener lugar tanto a corto como a largo plazo.
- El **crecimiento económico** supone la expansión del PIB potencial de un país, lo que en términos de la Frontera de Posibilidades de la Producción equivale a un desplazamiento hacia fuera.
- Los **determinantes del crecimiento económico** giran en torno al incremento en los recursos naturales, el capital y el trabajo, además del aumento de la eficacia con la que se utilizan dichos recursos; éste puede venir motivado por avances de la tecnología, por la mayor cualificación de los trabajadores o por las mejoras en la organización del trabajo.
- La **productividad** en un sentido amplio viene definida como el cociente entre la producción y una media ponderada de los factores.
- El **progreso tecnológico** se refiere a los cambios de los procesos de producción o a la introducción de nuevos productos o servicios.
- En **ausencia de progreso tecnológico**, la intensificación del capital hará que el capital presente rendimientos decrecientes y disminuya su tasa de rendimiento.
- La **acumulación de capital** constituye la clave del modelo neoclásico del crecimiento. En ausencia de cambio tecnológico y de innovaciones, un aumento del capital por trabajador no va acompañado de un aumento proporcional de la producción por trabajador debido a los rendimientos decrecientes del capital.
- El **cambio tecnológico** se identifica con los avances logrados en los procesos de producción, y la introducción de nuevos y mejores bienes y servicios.
- El cambio tecnológico aumenta la producción que puede obtenerse con un conjunto dado de factores, desplazando en sentido ascendente la función de producción agregada, permitiendo obtener más producción con las mismas cantidades de trabajo y de capital.
- El **análisis de las fuentes del crecimiento económico** nos dice que el cambio tecnológico es un producto del sistema económico, que la tecnología es un bien público o no rival que puede ser utilizado simultáneamente por muchas personas y que los nuevos inventos son caros de producir pero baratos de reproducir.
- El **desarrollo y el subdesarrollo** hacen referencia a la brecha real que separa los niveles de vida en unos y otros países.

## CONCEPTOS BÁSICOS

- Renta per cápita.
- Capital humano.
- Escolarización.
- Expectativa de vida.
- Trabajo.
- Capital físico.
- Recursos naturales.
- El residuo de Solow.
- Tecnología.
- Función de producción agregada.
- Productividad per cápita.
- Modelo neoclásico de crecimiento económico.
- Relación capital-trabajo.
- Intensificación de capital.
- Desarrollo y subdesarrollo.
- Las fuentes del crecimiento.
- La contabilidad del crecimiento.

## CUESTIONES PARA LA AUTOEVALUACIÓN

1. Defina el crecimiento económico e identifique los factores que lo determinan.
2. ¿Cómo influye la escasez de tierra en el crecimiento, según el modelo de Smith y Malthus?
3. ¿En qué sentido la acumulación del capital es clave en el crecimiento?
4. El desarrollo tecnológico ¿puede explicar el crecimiento económico actual?
5. ¿Qué es la relación real de intercambio?
6. ¿Por qué los países están interesados en la convergencia de las economías?
7. ¿Qué diferencia existe entre crecimiento y desarrollo?
8. ¿Cuáles son los elementos que condicionan el subdesarrollo?
9. Defina las distintas estrategias para salir del subdesarrollo.

## EJERCICIOS Y APLICACIONES

1. Es cierto que a muy largo plazo la producción crece porque aumentan las dotaciones de los factores productivos disponibles y la mejora de la tecnología.
2. Comente la siguiente afirmación: A corto plazo, la producción crece porque aumentan las dotaciones de los factores productivos disponibles.
3. En qué medida la contribución relativa del capital y del trabajo al crecimiento económico depende de la proporción que cada uno de ellos se lleva en el reparto de la renta nacional.
4. La teoría del crecimiento considera que:

   a) la producción es constante,

   b) las dotaciones de los factores son constantes,

   c) la oferta agregada es horizontal,

   d) la tecnología puede cambiar.
5. La ecuación fundamental del equilibrio del modelo de Solow nos dice que la relación capital/trabajo ($k$) se determina:

   a) mediante la diferencia entre el crecimiento del *output* por trabajador y el ahorro,

   b) mediante la diferencia entre el crecimiento del *output* y el crecimiento de la inversión,

   c) mediante el crecimiento del ahorro,

   d) mediante la diferencia entre el ahorro por trabajador y el ahorro necesario para mantener $k$ constante cuando crece el trabajo.
6. Dada la Frontera de Posibilidades de la Producción (FPP): $I = 20 - 2C$, si a largo plazo se incrementa la capacidad productiva, la nueva FPP podría venir dada por:

   a) FPP: $I = 20 - 2C$,

   b) FPP: $I = 25 - 2C$,

   c) FPP: $I = 10 - 2C$.

   d) ninguna de las anteriores.
7. De una economía se conocen los siguientes datos: la tasa de crecimiento de la economía es del 8%, la tasa de crecimiento del capital es del 4% y la tasa de crecimiento del factor trabajo es del 2,5%. Indicar cuál es la parte de crecimiento imputable al progreso técnico o residuo de Solow.

   a) 1%

   b) 1,5%

   c) 0%

   d) 2,5%

CAPÍTULO 10

# LA GLOBALIZACIÓN, LAS TI Y LA NUEVA ECONOMÍA

## INTRODUCCIÓN

Al hilo de unos temas de actualidad, como son la globalización, las Tecnologías de la Información y las Telecomunicaciones (TI), en este capítulo de cierre se pretende realizar un balance actualizado del estado de la macroeconomía, en el sentido de comprobar en qué medida las teorías que hemos venido presentando a lo largo del texto pueden utilizarse para explicar los problemas actuales de nuestra sociedad. Estas teorías versan sobre la importancia relativa de la demanda agregada y la oferta agregada y sobre el crecimiento económico. Asimismo tratamos de ilustrar cómo en la vida real no hay una distinción clara entre el corto y el largo plazo ni entre los problemas microeconómicos y los macroeconómicos, ya que las actuaciones y decisiones de los agentes por lo general tienen una dimensión global.

## 10.1 Tecnologías de la Información y de las Telecomunicaciones como elemento de desarrollo

Las **Tecnologías de la Información y las Telecomunicaciones (TI)** comprenden las tecnologías que procesan, almacenan y comunican información. Estas tecnologías se están extendiendo y generalizando en empresas, en las Administraciones Públicas y en los hogares a ritmos impensables hace sólo unos años. De hecho las TI están transformando la sociedad en la mayoría de los países, pues su eclosión se está produciendo en un contexto de globalización, liberalización y creciente competencia. Las transformaciones alentadas por las nuevas tecnologías están contribuyendo a modificar los sistemas de producción y organización, los modos de comunicación y en general las formas de hacer en el mundo de los negocios, dando lugar a lo que se conoce como Nueva Economía, Economía del Conocimiento, y en un contexto más amplio están contribuyendo a configurar la denominada Sociedad de la Información.

> Las **Tecnologías de la Información (TI)**, comprenden las tecnologías que procesan, almacenan y comunican información, como la informática, las telecomunicaciones e Internet.

### 10.1.1 El papel jugado por las TI

En relación a las TI vamos a tratar los temas siguientes: a) la importancia de las TI, b) las TI como factor transformador de la sociedad, c) el paso del modelo industrial al modelo informacional, d) las TI y la eficiencia empresarial, y e) las economías de redes.

**a) La importancia de las TI**

El importante papel que juegan las TI en la economía actual se puede sintetizar diciendo que en EEUU explican aproximadamente tres quintas partes del crecimiento de la renta *per cápita* en la segunda mitad de la década de los noventa. Un hecho que justifica la importancia de las TI es el crecimiento que la productividad ha experimentado en este sector, un 10% anual durante la década de los noventa. Fruto de este crecimiento de la productividad ha sido el creciente protagonismo de las TI como palanca de creación de riqueza y de elemento impulsor de la globalización y transformador de la sociedad.

> La nueva sociedad es más una sociedad de servicios que de productos y en ella se mezcla lo global con lo local sin solución de continuidad.

**b) Las TI como factor transformador de la sociedad**

Como se ha señalado, las TI han sido el factor determinante en la rápida transformación que la sociedad ha experimentado en los últimos años. Las TI han contribuido a transformar elementos fundamentales de la sociedad tales como: los sistemas de producción y distribución, los métodos de trabajo y las relaciones laborales, la organización de las empresas (cada vez más modulares, en vez de altamente integradas y en las que los proveedores y los clientes actúan como socios que facilitan la rapidez y flexibilidad del cambio), los objetivos de formación y educación requeridos por la sociedad y la forma en que nos comunicamos unos con otros (fax, Internet, mensajes a través del teléfono móvil, etc.).

**c) El paso del modelo industrial al modelo informacional**

En el proceso de cambio del modelo industrial, las TI han jugado un papel clave. Éstas han impulsado la generación y tratamiento de la información en todas las actividades productivas y de gestión. En el nuevo entorno ha tenido lugar una pérdida de importancia relativa de los activos fijos frente a los activos intangibles. Buena parte de las actividades económicas dominantes están basadas en la producción, difusión y uso de información y del conocimiento. Para la producción de cualquier tipo de bien o para la prestación de cualquier tipo de servicio, se ha generalizado el uso de la información y su soporte.

**d) Las TI y la eficiencia**

El uso intensivo de las nuevas tecnologías de la información está siendo un factor clave para mejorar la eficiencia. La planificación de la producción resulta relativamente más fácil con las nuevas tecnologías. Los plazos de entrega se pueden acortar, pues la planificación es más ajustada. Los procesos de distribución y venta pueden automatizarse y la forma en la que las empresas se relacionan con los proveedores y clientes se hace más eficiente.

> El acceso generalizado a la información hace que la difusión de las prácticas empresariales innovadoras resulte más fácil, de forma que se acentúan las externalidades generadas por la innovación.

**e) Las economías de redes**

En el contexto generado por las TI, el denominado *efecto red o economías de red*, esto es, *las ventajas para el sistema derivadas de la multiplicidad de redes y conexiones entre los agentes*, ha sido un factor impulsor del progreso. Las TI conectan los ordenadores, los teléfonos y otros instrumentos de comunicación haciendo que los efectos beneficiosos de las redes sean progresivamente importantes para determinar el éxito o fracaso de ciertos productos. En industrias que no están sujetas al efecto red el valor de un producto simplemente es la suma de su valor para cada uno de los usuarios. En industrias en las que las economías de red están presentes, tales como los servicios telefónicos o de Internet, el valor del producto para cada participante en la red será mayor cuanto más elevado sea el número de conexiones a la red. En otras palabras, el valor del producto aumenta cuando el número de integrantes de la red crece. Una forma intuitiva de expresar el sentido del efecto red es diciendo que un teléfono solo es mudo, pero que cinco millones de teléfonos son muy parlanchines.

### 10.1.2 La incidencia de Internet en la sociedad

Internet es una red de comunicación que ha puesto más información a disposición de los individuos y empresas que ninguna otra tecnología y ha impulsado el intercambio comercial entre usuarios con rapidez y amplitud desconocidas. Por ello, puede afirmarse que Internet es el agente más poderoso para propagar y acelerar la creatividad tecnológica y el progreso económico. Su ubicuidad multiplica los logros tecnológicos del siglo y medio anterior y abre unas perspectivas de desarrollo futuro difícil de concretar.

De lo señalado se desprende que Internet es real como fenómeno económico y financiero, independientemente de las sobrevaloraciones y volatilidades que hayan experimentado las acciones de las empresas de Internet más representativas.

## 10.2 El concepto de globalización

Una de las definiciones mas técnicas del término **globalización** es la formulada por el Fondo Monetario Internacional y la identifica con la *interdependencia económica creciente del conjunto de los países del mundo, provocada por el aumento del volumen y la variedad de las transacciones transfronterizas de bienes y servicios, así como de los flujos internacionales de capitales, estimulada por la difusión acelerada y generalizada de la tecnología*. Esta definición establece una clara conexión entre la globalización y el creciente protagonismo de las nuevas tecnología.

> Los **elementos claves de la globalización** son: interdependencia creciente, aumento de las transacciones internacionales y de los flujos internacionales de capitales, y difusión acelerada de la tecnología.

**Algunos indicadores de la globalización**

De lo señalado se desprende que intuitivamente, la globalización puede concebirse como una medida de la integración internacional de los mercados de bienes. La globalización de los mercados de bienes puede observarse a través de algunos hechos que actúan a modo de **indicadores del proceso de globalización**, entre los que cabe destacar los siguientes. En primer lugar, puede apreciarse una *reducción en los costes de transporte y en las barreras al comercio internacional*, factores claves de cara a la reducción en los precios de las importaciones. En segundo lugar, se puede detectar algún tipo de *convergencia en bloques entre países tanto en términos de renta real per cápita* como en los precios de los bienes. En tercer lugar, también puede observarse, como un síntoma de la globalización de los mercados, que *el aumento del ratio del comercio internacional respecto al PIB, definido como el porcentaje de la suma de las exportaciones más las importaciones respecto al PIB*, ha venido aumentando. Por último, cabe señalar que en fechas recientes la globalización ha estado asociada a una *rápida difusión de la alta tecnología*.

> Los **indicadores básicos de la globalización** son:
> 1) reducción de los costes de transporte
> y de las barreras al comercio internacional,
> 2) convergencia en renta y en precios,
> 3) aumento del ratio del comercio internacional, y
> 4) difusión de la alta tecnología.

Estos hechos esenciales aparecen conjuntamente con algunos **síntomas de la globalización durante las últimas décadas del siglo XX**, específicamente derivados del desarrollo particular que han tenido los mercados en las últimas décadas del pasado siglo. Entre estos síntomas cabe destacar la *movilidad internacional de la tecnología y del capital a nivel mundial*, de forma que de hecho se están superando las barreras de acceso a la información que tradicionalmente han dificultado la asignación internacional de los recursos. En segundo lugar, *la migración internacional tanto de la mano de obra cualificada como no cualificada*, que ha reaparecido con una virulencia no acostumbrada.

> **Principales síntomas de la globalización** en las últimas décadas: a) movilidad internacional de la tecnología y del capital, b) migración internacional de la mano de obra.

## 10.3 La globalización en una perspectiva histórica: las distintas olas de globalización

Aunque la globalización fue un término acuñado en la década de los noventa[1], cabe distinguen a lo largo de la historia moderna y contemporánea por lo menos tres momentos en los que el concepto de globalización puede aplicarse. Así, la primera ola de globalización iría desde 1400 hasta finales del siglo XVIII. Durante esta época el comercio a larga distancia estaba estrictamente limitado a lo que puede denominarse como bienes no competitivos, esto es, las especias, el azúcar y el oro. Estos bienes tenían una oferta muy escasa. El núcleo de actividades económicas y comerciales estaba centralizado en los países europeos, por lo que algunos autores señalan que durante esta **primera ola de globalización** tuvo lugar el nacimiento de **Europa** como bloque o región con una serie de rasgos homogéneos. La segunda ola de globalización tiene su punto de partida a comienzos del siglo XIX, época en que, espoleado por la revolución industrial, el aumento del comercio descansa en bienes competitivos como los textiles. Durante esta **segunda ola de globalización** tuvo lugar el nacimiento de **Norteamérica** como zona de actividad económica y comercial con rasgos definidos y diferenciadores del resto de los bloques regionales. La tercera ola de globalización incluye las últimas décadas del siglo XX, a lo largo de las cuales la mayor parte del comercio incluye bienes básicos y bienes manufacturados altamente diferenciados y especialmente de tecnología. Esta **tercera ola de globalización** se asocia con la aparición en el concierto económico internacional de los países asiáticos localizados en lo que se denomina el **Anillo del Pacífico**. A lo largo de este capítulo nos centraremos en el estudio del proceso de globalización referido fundamentalmente a esta tercera ola que está caracterizada por el dominio creciente del trabajo cualificado y de las nuevas tecnologías. De formas más específica focalizaremos nuestro interés en la década de los noventa.

**A lo largo de la historia moderna y contemporánea cabe hablar de tres olas de globalización: en la primera ola de globalización (1400-1800) nació Europa como bloque económico, en la segunda ola de globalización (siglo XIX) surgió Norteamérica como bloque con entidad por si mismo, y en la tercera ola (últimas décadas del siglo XX) el protagonismo ha correspondido a las economías asiáticas que integran el Anillo del Pacífico.**

## 10.4 La globalización en la década de los noventa

Durante el período que hemos denominado tercera ola de globalización aparecen algunos hechos estilizados específicos tales como el aumento del comercio internacional, de la inversión en I+D+i, de la inversión extranjera directa y de las interrelaciones tecnológicas a escala mundial. Así mismo, ha aumentado de forma notable el número de países que se han abierto a los mercados internacionales. Además, la liberalización de las telecomunicaciones y la eclosión de Internet, por un lado han contribuido a crear un verdadero mercado virtual mundial y por otro han originado nuevas oportunidades para el intercambio internacional de información. Por

[1] F. Barreiro y F. Mochón "Globalization and market integration: Spain as a Case Study" en *Economics of Globalisation*. Ed. Gangopadhyay y Chatterji Ashagate. 2005

otro lado, los nuevos sistemas de telecomunicaciones están creando un potente sector servicios que no depende de la localización de tecnología de producción, sino de soluciones tecnológicamente avanzadas. Este cambio estructural también se está viendo acompañado por una proporción creciente de empleados altamente cualificados respecto al total de empleados. Estos cambios se han visto amplificados por los procesos migratorios de mano de obra cualificada.

En la globalización de la década de los noventa los factores que han jugado un papel crucial son los siguientes: 1) la alta tecnología, 2) las compañías multinacionales, 3) la inversión en I+D+i, 4) la inversión extranjera directa, y 5) aumento del ratio X+M/PIB.

**Cuadro Economía Aplicada II**
**Los individuos que han utilizado Internet en el último mes**

**En abril/mayo de cada año**
En miles de personas y en %

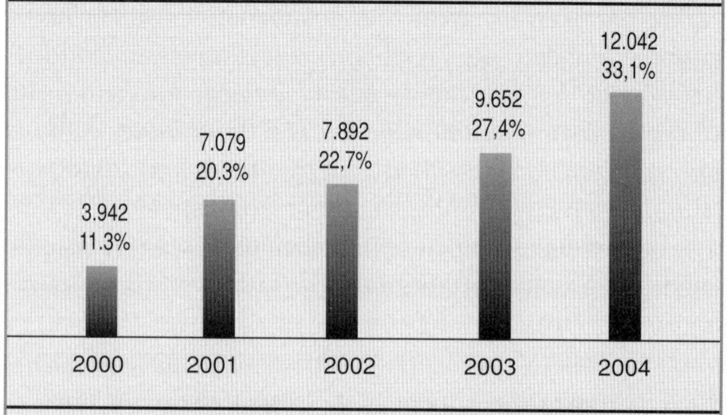


Fuente: EGM (AIMC).

### 10.4.1 El papel crucial de la alta tecnología

Las innovaciones en productos y procesos son esenciales para explicar los aumentos en la productividad y el crecimiento económico, así como la rápida difusión de las nuevas tecnologías. En este sentido debe señalarse que las contribuciones más relevantes de la nueva teoría del crecimiento económico han consistido en endogeneizar el cambio tecnológico, destacando el papel de la I+D+i, además de considerar al factor productivo capital físico en un sentido amplio de forma que se incorpore el capital humano como un factor productivo que contiene la cualificación de la mano de obra y la capacidad de aprender de los individuos.

En relación a la alta tecnología, téngase en cuenta que la actividad económica basada en el nuevo conocimiento sufre ciertos fallos de mercado derivados de la propensión del nuevo conocimiento a ser comercializado en un mercado monopolístico rodeado de incertidumbre. Las implicaciones que tiene para la política gubernamental la alta tecnología bajo las hipótesis de los modernos modelos de crecimiento endógeno son diferentes de las que se infieren de la teoría neoclásica de crecimiento. En los nuevos modelos de crecimiento se encuentran razones para que los gobiernos lleven a cabo una política activa que incida sobre la alta tecnología debido a la existencia de externalidades positivas en la difusión del conocimiento generando el denominado **efecto difusión**. Téngase en cuenta que la alta tecnología conlleva producción y comercialización de conocimiento económico nuevo, elemento inherentemente diferente de los factores más tradicionales de la producción como son el trabajo, la tierra y el capital físico.

**Las contribuciones más relevantes de la nueva teoría del crecimiento económico han consistido en endogeneizar el cambio tecnológico, destacando el papel de la I+D+i y en considerar el factor productivo capital en un sentido amplio, de forma que se incorpore el capital humano como un factor productivo.**

### 10.4.2 Las compañías multinacionales

La proliferación de grandes compañías multinacionales con una presencia global en los mercados ha facilitado el proceso de globalización de forma paralela a como lo ha hecho el progreso tecnológico en el campo de la informática y las telecomunicaciones. El aumento gradual del ratio I+D+i *per cápita* tanto en los países de la OCDE como en los países no industrializados ha propiciado que un número creciente de empresas de cada vez más países se conviertan en multinacionales. La I+D+i, las estrategias internacionales de localización de la cooperación transnacional y las tendencias internacionales en innovación en términos de las preferencias técnicas están cambiando sustancialmente. Las compañías multinacionales, siguiendo estos cambios estructurales en tecnología, pueden combinar su prioridad de decisión con una decisión de localización y llevar a cabo gastos de I+D+i en un país o en otros. Las decisiones a las que nos estamos refiriendo son del tipo de si una multinacional deberá producir un determinado producto en mercados externos o deberá establecer filiales en el extranjero e importar el bien en cuestión al país donde está localizada la sede y los centros de investigación de la multinacional. Por lo que respecta a industrias individuales, debe señalarse que la **relocalización** o **deslocalización internacional** de la producción, así como, otras decisiones estratégicas, son en la actualidad bastante fáciles de tomar excepto en lo que en terminología schumpeteriana se conoce como industrias inmóviles. Éstas son las que requieren una continua cooperación entre la actividad de I+D+i y la producción. Un ejemplo de tal industria es la aeroespacial, pues en ella las opciones de relocalización hacia países con niveles bajos de renta y de salarios son muy limitadas.

**La proliferación de multinacionales ha facilitado el proceso de globalización. El aumento del ratio I+D+i *per cápita* ha propiciado que un número creciente de empresas de cada vez más países se conviertan en multinacionales.**

### 10.4.3 La inversión en I+D+i

El conocimiento no sólo se transfiere en una dirección, de los centros de investigación hacia la industria, sino que también existe un flujo en la dirección contraria. Además, una importante contribución a la interrelación existente entre la investigación y la industria radica en la existencia de **efectos difusión** del conocimiento, pues el conocimiento creado en el seno de una institución se difunde mediante su uso por otras instituciones. Esto es así entre las empresas y las instituciones académicas, pero también entre los centros de investigación y el sector industrial. La evidencia empírica claramente sugiere que la I+D+i y otras fuentes de conocimiento no sólo generan externalidades, sino que ciertos análisis también señalan que tales interrelaciones tienden a estar geográficamente limitadas dentro de la región donde el nuevo conocimiento económico fue creado, y más concretamente en ciertos focos o megaparques tecnológicos. Para el caso de los países que tecnológicamente son líderes, el aumento de la competencia en la alta tecnología implicará que la inversión en la creación de capital humano y *software* necesita paralelamente un aumento del gasto en inversión.

**La inversión en I+D+i genera efectos difusión entre la industria y los centros de investigación, pues el conocimiento creado en el seno de una institución se difunde a otras. Las inversiones en I+D+i suelen tener un impacto significativo en el crecimiento de la producción y en la competitividad futura del sistema productivo.**

### 10.4.4 Inversión extranjera directa

La capacidad de un país para captar compañías multinacionales extranjeras es crucial para el crecimiento económico y para lograr un pleno acceso a las redes de comercio internacional, buena parte del cual es comercio intraempresas. Por otro lado, la capacidad de un país para ser un generador de inversión directa externa es importante si el país tiene acceso al progreso tecnológico global. Así mismo, hay una evidencia considerable de que las actividades transnacionales de las empresas pequeñas y medianas se han incrementado a lo largo del tiempo al compás de dos hechos que han moldeado las tendencias de la inversión externa directa llevada a cabo por las empresas pequeñas y medianas. El primero de ellos es que la participación en el total de inversión externa directa correspondiente a las PYME continúa siendo pequeño en valor, pero grande en cuanto al número de empresas implicadas. El segundo hecho observado en las actividades de inversión directa externa de las empresas medianas y pequeñas es que éstas tienen una mayor propensión que las grandes empresas a elegir como país destinatario de las inversiones a uno desarrollado, lo que puede explicarse porque estas empresas estén más preocupadas por tratar de beneficiarse de las economías de localización y las externalidades (efectos difusión) que por los costes de producción.

**La capacidad de un país para captar compañías multinacionales extranjeras es clave para el crecimiento y para el pleno acceso a la redes de comercio internacional, buena parte del cual es intraempresas.**

### 10.4.5 El aumento de la cuota de participación del comercio internacional en el PIB

El comercio internacional y los flujos internacionales de capitales contribuyen a incrementar la productividad total de los factores haciendo que estén disponibles productos y servicios que incorporan un conocimiento desarrollado en el extranjero y además facilitan tecnologías del extranjero y otros tipos de conocimiento. En este sentido, tal como anteriormente se ha señalado, una medida muy frecuente del proceso de globalización, que pretende capturar el impacto beneficioso que genera la apertura de los mercados productivos y de servicios al libre comercio internacional, es el ratio entre el volumen de comercio internacional y el PIB. Este ratio se incrementa cuando tiene lugar una ola de globalización.

**El comercio internacional y los flujos internacionales de capital contribuyen a incrementar la productividad de los factores. La globalización se suele identificar con la apertura al comercio internacional.**

## 10.5 La globalización como mecanismo transmisor de la nueva economía

De lo señalado se desprende que *la globalización, desde una óptica económica, puede interpretarse como el hecho de que las redes internacionales de comercio, la inversión directa extranjera (IDE), las inversiones en cartera y la información y la transmisión de tecnología se han intensificado hasta el extremo de crear un elevado nivel de interdependencia económica a escala mundial caracterizado por un uso intensivo de la tecnología.*

Este proceso se ha visto espoleado por la reducción de las barreras políticas y económicas al comercio y a la inversión externa. Este tipo de medidas han sido propiciadas por los gobiernos en la práctica totalidad de los países durante las últimas décadas, dentro de una política global de liberalización y apertura de los mercados.

Por otro lado, los enormes avances alcanzados en el sector de las tecnologías informáticas, la caída de los precios de los ordenadores y el progreso alcanzado recientemente en el campo de las telecomunicaciones ha facilitado el acceso a la información y ha reducido el precio de la comunicación especialmente en aquellos países donde han tenido lugar procesos de desregulación y de privatización.

En aquellos sectores donde los costes de transporte llegan a ser muy pequeños, como es el caso de los servicios financieros o el *software* informático, es donde suele aparecer con mayor intensidad el fenómeno de la **aglomeración**. Esto se debe a que los rendimientos crecientes de escala explican la concentración regional y la localización de la producción en el espacio. En este sentido, puede afirmarse que la concentración no sólo viene explicada por la existencia de costes de transporte muy reducidos, sino sobre todo por la presencia de economías de escala. Todo este cúmulo de circunstancias, en las que las nuevas tecnologías se han visto potenciadas por un mundo cada vez más globalizado es lo que ha propiciado que algunos hablen de la aparición de una **nueva economía**.

### 10.5.1 El concepto de la Nueva Economía

La nueva economía puede identificarse con el rápido desarrollo y aplicación de las tecnologías de la información, que está haciendo que aumente la importancia relativa en la economía la provisión de servicios que descansan en el conocimiento, las ideas y en la información. La **nueva economía** se asocia con un cambio desde una economía basada, fundamentalmente, en el uso del capital físico a otra erigida sobre la utilización del capital humano y el conocimiento.

La nueva economía aparece ligada a factores tales como la competencia generalizada en mercados cada vez más libres, la globalización de los mercados de capitales y su mayor transparencia, así como la drástica reducción de los costes de transacción que las nuevas tecnologías de la información traen consigo. Este último factor tecnológico es para muchos el signo distintivo de la nueva economía, y resulta aún más relevante si se conecta con las externalidades que se dan cuando el coste de producir un bien o producto en una empresa cae con el nivel de producción de ese bien por todas las empresas.

> La **nueva economía** se asocia con el cambio en el uso intensivo del capital físico por la utilización del capital humano, desde una economía básicamente material a otra intangible.

## 10.6 La Nueva Economía: consecuencias macroeconómicas

La nueva economía puede identificarse, al menos parcialmente, con lo que se designa en la literatura reciente sobre el cambio técnico como *una difusión de innovaciones técnicas de carácter radical y uso generalizado*, en otras palabras, *con una perturbación de oferta positiva*. Cuando se interpretan así las drásticas innovaciones acaecidas en el área de la información y las comunicaciones, particularmente las asociadas a Internet, se sitúa el análisis en un terreno que es útil para aventurar el impacto económico diferencial que las nuevas tecnologías tendrán entre unos y otros países. Las diferencias dependerán en gran medida de la capacidad de adaptación de sus agentes económicos y sociales, y de sus gobiernos, a los cambios en las estructuras productivas y marcos institucionales que aquéllas posibiliten.

Al analizar las características de la nueva economía y en particular de los efectos de la incorporación de las nuevas **tecnologías de la información**, se señala que la introducción de estas nuevas técnicas está dando cabida a un apreciable aumento de la productividad, lo que permite combinar un mayor crecimiento sin presiones adicionales sobre los precios.

La introducción de la informática y de las redes de comunicación propicia la incorporación de nuevos productos y servicios y también de nuevos procesos productivos más eficientes y que suelen conllevar notables ahorros de costes. Así mismo habría que señalar que las mejoras en eficiencia ligadas a los avances en los medios de comunicación y transporte y la mayor transparencia y dimensión de los mercados conlleva un abaratamiento de los suministros y una contención de precios y costes.

En cualquier caso, sin embargo, las fuerzas que originan los ciclos de negocios, esto es, los subciclos de beneficios, existencias, inversión y crédito, mantienen plenamente su vigencia. También se argumenta que en buena medida los incrementos observados en la productividad en parte son un resultado de las nuevas tecnologías pero también son fruto de la propia dinámica de crecimiento creada por factores tales como la globalización, la desregulación y liberalización de los mercados y los procesos de privatización seguidos en muchos países. Elementos todos que pueden encajar en las nuevas teorías de los ciclos reales.

**Las tecnologías de la información y la apertura de los mercados han incrementado la eficiencia de la economía de forma que ha propiciado un crecimiento generador de empleo, sin inflación.**

### 10.6.1 Los impactos macroeconómicos de la Nueva Economía

Para analizar las consecuencias macroeconómicas de la nueva economía, vamos a analizar sus efectos: 1) *sobre la capacidad de producción de la economía, representada por la función de producción*; 2) *sobre el mercado de trabajo, y* 3) *sobre el equilibrio macroeconómico, esto es, sobre las curvas de demanda y oferta agregada.*

**• Desplazamiento de la función agregada de producción**

Conceptualmente la nueva economía cabe identificarla con un **choque tecnológico positivo** (véase Capítulo 7), de forma que sus efectos, en términos de la capacidad de producción de la economía, pueden representarse mediante un desplazamiento ascendente de la función de producción agregada, de forma que para un mismo nivel de los factores productivos, capital y trabajo, se obtiene un mayor nivel de producto por trabajador. Un desplazamiento ascendente de la función de producción agregada muestra los aumentos de la productividad generados por los distintos procesos y productos asociados a las nuevas tecnologías y en particular a las tecnologías de la información. En términos gráficos (Figura 10.1), la transformación experimentada por la economía debido al desplazamiento hacia arriba de la función de producción se concretaría en el paso de la posición $E_0$ a la $E_1$, lo que supone un aumento del producto por trabajador y del capital por trabajador.

> La **nueva economía** puede interpretarse como un **choque tecnológico positivo** o **una perturbación positiva de oferta**.

**• Desplazamiento de la curva de la demanda de trabajo**

Centrándonos en el mercado de trabajo, un choque tecnológico positivo conlleva un desplazamiento hacia la derecha de la curva de demanda de trabajo que viene dada por la productividad marginal de este factor productivo. El desplazamiento hacia la derecha de la curva de demanda del trabajo, es decir, el aumento de la productividad marginal, tiene como consecuencia un aumento del empleo y del salario real[1] (Figura 10.2).

**• Desplazamiento de la curva de la oferta agregada**

Aunque la nueva economía supone la provisión de nuevos servicios antes inexistentes, los cambios más significativos vienen por el lado de la oferta. Éstos se concretan en un avance tecnológico que incide fundamentalmente en la esfera de los intercambios entre empresas y en el ahorro de costes que supone para las empresas en términos de coste de transporte, búsqueda de oportunidades, y de superación de diferentes niveles de intermediación que encarecen los precios finales. Desde la perspectiva del equilibrio macroeconómico, esto es, el determinado por las curvas de demanda y oferta agregadas, el choque tecnológico con el que estamos identificando los efectos de la nueva economía puede representarse mediante un desplazamiento hacia la derecha de la curva de oferta agregada (Figura 10.3). Este desplazamiento se traduce en un aumento del producto de equilibrio y en una bajada del nivel general de precios. El aumento del producto total y la reducción de los precios será tanto mayor cuanto más cerca se sitúe la economía de la parte más vertical de la curva de oferta agregada[2].

*Los impactos macroeconómicos de la nueva economía, cuando a ésta la identificamos con un choque tecnológico positivo, se concretan en una serie de resultados favorable desde el punto de vista económico que podemos sintetizar en los puntos siguientes: 1) la*

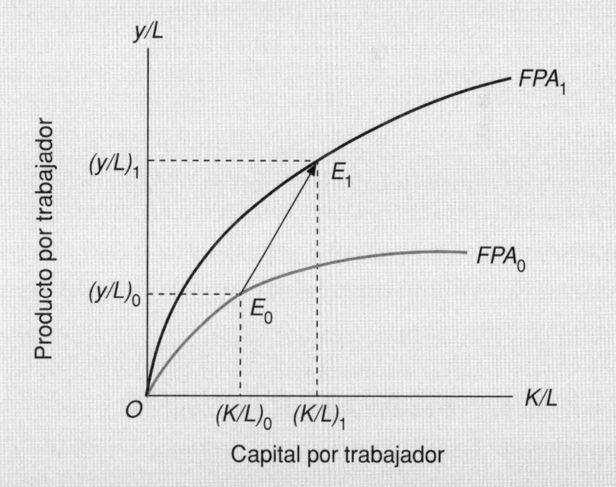


**Figura 10.1 - Desplazamiento hacia arriba de la función de producción agregada**

Como consecuencia de las mejoras de la tecnología, la función de producción agregada se desplaza *en sentido ascendente con el paso del tiempo*. Por tanto, las mejoras tecnológicas, junto con la intensificación del capital, elevan la producción por trabajador y los salarios reales.

[1] A corto plazo y si los salarios reales son rígidos al alza, la expansión del empleo sería mayor, puesto que al permanecer inalterados los salarios el empleo absorbería todo el incremento de la productividad.

[2] Si la economía estuviese situada en la parte más horizontal de la curva de oferta agregada, el choque tecnológico tendría un impacto prácticamente nulo.

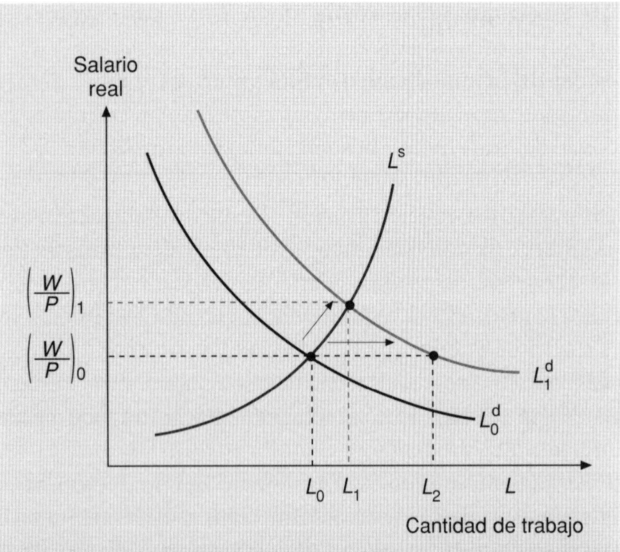


**Figura 10.2 - Desplazamiento hacia la derecha de la curva de demanda de trabajo**

Cuando la curva $L^d$ se desplaza hacia la derecha aumentan el empleo y el salario real.

*economía experimentará una reducción de costes y precios; 2) un choque tecnológico positivo que genera un aumento de la productividad que se traduce en un incremento del PIB potencial; y 3) en el mercado de trabajo tendrá lugar un aumento tanto del salario real como del empleo.* La distribución del impacto entre el empleo y los salarios dependerá de cuál sea la situación inicial del mercado de trabajo y la flexibilidad del salario real. Si no hay pleno empleo y los salarios reales son relativamente rígidos al alza, el impacto de la nueva economía podría ser relativamente mayor sobre el empleo y menor sobre el salario real.

### 10.6.2 La Nueva Economía y el crecimiento económico

Por lo que respecta a la relación de la Nueva Economía con el crecimiento económico, debe señalarse que desde comienzos de la historia el desarrollo de la civilización ha estado vinculado al progreso tecnológico. De hecho, como se señaló en el Epígrafe 9.2, el progreso técnico evitó que se cumplieran las lúgubres previsiones de los economistas clásicos, concretadas en que la disminución de la productividad marginal de la tierra llevaría a la economía hasta el estancamiento económico y que los salarios se establecerían al nivel de subsistencia. En este sentido, las TI se equiparan a los inventos que provocaron un drástico cambio en las estructuras productivas en el siglo XIX, tales como el motor de combustión o la electricidad. Estas innovaciones generaron incrementos permanentes de la productividad y el bienestar.

**Las TI se pueden equiparar en sus efectos sobre el crecimiento a los grandes descubrimientos del siglo XIX que propiciaron la revolución industrial.**

En fechas recientes han tenido lugar avances muy relevantes en las nuevas tecnologías, especialmente en el campo de las TI, y en la actualidad aún se están produciendo. Éstas han sido el motor de la última revolución económica y han contribuido a pontenciar el producto potencial de la economía (véase Epígrafe 9.1). Tal como se ha señalado, las TI son el soporte físico para clasificar, almacenar, analizar e intercambiar información en cualquier lugar del mundo a unos costes bajos. El desarrollo de las TI encuentra su entorno más favorable en las ciudades y en determinadas áreas, donde se producen economías de aglomeración. En este sentido, son paradigmáticos los casos del Valle del Silicio, en California, y el área que rodea a la Universidad de Harvard y el MIT. Por ello, algunos autores señalan que las TI pueden suponer un obstáculo en aquellas regiones con menor desarrollo y soporte de infraestructuras para propiciar la proliferación de estas tecnologías. Estas deficiencias pueden superarse parcialmente mediante el uso intensivo de Internet.

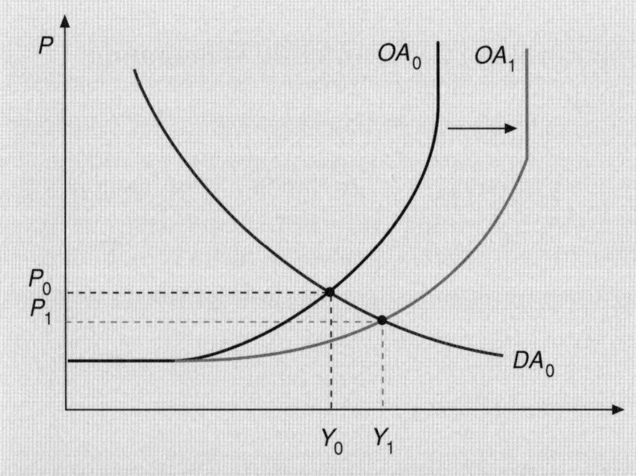


**Figura 10.3 - Desplazamiento hacia la derecha de la curva de oferta de trabajo**

Un desplazamiento hacia la derecha de la curva de oferta agregada se traduce en un aumento del producto total y una reducción de los precios.

**Cuadro Economía Aplicada III**
**La red de redes se extiende**

**Usuarios de intenet en el mundo**
**Evolución 1995 - 2004**

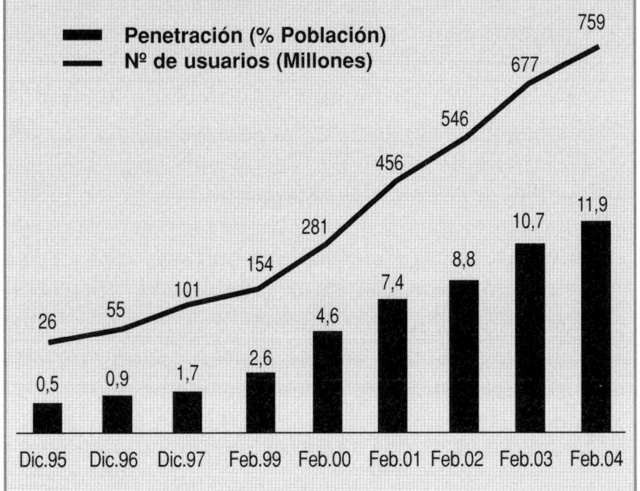


Fuente: Fundación Auna.

### 10.6.3 Las consecuencias sobre la empresa

Pasemos ahora a analizar las consecuencias de la globalización desde una óptica empresarial. La rápida difusión de los avances tecnológicos, propiciada por la globalización, hace que se acentúen las transformaciones en los métodos de producción y las innovaciones en las estrategias competitivas. Éstas suelen conducir, por un lado, a un aumento de la internacionalización y a la deslocalización de algunas fases del proceso productivo y, por otro, a ahorros en las cantidades del trabajo requerido. Esto es fruto de una aceleración del proceso innovador característico de la actividad empresarial competitiva. La innovación avanza sobre la destrucción de lo preexistente. Así pues, en muchas ocasiones, el éxito de un producto o servicio descansa en la desaparición de otro u otros que son competidores. Otro hecho a destacar es que la descentralización de la producción, con lo que supone de «adelgazamiento» del aparato productivo se plasma en la subcontratación de actividades, en la externalización de partes crecientes del proceso productivo, y la creciente importancia del trabajo a domicilio.

Junto a los fenómenos señalados, se observa un aumento de la dimensión de las empresas para hacerse más competitivas mediante la creciente integración de actividades (fusiones, absorciones e integraciones) con el objetivo último de afrontar el mercado global. Así mismo, se observa un proceso de especialización para afrontar la competencia vía calidad y diferenciación de los productos y servicios.

## 10.7 La globalización, las TI y la Nueva Economía: a modo de balance global

De lo señalado en los párrafos anteriores se desprende que la globalización de la economía mundial ha puesto en marcha una serie de mecanismos y procesos que pueden haber contribuido a fomentar el bienestar económico de forma casi generalizada entre los distintos países. De hecho en las últimas dos décadas, el proceso de globalización se ha acelerado debido al desarrollo de las nuevas tecnologías y a la apertura de las economías al comercio internacional. El comercio mundial en 2003 ha alcanzado el 30% del PIB global, frente al 12% en 1980, y así mismo, mientras el PIB mundial creció a una media anual del 3,4%, el comercio lo hizo al 6%. Por otro lado, la inversión extranjera directa, desde 1980 ha crecido al 7% anual. En este proceso de apertura al exterior cabe destacar que las empresas relacionadas con las tecnologías de la información han sido especialmente agresivas; ya exportan más de un 42% de lo que producen frente a un 32% del conjunto de las empresas.

Una evolución similar ha sido la experimentada por la globalización de la mano de obra. Entre 1980 y 2002 la tasa de emigración, es decir, el número de emigrantes como porcentaje de la población mundial, se ha triplicado, pasando del 1,2% al 3%.

La aceleración de la globalización ha sido positiva para el conjunto de la economía mundial. Ha permitido un fuerte crecimiento del PIB y también de la renta por habitante en casi todos los países que se han abierto a los movimientos de personas, bienes, servicios, capital y tecnología.

Entre 1980 y 2001 la pobreza absoluta mundial ha caído de 1.400 millones de personas a 800 millones y la pobreza relativa, es decir, la absoluta como porcentaje de la población mundial, ha caído de un 32% a un 13 %. En el mismo período la desigualdad mundial de renta entre personas, medida por el coeficiente de Gini, se ha reducido ligeramente, pasando de un 0,67 a un 0,65.

En este proceso, los países que menos han prosperado han sido algunos de África y de América Latina, y precisamente son los que menos se han abierto a los flujos del comercio, capital y tecnología, o los que menos capacidad han tenido para atraer tales flujos.

En cualquier caso, no debe desecharse el hecho de que la interdependencia internacional asociada a la globalización y consecuentemente la difusión de la nueva economía puede resultar asimétrica, causando disparidades, que explicarían, por ejemplo, por qué países pequeños están generalmente menos abiertos a la economía internacional que los grandes países y por qué ciertos continentes, especialmente África, parece que han permanecido al margen del proceso de globalización.

## RESUMEN

- El **sector de las tecnologías de la información** comprende la producción material de las mismas (hardware), los sistemas que utilizan (el software), los servicios y las telecomunicaciones.
- La **nueva economía** ha encontrado su caldo de cultivo en la desregularización de los mercados de bienes, servicios, capitales y trabajo, en la aceptación por parte de las empresas de la globalización y en una utilización más eficiente de la tecnología disponible.
- Algunos analistas asocian la nueva economía con un crecimiento continuo de la renta per cápita. Se apela a la idea de que el crecimiento incuba más crecimiento. Esto puede ser así bien porque el desarrollo en buena parte vía expectativas estimula la inversión y se produce un proceso de interacción entre el acelerador y el multiplicador, porque se producen rendimientos crecientes en la producción de bienes, o bien porque este desarrollo potencia unas externalidades generalizadas que acaban generando un círculo virtuoso.
- Las **tecnologías de la información** y la **apertura de los mercados** ha incrementado la eficiencia de la economía, de forma que es posible el crecimiento generador de empleo, que alarga el ciclo expansivo.
- La **innovación tecnológica,** y de su mano la mejora de la productividad, han sido las verdaderas palancas de la creación de riqueza, mientras que Internet es posiblemente el agente más poderoso que ha existido para propagar y acelerar la creatividad tecnológica y con ella el progreso económico.
- **Internet**, además de ser una infraestructura y un mecanismo para compartir información, comunicación, entretenimiento y comercio, es una pieza indispensable en la nueva configuración de las telecomunicaciones y la economía de la red.
- El **mercado global** ha alterado el entorno empresarial y se caracteriza por sus exigencias de información y transparencia, así como por la valoración actual de los negocios en función de que se les catalogue como maduros, en crecimiento o como opciones sobre oportunidades de futuro.

## CONCEPTOS BÁSICOS

- La nueva economía.
- Las tecnologías de la información.
- La economía en la red.
- Bienes rivales y bienes no rivales.
- Globalización.
- Consolidación sectorial.
- Innovación tecnológica.
- Difusión de innovaciones técnicas de carácter radical y uso generalizado.
- Choque tecnológico.
- Efecto difusión.
- Deslocalización.
- Tecnologías de la información y las comunicaciones (TI).

## CUESTIONES PARA LA AUTOEVALUACIÓN

1. ¿Qué se entiende por la nueva economía? ¿Es realmente nueva la «nueva economía»?
2. ¿Cuáles son los factores determinantes de la nueva economía?
3. ¿Se han terminado las fluctuaciones cíclicas?
4. ¿En qué sentido la nueva economía supone un crecimiento sostenido?
5. ¿Qué papel juegan las nuevas tecnologías y en particular Internet en la nueva economía?
6. ¿Cuál es la posición de España ante la nueva economía?
7. ¿En qué medida el entorno empresarial se está viendo afectado por la nueva economía?
8. ¿Qué nos depara el futuro: una crisis o una etapa de crecimiento sostenido?

## EJERCICIOS Y APLICACIONES

1. La incorporación de las mejoras de las tecnologías provocan que la función de producción agregada:

   a) permanezca inalterada,

   b) se desplace hacia abajo,

   c) se desplace hacia arriba,

   d) ninguna de las anteriores.

2. ¿Cómo afecta un choque tecnológico positivo en el mercado de trabajo?

   a) la curva de demanda de trabajo se desplaza hacia la izquierda,

   b) la curva de demanda de trabajo se desplaza hacia la derecha,

   c) la curva de oferta de trabajo se desplaza hacia la izquierda,

   d) la curva de la oferta de trabajo se desplaza hacia la derecha.

3. La incorporación de las mejoras de las tecnologías en los procesos productivos, vía curva de demanda de trabajo, puede producir:

   a) un aumento del empleo y salario real,

   b) una disminución del empleo y un aumento del salario real,

   c) un aumento del empleo y una disminución del salario real,

   d) una disminución del empleo y salario real.

4. El choque tecnológico positivo desplaza:

   a) la curva de oferta agregada hacia la izquierda,

   b) la curva de oferta agregada hacia la derecha,

   c) la curva de demanda agregada hacia la izquierda,

   d) la curva de demanda agregada hacia la derecha.

5. Las nuevas inversiones en tecnologías de la información permiten:

   a) el aumento de los costes de transformación y de transporte y los costes de interacción,

   b) el aumento de los costes de transformación y de transporte y la reducción y los costes de interacción,

   c) la reducción de los costes de transformación y de transporte y los costes de interacción,

   d) la reducción de los costes de transformación y de transporte y el aumento de los costes de interacción.

6. Si no hay pleno empleo y los salarios reales son relativamente rígidos al alza, el impacto de la nueva economía podía ser:

   a) relativamente menor sobre el empleo y mayor sobre el salario real,

   b) relativamente mayor sobre el empleo y menor sobre el salario real,

   c) relativamente menor sobre el empleo y sobre el salario real,

   d) relativamente mayor sobre el empleo y sobre el salario real.

7. El mercado de trabajo de una economía se caracteriza por las siguientes funciones de demanda y oferta:

   $L^d = 20 - W/P$

   $L^S = 2 + W/P$

   Si se produce un choque tecnológico positivo, la nueva función de demanda de trabajo podía venir dada por:

   a) $L^S = 2 - W/P$,

   b) $L^S = 1 - W/P$,

   c) $L^S = 4 - W/P$,

   d) $L^S = 2 - W/P$.

# ÍNDICE ANALÍTICO